Gregor Kartsios

Die große BUCKET LIST des GAMING

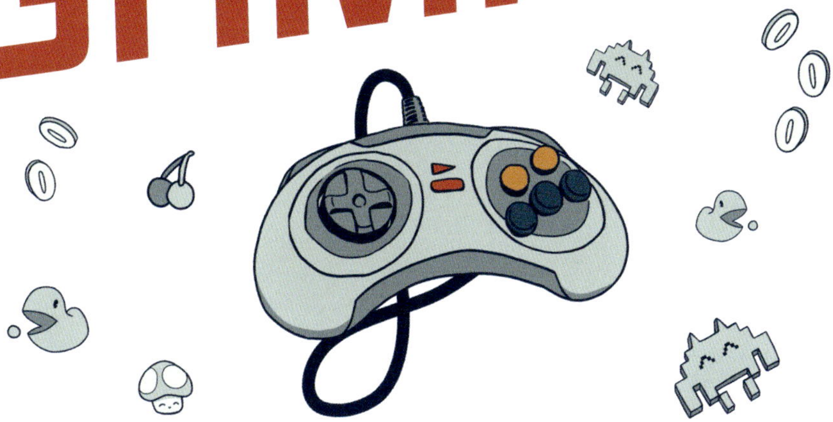

100 VIDEOSPIELE die du gespielt haben musst!

LAPPAN

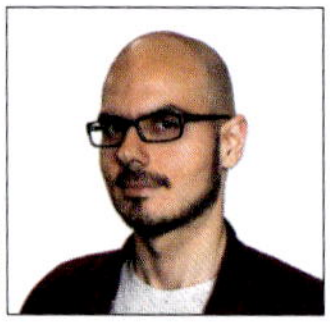

© Privat

Gregor Kartsios

Seit über 25 Jahren ist Gregor Kartsios im Dienste der Popkultur unterwegs – egal, ob als Redaktionsleiter von TV-Sendungen wie MTV Game One, Betreiber des Rollenspiel-Portals rpgheaven.de, Gründer des Plauschangriff-Podcasts o der H ost v on Rocket Beans TV-Formaten wie Speedrundale, Retro Klub und Spiele mit Bart. Immer wenn es um die Aufbereitung von Zeitgeschichte mit einem guten Schuss Nostalgie geht, ist er vorne mit dabei. Und da sein extensives Wissen weit über Fachgebiete wie Star Trek, Videospiele und Wrestling hinausgeht, darf er als Moderator des Nerd Quiz regelmäßig die wirklich wichtigen Fragen des Lebens stellen. 2021 erschien sein erstes Buch „Das ABC der Videospiele", 2022 folgte der zweite Band, „Das ABC der Videospiele Level 2".

Wir produzieren nachhaltig

- Klimaneutrales Produkt
- Papiere aus nachhaltigen und kontrollierten Quellen
- Hergestellt in Europa

3. Auflage 2025

ISBN 978-3-8303-3681-5

Text: Gregor Kartsios
Illustrationen: Linda Ahrens

Lektorat: Jessica Link
Layout | Herstellung: Monika Swirski
Covergestaltung: Ulrike Boekhoff

MIX
Papier | Fördert gute Waldnutzung
FSC® C002795
FSC www.fsc.org

www.rocketbeans.tv

VORWORT

»Sag mal, welches Spiel kannst du **mir** eigentlich empfehlen?«

Eine Frage, die ich in meinem Leben bestimmt schon Hunderte Male gehört habe. Verwundert darüber bin ich nicht, schließlich arbeite ich ja seit über 25 Jahren in der Gaming-Berichterstattung. Seitdem die beiden »Das ABC der Videospiele«-Bände erschienen sind, ist mir aber aufgefallen, dass sich die Frequenz drastisch erhöht hat. Meist komme ich der Bitte natürlich gerne nach, aber in gewissen Fällen fehlt auch mir die Expertise, um einen sinnvollen Tipp abzugeben. Spielt mein Gesprächspartner zum Beispiel gerne Echtzeitstrategie oder Multiplayer-Shooter, kann ich nur begrenzt mitreden.

In diesem Sinne schwebte mir schon länger die Idee einer Bucket List des Gaming im Hinterkopf. Was sind eigentlich die Spiele, die man in seinem Leben auf jeden Fall gespielt haben muss? Mit solch einer Liste könnte sich ein absoluter Neuling aufs Wesentliche konzentrieren, erfahrene Zocker schließen hingegen die Wissenslücken, die sich im Laufe der Jahre so angesammelt haben. Zu meiner »Schande« muss auch ich gestehen, dass ich vor der Arbeit an diesem Buch nie länger an **Hades**, **Civilization IV** oder **Minecraft** gesessen habe. Puh, jetzt ist es raus. Bevor ich euch nun alle ins kalte Wasser schmeiße, gehen wir kurz mal auf den Prozess ein, wie diese Liste entstanden ist. Bereits im Vorfeld war klar, dass 100 eine schöne runde Zahl dafür ist. Dieses Limit konnte ich aber nur einhalten, indem ich ein paar feste Regeln aufgestellt habe.

Zuallererst möchte ich klarstellen, dass diese Bucket List am Ende rein subjektiv ist. Hätte jemand anders darangesessen, würden bestimmt zum Teil ganz andere Titel vertreten sein. Das heißt aber im Umkehrschluss nicht, dass hier nur meine Lieblingsspiele dabei sind. Meine persönlichen Erfahrungen haben die Auswahl informiert, aber natürlich nicht final bestimmt. Denn es sollte ein möglichst breites Spektrum an Genres enthalten sein, zumindest wenn es Sinn ergibt. Muss ein wegweisender Ego-Shooter rausfliegen, nur damit beispielsweise eine Golf-Simulation reinkommt? Nichts gegen digitales Golf, ich spiele selbst gerne mal ein paar Löcher, aber in dem Fall war die Entscheidung klar. Wenn wir schon beim Sport sind, ist auch hier die Wahl des korrekten Genre-Vertreters schwierig, weil es durch jährliche Updates da sehr viele Optionen gibt. Wie ich dann zu meinem Entschluss gekommen bin, ist innerhalb der Artikel vermerkt.

Bei langlebigen Serien habe ich mich auf das wichtigste Spiel konzentriert. Wenn es aber signifikante Unterschiede gibt, können in Ausnahmefällen auch mal zwei vertreten sein. Im Gegenzug hat es so manch erfolgreiche Reihe nicht auf die Liste geschafft, weil in ihrem Bereich bessere Alternativen vorhanden sind. Dann existieren von Klassikern wie **Tetris** so viele Varianten, dass ich mich auf die für mich beste Version beschränkt habe. Der historische Wert ist ebenfalls wichtig, aber nicht zu 100 % ausschlaggebend. Ein **Space Invaders** hat große Pionierarbeit geleistet, aber verzichtet man nur deswegen auf ein legendäres Shmup wie **Ikaruga**? Reichte mein historisches Wissen mal nicht aus, habe ich auch Rücksprache mit erfahrenen Leuten aus meinem Bekanntenkreis gehalten. Eine konkrete Reihenfolge gibt es übrigens nicht, die Spiele stehen hier gleichwertig nebeneinander. Die neutrale alphabetische Sortierung passt deswegen wieder sehr gut, dann muss man auch nicht ewig nach einem Artikel suchen. So schön es schließlich auch ist, absolute Geheimtipps zu empfehlen, im Kontext dieser Liste nehmen sie eine untergeordnete Stellung ein. Vielleicht wäre aber eine »Bucket List der Geheimtipps« mal ein schönes Nachfolge-Projekt.

Bevor ich zu lange ausschweife, wünsche ich euch viel Spaß mit dem Lesen des Buches und dem Nachholen all der tollen Spiele. Wann ihr einen Titel abhakt, bleibt selbstverständlich euch überlassen. Komplett Durchspielen ist keine Pflicht. Manchmal reicht auch eine kurze Session, um zu wissen, ob man richtig Lust auf das Spiel hat.

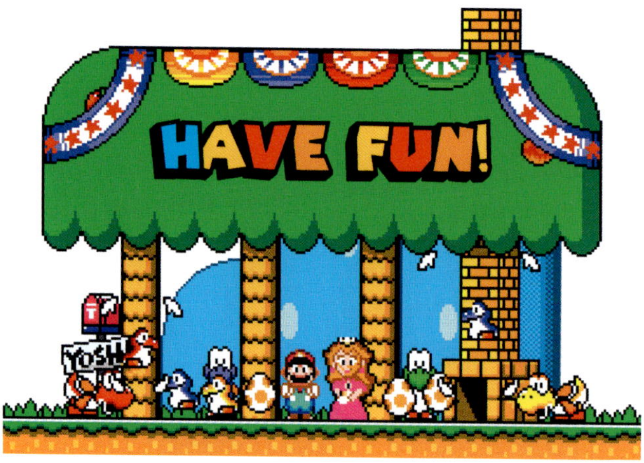

INHALTSVERZEICHNIS

ALIEN: ISOLATION (2014)

SYSTEM: PLAYSTATION 3 / PLAYSTATION 4 / XBOX360 / XBOX ONE / NINTENDO SWITCH / PC / SMARTPHONE

Wenn es um das gruseligste Game aller Zeiten geht, dann ist **Alien: Isolation** ein ganz heißer Anwärter auf den Titel. Kaum ein anderes Spiel kann die Art von Anspannung erzeugen, die dabei entsteht, wenn das sonore Piepen des Bewegungsmelders immer schneller wird. Hat das unheimliche Wesen aus einer fremden Welt uns gerade entdeckt? Oder ist es nur zufällig in dieselbe Richtung unterwegs? Das einst sichere Versteck könnte nun eine Falle sein, doch wie man sich innerhalb der nächsten Sekunden verhält, entscheidet darüber, ob im Anschluss eine gigantische Last von den Schultern fällt – oder man ein brandneues Loch im Schädel hat.

Auch wenn das eigene Nervenkostüm stark in Mitleidenschaft gezogen wird, darf man sich in erster Linie darüber freuen, wie originalgetreu die Vorlage hier umgesetzt wurde. Nachdem die Regisseure Ridley Scott mit **Alien** (1979) und James Cameron mit **Aliens** (1986) das Horror-Kino revolutionierten, hatte nicht nur die Qualität der Filme stark abgenommen, auch die Videospiel-Umsetzungen ließen zu wünschen übrig. Trotz vereinzelter Lichtblicke galten neue Franchise-Titel oft als schmucklos produzierte Massenware. Eigentlich als Strategie-Experten bekannt, wollten die britischen Entwickler von Creative Assembly mit **Alien: Isolation** Neuland

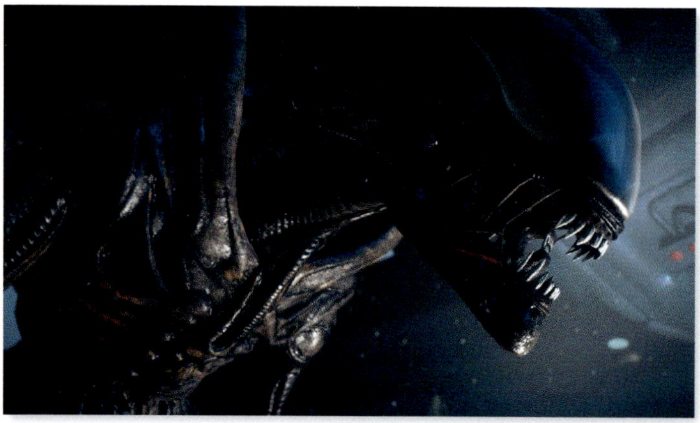

PC

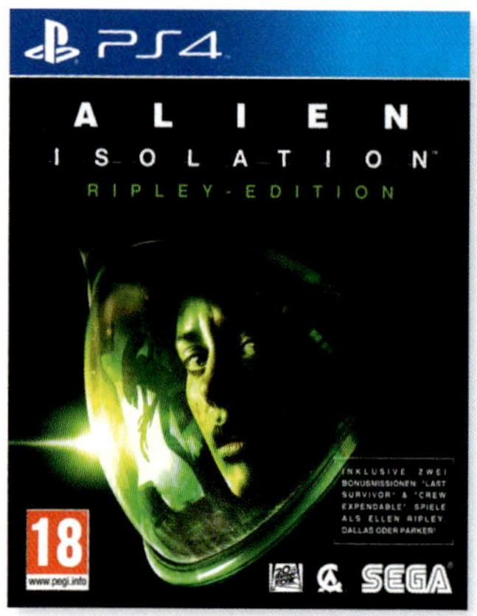

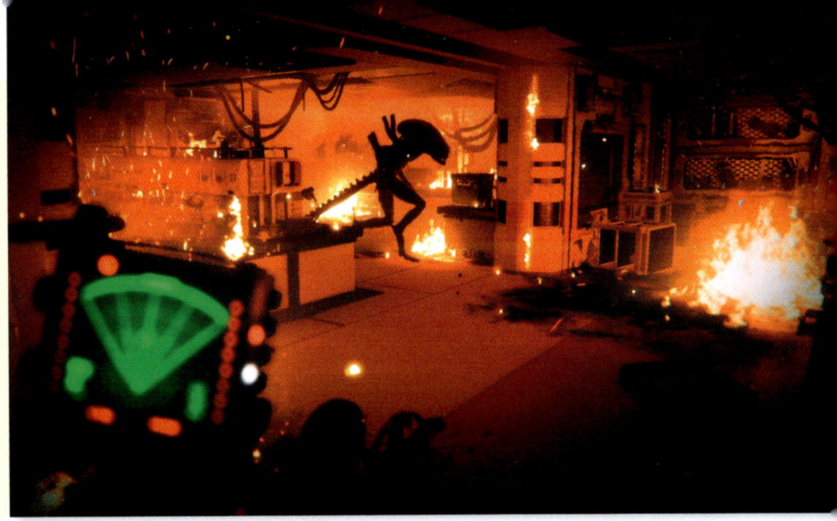

Bloß keinen Mucks! Mit dem Motion Tracker lässt sich das Alien eigentlich ganz gut orten. Weil das laute Piepen auf kurze Distanz aber auch die eigene Position verrät, sollte man Vorsicht walten lassen.

betreten und ein Werk schaffen, das die atemlose Spannung von Scotts Original akkurat einfängt. Statt durch die Gegend zu ballern, soll man hier möglichst leise an einem wild umhermarodierenden Alien vorbeischleichen, das von künstlicher Intelligenz geleitet wird. Da es keine vorab festgelegten Laufwege gibt, muss jede Situation von Neuem gelesen und im Anschluss mit Bedacht agiert werden. Leichter gesagt als getan, denn das Alien ist nicht nur ziemlich hellhörig, verrücktspielende Service-Androiden, brennende Gas-Lecks und vertrackte Puzzles erschweren den Fortschritt ungemein.

Um den Look des Spiels möglichst nah an die Konzeptzeichnungen von HR Giger zu bringen, arbeiteten sich die Designer durch satte drei Terabyte an Referenzmaterial. Die Umgebung sprüht deswegen geradezu vor futuristischem Siebzigerjahre-Charme, auch der Xenomorph sieht erschreckend lebensnah aus. Passende Soundeffekte und eine Storyline, in der Protagonistin Amanda Ripley nach ihrer verschwundenen Mutter Ellen sucht, machen das Gesamtpaket schließlich rund. Das virtuelle Katz- und Maus-Spiel wirkt dementsprechend auch so, als wäre es direkt von der Leinwand gesprungen. Mit einer recht langen Spieldauer von knapp zwanzig Stunden überspannt **Alien: Isolation** den Bogen zwar ein wenig, doch das ist am Ende halb so wild. Wer sich trotz aller Warnungen rantraut, macht mit keiner Version was richtig falsch. Selbst der Port für die Nintendo Switch ist überraschend gelungen. Heutzutage ist allerdings die PC-Fassung am flexibelsten einsetzbar und lässt sich per Mod sogar komplett in Virtual Reality spielen. Daran sollte man sich aber wirklich nur wagen, wenn man auch Nerven aus Stahl hat.

ANIMAL CROSSING: NEW HORIZONS (2020)

SYSTEM: NINTENDO SWITCH

Warum spielt man eigentlich Videospiele? Eine nicht so ganz einfach zu beantwortende Frage, schließlich hat jede Person ihre ganz eigenen Gründe. Manche wollen sich im digitalen Wettstreit beweisen, andere suchen eine intellektuelle Herausforderung oder nehmen an interaktiven Geschichten teil. Oft sind Videospiele auch ein Tor in fremde Welten, in ein Leben, welches weit ab von der eigenen Realität

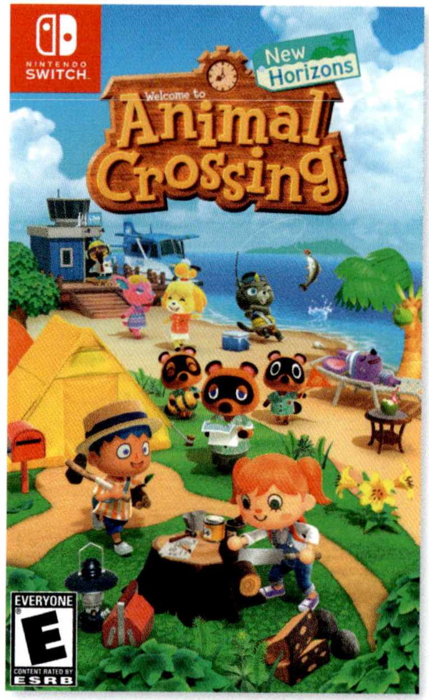

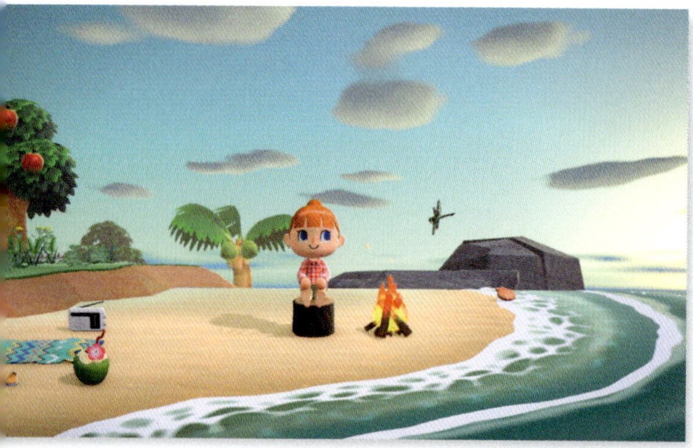

existiert. Das ist auch bei **Animal Crossing: New Horizons** der Fall. Ausnahmsweise geht es hier aber mal nicht darum, ein Raumschiff-Pilot oder Basketball-Superstar zu sein, sondern einfach nur um ein Stück Alltag. Veröffentlicht im März 2020, direkt zu Beginn der weltweiten Corona-Pandemie, war **Animal Crossing** für Millionen von Menschen die einzige Möglichkeit, den Lockdowns zu entkommen.

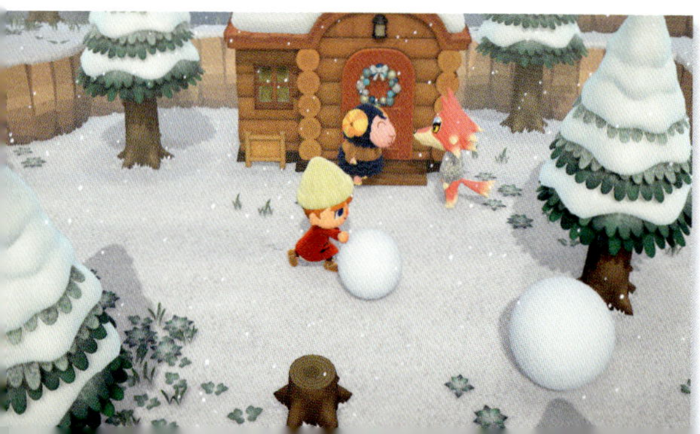

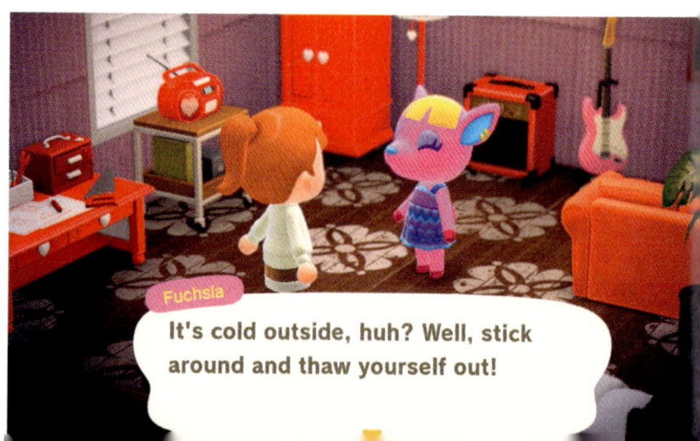

Dass diese beiden Ereignisse sich überlappten, war für Publisher Nintendo ein »glücklicher« Zufall. Bereits seit den frühen Nullerjahren galt die entschleunigte Lebenssimulation als ein schöner Farbtupfer im Repertoire des Software-Giganten. Trotz leichter Unterschiede in der Ausführung, liegt jedem Eintrag von **Animal Crossing** dieselbe Idee zugrunde: Als Neuankömmling zieht man in ein leeres Haus ein und wird Teil einer Gemeinde anthropomorpher Tiere. Um die teure Immobilie bei Grundstückseigner Tom Nook abzubezahlen, greift man seinen animalischen Nachbarn mit Tätigkeiten wie Insekten fangen, Fischen oder Bäume fällen unter die Arme. Wenn von den dabei verdienten Sternis noch genug übrigbleibt, darf man sein Eigenheim mit allerlei Möbelstücken und Krimskrams ausstaffieren. Natürlich kommen mit der Zeit noch mehr Verpflichtungen und Ablenkungen hinzu, aber ein vordefiniertes Ende wie bei anderen Videospielen gibt es nicht. Für manche gehören ein paar Minuten **Animal Crossing** zur täglichen Routine, so wie Zähneputzen oder mit dem Hund Gassi zu gehen. Manchmal sogar über Jahre hinweg. Bei **New Horizons** wurden aus diesen Minuten gerne mal mehrere Stunden, um die karge Insel, auf der man sein Zelt aufschlägt, nach und nach in ein Urlaubsparadies zu verwandeln. Wer sich während der Pandemie in den eigenen vier Wänden gefangen fühlte, konnte auf diese Art zumindest ein virtuelles Stück Freiheit erleben. Sogar etwas soziale Interaktion war möglich. Bis zu sieben weitere Personen durften per Online-Modus die eigene Insel gleichzeitig besuchen, um Aufgaben zu erledigen oder die besten Preise beim florierenden Rüben-Handel zu erzielen.

Köter mit Klampfe
Wer es schafft, den kunstbegabten Kläffer K.K. Slider auf seine Insel zu locken, bekommt von ihm ein klangvolles Konzert kredenzt.

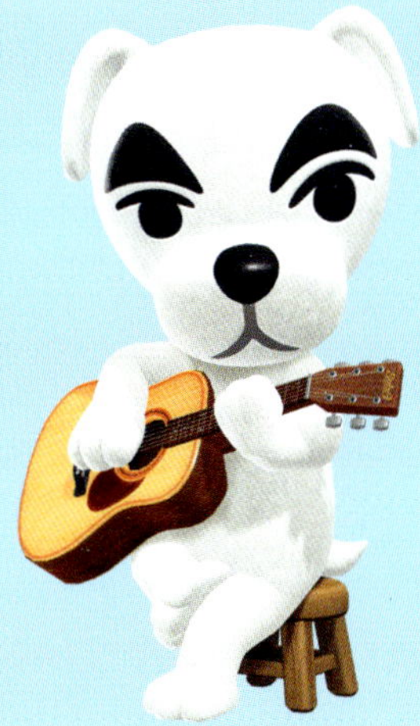

Der ganz große Hype flaute nach dem Ende der Ausgangssperren natürlich ab, was aber nicht bedeutet, dass **New Horizons** allzu viel von seiner Faszination eingebüßt hat. Selbst wenn beim Weitem nicht mehr alle der bis dato über vierzig Millionen Käufer regelmäßig aktiv sind, findet man dennoch mehr als genug Leute, mit denen man sich gemeinsam eine neue Existenz aufbauen kann. Und wer seine Ruhe haben will, schaltet einfach den WLAN-Router aus. So eine tropische Insel, ganz für sich alleine, kann selbst ohne Pandemie im Nacken ein schöner Ort zum Ausspannen sein.

BATMAN: ARKHAM ASYLUM (2009)

SYSTEM: PLAYSTATION 3 / PLAYSTATION 4 / XBOX360 / XBOX ONE / NINTENDO SWITCH / PC

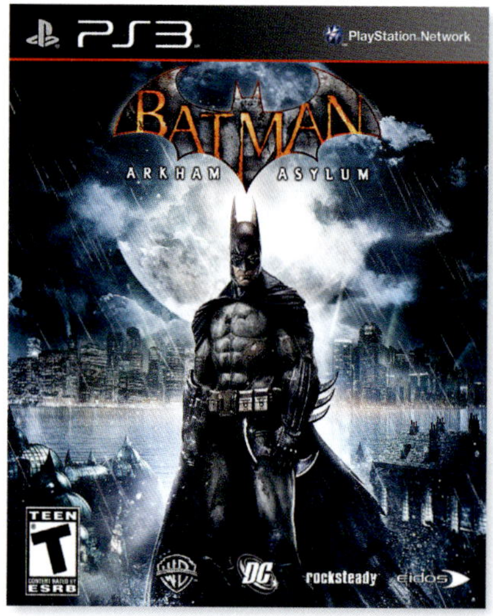

Wenn es darum geht, mit Klischees und festgefahrenen Meinungen zu brechen, dann muss man auch mal eine Marke setzen. Gerade wenn es sich um Videospiele handelt, die auf einer populären Vorlage basieren. Die sind nämlich oft verschrien, den Großteil ihrer Produktionskosten für den Einkauf einer teuren Lizenz zu verschleudern. Für die eigentliche Entwicklung bleibt dann kaum etwas übrig, aber das ist dann auch egal. Qualität ist nun mal weniger wichtig, als dass **Harry Potter**, **Transformers** oder **Star Wars** auf dem Cover steht. Spätestens seit **Batman: Arkham Asylum** sollte diese Denkweise aber Schnee von gestern sein.

Videospiele mit dem geflügelten Rächer waren gegen Ende der Nullerjahre wahrlich keine Seltenheit mehr. Natürlich gab es auch viel Schrott, aber die eine oder andere Perle konnte

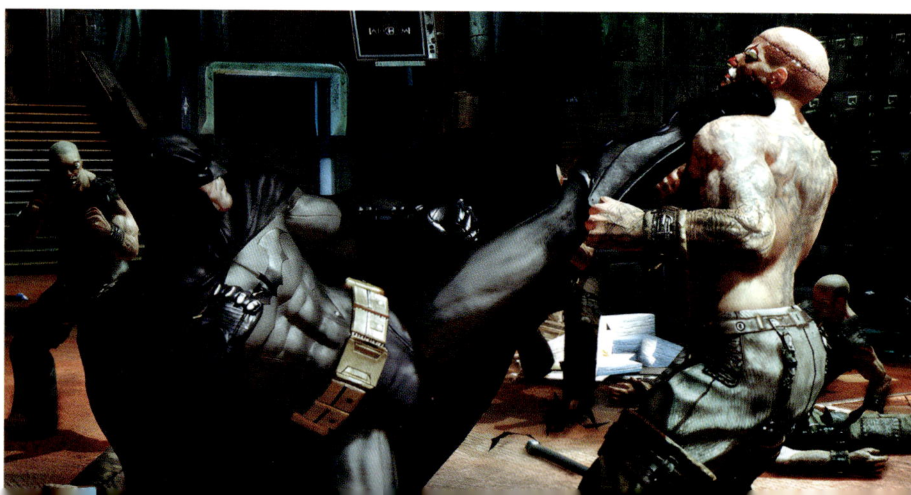

PC

man schon ergattern, wie das spaßige **Batman** (1989) auf dem NES. **Arkham Asylum** der britischen Rocksteady Studios ist da aber eine ganz andere Hausnummer, denn es war damals nicht nur ein gelungener Lizenztitel, sondern auch ein ernsthafter Kandidat für das beste Spiel des Jahres. Alles beginnt mit der Verhaftung von Super-Bösewicht Joker, der von Batman ins berüchtigte Arkham Asylum überführt werden soll. Auf einer kleinen Insel direkt in Gotham City errichtet, fungiert das schwer bewachte Institut gleichzeitig als psychiatrische Anstalt und Gefängnis. Mithilfe von Harley Quinn und korrupter Wachen schafft es der Joker allerdings, die Gewalt über Arkham an sich zu reißen. Um aus der brenzligen Situation zu entkommen, darf sich Batman nicht nur auf seine Fäuste und den bewährten Werkzeuggürtel verlassen, er muss auch seine Schläue als Detektiv beweisen. Das Tolle an **Arkham Asylum** ist nun, dass all diese Aspekte nicht nur spielerisch wunderbar ineinandergreifen, auch Präsentation, Storytelling und Leveldesign sind herausragend. Arkham selbst wurde nach dem Vorbild der Gefängnisinsel Alcatraz gestaltet und ist ein verschlungener Komplex, der nach und nach erkundet werden darf. Das Kampfsystem kommt schön wuchtig rüber, pazifistische Naturen dürfen sich öfters auch elegant an den Gegnern vorbeischleichen. Das Prunkstück ist jedoch der Detektivmodus, eine Art digitales Röntgenvisier. Mit diesem kann Batman nicht nur gefährliche Situationen analysieren, sondern auch Tatorte nach Spuren absuchen. Die spannende Story wurde von Comic-Veteran Paul Dini verfasst und dank toller Performances von erfahrenen Sprechern wie Kevin Conroy oder Mark Hamill mit Leben gefüllt.

Wegen stetiger Neuauflagen kann man **Asylum** mittlerweile auf fast jeder Plattform seiner Wahl erleben. Wer im Anschluss immer noch nicht genug hat, schaut auch gerne mal in die etlichen Sequels und Spin-offs rein. Nur beim vorläufigen Abschluss **Arkham Knight** (2015) zeigen sich deutliche Abnutzungserscheinungen. Rocksteady selbst führen die Serie nun nach einer langen Pause mit **Suicide Squad: Kill the Justice League** (2024) fort, aber mit stark veränderter Formel und Batman auf der Seite der Antagonisten. Ob diese gewagte Idee auch aufgeht, war zu Redaktionsschluss leider noch nicht zu ermitteln.

Jokers Trick
Neben Luke Skywalker ist der Joker die bekannteste Rolle von Mark Hamill. Der **Star-Wars**-Schauspieler machte seine Sache so gut, dass er unter den **Batman**-Fans als einer der Besten gilt.

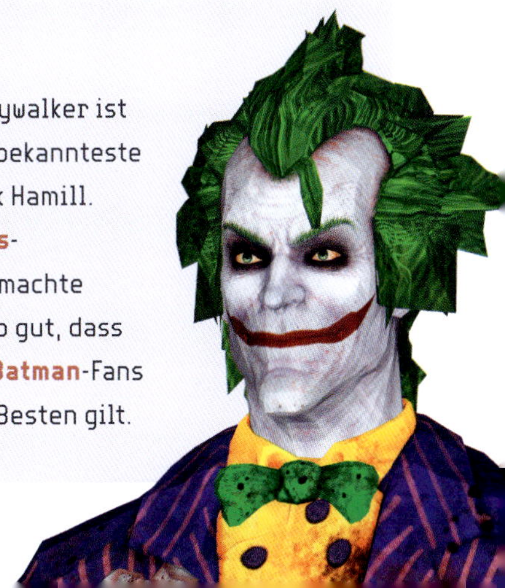

BIOSHOCK (2007)

SYSTEM: PLAYSTATION 3 / PLAYSTATION 4 / XBOX360 / XBOX ONE / NINTENDO SWITCH / PC / SMARTPHONE

In der Geschichte der Videospiele gibt es Jahre, in denen ein Knaller nach dem anderen erscheint. Selbst wenn man alle seine Urlaubstage fürs Zocken reserviert, schafft man noch lange nicht jeden großen Hit. Ein gutes Beispiel dafür ist 1998, als reihenweise Titel vom Kaliber eines **Metal Gear Solid** oder **Half-Life** erschienen sind. Auch 2023 wurden wir mit tollen Games überflutet. Spiele wie **Baldur's Gate III** und **Alan Wake II** gelten jetzt schon als moderne Klassiker. Dann

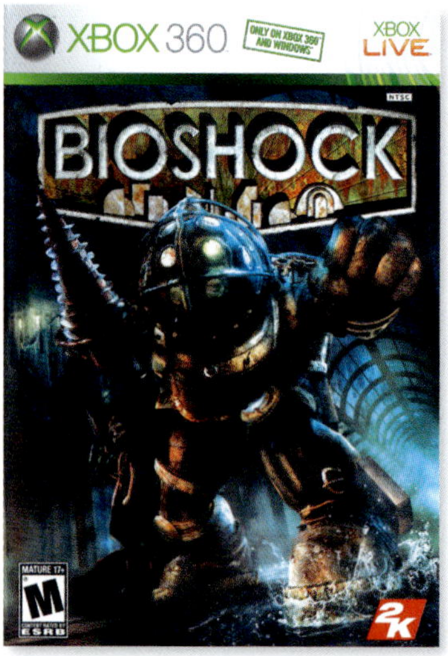

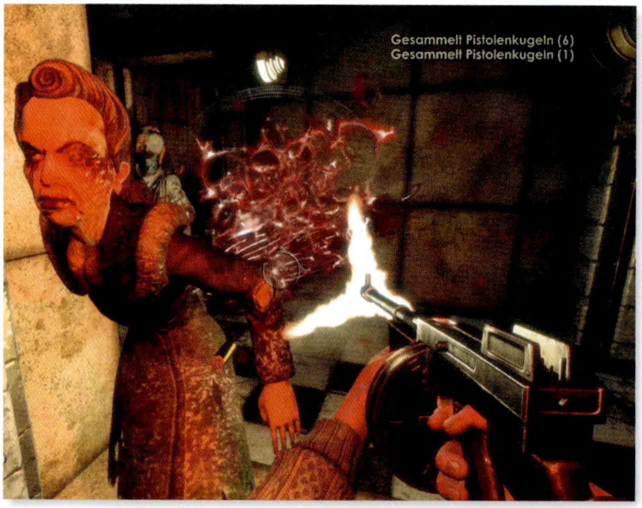

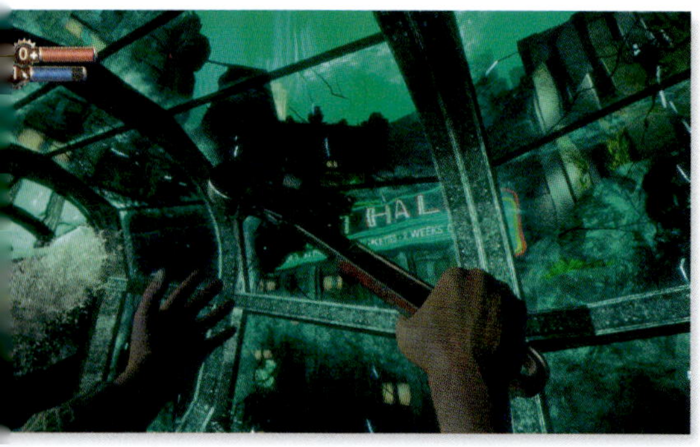

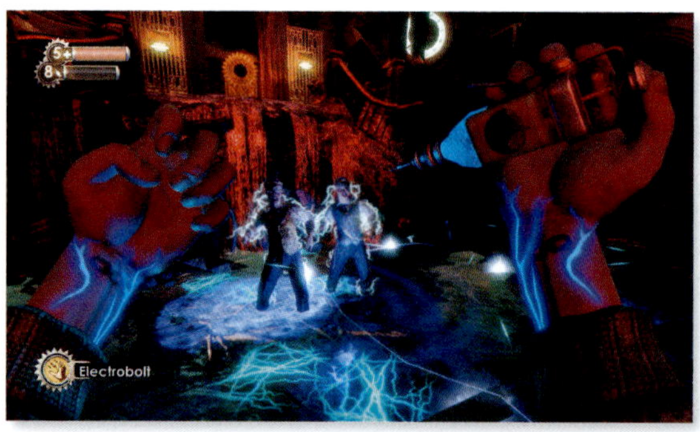

gab es noch 2007, das vier Mal auf dieser Bucket List vertreten ist. Inklusive des legendären **BioShock**, selbstverständlich. Nicht umsonst wurde der SciFi-Shooter damals mit dem Video Game Award als das beste Spiel des Jahres ausgezeichnet.

Erdacht von Game Designer Ken Levine, war **BioShock** seinerzeit das, was man im englischen Fachjargon einen »Spiritual Successor« nennt. Das sind Fortsetzungen großer Spiele, die aber nicht mehr über die originale Lizenz verfügen. In Levines Fall handelte es sich dabei um **System Shock 2** (1999), das er mit seiner Firma Irrational Games entwickelt hatte. Leider war das kultisch verehrte PC-Rollenspiel ein richtiger Verkaufsflop, beim Rechteinhaber Electronic Arts bestand also nur wenig Interesse an einem Sequel. Dennoch warf man bei Irrational nicht die Flinte ins Korn und feilte weiter an einem modernisierten Nachfolger. Wichtig war vor allem, das richtige Setting zu finden, damit die Spieler in eine in sich schlüssige Welt abtauchen konnten. Dachte man erst daran, erneut eine Raumstation wie in **System Shock 2** zu verwenden, wurde später ein verlassenes Nazi-Labor daraus. Das passte dann aber doch nicht so richtig, also einigte man sich am Ende auf eine utopische Gesellschaft unter Wasser. Da mittlerweile 2K Games als Publisher mit an Bord war, musste auch ein neuer Name her, weshalb man sich für **BioShock** entschied.

Der Schauplatz dieses Spiels befindet sich nun – wie bereits erwähnt – tief unter dem Meer.

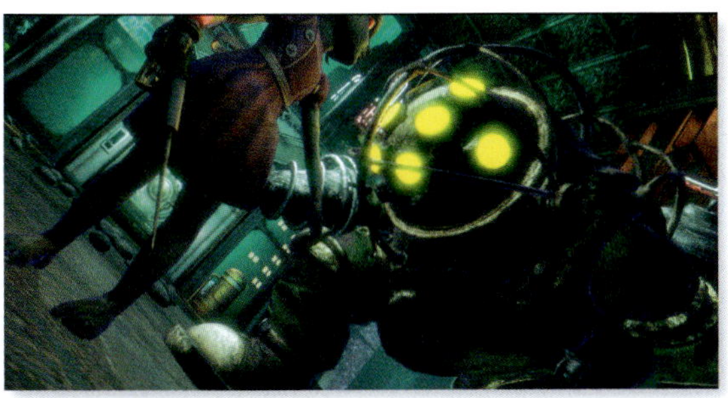

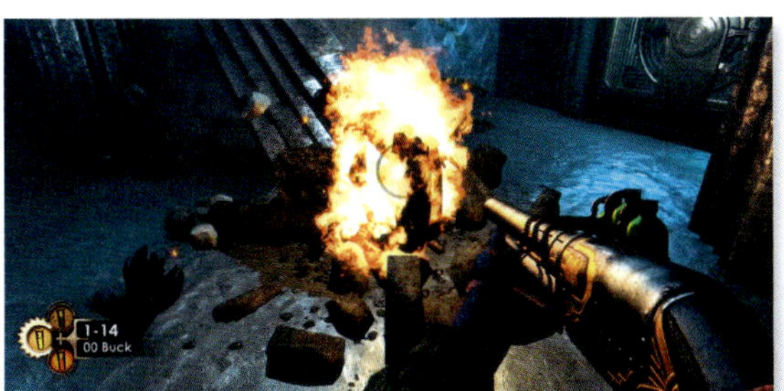

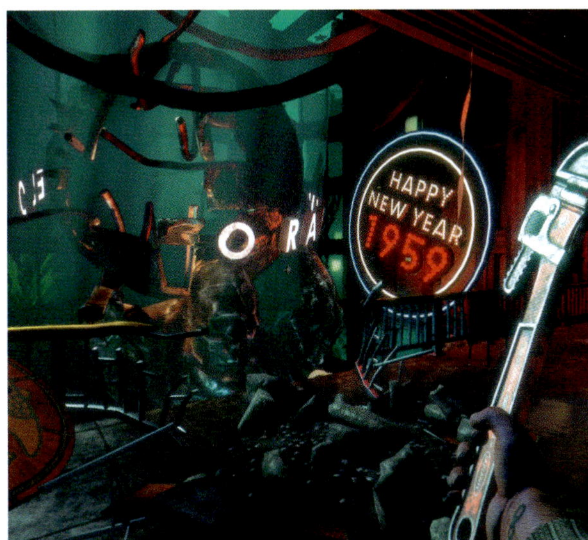

PlayStation 4

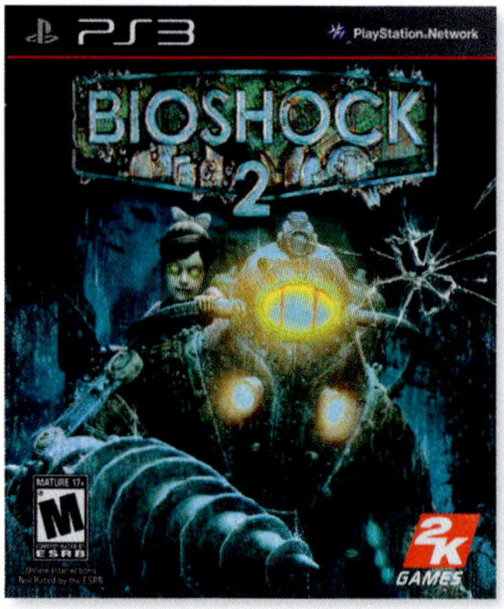

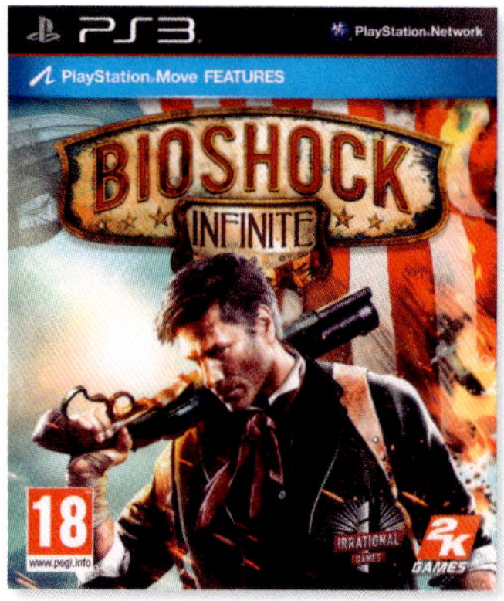

Die offiziellen Sequels

Gegründet vom visionären Geschäftsmann Andrew Ryan, sollte die Unterwasserstadt Rapture ein Ort sein, der komplett frei vom Einfluss klassischer Regierungsformen ist. Ohne diese Einschränkungen würden insbesondere die Wissenschaft und die Künste davon profitieren. Tatsächlich entdeckte man mit dem ADAM auch eine Substanz, mit der sich das genetische Material von Menschen manipulieren lässt. Auf Basis von ADAM entstanden die sogenannten Plasmide, die als Serum injiziert werden und mentale Kräfte aktivieren. Mit dem passenden Plasmid ist es unter anderem möglich, Feuer aus seinen Händen zu verschießen oder Gegenstände schweben zu lassen. Wer den Hals aber nicht voll bekommt, riskiert seinen Verstand und wird zur mordenden Furie. Als Spieler weiß man zu Beginn davon noch nichts, denn man sitzt gerade im Flugzeug auf dem Weg zu einem wichtigen Termin. Ein Absturz über dem Meer macht es allerdings nötig, in eine nahegelegene Rettungskapsel zu steigen, die einen schnurstracks nach Rapture bringt. Dort angekommen merkt man dann, dass sich der Traum von der Utopie längst in einen Albtraum verwandelt hat. Fast die gesamte Bevölkerung hat sich durch die Plasmide in die tollwütigen Splicer verwandelt, die für ein kleines bisschen ADAM ihre Mutter umbringen würden. Gefangen in der Mitte zwischen zwei rivalisierenden Parteien, die sich einen unerbittlichen Bürgerkrieg liefern, muss man jetzt um sein Überleben kämpfen.

Wer **BioShock** heutzutage zum ersten Mal erlebt, hat wegen der in die Jahre gekommenen Technik vielleicht nicht ganz die gleiche Reaktion, aber 2007 war das Spiel von Minute Eins an purer Grafik-Zucker. Solch eine voll realisierte Fantasie-Stadt wie Rapture, mit ihren erdrückenden Wassermassen und den wuchtigen Art-Deco-Bauten, hatte man noch nie gesehen. Man merkt, dass gerade in diesen Punkt enorm viel Sorgfalt geflossen ist. Ähnlich wie bei **Metroid Prime** (2002) laden die verschachtelten Gänge dazu ein, jede kleinste Ecke zu erkunden und dort nach Geheimnissen zu suchen. Parallel dazu erfährt man durch konstante Funksprüche und optionale Audiologs mehr über die Hintergründe, die zu dieser Katastrophe geführt haben. Levine vermengte Konzepte von

Autoren wie George Orwell oder Ayn Rand mit seinen eigenen Ideen und schuf daraus einen recht spannenden Sci-Fi-Plot. Manchmal ist das Storytelling zwar etwas zu verkopft, aber wer sich dennoch davon mitreißen lässt, darf sich auf ein paar echt schöne Wendungen freuen. Eingebettet ist dies alles in den spielerischen Unterbau eines Egoshooters, gekreuzt mit etwas Action-Adventure und einer Prise Rollenspiel. Für jede der vielen Waffen gibt es gesonderte Munition. Manche schlucken auch Spezialkugeln, um zum Beispiel gepanzerte Abwehranlagen ausschalten zu können. Das ist ganz nett, aber nichts Besonderes. Viel interessanter sind dafür die Plasmide, die wir uns trotz aller Gefahren selbst verabreichen. Dank der robusten Physik-Engine sind die mentalen Fähigkeiten sowohl bei den Gegnern als auch bei der Umwelt anwendbar. Hilft einem beispielsweise ein Blitz dabei, mehrere Splicer zu braten, die gerade in einer Wasserlache stehen, kann Feuer beim Schmelzen vereister Gänge nützlich sein. Da die Gegner auch immer heftiger werden, muss man außerdem seine Skills durch den Konsum von ADAM verstärken. Hier kommen die Little Sisters ins Spiel, genetisch veränderte Kinder, die ADAM in ihrem Körper tragen. Will man an den wertvollen Stoff, muss man erst mal die gigantischen Big Daddys erledigen, die als ihre Bodyguards mitlaufen. Sind diese aus dem Weg geräumt, steht man vor einer moralischen Entscheidung: Lasse ich die Little Sisters gehen und bekomme nur ein wenig ADAM, oder hole ich mir die volle Packung und nehme in Kauf, dass die Kinder sterben? Je nachdem, wie man sich hier verhält, hat dies auch einen Einfluss auf den Abspann. Als Gesamtpaket war **BioShock** jedenfalls ein voller Erfolg und hat zwei Sequels nach sich gezogen, **BioShock 2** (2010) und **BioShock Infinite** (2013). Spielenswert sind sie eigentlich alle, aber gerade der erste Teil gehört quasi zur Grundausbildung eines jeden Gamers dazu. PC-Besitzer bekommen mit dem Steam-Kauf übrigens sowohl das Original als auch ein Remaster, wobei letzteres leider etwas unrund läuft. Auf modernen Konsolen ist es sinniger, sich gleich die günstige Collection zu holen, die alle Spiele enthält.

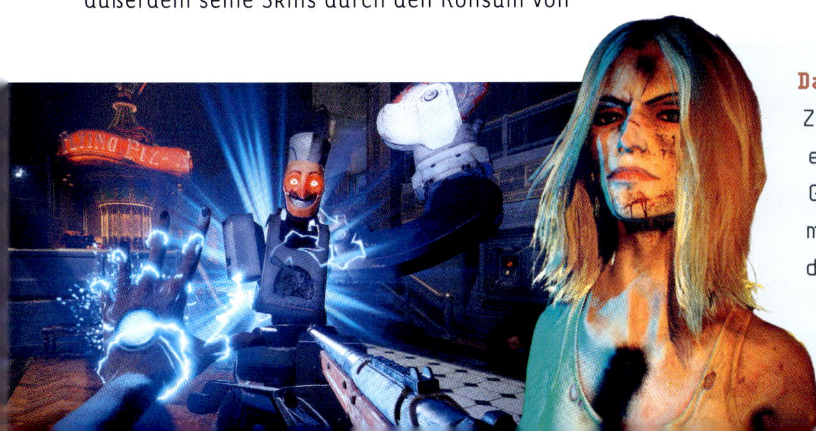

Das inoffizielle Sequel

Zusammen mit einem Team ehemaliger Leute von Irrational Games arbeitet Ken Levine momentan an **Judas**. Auch wenn die Marke an sich komplett neu ist, sind die Ähnlichkeiten zu **BioShock** mehr als deutlich.

BUBBLE BOBBLE (1986)

SYSTEM: U.A. ARCADE / C64 / NES / SEGA GAME GEAR / ATARI ST

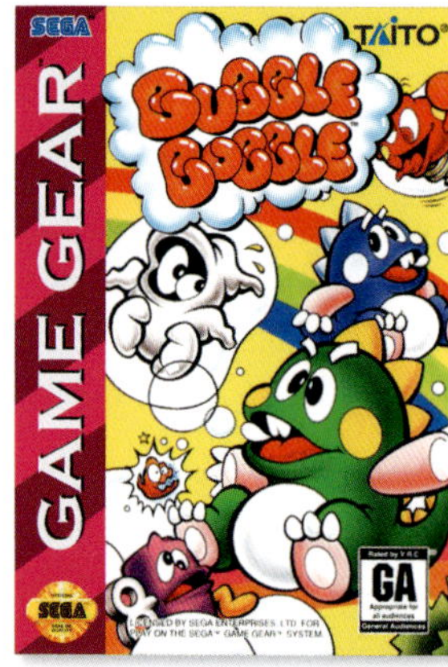

Von all den Ohrwürmern, die man haben kann, ist klassische Videospielmusik wohl am penetrantesten. Meist reicht nur eine kurze Session mit **Super Mario Bros.** oder **Tetris**, schon wabern die Synthie-Klänge für Tage durch den Hinterkopf. Dass diese so eingängig sind, hat aber einen guten Grund. Da wegen technischer Limitationen damals keine langen Stücke möglich waren, musste sich die Melodie ständig wiederholen, ohne zu nerven. Eines der besten Beispiele dafür ist das Main Theme von **Bubble Bobble**, komponiert von Tadashi Kimijima. Wer mit dem Klassiker vertraut ist und diese Zeilen liest, summt wahrscheinlich gerade vergnügt vor sich her. Das liegt in diesem Fall aber nicht nur an der Qualität der Musik, sondern auch an der des Spiels. Schließlich kann man das Lied nur so verinnerlicht haben, wenn man unzählige Stunden am Joystick gesessen hat.

Veröffentlicht im Jahr 1986, sollte **Bubble Bobble** eine Art Kurskorrektur im eher martialisch angehauchten Portfolio des Arcade-Giganten Taito sein. Populäre Ballerspiele wie **Elevator Action** (1983) oder **Tiger-Heli** (1985) lockten vor allem männliche Gamer an, die weibliche Zielgruppe blieb immer öfter außen vor. Designer

Arcade

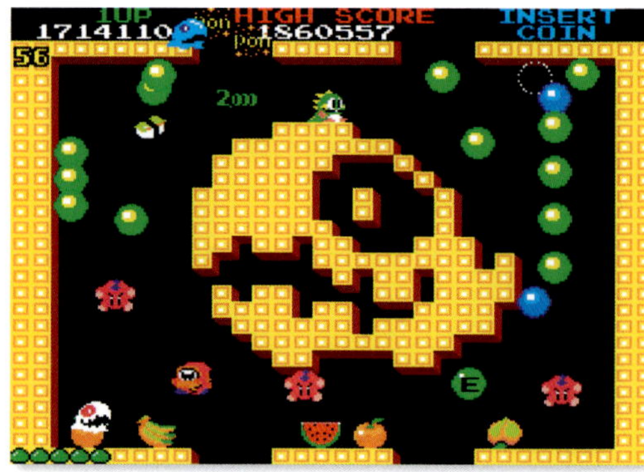

Fukio Mitsuji plante deshalb, die Geschlechtergrenzen mit einem universellen Spielprinzip und knuffiger Optik aufzuweichen. Durch das Ausschlussverfahren landete er dann ausgerechnet bei Luftblasen als zentralem Gameplay-Element. Kleine Roboter mit Stacheln auf dem Kopf sollten diese zum Platzen bringen und dabei den Highscore in die Höhe treiben. Da Mitsuji nach reiflicher Überlegung die Blechkameraden nicht cool genug waren, wurden sie gegen niedliche Drachen ausgetauscht.

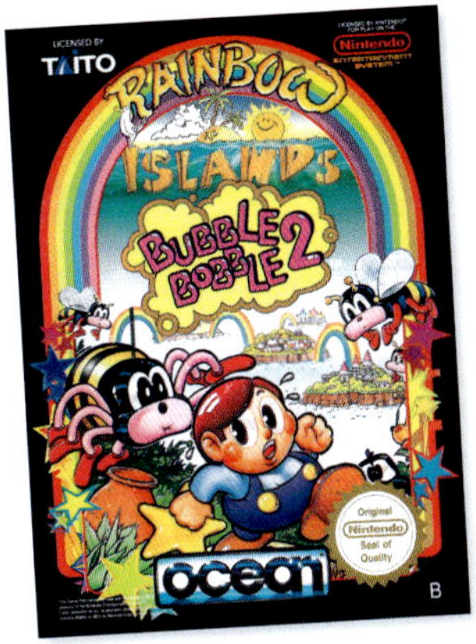

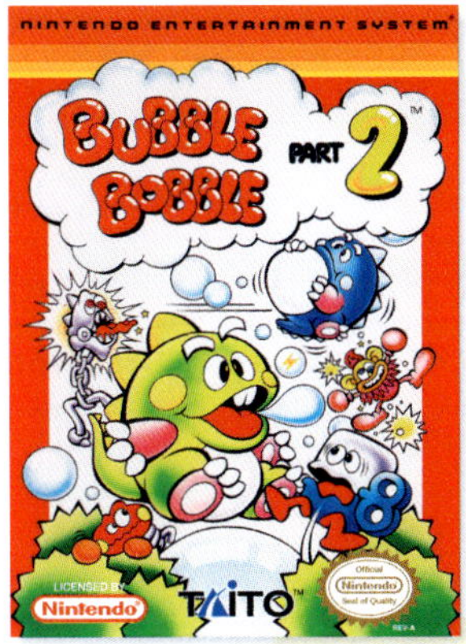

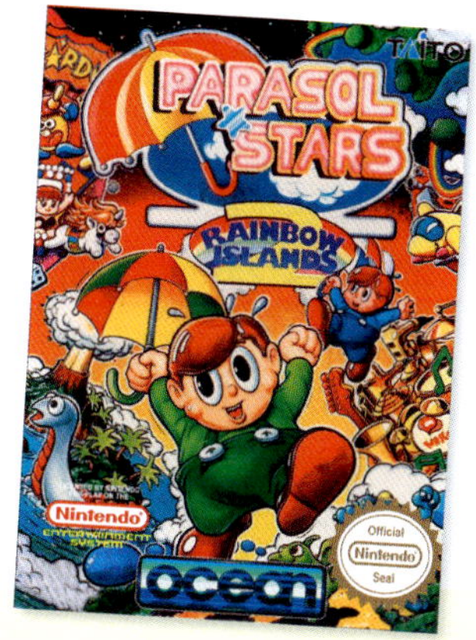

Begleitet vom angesprochenen Ohrwurm müssen die Protagonisten Bub und Bob nun einhundert Level überstehen, um ihre entführten Freundinnen zu retten. Überall sind Gegner verteilt, die erst mit einer Blase eingefangen und anschließend per gezieltem Sprung erledigt werden. Neben punktebringenden Früchten gilt es auch, etliche Power-Ups einzusammeln, welche die Laufgeschwindigkeit oder die Blasenfrequenz deutlich erhöhen. Macht man das nicht schnell genug, taucht ein unzerstörbarer Geist auf und trachtet einem nach dem Leben. Wer fleißig die EXTEND-Buchstaben mitnimmt, die ab und zu durch die Luft schweben, darf immer wieder mal Level überspringen. Tut man das nicht, trifft man dafür öfters auf gigantische Bosse, die sich nur mit bestimmten Kniffen besiegen lassen. Im Zusammenspiel macht dies alles einen Heidenspaß, insbesondere im Multiplayer mit einer zweiten Person. Das kostet dann zwar eine Münze extra, lohnt sich aber und ist auch der einzige Weg, den richtigen Abspann am Ende freizuschalten. Am empfehlenswertesten von allen Versionen ist immer noch die originale Automaten-Fassung, die es sowohl in etlichen Collections als auch direkt für PS4 und Switch als Download gibt. Wer die Möglichkeit hat, checkt auch gerne mal die Sequels **Rainbow Islands** (1987) und **Parasol Stars** (1991) aus, die sich aber sehr anders spielen. Ein kleiner Geheimtipp ist übrigens das nicht dazugehörige **Liquid Kids** (1990), welches die Blubberblasen-Idee als unterhaltsames Jump & Run neu erfindet.

Fortsetzungs-Wirrwarr:
Rainbow Islands (1987), **Bubble Bobble Part II** (1993) und **Bubble Symphony** (1994) gelten alle als Teil 2, obwohl es unterschiedliche Spiele sind.
Bubble Memories (1995) und **Parasol Stars** (1991) hingegen sind beide Teil 3, letzteres kennt man in manchen Regionen aber auch als **Rainbow Islands 2** …
Äh, wie bitte?!

BURNOUT 3: TAKEDOWN (2004)

SYSTEM: PLAYSTATION 2 / XBOX

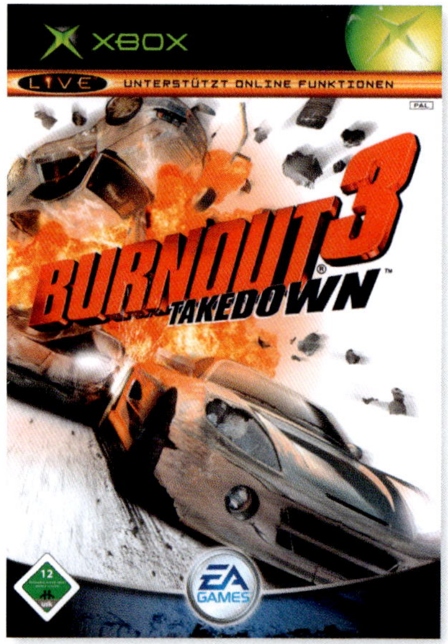

Kaum ein Genre bringt das Adrenalin so schön zum Pumpen wie Rennspiele. Mit 300 km/h über den Asphalt brettern, sich millimetergenau durch den Straßenverkehr schlängeln und dann elegant zum Drift ansetzen ... Das ist schon ein tolles Gefühl. Während viele ihren virtuellen »Kick« bei bewährten Serien wie **Gran Turismo** oder **Need for Speed** suchen, schwören eingefleischte Bleifuß-Enthusiasten auf die Klassiker von Criterion Games. Mittlerweile Teil des Industriegiganten Electronic Arts ist das britische Studio insbesondere für seine herausragenden Racer bekannt, darunter auch das legendäre **Burnout 3: Takedown.**

Alles begann in den frühen Neunzigern, in der Software-Abteilung des Kamera-Herstellers Canon. Dort entstand die sogenannte RenderWare-Engine, ein Programmiergerüst, das komplexe 3D-Grafik selbst auf schwachen Computern möglich machte. Eigentlich für professionelle Anwendungen wie Bauzeichnungen gedacht, stellte sich RenderWare auch als sehr potentes Werkzeug für Videospiele heraus. Um die Entwicklung der Engine voranzutreiben, gründeten die Köpfe hinter der Software mit Criterion ihr eigenes Games-Studio. Nach Frühwerken wie **Speedboat Attack** (1997) oder **Redline Racer** (1998) legten sie kurz nach der Jahrtausendwende mit **Burnout** (2001) die Grundlage für den weiteren Erfolg. Bereits mit dem ersten Versuch hob sich die spätere Serie angenehm von der Konkurrenz ab. Statt auf klassischen Rennstrecken heizt man hier durch belebte Großstädte, die realen Vorbildern nachempfunden sind. Durch das Missachten von Verkehrsregeln baut man eine Boost-Leiste auf, riskantes Fahren wird also mit mehr Speed entlohnt. Oft muss man nicht nur auf seine Kontrahenten achten, sondern auch auf viel befahrene

Kreuzungen. Kann ein Unfall nicht vermieden werden, verarbeitet RenderWare die Vehikel anschließend auf schönste Weise zu digitalem Kleinholz. Diese Crashes sahen damals so spektakulär aus, dass Criterion für den Nachfolger **Burnout 2: Point of Impact** (2002) sogar einen Modus einführte, in dem man mit Absicht so viel Blechschaden wie möglich verursacht.

Burnout 3 verfeinert nun nicht nur all diese Elemente, es fügt mit den Takedowns das entscheidende Puzzlestück hinzu. Wer den Gegner während eines Rennens zum Crashen bringt, wird neben einem Boost-Bonus mit einer Super-Zeitlupe sowie schnellen Kameraschwenks belohnt, ähnlich dem Spezialeffekt aus den **Matrix**-Filmen. Wegen des abwechslungsreichen Missionsdesigns macht das alles schon allein vor dem Fernseher einen Heidenspaß, gesellige Leute toben sich obendrein im lokalen Multiplayer aus. Nur die Online-Server wurden bereits vor langer Zeit abgeschaltet. Mit dieser Mischung landete Criterion einen Riesenhit, selbst die bei Racern sonst so kritische Presse vergab seinerzeit etliche Game-of-the-Year-Awards. Möchte man heute eine Runde drehen, ist man leider immer noch auf die alten Konsolen-Fassungen angewiesen. Eine Neuauflage oder gar ein Remake gab es bislang nicht. Immerhin ist die originale Xbox-Version aber für kleines Geld per Download zu haben und läuft auch auf der Xbox360.

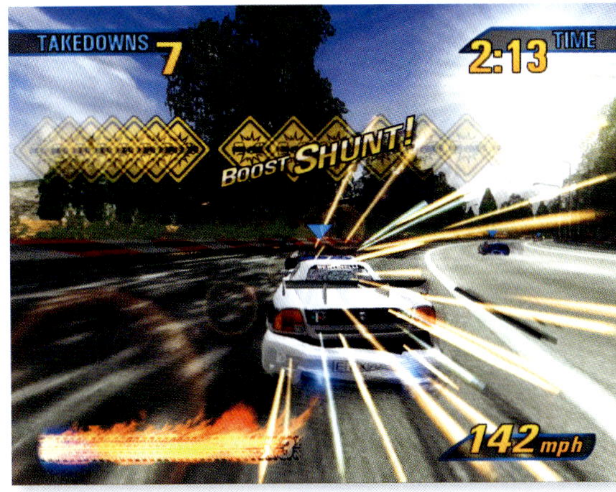

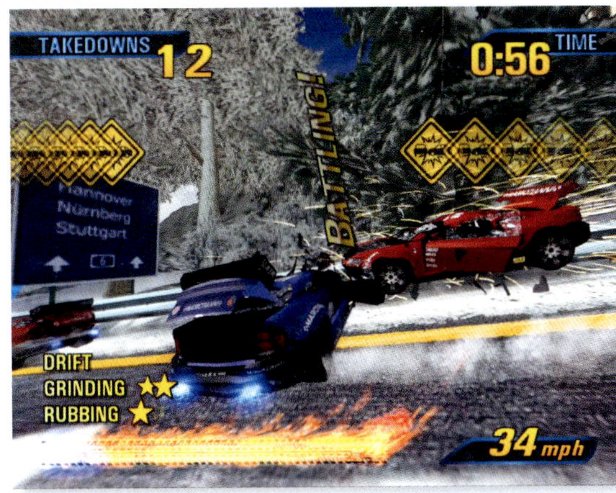

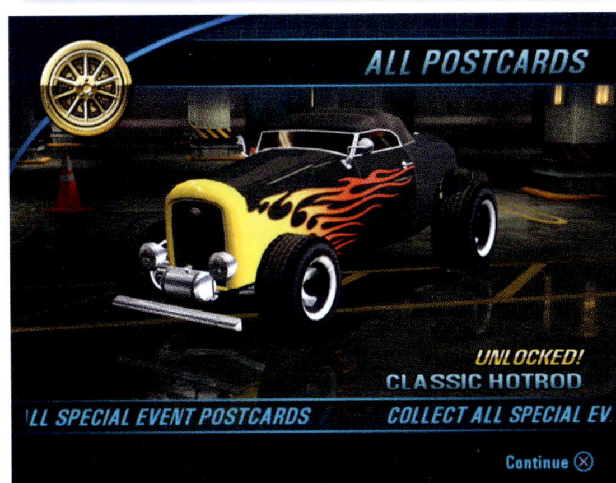

PlayStation 2

CASTLEVANIA: SYMPHONY OF THE NIGHT (1997)

SYSTEM: PLAYSTATION / PLAYSTATION 4 / PLAYSTATION PORTABLE / SEGA SATURN / XBOX360 / SMARTPHONE

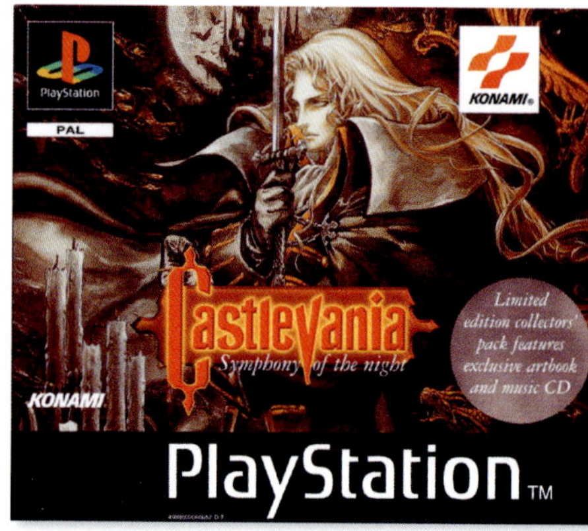

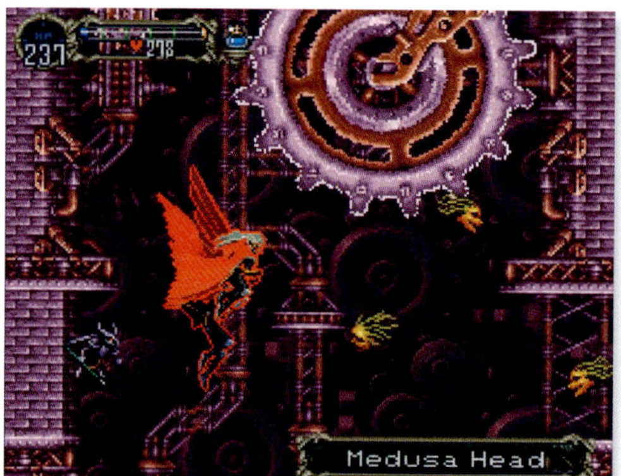

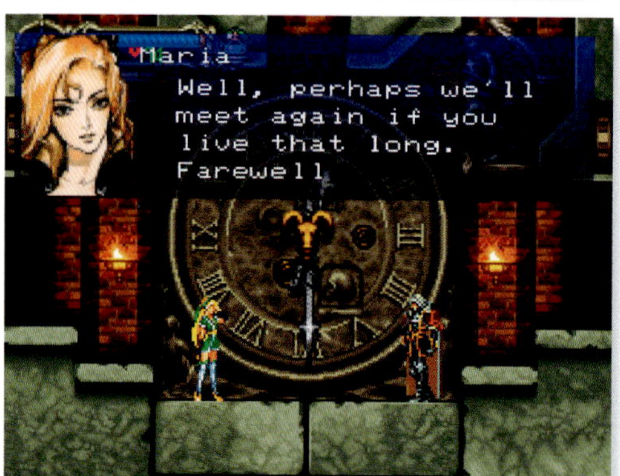

PlayStation

Manchmal ist die Qualität eines Videospiels nicht gleichbedeutend mit dem Erfolg an den Ladenkassen. Heutzutage gilt **Symphony of the Night** als moderner Klassiker, der mit seinen frischen Ideen neuen Schwung in die damals angestaubte **Castlevania**-Serie brachte. Trotz guter Wertungen der Gaming-Presse lag die PlayStation-CD aber zu Beginn wie Blei in den Regalen, kaum jemand wollte den Titel mit nach Hause nehmen. Was genau war der Grund? Und warum hat sich die Meinung der Öffentlichkeit anschließend quasi um 180° gedreht?

Seit Mitte der Achtziger war **Castlevania** eines der Schmuckstücke im Portfolio von Publisher Konami. Bewaffnet mit einer heiligen Peitsche stellte man Graf Dracula nach, der sich in seinem weitverzweigten Schloss verschanzt hatte. Das war wegen der vielen Monsterhorden und kniffligen Sprungeinlagen wahrlich kein leichtes Unterfangen, aber die tadellose Spielbarkeit motivierte einen immer wieder zu einer neuen Runde. Mit einer Reihe von

Fortsetzungen steigerte Konami in der Folge den Spielspaß, doch ein knappes Jahrzehnt später hatte sich die klassische Formel langsam etwas abgenutzt. Die logische Konsequenz wäre es nun gewesen, den Schritt in frei begehbare 3D-Welten zu wagen, wie es vergleichbare Serien zu der Zeit taten. Die Entwicklung eines solchen Titels hätte aber viel Zeit in Anspruch genommen, sodass ein Lückenfüller hermusste. Als Grundlage diente ein abgebrochenes Projekt für Segas glücklose 32X-Hardware, das für die PlayStation umgeschrieben wurde. Unter Programmierer Koji Igarashi, der nach dem Ausscheiden von Projektleiter Toru Hagihara die Verantwortung übernahm, entstand so das bis dahin ambitionierteste **Castlevania**.

Der üppige Speicherplatz der CD-ROM gab den Machern die Chance, bei **Symphony of the Night** statt geradliniger Level ein vertracktes Schloss zu designen, in dem die Gänge auf clevere Weise miteinander verbunden sind. Um es komplett zu erkunden, muss Hauptcharakter Alucard, der seinen vampirischen Vater ein für alle Mal in die Schranken weisen will, erst allerlei neue Fähigkeiten erlangen. Ein robustes Rollenspiel-System mit Erfahrungspunkten und wechselbaren Waffen peppt das Gameplay ordentlich auf, ebenso stimmig sind die Grafik, der Soundtrack und die Storyline. Diese spezielle Mischung erinnerte viele damals an Nintendos **Metroid**-Serie und sorgte dafür, dass später die Genrebezeichnung Metroidvania im Gamer-Sprachgebrauch Einzug hielt. All diese Qualitäten waren auf den kleinen Screenshots der Verpackung jedoch nicht zu erkennen. Die meisten potenziellen Käufer sahen »nur« ein weiteres **Castlevania** nach klassischer Art. Wozu dafür den Vollpreis ausgeben, wenn man stattdessen sowas frisches wie **Tomb Raider** haben kann? Dank des Internets verbreitete sich aber langsam die Kunde, dass **Symphony of the Night** tatsächlich ein fantastisches Spiel ist. Die Verkäufe zogen weiter an und irgendwann knackte man schließlich doch noch die Millionengrenze. Ironischerweise sorgt die damals so verschmähte 2D-Grafik dafür, dass das Spiel heute noch taufrisch wirkt, ganz im Gegensatz zu den kruden 3D-Games von einst. Wer sich selbst davon überzeugen möchte, greift am einfachsten zu den Download-Versionen für Xbox- oder PlayStation-Konsolen.

Untoter Unhold
Hat man Graf Dracula in seiner Menschenform lang genug malträtiert, verwandelt er sich in eine Bestie mit Fledermausflügeln.

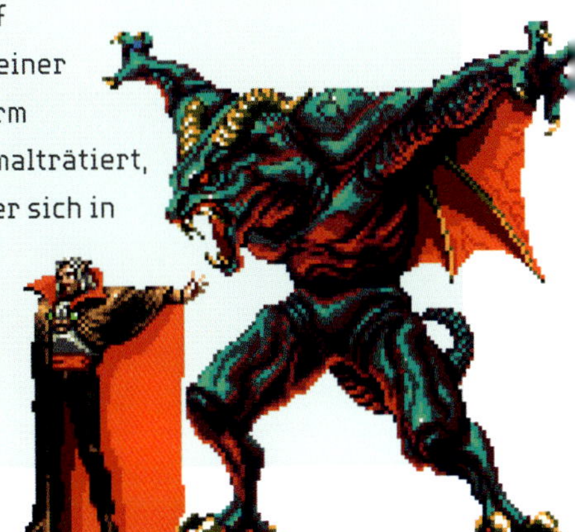

CELESTE (2018)

SYSTEM: PLAYSTATION 4 / XBOX ONE / NINTENDO SWITCH / PC

Was macht eigentlich ein gutes Videospiel aus? Die Antwort auf diese Frage hängt in erster Linie davon ab, wo genau die eigenen Prioritäten liegen. Manchen geht es primär um die Mechanik. Sie bevorzugen eine präzise Steuerung und durchdachtes Leveldesign. Andere hingegen wollen lieber eine mitreißende Story erleben. Und ja, auch »Oberflächlichkeiten« wie hübsche Grafik und eingängige Musik können den Ausschlag geben. **Celeste** ist nun einer dieser seltenen Fälle, wo tatsächlich für jeden was dabei ist. Weil aber im Zentrum darüber hinaus noch ein genialer Gameplay-Kniff steckt, wird aus einem guten Spiel ein fantastisches.

Entwicklerin Maddy Thorson hatte sich bereits einen Namen mit dem Multiplayer-Spaß **TowerFall** (2013) gemacht, als sie mit Programmierer Noel Berry an einem Game Jam teilnahm. Dort ging es darum, unter enormem Zeitdruck ein Spiel für den virtuellen PICO-8-Computer zu erschaffen. Dieser Retro-Rechner existiert im echten Leben zwar nicht, aber im Sinne des Wettbewerbs tat man einfach so, als ob. Trotz der selbst auferlegten Limits war ihr **Celeste** dennoch ein kleiner Hingucker. Als junges Mädchen mit kräftigen Waden geht es darum, einen steilen Berg zu erklimmen. Sobald man in der Luft ist, darf man exakt ein weiteres Mal springen, um zum Beispiel weit entfernte Plattformen zu erreichen. Erst wenn man wieder festen Boden unter den Füßen hat, wird ein weiterer Doppelsprung erlaubt. Wegen dieser Einschränkung wird aus dem Jump & Run gleichzeitig ein vertracktes Puzzlespiel

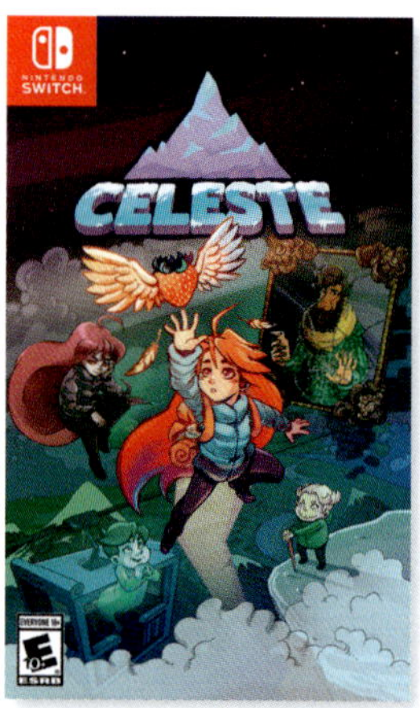

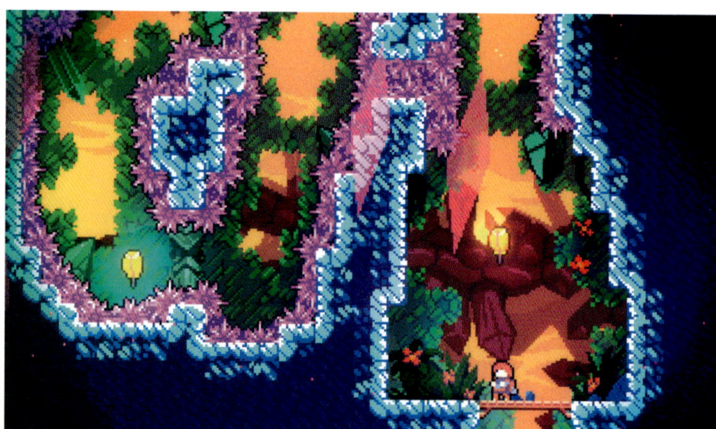

PC

mit anspruchsvollem Gameplay und hohem Suchtfaktor. Leider ist der ganze Spaß bereits nach ein paar Minuten vorbei, da es sich ja nur um eine kleine Fingerübung für einen Programmier-Wettstreit handelt.

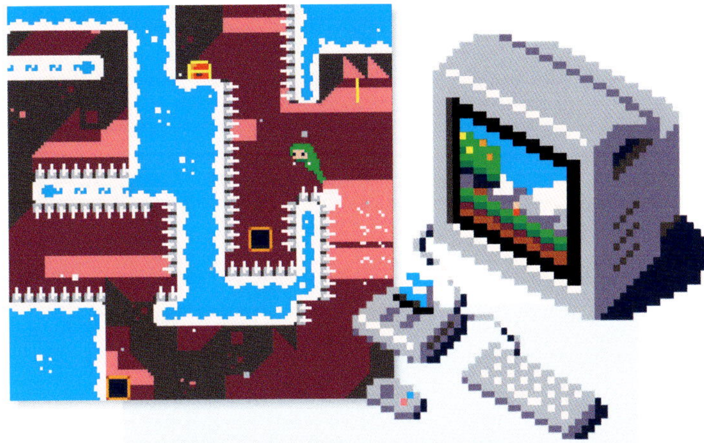

Virtuelle Heimat

Mehr über den PICO-8 erfährt man auf auf **lexaloffle.com**. Etliche Games sind direkt im Browser spielbar, die nötigen Programme zum Entwickeln eigener Software gibt es für knapp 15 Dollar.

Zum Glück überzeugte die positive Rezeption Thorson und Berry davon, aus **Celeste** ein vollwertiges Spiel zu machen. Knapp drei Jahre nahm die Entwicklung in Anspruch, in denen Thorson auch selbst viel durchmachen musste, was sich vor allem in der Story widerspiegelt. Die Protagonistin Madeline hat hier mit Depressionen und Panikattacken zu kämpfen, weshalb die Klettertour auch ein Trip zur Selbstfindung wird. Erzählt in feinfühligen Dialogen und Cutscenes, markiert die Geschichte damit einen interessanten Kontrast zum ansonsten sehr frenetischen Spielablauf. Das grundlegende Konzept mag zwar genau wie beim Prototypen funktionieren, wurde hier aber auf Hochglanz poliert und überrascht immer wieder mit frischen Ideen, je näher man der Bergspitze kommt. Sind einem zu Beginn noch die simpelsten Sprünge schwergefallen, jagt man irgendwann wie ein geölter Blitz durch die Lüfte und fühlt sich toll dabei. Selbst wer nicht über die nötigen Reflexe verfügt, muss sich nicht grämen, weil der anpassbare Schwierigkeitsgrad auch komplette Anfänger nicht hängen lässt. Wegen der Natur des Spiels ist **Celeste** seitdem vor allem in der Speedrun-Szene enorm populär geworden. Einem Meister dabei zuzuschauen, wie er mit Leichtigkeit selbst die härtesten Aufgaben überwindet, hat beinahe etwas Magisches. Noch besser ist es aber, selbst mal Hand anzulegen, was man dankenswerterweise auf fast jeder modernen Plattform machen kann. So richtig geben sich alle Fassungen nichts, also sollte die Entscheidung davon abhängen, mit welchem Controller man am besten zurechtkommt. Sonst wird aus großer Lust sehr schnell großer Frust.

CHRONO TRIGGER
(1995)

SYSTEM: SUPER NES / NINTENDO DS / PLAYSTATION / PC / SMARTPHONE

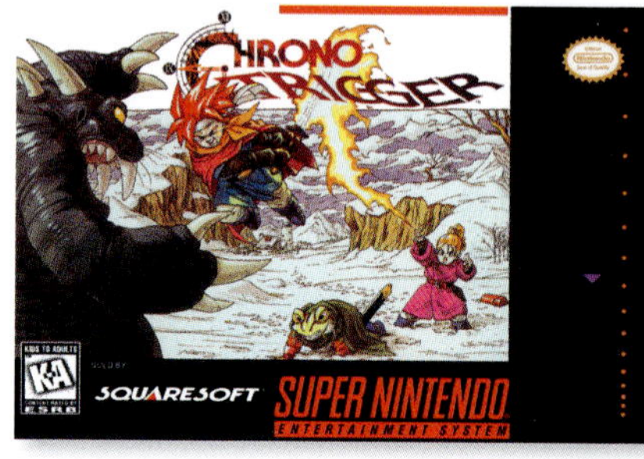

Wie heißt es so schön: »Viele Köche verderben den Brei!« Das gilt vor allem im kreativen Bereich, wo die Qualität stark darunter leiden kann, wenn die Verantwortlichen nicht am selben Strang ziehen. Selbstverständlich ist die Entwicklung von Videospielen oft eine kollaborative Tätigkeit und nur selten das Werk einer einzigen Person. Um das bestmögliche Ergebnis zu erzielen, braucht es dennoch eine klare Vision, auf die alle gemeinsam hinarbeiten. Was ist aber, wenn gleich mehrere laute Stimmen im Raum sind? Kann jemand, der es gewohnt ist, dass alle nach seiner Pfeife tanzen, das eigene Ego wirklich hintanstellen? **Chrono Trigger** ist eines der seltenen Beispiele dafür, wenn der Brei im Anschluss richtig lecker schmeckt. Erschienen im Jahre 1995 vereint das SNES-Rollenspiel nicht nur leichtfüßig die besten Eigenschaften des Genres, es merzt auch konsequent dessen Schwächen aus. Dafür verantwortlich zeichnete sich ein Dreamteam aus absoluten Schwergewichten der japanischen Games-Industrie.

Dank erfolgreicher Frühwerke wie **Ultima** oder **Wizardry** wurden die Computer-RPGs Anfang der Achtziger zu einer der populärsten Spielegattungen. Als großer Fan wollte sich Nachwuchs-Programmierer Hironobu Sakaguchi auch selbst mal daran versuchen, seine Chefs beim Entwicklerstudio Square schreckten aber vor den hohen Produktionskosten zurück. Erst als sein Kollege Yuji Horii bei der Konkurrenzfirma Enix mit **Dragon Quest** (1986) den Durchbruch in Japan schaffte, bekam Sakaguchi das »Go« und hob mit einem kleinen Team **Final Fantasy** (1987) aus der Taufe. Sowohl **Final Fantasy** als auch **Dragon Quest** mauserten sich in den Folgejahren zu langlebigen Serien, die sich mit jedem Eintrag stets weiterentwickelten. Dank seines zeitlichen Vorsprungs konnte Horii zwar oft als Erster mit innovativen Ideen punkten, aber Sakaguchi war mitnichten nur ein Mitläufer. Obwohl beide Reihen etliche Parallelen aufwiesen, wie die grafische Darstellung aus der Vogelperspektive und Zufallskämpfe in rundenbasierten Gefechten, fand auch **Final Fantasy** bald seine eigene Identität. Die Fans schätzten dabei insbesondere das dramatische Storytelling und das experimentelle Gameplay der späteren Titel. Als die beiden größten Rollenspiel-Produzenten Japans lieferten sich Square und Enix infolgedessen über lange Zeit hinweg einen spannenden Schlagabtausch.

Die unerwartete Kollaboration der beiden Firmen nahm dann auf einer Geschäftsreise ihren Lauf, an der neben Sakaguchi und Horii auch Akira Toriyama teilnahm, der Art-Designer von **Dragon Quest** und Schöpfer der immens populären **Dragon-Ball**-Mangas. Eigentlich wollte man sich in Amerika nur über die neuesten Fortschritte in Sachen Computergrafik informieren, plötzlich tauschten die Rivalen aber auch angeregt Ideen für Stories und Spielkonzepte aus. Wieder in Japan angekommen, holte Square-Produzent Kazuhiko Aoki die drei nach längerer Bedenkzeit an einen Tisch und das Großprojekt nahm seinen Lauf. Unter dem vorläufigen Titel **Maru Island** sollte ein Action-RPG entstehen, das so umfangreich war, dass es nur auf eine CD-ROM passte. Leider machte ausgerechnet Nintendo dieser ambitionierten Idee einen Strich durch die Rechnung, als sie die Entwicklung des dafür nötigen

Super NES

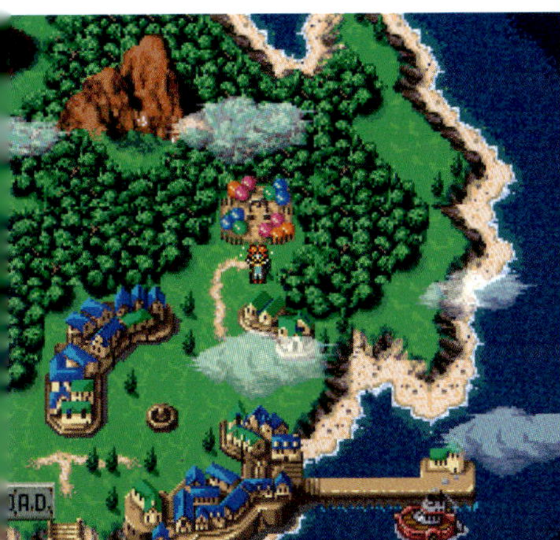

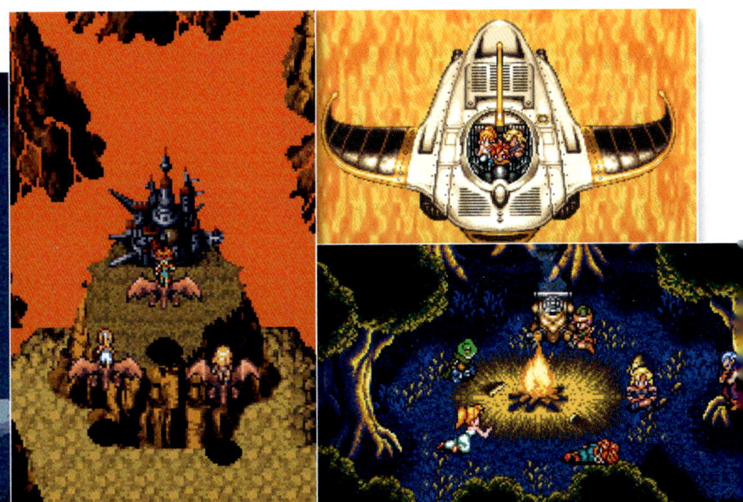

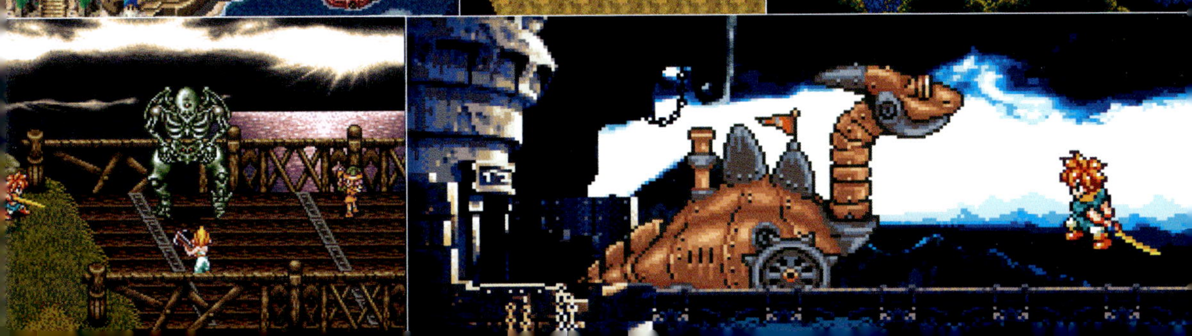

Ohrenschmaus
Der fantastische Soundtrack war das erste große Projekt von Yasunori Mitsuda. Bei der Produktion verausgabte sich der Komponist aber so sehr, dass **Final-Fantasy**-Kollege Nobuo Uematsu für ein paar Tracks einspringen musste.

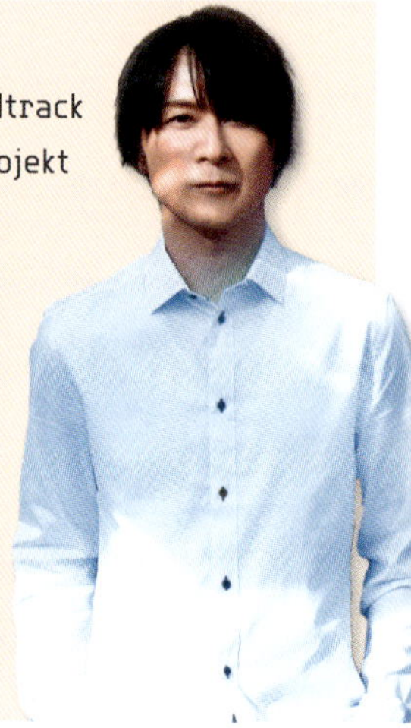

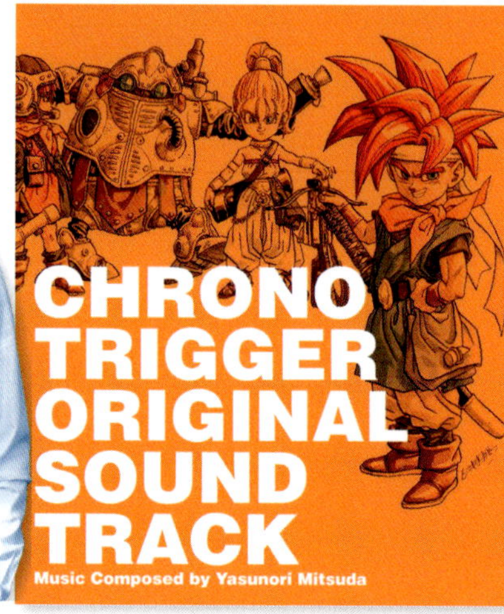

Laufwerks ihrer SNES-Konsole einstellten. Damit die getane Arbeit nicht für die Katz war, entschied man sich bei Square, aus **Maru Island** gleich zwei Spiele zu machen, die auf handelsübliche Module mit vergleichsweise geringem Speicherplatz passten. Um das Erste kümmerte sich ein anderes Entwicklerteam, das mit einem Teil der vorhandenen Ideen im Gepäck den Klassiker **Secret of Mana** (1993) schuf. Für das zweite Spiel hingegen ließ man sich mehr Zeit und schraubte vor allem ordentlich am Gameplay und der Storyline. Horii selbst war großer Fan von Zeitreise-Geschichten, was einerseits sehr viel Potential für abgedrehte Plot-Twists bot, aber wegen der verschiedenen Perioden, die man deswegen abbilden musste, andererseits einen riesigen Rattenschwanz an Arbeit nach sich zog. Das für Square-Verhältnisse eh schon üppig besetzte Team wuchs stetig weiter an und wurde in Schlüsselpositionen mit Leuten wie Autor Masato Kato, Komponist Yasunori Mitsuda oder Grafiker Tetsuya Takahashi besetzt. Zwar konnte **Chrono Trigger** deswegen erst Jahre später fertiggestellt werden, dafür aber ohne große Abstriche, weil man mit 32 Mbit-Speicher eines der damals größten Module verwenden durfte.

Das eigentliche Spiel beginnt nun – ganz ungewöhnlich – mit einem Besuch auf dem lokalen Jahrmarkt. Lucca, eine gute Freundin des Protagonisten, stellt dort gerade ihre neueste Erfindung aus, einen Materie-Transporter. Beim Test der Maschine geht jedoch einiges schief und wir landen 400 Jahre in der Vergangenheit. Von hier an entfaltet sich nun ein Abenteuer, das sich nicht nur über eine Zeitspanne von mehreren

Millionen Jahren erstreckt, sondern bei dem auch das Schicksal der gesamten Menschheit auf dem Spiel steht. Durchaus vergleichbar mit Kultfilmen wie **Zurück in die Zukunft** schafft es **Chrono Trigger**, seine Geschichte mit einem knackigen Pacing zu erzählen, voller Überraschungen und vielschichtiger Charaktere. Humorvolle Einlagen wechseln sich gekonnt mit dramatischen Momenten ab, der Spannungsbogen spitzt sich immer weiter zu, ohne die eigentliche Spieldauer künstlich zu strecken. Auch das Gameplay passt: Statt anstrengender Zufallskämpfe gibt es Duelle, die organisch in die Spielewelt verbaut wurden. Das i-Tüpfelchen setzen dann schließlich die tolle Grafik und der absolut fantastische Soundtrack.

Dass diese Mischung so gut funktioniert, schreibt Sakaguchi dem stetigen Diskurs mit Horii zu. Die unterschiedliche Denke der beiden sorgte für ein konstantes Schleifen von Ideen und Hinterfragen der eigenen Arbeitsweise. **Chrono Trigger** setzt sowohl auf Tradition, bricht aber auch gekonnt mit Genre-Konventionen, wenn dies für den Spielspaß mehr Sinn ergibt. Im Zusammenspiel mit dem restlichen Team entstand so ein Titel, der weder große Schwächen noch irgendwelche Längen hat. Die meisten Spieler sollten deswegen bereits nach knapp 25 Stunden den Abspann erreichen, dank vieler alternativer Enden und versteckter Geheimnisse ist dann aber noch lange nicht Schluss. Wer sich knapp dreißig Jahre später nun selbst von der Qualität **Chrono Triggers** überzeugen möchte, ist mit der PC-Portierung für Steam am besten bedient. Die war zur Veröffentlichung 2018 noch technisch etwas mau und voller Fehler, wurde mittlerweile aber von Grund auf runderneuert.

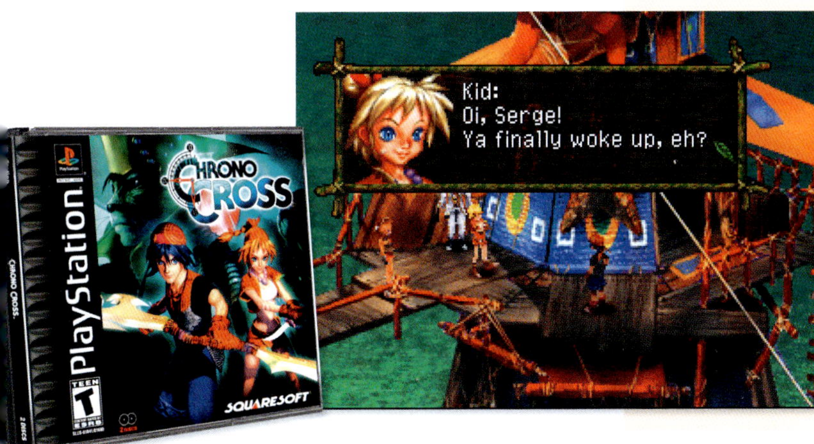

Die Sequels
Auf Grundlage des Text-Adventures **Radical Dreamers** (1996) entstand ein paar Jahre später **Chrono Cross** (1999) für die PlayStation. Beide Games gibt es mittlerweile als Remaster in einem Paket.

COUNTER-STRIKE (2000)

SYSTEM: PC / PLAYSTATION 3 / XBOX / XBOX360

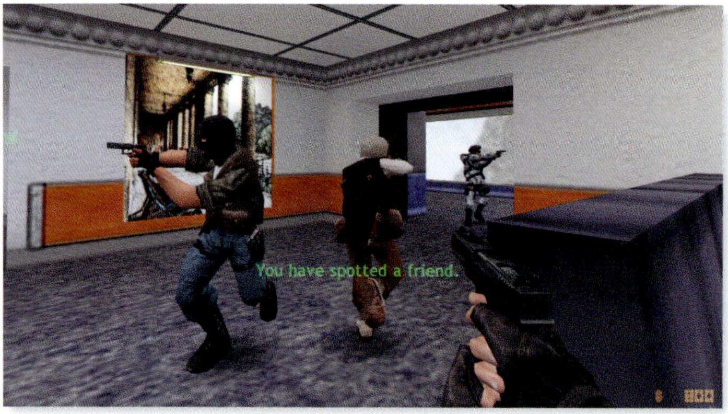

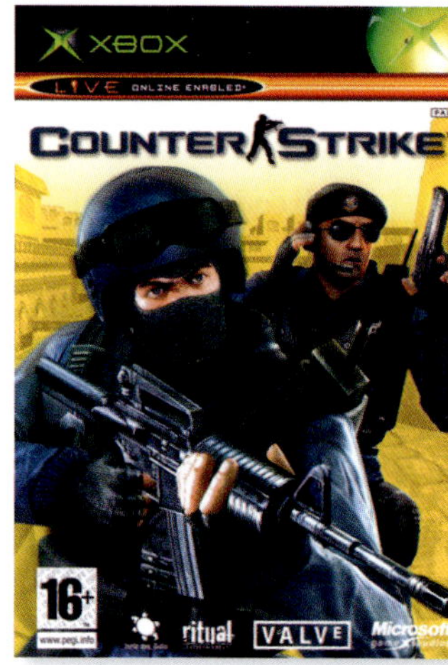

Counter-Strike 1.6 mit Condition-Zero-Modellen PC (2004)

Kaum etwas hatte einen so hohen Einfluss auf die Spieleindustrie wie die flächendeckende Verbreitung des Internets. Von exklusiven Download-Stores und Konsolen ohne Laufwerk mögen wir zur Jahrtausendwende noch weit entfernt gewesen sein. Das PC-Gaming allerdings hatte bereits eine starke Wandlung mitgemacht, insbesondere was den Multiplayer anging. Musste man für eine zünftige Session früher noch sein schweres Equipment zum besten Kumpel oder auf die nächste LAN-Party schleppen, klemmte man nun einfach das Modem an die heimische Telefonbuchse. Dadurch konnte das wegweisende **Half-Life** (1998) gleich doppelt punkten. Abseits vom fantastischen Story-Modus entstand eine florierende Online-Szene, die sich tagein, tagaus mit dem Spiel beschäftigte.

Dazu gehörten auch die beiden Studenten Minh Le und Jess Cliffe, die gemeinsam an einer Mod für den Shooter arbeiteten. Unter diesem Begriff versteht man unter anderem selbstgemachte Level oder gar eigenständige Titel, die auf Basis eines bereits vorhandenen Spiels erstellt werden. Ganz alleine lauffähig sind sie aber dann nicht, weil sie die originalen Dateien ihrer Vorlage als Unterbau verwenden. Le und Cliffe dachten sich nun mit **Counter-Strike** einen ganz speziellen Multiplayer-Modus aus. Auf verzweigten Maps treten zwei Fünfer-Gruppen zum Duell an, aufgeteilt in Terroristen und Counter-Terroristen. Je nach Aufgabenstellung und Gruppenzugehörigkeit ändern sich die Siegbedingungen. Mal gilt es, Bomben zu entschärfen oder Geiseln zu befreien, mal versucht man, einen dedizierten VIP im gegnerischen Team auszuschalten. Zu Beginn jeder Runde gibt es eine kurze Kaufphase, in der man verdientes Geld aus dem letzten Match für bessere Waffen ausgibt. Wer nicht genug Rücklagen hat, muss mit Pistole und Messer als Standardausrüstung vorliebnehmen. Mit dem gnadenlos heruntertickendem Zeitlimit im Nacken hat man nun genau ein Leben, um die Mission zu erfüllen. Wer mittendrin ausscheidet, muss im schlimmsten Fall dabei zuschauen, wie das eigene Team in Unterzahl scheitert.

Das Konzept stellte sich als so populär heraus, dass irgendwann die **Half-Life**-Macher von Valve anklopften, um Le und Cliffe die Marke abzukaufen. Die beiden gingen darauf ein und heuerten sogar bei Valve an, um an dem Projekt weiter offiziell entwickeln zu können. So wurde mit dem Erscheinen der Version 1.0 im November 2000 aus **Counter-Strike** ein eigenständiges Spiel, das auch ohne **Half-Life** funktioniert. Um nicht ins Hintertreffen zu geraten, veröffentlichte man mit den Jahren neben den üblichen Updates und Portierungen immer wieder auch komplett neue Spiele, die zum **Counter-Strike** der jeweiligen Generation werden sollten. Das reicht von **Counter-Strike: Source** (2004) über **Counter-Strike: Global Offensive** (2012) bis hin zum brandneuen **Counter-Strike 2** (2023).

Heutzutage ist **CS** ein wichtiger Eckpfeiler des eSports, der immer noch ein großes Publikum anzieht und bei dem die besten Spieler um Millionenbeträge bei Turnieren antreten. Das sollte einen als »Normalo« aber keinesfalls davon abhalten, sich die kostenlose Grundversion bei Steam runterzuladen und ein paar Runden selbst zu spielen.

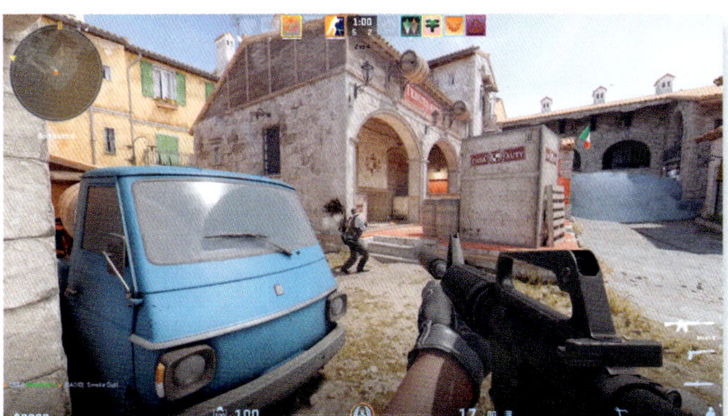

Counter-Strike 2
PC (2023)

CUPHEAD (2017)

SYSTEM: PLAYSTATION 4/XBOX/
NINTENDO SWITCH/PC

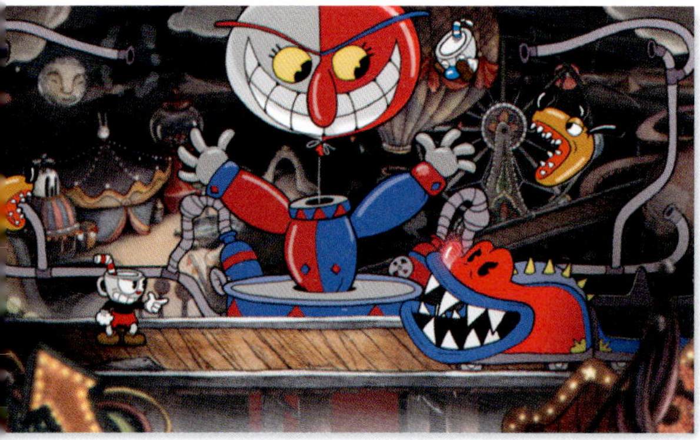

PlayStation 4

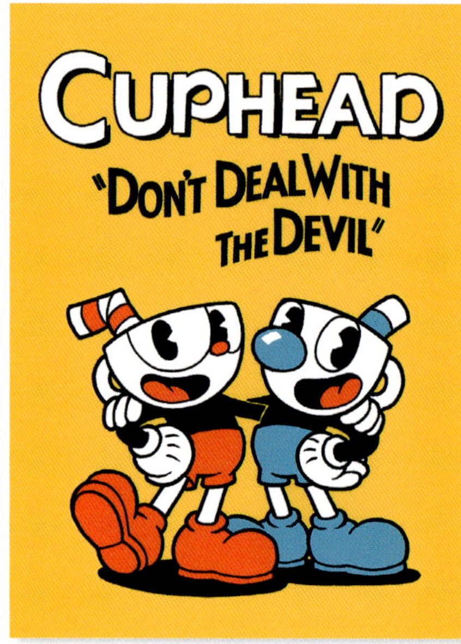

Eigentlich lautet ja das allseits bekannte Sprichwort: »Wer schön sein will, muss leiden!« Bezogen auf **Cuphead** müsste es allerdings eher heißen: »Wer schön ist, der verursacht Leiden!« Selten gab es ein Spiel, das auf der einen Seite so unglaublich hübsch ausschaut, dass man es mit einem Cartoon verwechseln könnte, auf der anderen Seite aber auch so knallhart schwer ist, dass einem glatt die Tränen in die Augen schießen.

Über sieben Jahre schraubte das von den Moldenhauer-Brüdern Jared und Chad angeführte Studio MDHR an diesem kleinen Kunstwerk. Bereits in ihrer Kindheit vergötterten die beiden klassische Animationsfilme, insbesondere die aus dem goldenen Zeitalter des amerikanischen Zeichentricks. In den Zwanzigerjahren des letzten Jahrhunderts fingen Firmen wie Disney und die Fleischer Studios damit an, aufwendige Kurzfilme zu produzieren, die ein großes Publikum in die Kinos lockten. Später liefen diese selbstverständlich auch im Fernsehen rauf und runter, wo sie zum Pflichtprogramm für die Moldenhauers wurden – sofern sie nicht gerade mit Videospielen beschäftigt waren.

Diese beiden Leidenschaften treffen nun in **Cuphead** aufeinander. Tassilo und Pottkopp haben leichtfertigerweise ihre Seelen bei einer Wette mit dem Teufel verspielt. Jetzt müssen die Brüder als Ersatz die Seelen entlaufener Schuldner einsammeln, sonst droht die ewige Verdammnis. Auch wenn eine Handvoll Level im traditionellen Sinne als auch Flugsequenzen wie bei einem Horizontal-Shooter enthalten sind, besteht **Cuphead** zum Großteil aus ausladenden Bosskämpfen, einer origineller als der andere. Jedes Duell hat seine eigene Arena, die Gegner mehrere Stufen und verschiedene Angriffsmuster. Ohne schnelle Reflexe und sorgsames Auswendiglernen kommt man nicht weit. Mit verdienbaren Münzen schaltet man neue Waffen oder mehr Trefferpunkte frei, was auch bitter nötig ist, denn die Gegner werden immer fieser und gemeiner. Wer jetzt hofft, sich im Zweispieler-Modus irgendwie durchmogeln zu können, liegt falsch. Wegen der geringeren Übersicht sowie dem größeren Energievorrat der Bosse ist der Multiplayer oft sogar noch schwerer.

Nachschlag!
Wer nicht genug auf die Kauleiste bekommen kann, gönnt sich die kurze (aber knackige) Erweiterung **The Delicious Last Course**. Die adrette Ms. Chalice ergänzt hier als neue spielbare Figur das bewährte Porzellan-Duo.

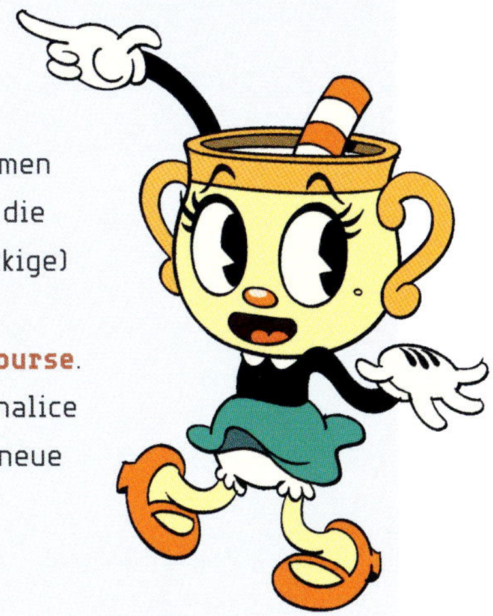

Vom Gameplay her erinnert das Ganze an die größten Action-Kracher von Vorgestern wie **Super Probotector** (1992), **Gunstar Heroes** (1993) oder **Alien Soldier** (1995). Es gibt kaum eine größere Erleichterung, als wenn man endlich einen Gegner erledigt hat, an dem man mehrere Dutzend Mal vorher zerschellt ist. Die Spiel-Balance ist auf den Punkt austariert, frische Ideen am laufenden Band sorgen dafür, dass man sich nie auf seinen Lorbeeren ausruhen kann. Der größte Star von **Cuphead** ist aber der brillante Look, alle Animationen wurden akribisch von Hand gezeichnet und könnten glatt aus der Goldenen Ära selbst stammen. Jede Figur im Spiel, egal ob Freund oder Feind, schwingt obendrein im Takt der peppigen Jazz-Musik mit – unglaublich charmant!

Wer sich nun traut, selbst in den Ring zu steigen, kann dies auf allen gängigen Plattformen machen. Große Unterschiede gibt es nicht. Viel wichtiger ist stattdessen die Wahl des passenden Controllers, schließlich will man auch ein Eingabegerät, mit dem man perfekt zurechtkommt. Einziger Nachteil ist dann nur, dass man das eigene Versagen nicht mehr auf die Hardware schieben kann.

DAY OF THE TENTACLE: MANIAC MANSION 2

(1993)

SYSTEM: PC / PLAYSTATION 4 / PLAYSTATION VITA / XBOX ONE / SMARTPHONE

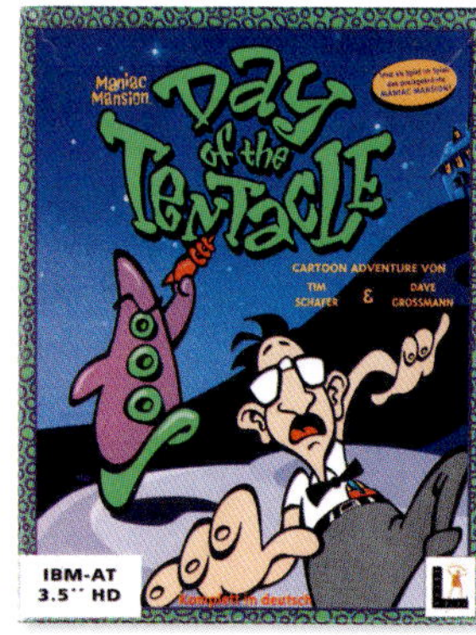

Heutzutage zählen vor allem Strategiespiele und Wirtschaftssimulationen zu den beliebtesten Genres in Deutschland. Doch für lange Zeit standen Grafik-Adventures in den Charts ganz oben. Bis in die späten Neunziger hinein konnte sich kaum jemand dem Charme der denklastigen Spiele entziehen, die ausgefeilte Geschichten mithilfe verschachtelter Dialoge und knackiger Puzzles erzählen. Aus dem mehr als üppigen Angebot stachen da insbesondere die Titel von LucasArts heraus, dem Studio von **Star-Wars**-Visionär George Lucas. Der war zwar nie groß an der Entwicklung neuer Spiele beteiligt, hatte aber ein kreatives Umfeld geschaffen, in dem sich talentierte Leute richtig austoben konnten. Mit David Grossman und Tim Schafer kamen nun zwei dieser Talente zusammen und schufen das geniale **Day of the Tentacle**. Beide stiegen gegen Ende der Achtziger in die Firma ein und wurden zeitgleich für den Umgang mit der hauseigenen SCUMM-Engine ausgebildet. Das Programmiergerüst war das Herzstück der Adventures von LucasArts und machte es möglich, komplexe Sätze einfach per Maus zusammenzuklicken, statt sie mühsam mit der Tastatur zu tippen. Ihre ersten Sporen verdienten sich die beiden an der Seite von Ron Gilbert mit dem Kultklassiker **The Secret of Monkey Island** (1990). Da Grossman und Schafer auf einer Wellenlänge lagen, durften sie später das Sequel von **Maniac Mansion** (1987) gemeinsam umsetzen.

Im Vorgänger ging man noch auf Rettungsmission in die Villa von Dr. Edison. Dieser stand unter dem Einfluss eines herrschsüchtigen Meteors und hatte Sandy entführt, die Freundin des Protagonisten Dave. Mit dabei war auch Bernhard, ein schreckhafter Nerd, dessen technisches Geschick maßgeblich dazu beitrug, Sandy zu befreien. Fünf Jahre nach dieser schicksalhaften Nacht ist nun eine neue Krise ausgebrochen, denn Purpur-Tentakel ist vom Größenwahn befallen und will die Weltherrschaft an sich reißen. Um das zu verhindern, fährt Bernhard erneut zum Tollhaus und nimmt seine Mitbewohner Hoagie und Laverne mit. Die drei kommen allerdings zu spät und können das Unglück nur noch verhindern, indem sie durch die Zeit reisen. Während Bernhard in der Gegenwart bleibt, verschlägt es Hoagie in die Vergangenheit, in die Zeit der amerikanischen Unabhängigkeitserklärung. Laverne hingegen landet in einer dystopischen Zukunft, wo die Menschen zu Haustieren degradiert wurden.

Dieses gewitzte Setup nutzten Grossman und Schafer nicht nur dafür, ein knallbuntes Abenteuer voller amüsanter Situationen und Figuren zu schaffen, auch die Rätsel haben an Komplexität zugenommen. Manche Aufgaben sind nur lösbar, wenn man die nötigen Gegenstände in die richtige Zeitperiode transportieren kann, was nicht immer so einfach ist. Sobald man aber mal in der Denke von **Day of the Tentacle** drin ist, greift alles erstaunlich logisch ineinander. Besitzt man die hiesige CD-Fassung, erklingt eine etwas gewöhnungsbedürftige, aber dennoch kultige deutsche Synchro. Nichts zu mäkeln gibt es hingegen an der wunderbar schrägen Präsentation, bei der sich die Grafiker Larry Ahern und Peter Chen von den Cartoons ihrer Kindheit inspirieren ließen. Wer dieses Meisterwerk verpasst haben sollte, greift am besten zu dem 2016 erschienenen Remaster. Bei dem wurden nur die grafischen Kanten leicht abgeschliffen und ein neues Eingabeschema per Controller hinzugefügt, der Inhalt blieb aber gleich. Zum Glück.

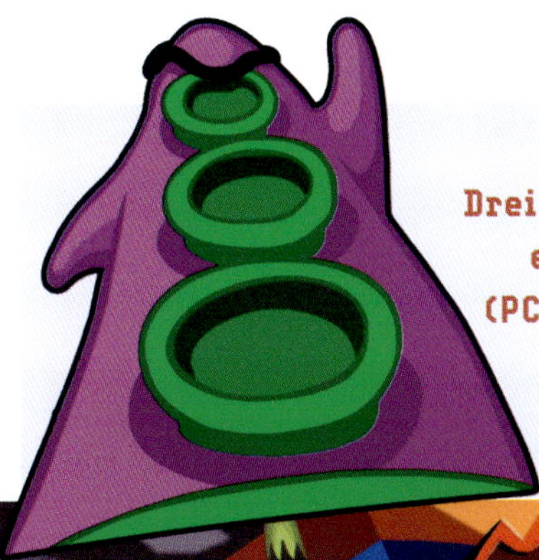

Drei Nulpen und ein Tentakel (PC-Remaster)

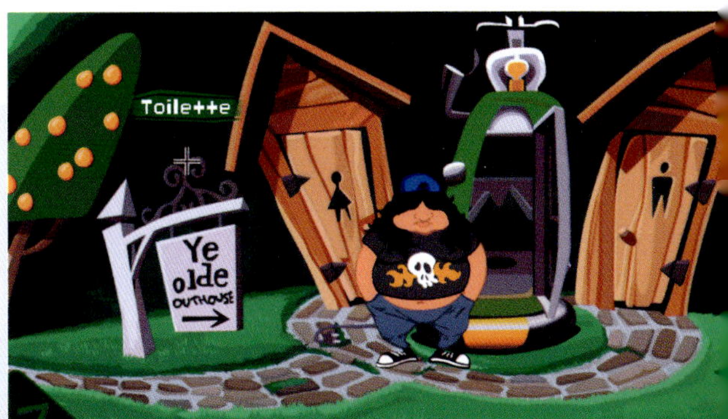

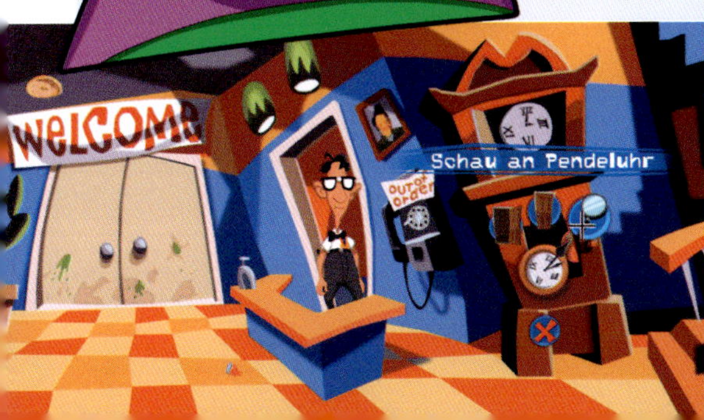

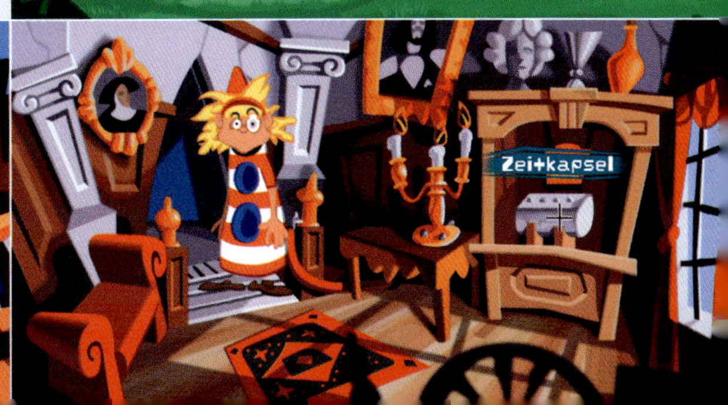

DEADLY PREMONITION (2010)

SYSTEM: PLAYSTATION 3 / XBOX360 / NINTENDO SWITCH / PC

Kann ein Spiel so schlecht sein, dass es auf einmal wieder gut wird? Eine gewagte These, denn schließlich haben nicht alle Leute ein Faible für den ironischen Konsum von Unterhaltungsmedien. Als reiner Zuschauer kann man mit der passenden Aufbereitung natürlich viel Spaß haben, sei es beim Veräppeln von Trash-Filmen mit der **SchleFaZ**-Crew, oder auch bei **Spiele mit Bart** auf Rocket Beans TV. Selbst daran teilzunehmen und sich mit grausigem Gameplay herumplagen, ist aber eine ganz andere Geschichte. Wer nun **Deadly Premonition** in dieser Ecke verortet, wird dem Survival-Horror-Drama nicht wirklich gerecht. Ja, nach objektiven Maßstäben gibt es echt viel zu mäkeln, von der mauen Technik über die karge Spielewelt bis hin zur hakeligen Steuerung. Getragen wird **Deadly Premonition** allerdings vom einzigartigen »Vibe«, einer ganz speziellen Grundstimmung, die von den Unzulänglichkeiten eher befüttert als gestört wird.

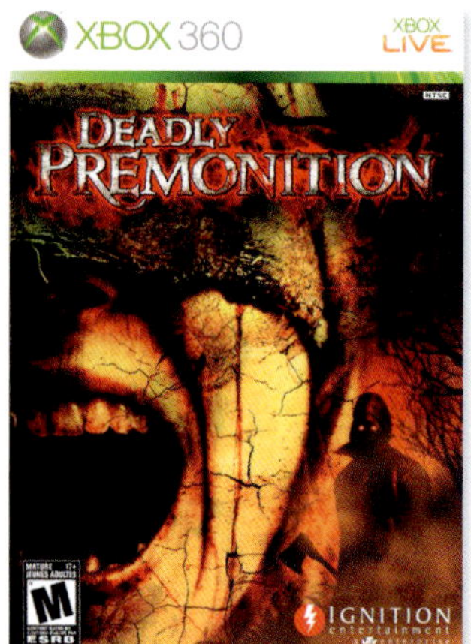

Als FBI-Agent Francis York Morgan ist man hinter dem sogenannten Raincoat Killer her. Dazu reist man ins verschlafene Städtchen Greenville und versucht mit der lokalen Polizei, den Serienmörder zu stellen. Das ist jedoch leichter gesagt als getan und schon bald stapeln sich nicht nur die Leichen, auch York selbst landet im Fadenkreuz des Killers. Obwohl es kein klassisches Zeitlimit gibt, spielt die fortlaufende Uhr eine große Rolle. Die zahlreichen Bewohner

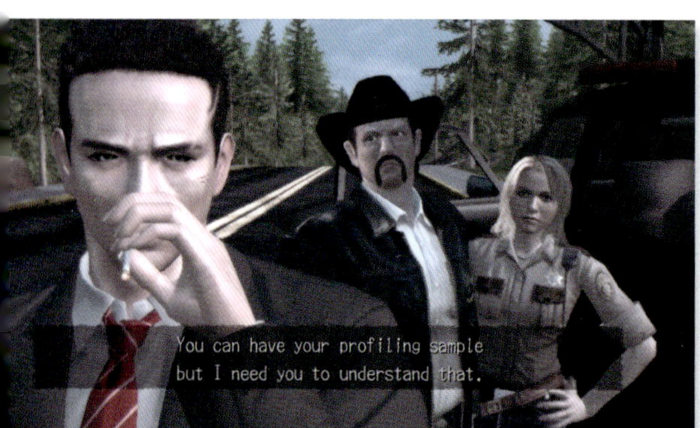

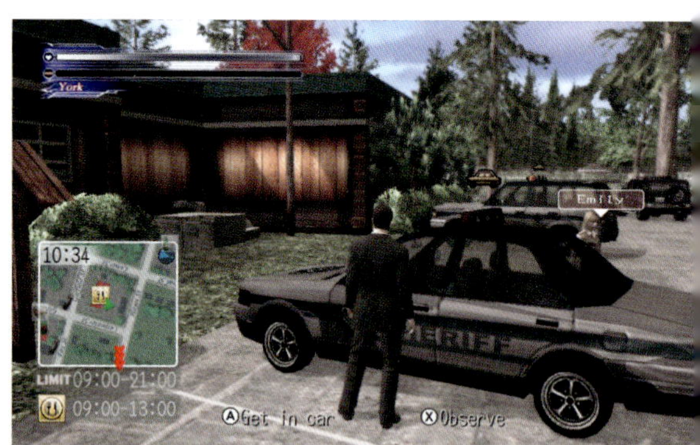

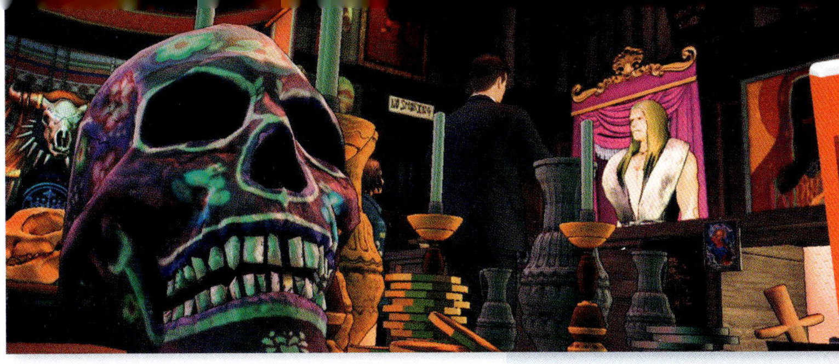

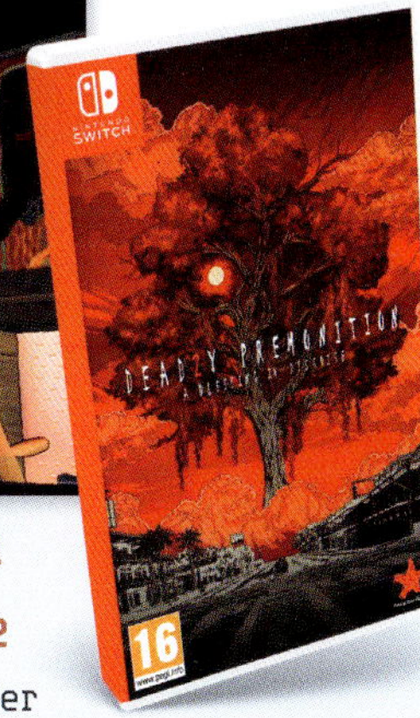

Greenvilles haben einen geregelten Tagesablauf, den man bei den Ermittlungen beachten muss. Verpasst man den Termin zur Befragung des nächsten Zeugen, muss man oft bis zur nächsten Gelegenheit ausharren. Wie bei einer Lebenssimulation bekommt York dabei Hunger oder fängt an zu müffeln, wenn man nicht zeitig duschen geht. Zu wenig Schlaf hat negative Folgen für die Gesundheit, das eigene Auto muss auch immer wieder betankt oder im Notfall repariert werden. Zu bestimmten Punkten in der Story wird York dann in die Otherworld gezogen, eine alternative Dimension, in der ihm bösartige Schattenzombies nachstellen. Die müssen dann wie bei einem Third-Person-Shooter abgeballert werden, bevor es wieder ins Hier und Jetzt zurückgeht.

Bliebe es nur bei diesem kruden Mischmasch an Ideen, würde sich heute keiner mehr an **Deadly Premonition** erinnern, doch zum Glück holt das charmante B-Movie-Script die Kohlen aus dem Feuer. Game Director Hidetaka Suehiro, selbst ein großer Fan des amerikanischen Kinos, verneigte sich hier eindeutig vor den Werken des Kultregisseurs David Lynch. Insbesondere dessen TV-Klassiker **Twin Peaks** stand Pate, was sich vor allem in den schrägen Nebenfiguren und auch York selbst niederschlägt. Ständig verwickelt er Leute in lange Gespräche, zitiert aus seinen Lieblingsfilmen oder hält Diskurs mit seinem imaginären Freund Zach. Selbst wenn man vom Gameplay mal genervt sein sollte, überwiegt die Spannung darüber, wo genau dieser wilde Ritt noch hingeht. Wer sich darauf einlassen möchte, sollte der Xbox360-Version eine Chance geben, die auch per Download auf modernen Konsolen läuft. Beim später erschienenen Director's Cut wurde leider einiges verschlimmbessert, für die PC-Fassung gibt es aber immerhin Fan-Patches, die ein paar der Probleme beheben.

Schreckliches Sequel

Deadly Premonition 2 (2020) schafft es leider nicht, die gleiche »Magie« wie der Vorgänger einzufangen. Die Story ist schwächer, das Gameplay zerfasert und die Switch-Version technisch eine reine Katastrophe.

DEMON'S SOULS

(2009)

SYSTEM: PLAYSTATION 3 / PLAYSTATION 5 (REMAKE)

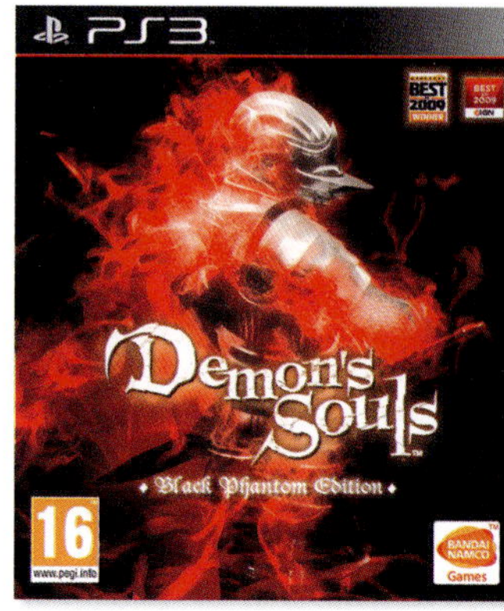

Das Gaming mag zwar in der Mitte der Gesellschaft angekommen sein, doch die kreativen Köpfe dahinter bekommen immer noch viel zu selten die verdiente Anerkennung. So schaffte es 2023 mit Hidetaka Miyazaki erst zum zweiten Mal ein Spiele-Entwickler auf die prestigeträchtige Liste der 100 einflussreichsten Personen des Time Magazine. Absolut verdient, wie die bis dahin über zwanzig Millionen verkauften Exemplare des von ihm verantworteten **Elden Ring** (2022) bezeugten. Dessen gigantischer Erfolg war aber kein Einzelfall, sondern ein weiterer Zwischenstopp auf dem Weg, den Miyazaki und seine Firma FromSoftware seit 2009 konsequent beschreiten. Ein Weg, der gepflastert ist mit unzähligen digitalen Leichen und an dessen Anfang der Kultklassiker **Demon's Souls** steht.

Dabei standen die Vorzeichen für das unscheinbare PlayStation-3-RPG gar nicht gut. Die japanische Spieleindustrie befand sich gegen Ende der Nullerjahre in einer Sinnkrise, rückläufige Verkaufszahlen in der Heimat sorgten dafür, dass viele Firmen ihr Glück beim internationalen Publikum versuchten. Große Serien wie **Silent Hill** wurden an westliche Studios übergeben, statt Horror war bei **Resident Evil** nun Koop-Gameplay und Geballer nach **Call-of-Duty**-Art angesagt. Etablierte sich mit **Gears of War** (2006) ein neuer Platzhirsch im Action-Genre, folgten blasse Imitate wie **Quantum Theory** (2010) auf dem Fuße. Entwickler-Legende Keiji Inafune erklärte nach einem ernüchternden Rundgang auf der Tokyo Game Show 2009 die lokale Industrie, ganz hochdramatisch, sogar für »beendet«. In diesem Klima überlegte sich selbst eine große Firma wie Sony zwei Mal, welche Spiele in ihr weltweites Portfolio dürfen. Als Co-Produzent hatte das Unternehmen das letzte Wort, was die Veröffentlichung von **Demon's Souls** anging. Erst im Mai 2008 war Shuhei Yoshida zum Chef der Gaming-Sparte aufgestiegen und konnte gegen Ende des Jahres eine fast fertige Version Probe spielen. Als er selbst nach mehreren Stunden kaum Fortschritt machte, lautete sein vernichtendes Urteil: »Das ist Mist! Das ist ein

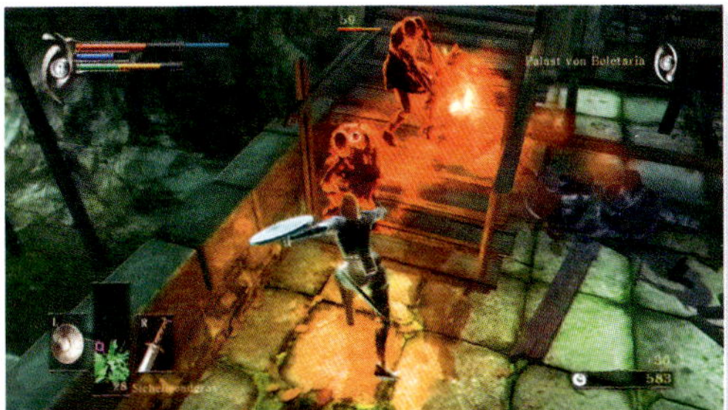

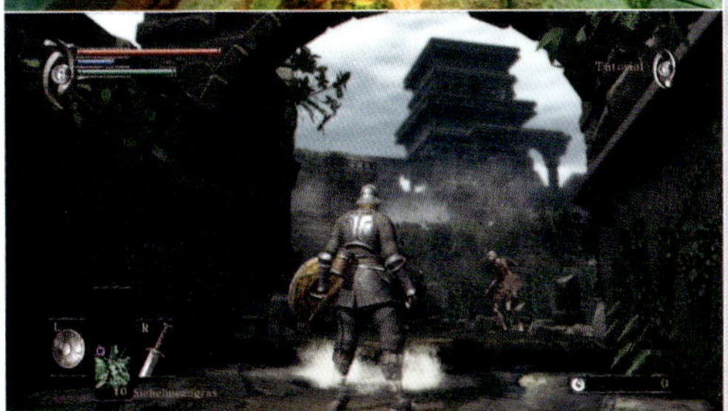

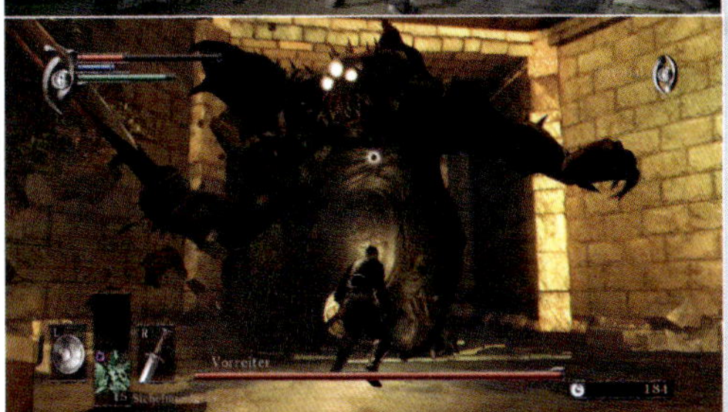

unglaublich schlechtes Spiel!« Die Folge war, dass **Demon's Souls** im Februar 2009 ohne viel Tamtam in die japanischen Geschäfte kam, doch auf einen Release in den USA und Europa verzichtete man. Dabei existierte bereits eine komplette englische Lokalisation, zumindest in der Fassung, die speziell für den asiatischen Markt außerhalb Japans gepresst wurde.

Eben diese Asia-Version war nun der Schlüssel zum Erfolg. Wie beinah alle PS3-Titel hatte auch **Demon's Souls** keine regionale Sperre, was neugierige Gamer dazu veranlasste, sich die Disc auf gut Glück zu importieren. Trotz der eher mauen Optik und des enorm hohen Schwierigkeitsgrades konnten viele einfach nicht die Finger davon lassen. Egal wie oft sie starben, sei es durch fies platzierte Fallen oder Gegner, die einem

PlayStation 3

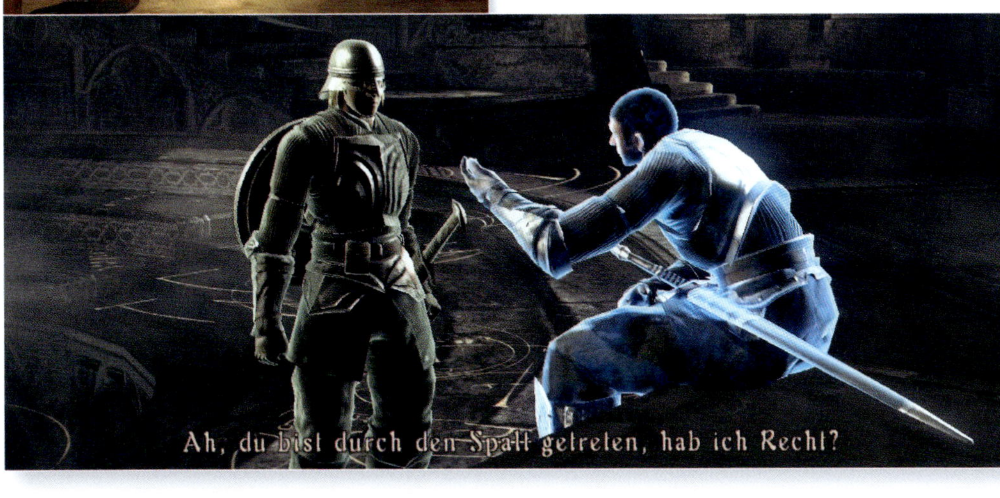

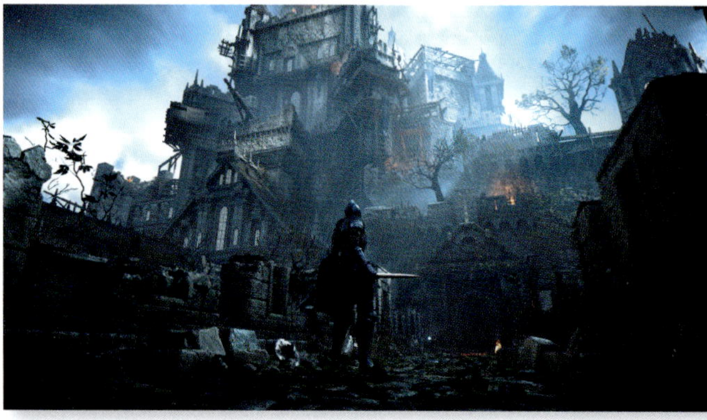

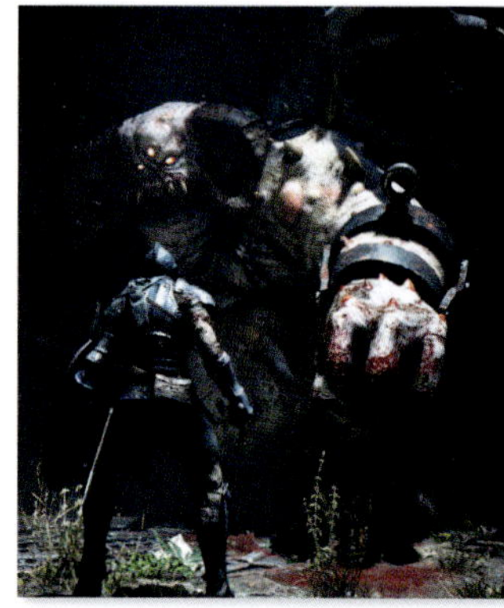

Das PS5-Remake

das Schwert aus dem Hinterhalt in den Rücken rammen, der Controller wurde erst nach dem Abspann wieder aus der Hand gelegt. Die positiven Stimmen im Internet reichten leider nicht, um Sony vom Gegenteil zu überzeugen, dafür konnte FromSoftware stattdessen Atlus und Bandai Namco als neue westliche Vertriebspartner gewinnen. Ein Glücksgriff für alle Beteiligten, denn sowohl Pressestimmen als auch Abverkäufe waren nach dem ganzen Hype sensationell gut.

Worum genau geht's aber nun bei **Demon's Souls**? Als Abenteurer verschlägt es einen ins dämonenverseuchte Reich von Boletaria. Kaum hat man aber dessen Ruinen betreten und sich warm gespielt, wird man von einem gigantischen Monster kurzerhand totgeschlagen. Was bei anderen Spielen das Ende bedeutet, ist bei **Demon's Souls** der Anfang. Um überhaupt eine Chance zu haben, gilt es als untoter Streiter den Dämonenhorden ihre Seelen zu rauben und damit seine Fähigkeiten zu stärken. Das Besiegen der Gegner allein reicht jedoch nicht. Man muss es unbeschadet mit der Seelen-Beute in die heimische Basis schaffen. Wird man dabei gemeuchelt, kriegt man genau eine Chance, zu seiner Leiche zurückzukehren und die verstreuten Seelen einzusammeln. Stirbt man auf dem Weg dahin erneut, sind die Seelen futsch und damit möglicherweise mehrere Stunden Fortschritt für die Katz. Da jeder Gegner eine tödliche Gefahr darstellt, kann das Erkunden von Boletaria sehr riskant sein. Insbesondere, weil bei jedem neuen Versuch beinahe alle Dämonen wiederbelebt werden. Jeder Schritt will gut überlegt sein, selbst freundlich gesinnte NPCs können sich als Wölfe im Schafspelz herausstellen. Dass man dabei sehr oft stirbt ist keine Gameplay-Schwäche, sondern von **Demon's Souls** so vorgesehen. Mit jedem erneuten Versuch schärft man seine Sinne und die motorischen Fähigkeiten, der Verlust von Fortschritt wird in Motivation umgewandelt. Aus »Learning by Doing« wird »Learning by Dying«.

Hinter dieser Formel steckt zum großen Teil besagter Hidetaka Miyazaki. Der studierte Sozialwissenschaftler war in seiner Jugend gar kein Gamer, doch als er den Klassiker **ICO** (2001) in die Finger bekam, entschied er sich für einen späten Karrierewechsel. Da FromSoftware eine der wenigen Firmen war, die Leute ohne vorherige Berufserfahrung anstellte, heuerte Miyazaki bei ihnen an und schwang sich innerhalb weniger Jahre zum Game Director auf. War er an **Demon's Souls** erst nicht beteiligt, konnte er nach einer sehr schleppenden Entwicklung das Projekt übernehmen und mit dem Segen von Sony-Produzent Takeshi Kajii wider jedem kommerziellen Anspruch nach seinen Vorstellungen umbauen. Ironischerweise stellte sich dies als genau der Grund heraus, warum **Demon's Souls** zu so einem Phänomen wurde. Statt sich dem Massenmarkt anzupassen, passte man den Massenmarkt an die eigene Vision an.

Die positive Energie aus **Demon's Souls** nutzte man bei FromSoftware dafür, weiter am Konzept zu schleifen und in der Folge Welt-Hits wie **Dark Souls** (2011), **Sekiro** (2019) oder eben **Elden Ring** (2022) zu schaffen. Abseits der eigenen Werke etablierte sich mit den Soulslikes gar ein ganz eigenes Genre, das grundsätzliche Mechaniken und das Belohnungsprinzip der Vorlage imitierte. Selbst Sony musste zugeben, dass sie falsch mit ihrer Einschätzung lagen, und arbeitete später für das fantastische **Bloodborne** (2015) erneut mit FromSoftware zusammen. Ende 2020 wurde schließlich der Kreis geschlossen und das Remake von **Demon's Souls** zum Aushängeschild der brandneuen PlayStation 5. Die Neuauflage sah sensationell gut aus, änderte am eigentlichen Spiel allerdings kaum etwas – warum auch? Hauptsache, man hat immer noch Spaß am Sterben.

Der neueste Streich
Wer auf den Geschmack gekommen ist, sollte sich unbedingt auch die **Dark-Souls**-Serie und **Elden Ring** anschauen. Letzteres bietet sowohl eine gigantische Open World als auch eine Story von **Game-of-Thrones**-Autor George R.R. Martin.

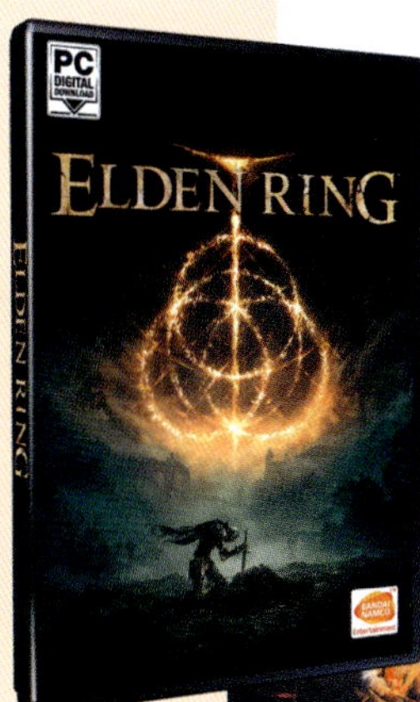

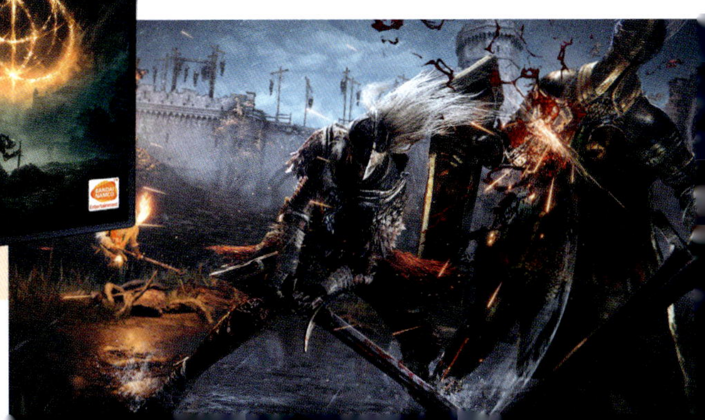

DIABLO II (2000)

SYSTEM: PC / PLAYSTATION 4 / PLAYSTATION 5 / XBOX ONE / XBOX SERIES / NINTENDO SWITCH

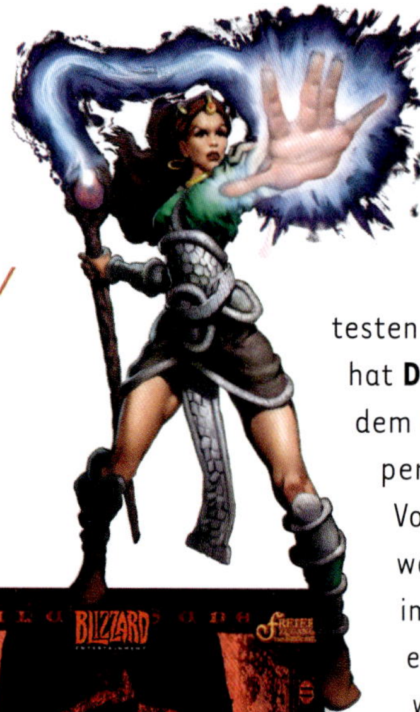

»Looten und Leveln, das muss drin sein in 'nem Spiel!«

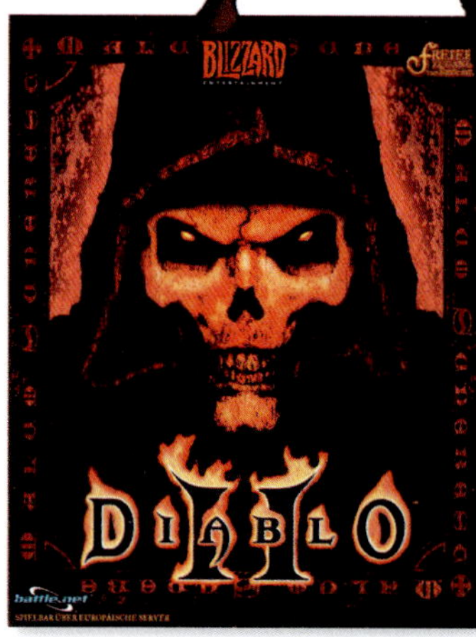

Mit dieser unsterblichen Zeile besang Carsten Grauel, damals Redaktionsleiter von **MTV Game One**, eine seiner größten Leidenschaften. Für das Weihnachtsspecial des Jahres 2012 komponierte er extra einen Song, der sich um die unwiderstehliche Anziehungskraft dieser Art von Gameplay dreht. Sicher, alle Videospiele machen auf ihre ganz eigene Weise Spaß. Was ist aber, wenn man dabei noch Gegenstände und Erfahrungspunkte sammeln kann? Und mit diesen dann seinen Charakter verstärkt, um anschließend noch mehr Gegenstände und Erfahrungspunkte zu sammeln? Wer für dieses Prinzip empfänglich ist, hat bestimmt schon Tausende von Stunden im selben Spiel verbracht. Die Wahrscheinlichkeit, dass es sich dabei um **Diablo II** handelt, ist ebenfalls ziemlich hoch.

Als eines der beliebtesten Rollenspiele aller Zeiten hat **Diablo II** die Formel hinter dem Looten und Leveln quasi perfektioniert. Bereits der Vorgänger aus dem Jahr 1997 war darauf ausgerichtet, immer wieder zu einer neuen Runde einzuladen, selbst wenn man bereits etliche Male den Abspann gesehen hat. Unter der Kathedrale des verschlafenen Dorfes Tristram befindet sich ein gigantischer Komplex, der sich bis in die Untiefen der Hölle erstreckt. Die Struktur der einzelnen Level und Positionierung der Gegner ist jedoch nicht fest vorgegeben, sondern wird zu Beginn neu berechnet. So fühlt sich jeder Durchgang immer etwas anders an. Mit der Maus nimmt man dann die Horden des Bösen in Echtzeit auseinander und hofft darauf, dass sie möglichst wertvolle Beute fallen lassen. Dies alles verlieh **Diablo** einen enorm hohen Wiederspielwert, ein rundum verbessertes Sequel hätte aber niemand von der Bettkante geschubst.

Für **Diablo II** wurde das grundsätzliche Konzept beibehalten und an genau den richtigen Stellschrauben gedreht. Es gibt nun mehr Charakterklassen, unter anderem den Necromancer, der untote Handlanger beschwören kann. Das Loot-System ist ebenfalls komplexer geworden. In der Theorie sind Millionen verschiedener Kombinationen möglich, wenn man Faktoren wie Statuswerte oder Seltenheit mit einberechnet. Da es nicht unendlich viel Platz im Inventar gibt, muss man lernen, wie man die Gegenstände clever verwaltet. Der wichtigste Unterschied ist aber die enorme Expansion der Spielewelt. Statt einem Dorf mit angeschlossenem Riesen-Dungeon gibt es jetzt eine richtige Oberwelt, inklusive vieler Örtlichkeiten und allerlei Kerkern. Im Laufe der Story kommt man viel rum und dank des erweiterten Multiplayers können nun bis zu acht Leute gleichzeitig unterwegs sein. Für das volle Erlebnis braucht man allerdings auch die 2001 erschienene Erweiterung **Lords of Destruction**. Neben wichtigen Updates und weiteren Klassen enthält diese einen fünften Akt, der die Story erst richtig abschließt. Beide Pakete sind für wenig Geld im Battle.net zu haben, dem Online-Service von Blizzard. Kompletten Neueinsteigern sei allerdings eher **Diablo II: Resurrected** empfohlen, das vollumfängliche Remake von 2021. Das gibt es auch für Konsolen, man kann es mit Controller spielen und sogar jederzeit per Knopfdruck zwischen alter und neuer Grafik wechseln. Ziemlich cool.

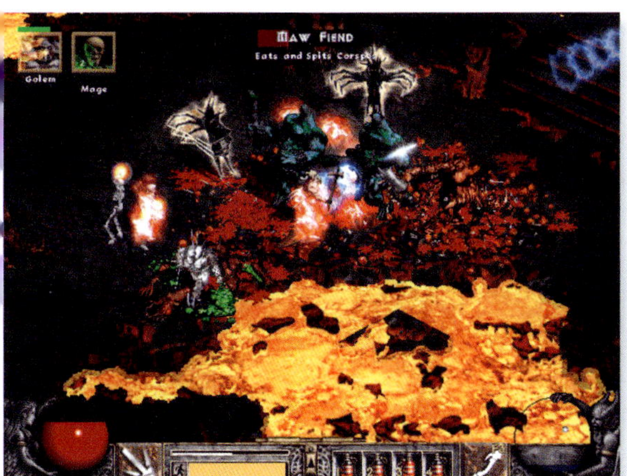

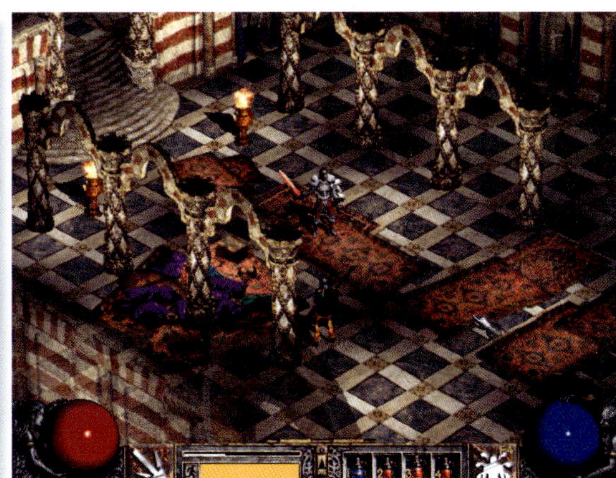

PC (Original)

DIE SIMS (2000)

SYSTEM: PC / PLAYSTATION 2 / XBOX / NINTENDO GAMECUBE

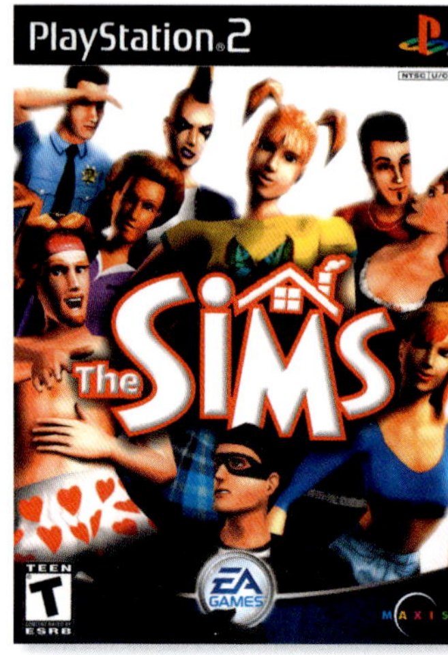

Am 28. Februar 2000 herrschte große Aufregung in der deutschen Medienlandschaft, denn an diesem Tag lief die erste Folge von **Big Brother** im Fernsehen. In Zeiten von Livestreaming ist das Teilhaben am Leben anderer Menschen zwar nichts Besonderes mehr, doch damals schauten noch Millionen gebannt dabei zu, wie Zlatko und Jürgen beste Freunde wurden oder Alex mit Kerstin unter der Bettdecke schäkerte. Wer nun ein vergleichbares Videospiel haben wollte, musste zum Glück nur einen knappen Monat darauf warten. Am 31. März 2000 stand die erste Ausgabe von den **Sims** in den Geschäften und wurde selbst zum gigantischen Kulturphänomen. Hinter der bunten Lebenssimulation steckt die Entwickler-Legende Will Wright. Dieser hatte mit **SimCity** (1989) einst das Genre der Aufbaustrategie revolutioniert und versuchte sich in der Folge immer wieder an neuen Konzepten. In **SimAnt** (1991) wurde man zum Bauherrn einer Ameisenkolonie, bei **SimLife** (1992) durfte man die Gene von Pflanzen und Tieren manipulieren. Nach einer Serie von Flops sah sich Wright jedoch gezwungen, seine Firma Maxis an den Software-Giganten Electronic Arts zu verkaufen. Für das aktuelle Projekt dachte er an die Zeit zurück, als seine Familie ihr Hab und Gut bei einem Hausbrand verlor. Mitten bei der Neueinrichtung stellte er sich damals die Frage, ob jemand allein durch den Kauf von Gegenständen glücklich werden kann.

Aus diesem philosophischen Gedankenspiel entstand ein Prototyp, bei dem man ein virtueller Innenarchitekt sein darf. Das alleine machte aber noch nicht so richtig Spaß, also erweiterte Wright das karge Gameplay um etliche Ideen. Ein Haus zu möblieren ist weiterhin Teil des Spiels, doch jetzt wohnen dort auch die virtuellen Sims. Diese können Jobs haben, Beziehungen miteinander eingehen und sogar sterben. Als Gott mit dem Mauszeiger bestimmt man über Wohl und Wehe seiner digitalen Untertanen, ein vorgefertigtes Ende gibt es nicht. Wie die künstliche Intelligenz (oder besser gesagt künstliche Dummheit) der Sims nun auf den eigenen Input reagiert, kann mitunter himmelschreiend komisch sein. Einen großen Anteil daran hat auch die bunte

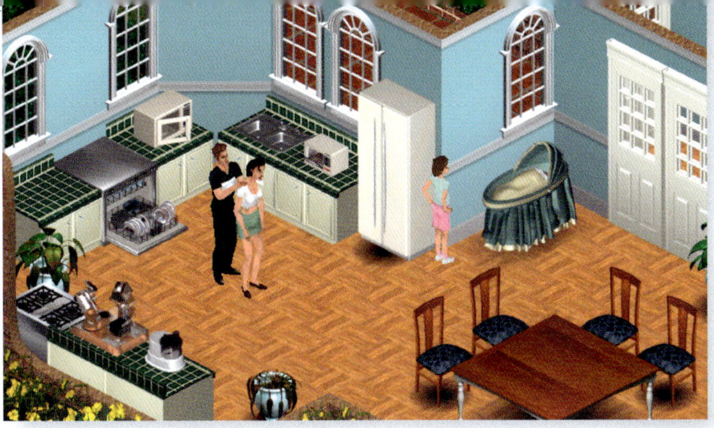

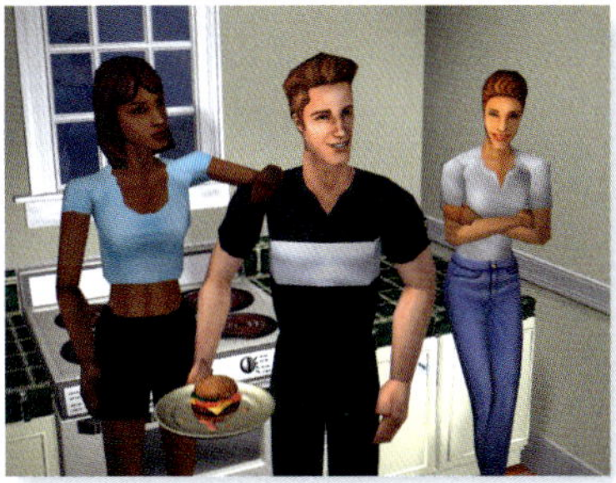

PC

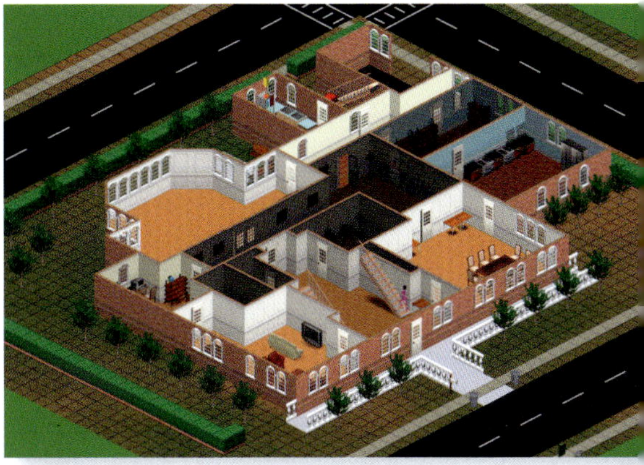

Comic-Grafik und das eigens dafür erfundene Simlish. Die Brabbelsprache, in der auch Popstar Katy Perry ein paar Lieder für die Serie eingesungen hat, besitzt sogar eigene grammatikalische Regeln.

Um den Hunger nach immer neuen Inhalten zu stillen, lieferte Maxis regelmäßig kaufbare Erweiterungspakete nach, mit denen Reisen auf eine Urlaubsinsel oder heiße Dates im Shopping-Center möglich waren. War die aktuelle Engine ausgereizt, ging das Spielchen mit einem neuen Hauptteil wieder von vorne los. Ein lukratives Geschäft für Electronic Arts, die mit den Gesamtverkäufen der Serie bereits vor Langem die dreistellige Millionengrenze geknackt haben. Möchte man das Phänomen in seiner reinsten Form erleben, spricht vieles für den Urvater aus dem Jahr 2000, der noch nicht so komplett mit Features überladen ist. Leider ist diese Ausgabe nicht als Download erhältlich und nur mit Patches vernünftig spielbar. Wem das zu viel Aufwand ist, greift sonst eben zu **Die Sims 4** (2014), das in der Basisversion mittlerweile kostenlos über die EA-App geladen werden kann.

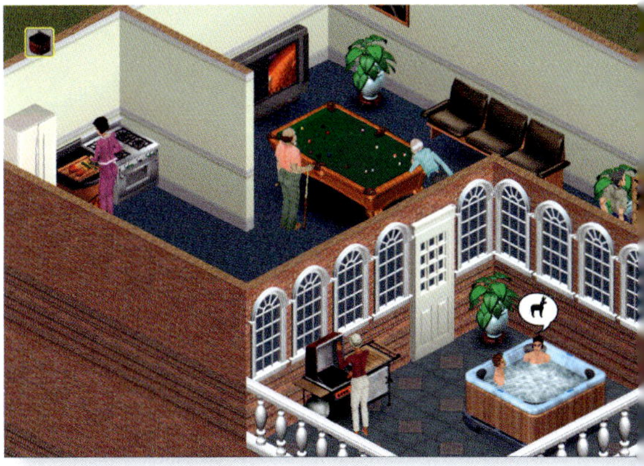

DONKEY KONG

(1994)

SYSTEM: NINTENDO GAME BOY

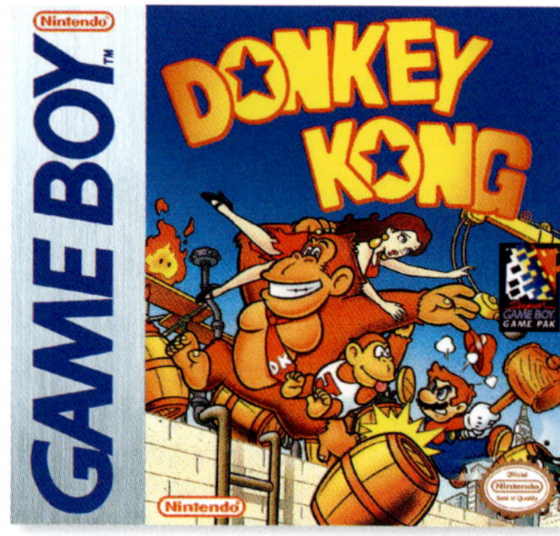

So ikonisch ein Kultklassiker wie **Donkey Kong** sein mag, irgendwann ist auch mal gut mit den vielen Umsetzungen. Im Jahr 1981 war der Automat von Nintendo eine Offenbarung und auch der Grund, warum die Firma im Anschluss richtig durchstarten konnte. Dreizehn Jahre später sah die Lage aber etwas anders aus. Wer **Donkey Kong** in der Zwischenzeit spielen wollte, konnte das bereits auf über einem Dutzend Computern und Konsolen machen. Brauchte es da wirklich noch eine weitere Version für den Game Boy? Diese Frage lässt sich eindeutig mit »Ja!« beantworten, denn es handelt sich hierbei nicht um einen schnöden Port, sondern um das beste Beispiel eines Reboots. Heutzutage ein beliebtes Mittel der Spielefirmen, der abflauenden Popularität einer Serie entgegenzuwirken, war solch ein Neustart in den Neunzigern noch eher selten. Das **Donkey Kong** von 1994 geht mit dieser Idee ziemlich clever um, denn wer nicht so genau auf den Packungsrückseiten-Text achtet, bemerkt erst mittendrin, dass es sich tatsächlich um ein neues Spiel handelt.

Wie im Original hat der titelgebende Gorilla die holde Pauline geschnappt und es sich mit ihr auf einem Baugerüst bequem gemacht. Zur Rettung muss Hüpfmeister Mario erst an etlichen Gefahren wie rollenden Fässern, lebendigen Flammen oder fiesen Sprungfedern vorbei. Schafft es Donkey die ersten drei Male noch, im letzten Moment mit Pauline zu flüchten, ist der Affe nach Level vier gestellt und die zwei Turteltäubchen können sich in die Arme schließen … denkste! Überraschenderweise läuft Donkey wieder mit Pauline davon und Mario startet eine Verfolgungshatz, die sich über einhundert brandneue Level erstreckt. Der gesamte Inhalt des Automaten war tatsächlich nur der Vorspann, das eigentliche Abenteuer beginnt jetzt erst. Im neuen Content spielt der Reboot nun all seine Karten aus. Die Level selbst haben Puzzle-Charakter und können sich weit über die Grenze des sichtbaren Bildschirms erstrecken. Mario ist agiler als je zuvor und erreicht neue Plattformen ganz locker per Dreifach-Sprung, Handstand-Salto oder Wäscheleinen-Schwung. Sowohl Gegner als auch

Gegenstände können aufgenommen werden, die verschlossene Tür am Level-Ende öffnet sich erst, wenn man den passenden Schlüssel mitbringt. Alle vier Level folgt ein Bosskampf gegen Donkey, danach wird ein neues Gameplay-Element freigeschaltet. Dank zehn verschiedener Welten ändern sich dazu die Hintergründe regelmäßig. Wegen der verbauten Batterie ist **Donkey Kong** auch perfekt für unterwegs geeignet, so lässt sich manche dröge Busfahrt mit ein paar Leveln vertreiben, ohne ganz von vorn anfangen zu müssen.

Leider ist dieser Spaß aktuell nur mit dem alten Game-Boy-Modul möglich, denn die einst erhältliche Download-Version für den Nintendo 3DS ist mit der Abschaltung des eShops nicht mehr kaufbar. Die Chance ist aber durchaus gegeben, dass dieses Handheld-Juwel auf der Switch erscheinen wird – und die kann man schließlich auch in den Bus mitnehmen.

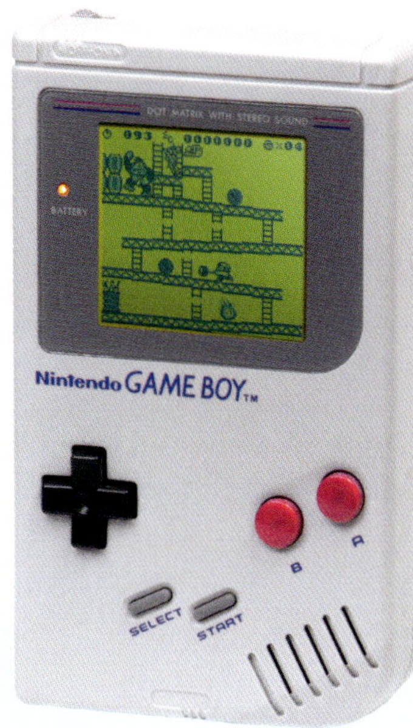

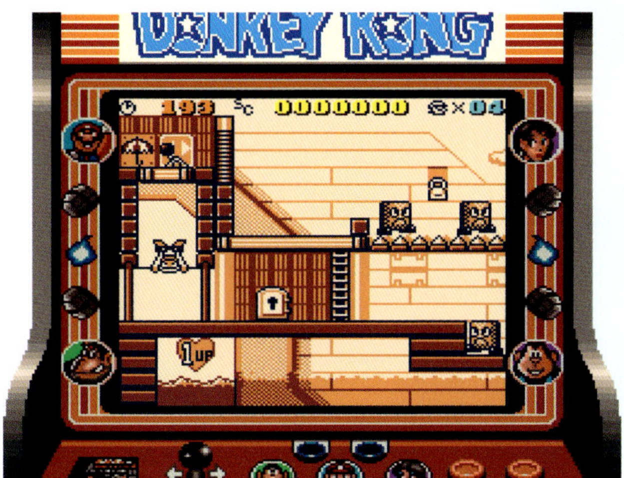

Bunt wie ein Hund!
Donkey Kong war seinerzeit der erste Titel mit Unterstützung für den Super Game Boy. Während das Modul auf dem Handheld in den gewohnten vier Schattierungen von Grün lief, zauberte der SNES-Adapter gleich ein paar mehr Farben auf den TV-Schirm. Dazu gab es einen schicken Rahmen in Form eines Spielautomaten.

DOOM (2016)

SYSTEM: PLAYSTATION 4 / XBOX ONE / NINTENDO SWITCH / PC

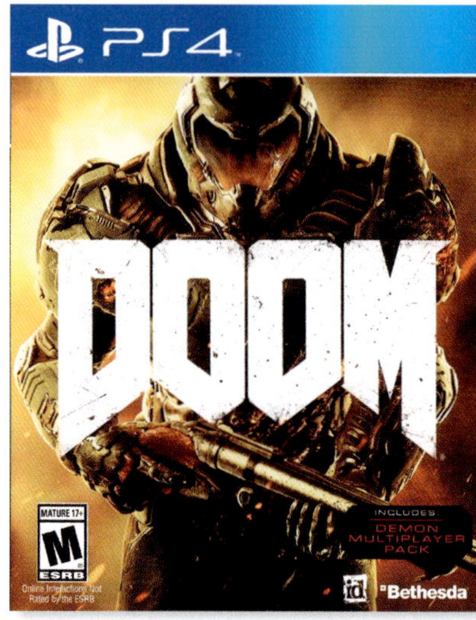

Wenn es um die Rückkehr einer einst beliebten Marke geht, die mit den Jahren immer mehr in Vergessenheit geraten ist, darf man durchaus etwas skeptisch sein. Was ist der treibende Faktor? Hat man nach der langen Zeit endlich die passende Idee gefunden? Oder will man Nostalgikern mit einem Schnellschuss die Kohle aus der Tasche ziehen? Nun, besonders schnell ist der Reboot von **Doom** nicht gerade entstanden. Auf die eine oder andere Art wurde knapp ein Jahrzehnt daran entwickelt, inklusive vieler Rückschläge und ständiger Kurswechsel. Umso erstaunlicher ist es dann, wie großartig das Endprodukt geworden ist. Selten hat sich ein Shooter-Revival so frisch angefühlt und dennoch gleichermaßen seine Wurzeln respektiert.

Um zu verstehen, wie groß die Fußstapfen waren, in die der Reboot treten musste, blicken wir zurück ins Jahr 1993. Die Texaner von id Software hatten damals quasi im Alleingang den Egoshooter erfunden. Legten sie mit **Wolfenstein 3D** (1992) noch die Eckpunkte des Genres fest, perfektionierte das originale **Doom** die Formel. Nachdem ein militärisches Experiment gehörig schief geht, wimmelt es auf den Monden des Mars nur so vor Höllenwesen, sodass man denen als namenloser Marine gehörig in den Hintern treten muss. Bestanden **Wolfensteins** Level noch aus quadratischen Labyrinthen, findet man in den futuristischen Komplexen von **Doom** jetzt lauter Höhenunterschiede, Freiflächen und abgerundete Strukturen. Geht einem mal doch die Munition für die brachialen Schusswaffen aus, darf man mit einer Kettensäge die Kreaturen entzwei teilen. Da die Story bewusst mit einem Cliffhanger endet, erschien 1994 ein noch mal verbessertes Sequel, das die Horden des Bösen auf die Erde bringt. Ein schnell nachgeschobener dritter Teil hätte sich zwar angeboten, doch die Entwickler wollten nichts überstürzen und konzentrierten sich auf die Schwesterserie **Quake**. Als es nach zehn Jahren endlich so weit war, fiel die Rezeption für **Doom 3** (2004) aber unerwartet gemischt aus. Jetzt mit einem guten Schuss Survival Horror ausgestattet, hatten die Spieler eher mit den schlechten Lichtverhältnissen zu kämpfen als mit den bestialischen Ungeheuern. Für das Sequel bestand also dringend Handlungsbedarf, noch mal wollte man sich nicht solch einen Fauxpas leisten. Die Entwicklung verlief jedoch mehr als schleppend, was wohl auch daran lag, dass mittlerweile eine ganz andere Art von Egoshooter dominierte. Berichten zufolge erinnerte die erste Version von **Doom 4** an filmreife Spiele wie **Call of Duty: Modern Warfare** (2007), mit starkem Fokus auf Cutscenes und gescriptete Events. Deswegen setzte man sich 2012 noch mal ans Reißbrett, mit der Absicht, das Spielgefühl der Serie besser einzufangen. Infolge dieses Neuanfangs verschwand dann auch die Sequelnummer aus dem Titel.

2016 erschienen, kombiniert **Doom** nun mühelos das vertraute Design der Originale mit clever aufgefrischtem Gameplay. Um die leeren Energiespeicher auf der Erde zu füllen, öffnen Wissenschaftler auf dem Mars ein Portal in die Hölle. Bei der Gelegenheit finden sie auch einen Sarkophag, in dem sich der legendäre Doom Slayer befindet. Es kommt wie es kommen muss und schon bald wird die Mars-Anlage von Dämonen überrannt. Kaum ist der Doom Slayer aus dem Tiefschlaf erwacht, steigt er in seinen Prätoren-Anzug und betätigt sich erneut als 1-Mann-Armee. Wie anno dazumal ist der wortlose Protagonist kein Charakter mit eigener Motivation, sondern nur ein Avatar für den Spieler, um richtig Angst und Schrecken zu verbreiten. Im Arsenal sind modernisierte Versionen vertrauter Knarren wie der Super Shotgun oder der BFG9000 dabei. Auch die Kettensäge macht ein

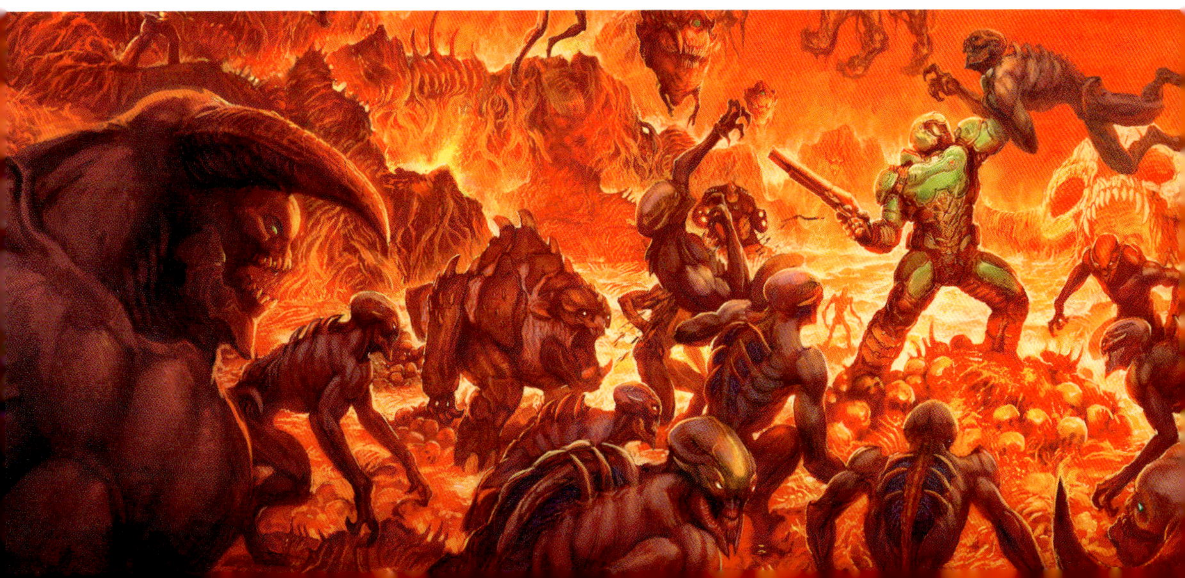

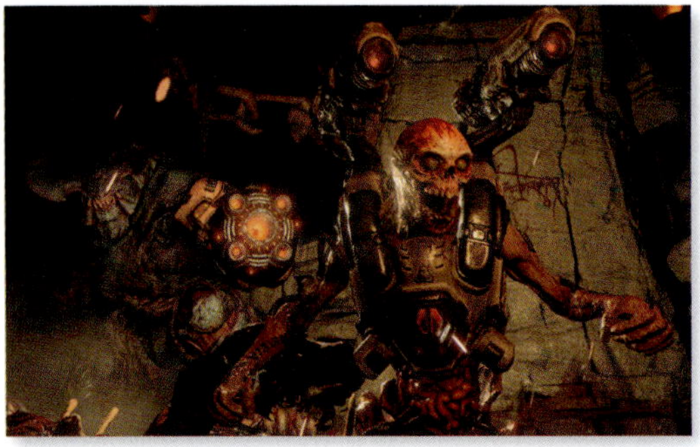

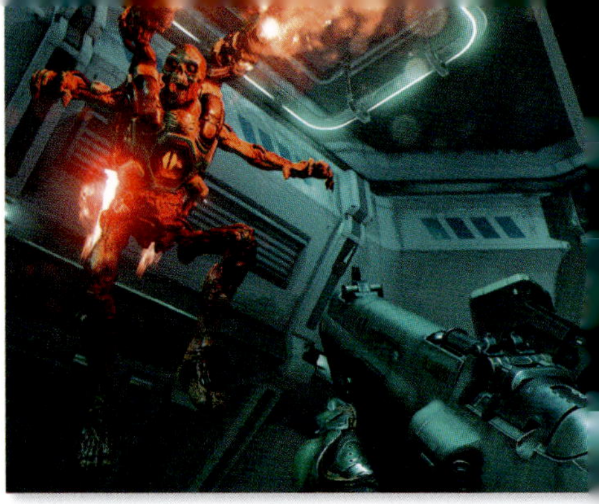

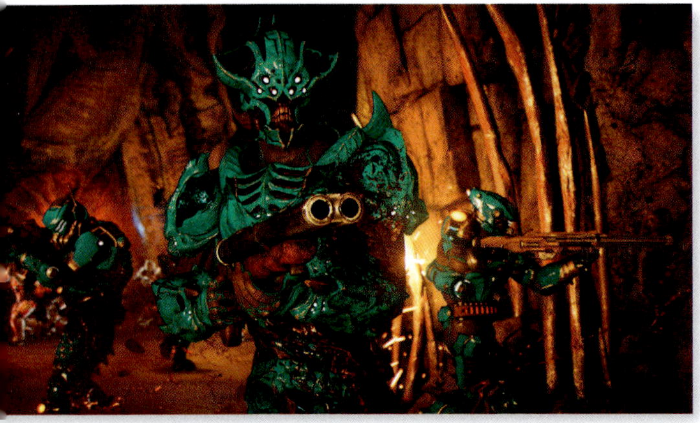

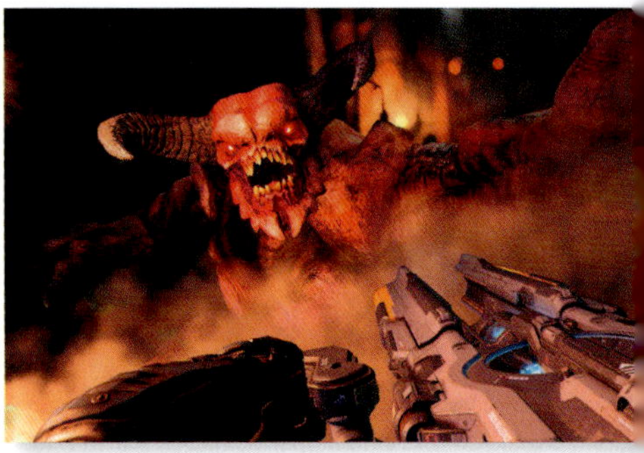

PC

Comeback. Damit man sich nicht nur auf seine Lieblingswaffe verlässt, sorgt ein robustes Upgrade-System dafür, dass man bis zum Ende mit seinem Loadout experimentiert.

Um erst gar keine Vergleiche mit modernen Shootern entstehen zu lassen, verzichtet **Doom** bewusst auf ein Cover-System und fördert offensives Gameplay. Oft sind die Gegner in der Überzahl, die Munition dagegen sehr knapp. Um die leeren Speicher zu füllen, gilt es die Monster benommen zu machen und mit der Kettensäge zu erledigen: Schon sprudeln die wertvollen Kugeln wie ein Springbrunnen aus ihnen heraus. Gleiches gilt für die Medipacks, die mit einem Glory Kill im Nahkampf verdient werden. Sehr nützlich ist auch das Waffenrad, das die Spielgeschwindigkeit auf Zeitlupe dreht. Mitten in der atemlosen Action kann man so ein wenig Luft schnappen. In den ersten Minuten mag die hohe Spielgeschwindigkeit etwas überwältigend sein, aber sobald man im Rhythmus ist, kommt **Doom** beinahe einer spirituellen Erfahrung gleich. Mit dem treibenden Industrial-Soundtrack im Ohr schlachtet man sich dann wie der Messias der Metzelei durch Tonnen von Gedärm und watet durch hektoliterweise Blut. Passend dazu sind die Level wieder schön verschlungen, Schlüsselrätsel und Geheimverstecke kehren ebenfalls zurück. Mit den neuen technischen Möglichkeiten wurde eine ordentliche Vertikalität möglich, manche der Areale könnten so auch in einem Metroidvania vorkommen. Was leider etwas überstrapaziert wird, sind die regelmäßig vorkommenden Kill-Rooms. Allzu oft findet man sich in einer Situation, in der die Tür hinter einem zugeht und sich erst wieder öffnet, wenn man alle Bösewichte erledigt hat. Ab und zu mag das ganz nett sein, es erinnert dann fast schon an eine Multiplayer-Session mit Bots, aber das ansonsten knackige Pacing leidet darunter. Wenn wir schon mal beim Thema sind: Ja, ein Mehrspieler-Modus ist auch enthalten. Verglichen mit der packenden Kampagne hat dieser aber nicht so viel Spannendes zu bieten und gilt maximal als nettes Beiwerk. Wer dennoch mit ein paar Freunden eine Runde drehen will, kann dank eines flexiblen Editors auch eigene Maps bauen.

Trotz der paar Unzulänglichkeiten ist **Doom** ein Spiel, das sich kein Baller-Fan entgehen lassen sollte. Die etwas andere Ausrichtung fühlte sich 2016 in einem Meer gleichförmiger Shooter erfrischend anders an, und das ist heute nicht viel anders. Selbst wenn man nicht mit den Originalen aufgewachsen ist, machen die knapp zwölf Stunden des Story-Modus einen Heidenspaß. Da id Software durch Firmenübernahmen mittlerweile Teil von Microsoft ist, findet sich das komplette Franchise im Game-Pass-Abo. Alternativ bekommt man die kaufbaren Versionen aber so oft zu einem niedrigeren Preis, dass man meistens nicht mehr als zehn Euro ausgeben muss.

Die Klassiker
Die seit ein paar Jahren erhältlichen Remaster der originalen **Doom**-Spiele bieten viele sinnvolle Updates, Multiplayer im Splitscreen und sogar eine sehr brauchbare Controller-Steuerung.

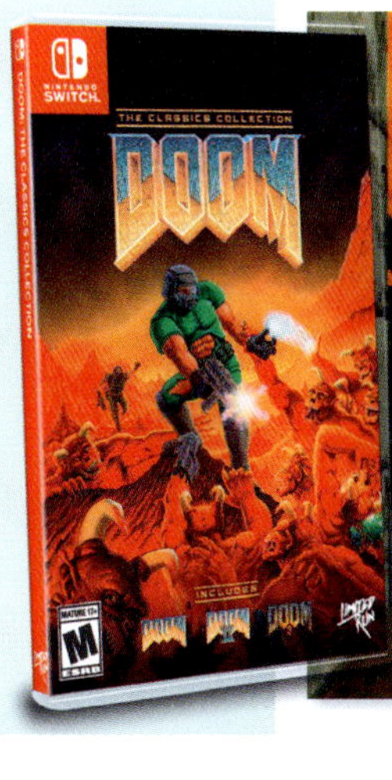

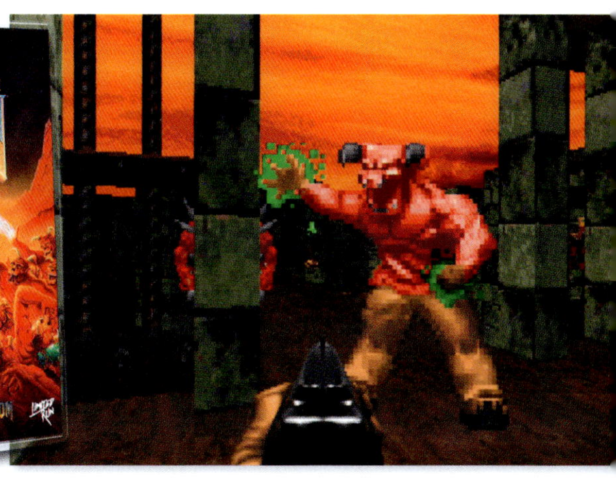

DRAGON QUEST XI S: DEFINITIVE EDITION

(2019)

SYSTEM: PLAYSTATION 4 / XBOX ONE / NINTENDO SWITCH / PC

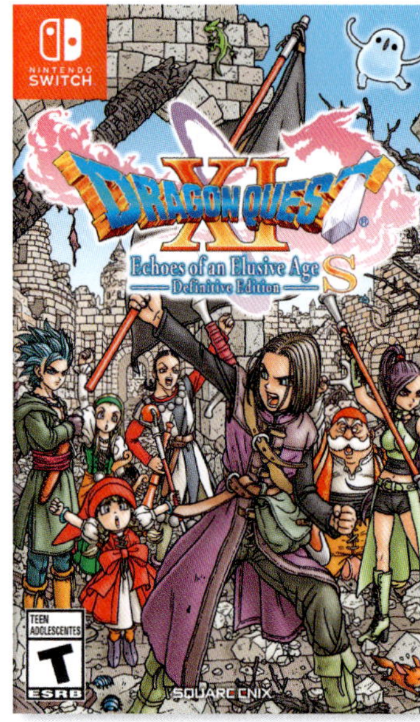

Eine Bucket List der Videospiele ist wirklich erst vollständig, wenn **Dragon Quest** mit draufsteht. Seit Jahrzehnten fest verankert in der japanischen Popkultur, fand die umfangreiche Rollenspiel-Serie nach und nach auch immer mehr Anklang im Westen. Allerspätestens mit der Definitive Edition vom elften Teil haben sich die Entwickler bei Square Enix aber endgültig ein Denkmal gesetzt. Nie war die Welt eines JRPGs so schön miteinander verwoben wie hier, wunderbar ergänzt vom märchenhaften Storytelling und einer mehr als stimmigen Präsentation. Obendrein bekommt man nicht nur ein einziges Spiel für sein Geld, hier stecken im Grunde genommen sowohl Original als auch Remake in einem Paket.

Obwohl traditionelle Werte immer eine große Rolle spielen, war sich **Dragon Quest** nie zu schade, mit Ideen zu experimentieren. Von **Dragon Quest XI** wurden deshalb gleich zwei verschiedene Versionen entwickelt, eine für ausgewachsene Konsolen wie die PlayStation 4, die andere für das damals erfolgreichste Handheld, den Nintendo 3DS. Obwohl beide Ausgaben

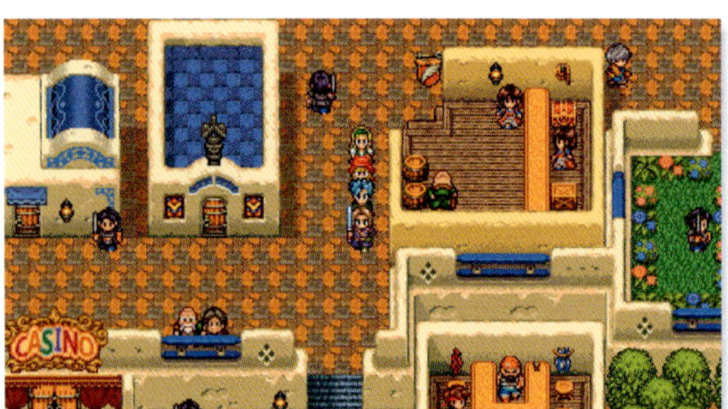

2D-Modus (PS4)

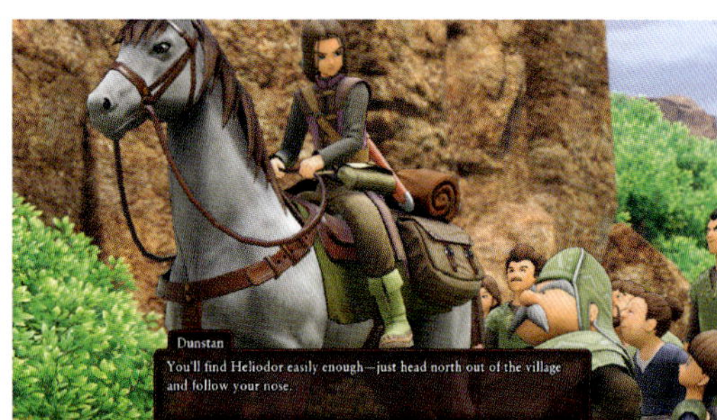

3D-Modus (PS4)

die gleiche Geschichte erzählen, tun sie es auf unterschiedliche Art. So ist die Fassung für Heimgeräte komplett in hübscher HD-Grafik gehalten, die Handheld-Variante präsentiert dafür das Abenteuer sowohl in simpler Comic-Optik als auch im klassischen 2D-Look. Erst mit der 2019 erschienenen Definitive Edition pflegten die Entwickler die 2D-Abschnitte auch in die Heimversion mit ein. Gerade diese Definitive Edition lässt nun kaum etwas zu wünschen übrig. In der Gestalt des Lichtbringers stellt man sich dem Zauberer Mordegon, der einst für die Zerstörung der eigenen Heimat verantwortlich war. Dazu bereist man ganz klassisch die ganze Welt und sammelt Verbündete im Kampf gegen das Böse. Klingt vielleicht simpel, doch der Ton macht hier die Musik. Die Charaktere in der eigenen Party triefen nur so vor Charme, insbesondere der Sprücheklopfer und Paradiesvogel Rionaldo stiehlt gerne mal die Show. Jede Location hat ihren eigenen Look und überrascht mit neuen Ideen, sodass das Erkunden richtig Spaß macht. Auch die Story nimmt unerwartete Wendungen, oft mit dem nötigen Ernst und emotionalem Gewicht dahinter. Das rundenbasierte Kampfsystem zeigt vor allem bei Bosskämpfen seine taktische Tiefe, die man bei normalen Gefechten aber leider nur selten ausreizen muss. Wer eine richtige Herausforderung sucht, sollte sich überlegen, den Schwierigkeitsgrad von Beginn an höher zu schalten.

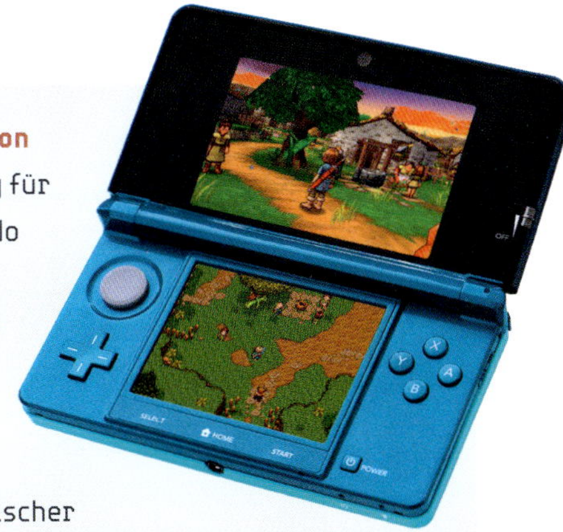

Nur in Nippon
Die Fassung für den Nintendo 3DS ist die Einzige, die das Spielgeschehen gleichzeitig in plastischer 3D-Grafik und im klassischen 2D-Pixel-Look zeigt. Echt schade, dass es davon nur eine japanische Version gibt.

Weitere herausragende Merkmale sind die fantastische englische Synchro, der komplett orchestrierte Soundtrack und eben erwähnte Möglichkeit, an Speicherpunkten zwischen der 3D- und 2D-Version des Spiels zu wechseln. Etwas schade hingegen ist die Tatsache, dass man wegen der inhaltlichen Updates seine Spielstände aus der Ur-Version nicht übernehmen kann. Dazu gibt es Abstriche in der Qualität der Lichteffekte, weil die Definitive Edition zuerst für die schwächere Nintendo Switch erschien. Abgesehen davon gibt es aber echt wenig zu mäkeln und **Dragon Quest XI** ist einfach perfekt für alle, die ein wohlig-warmes Spiele-Erlebnis im modernen Gewand suchen.

DRAGON'S LAIR (1983)

SYSTEM: U.A. ARCADE / PLAYSTATION 4 / XBOX ONE / NINTENDO SWITCH / PC

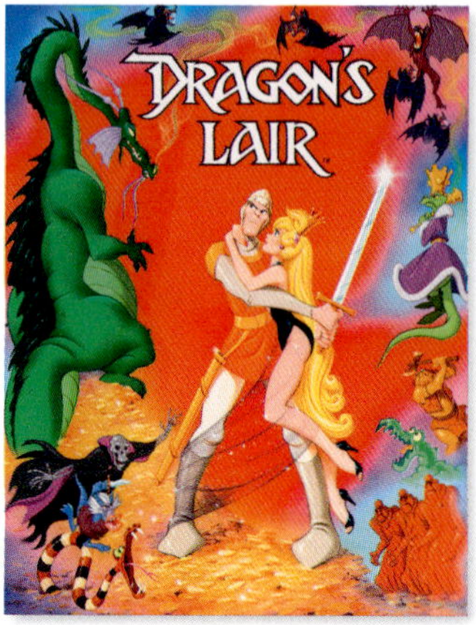

Warum sich einen Zeichentrickfilm im Kino anschauen, wenn man ihn genauso gut in der Arcade nebenan selbst spielen kann? Diese Frage stellte für die Jugend der Achtziger durchaus ein großes Dilemma dar, zumindest außerhalb Deutschlands. Wo hierzulande wegen der Kopplung an Glücksspielautomaten allen Minderjährigen der Eintritt in die Spielhallen verwehrt blieb, scharten sich im Rest der Welt riesige Kindertrauben um die **Dragon's-Lair**-Maschinen. Wer wegen der langen Schlangen nicht selbst ran durfte, drückte entweder dem aktuellen Spieler die Daumen, oder freute sich hämisch über dessen Versagen.

Als sogenanntes Full Motion Videogame, kurz FMV, besteht **Dragon's Lair** ausnahmsweise nicht aus klassischer Computergrafik. Im Grunde steckt das komplette Spiel in einer bereits vorab gefertigten Videodatei. Durch die verwendete Laserdisc-Technologie wird diese Datei jedoch nicht am Stück abgespielt, das Programm im Hintergrund kann je nach Situation in Sekundenbruchteilen im Material hin- und herspringen. Ausgestattet mit einem Joystick sowie einem Aktionsknopf gilt es nun, in den Schuhen des Ritters Dirk Prinzessin Daphne aus den Klauen des Drachen Singe zu befreien. Gibt man an den passenden Stellen die richtige Kombination ein, geht es weiter. Versagt man, wird man auf teils absurd-komische Weise ins Jenseits befördert.

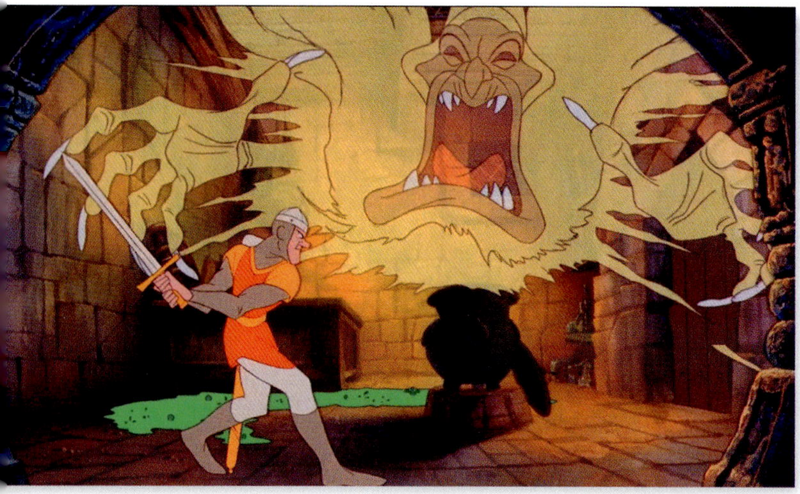

PlayStation 4

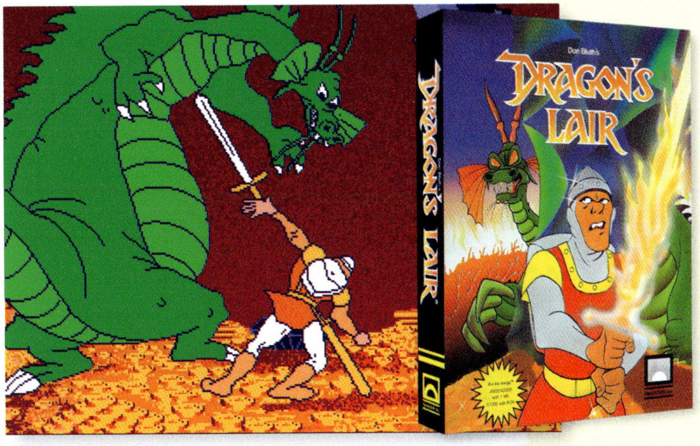

Der unmögliche Port
Für Computer ohne CD-Laufwerk schien eine Umsetzung von **Dragon's Lair** eigentlich nicht machbar. Die Amiga-Fassung schafft es aber trotzdem, den Zeichentrick in schicke Pixelgrafik umzuwandeln. Leider wird dies mit langen Ladezeiten erkauft, trotz sechs Disketten fehlt dazu knapp die Hälfte des Automaten-Inhalts.

Allzu interaktiv ist das zwar nicht, doch angesichts der sensationellen Qualität des Zeichentricks störten sich nur wenige daran. Kein Wunder, stammte dieser doch vom Team rund um Animations-Legende Don Bluth und verschlang fast das gesamte Produktionsbudget von drei Millionen Dollar. Die hohen Kosten spielte der Automat allerdings im Handumdrehen wieder ein, nach nicht mal einem Jahr hatte sich der Einsatz sogar verzehnfacht. Die Idee hinter der Gelddruckmaschine stammt von Rick Dyer, damals Präsident der Firma Advanced Microcomputer Systems und großer Fan des Adventure-Genres. Bereits Ende der Siebziger experimentierte er mit interaktiven Spielen, die auf Kassenbon-Papier gedruckt waren. Später baute er auch Prototypen auf Basis von Videobändern. Nachdem Dyer eine frühe Version von Segas Laserdisc-Automat **Astron Belt** (1983) sowie Bluths Kinofilm **Mrs. Brisby und das Geheimnis von NIMH** (1982) zu Gesicht bekam, kam ihm die entscheidende Idee und der Rest ist Geschichte.

Angesichts des parallel stattfindenden großen amerikanischen Videospiel-Crashes, bei dem innerhalb kürzester Zeit beinahe der komplette Markt für Heimkonsolen zusammenbrach, kam der Erfolg von **Dragon's Lair** genau zur richtigen Zeit. Die Spielhallen waren so voll wie lange nicht mehr, die Konkurrenz flutete den Markt mit eigenen Automaten wie **Cobra Command** (1984) oder **Super Don Quix-ote** (1984). Gegen den initialen Wow-Faktor des Originals kam jedoch keiner so richtig an. Auch die Sequels von AMS zündeten nicht mehr. Dank der aufwändigen Restaurierung von 2018 lässt sich das einzigartige Gefühl von damals aber heutzutage besser denn je erleben. Für diese Version wurde nämlich nicht nur das Filmmaterial in knackscharfer Blu-ray-Qualität neu abgetastet, es gibt auch nützliche Hilfestellungen und glücklicherweise wird kein Echtgeld für Continues mehr fällig.

DUKE NUKEM 3D (1996)

SYSTEM: U.A. PC / PLAYSTATION / SEGA SATURN / XBOX ONE / NINTENDO SWITCH

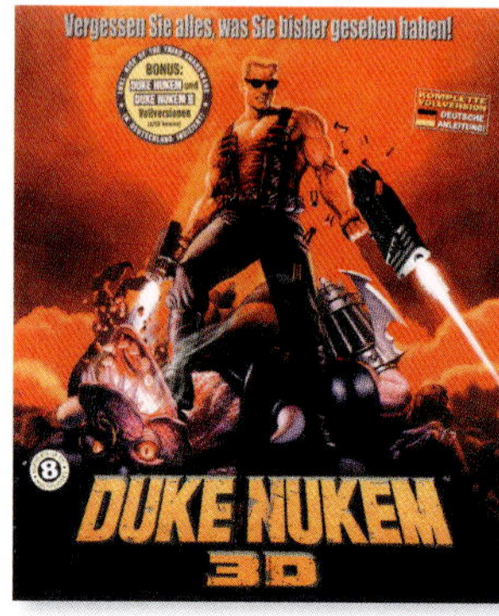

Als »Boomer Shooter« bezeichnet man heutzutage Ballerspiele, die sich mit Absicht den modernen Konventionen des Genres verwehren. Eine ausgefeilte Story ist nicht ganz so wichtig. Dafür sind die Level in knallbunte Farben getaucht, labyrinthartig verschlungen und mit Geheimverstecken durchsetzt. Freies Umsehen und Zielen per Maus kann durchaus vorhanden sein, muss aber nicht. Titel wie **Ion Fury** (2018), **AMID EVIL** (2019) oder **Project Warlock** (2018) wollen damit das Spielgefühl der Neunziger einfangen, insbesondere für Leute, die mit den auf Hochglanz polierten Ego-Shootern von heute nicht warm werden. Neulinge sind vom ganzen Retro-Spaß natürlich nicht ausgeschlossen. Statt zu solchen Nostalgie-Projekten zu greifen, lohnt es sich aber sehr, erst mal die Originale zu spielen. So wie das kultige **Duke Nukem 3D**.

Lange Jahre in Deutschland wegen seines hohen Gewaltgrades indiziert hatte fast jeder PC-Besitzer den Shooter dennoch mal auf der Festplatte. Oder zumindest auf der LAN-Party des besten Kumpels ausprobiert. Angestachelt vom großen Erfolg des Klassikers **Doom** (1993) machten es sich die Entwickler von **Duke 3D** zur Aufgabe, den bis dato kreativsten Genre-Vertreter zu erschaffen. So kann man unter anderem per Jetpack in

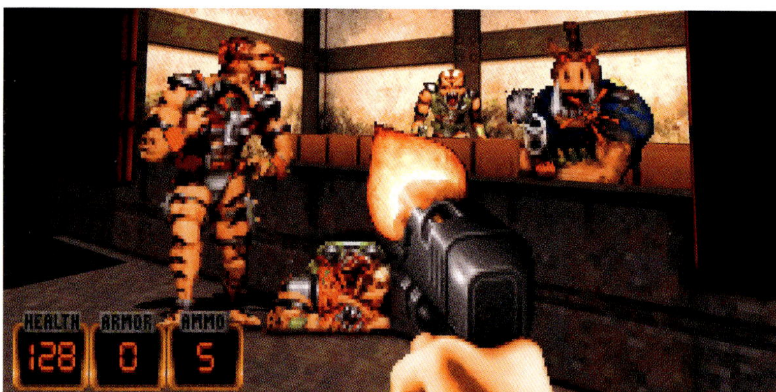

PC (20th Anniversary Edition)

ungeahnte Höhen fliegen, geschrumpfte Gegner wie eine Kakerlake zertreten oder zur Entspannung eine Runde Billard spielen – mit der Pistole. An allen Ecken und Enden der clever verschachtelten Locations warten immer wieder neue Ideen darauf, entdeckt zu werden. Richtig rund macht den Ballerspaß aber erst der titelgebende Protagonist. Mit seinen platinblonden Haaren, dunkler Sonnenbrille und dem roten Tanktop könnte der muskelbepackte Duke glatt einem Actionfilm der Achtziger entstiegen sein. Obwohl wir ihn wegen der Egoperspektive nur selten zu Gesicht bekommen, kommt Dukes sarkastischer Charakter mehr als deutlich durch. Vor allem, wenn er einen der vielen ikonischen One-Liner vom Stapel lässt. Die Story ist zwar dünn wie Papier, Aliens greifen mal wieder die Erde an und müssen aufgehalten werden, aber das ist eigentlich egal. Im Grunde ist der Plot nur dafür da, um möglichst abwechslungsreiche Locations, abgedrehte Gegner und Gags am laufenden Band zu verbauen. Dass das Ganze sich auch noch richtig gut steuert und für damalige Verhältnisse toll aussieht, ist die sprichwörtliche Kirsche auf der Shooter-Torte.

Knapp dreißig Jahre später kommt man nun nicht umhin, mit bestimmten Aspekten von **Duke Nukem 3D** etwas kritischer ins Gericht zu gehen. Der Humor kann schon arg krude sein und übertritt mit Absicht die Grenzen des guten Geschmacks. Als Teenie in den Mitt-Neunzigern störte man sich daran nicht, ganz im Gegenteil, aber heutzutage wirkt das manchmal schon ziemlich plump. Wer sich damit arrangieren kann, bekommt mit **Duke 3D** ein Stück Zeitgeist in Videospiel-Form, das immer noch unglaublich viel Fun bereitet. Für alle Neueinsteiger empfiehlt sich die 2016 erschienene **20th-Anniversary-World-Tour**-Edition. Die ist auf den gängigsten Plattformen für ein paar Euro erhältlich und auch super mit dem Controller spielbar.

Nukem vs. Nukum

Bei 3D Realms staunte man nicht schlecht, als eines Tages Post vom Anwalt im Briefkasten lag. Anscheinend gab es bereits einen Bösewicht in der Zeichentrick-Serie **Captain Planet**, der den Name Duke Nukem trug. Kurzzeitig wurde die eigene Figur in Duke Nukum umbenannt, doch schon bald machte man die Änderung wieder rückgängig. Der Grund: Die **Captain-Planet**-Schöpfer hatten es versäumt, sich die Namensrechte vorher zu sichern, sodass 3D Realms nun die Marke für sich beanspruchen konnte.

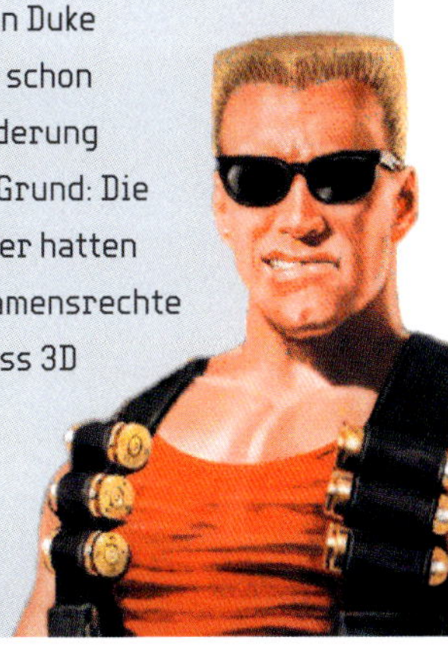

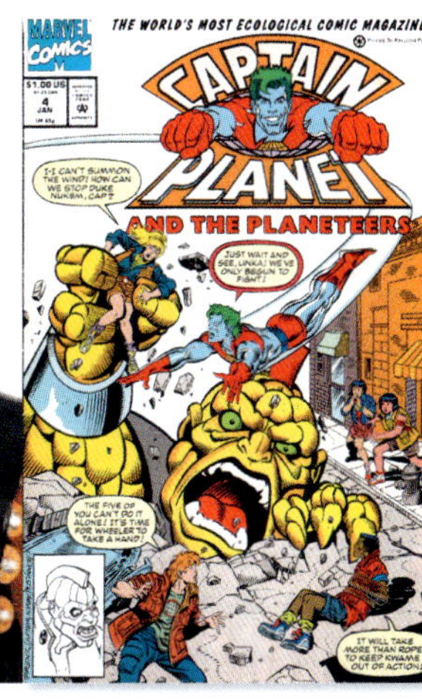

FALLOUT 3 (2008)

SYSTEM: PLAYSTATION 3 / XBOX360 / PC

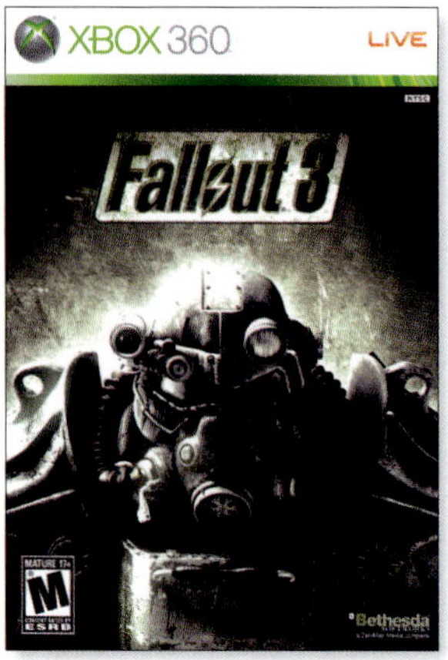

Wenn ein Entwicklerstudio seine Formel aus dem Effeff draufhat, dann ist es Bethesda. Egal ob **The Elder Scrolls**, **Fallout** oder **Starfield** auf der Verpackung steht, wer einmal in den Sog der zeitfressenden Rollenspiele gerät, kommt wahrscheinlich erst Monate später wieder raus. Welcher Titel macht aber am meisten Spaß? Eine schwierige Frage, die manche durchaus mit **Skyrim** (2011) beantworten würden. Schließlich hat sich der beliebte Fantasy-Blockbuster seit seiner Veröffentlichung über 60 Millionen Mal verkauft. Ganz so viele Exemplare wurden von **Fallout 3** zwar nicht abgesetzt, dafür fängt das Endzeit-Abenteuer die typische »Bethesda-Magie« aber so schön ein, wie kaum ein anderes RPG.

Fallout gehörte ursprünglich zu Interplay Entertainment, einem altgedienten Publisher mit großem Rollenspiel-Hintergrund. Erst nach dem Bankrott des Traditionshauses kaufte sich Bethesda die Rechte und entschied sich, die Marke über das bewährte Gameplay-Fundament aus **The Elder Scrolls** zu stülpen. Wir schreiben das Jahr 2277, nach einem Nuklearkrieg liegt die Welt in Schutt und Asche. Aufgewachsen in einem Bunker tief unter der Erde wagt man sich nun das erste Mal nach draußen, um nach seinem verschwundenen Vater zu suchen. Vom werten Papa fehlt allerdings jede Spur. Also macht man sich in die erstbeste Richtung auf und hofft, nicht sofort ins Gras zu beißen. Die Postapokalypse ist dabei wesentlich belebter, als es zuerst den Anschein hat. In den Trümmern der ehemaligen

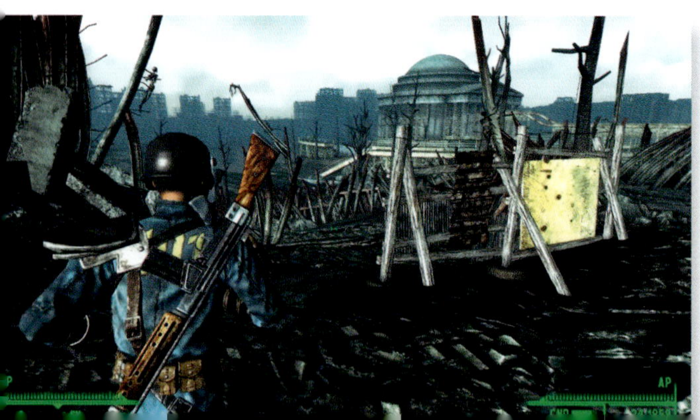

PC

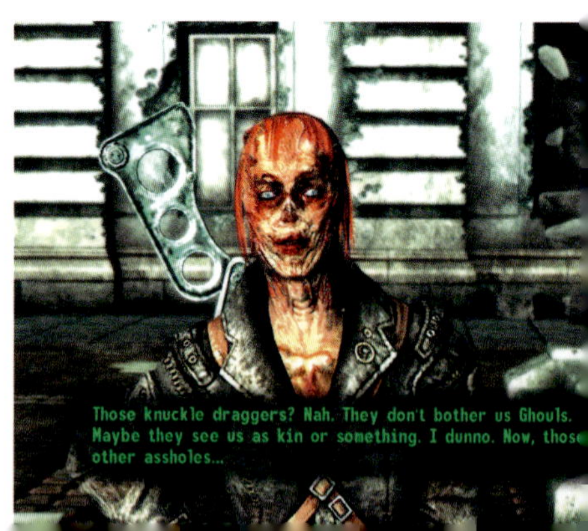

amerikanischen Hauptstadt Washington, D.C. sind neue Gesellschaften entstanden, jede mit ihren eigenen Werten. Hat sich in Megaton ein Kult rund um eine undetonierte Atombombe gebildet, dient nun ein ausgedienter Flugzeugträger als florierender Handelsposten mit dem Namen Rivet City. Die kriegerische Brotherhood of Steel hingegen operiert von den Ruinen des Pentagons aus. Diese karge (aber dennoch bunte) Welt nach und nach zu erkunden, macht so viel Laune, dass man seine eigentliche Aufgabe gern beiseiteschiebt. Doch aufgepasst: Das eigene Verhalten in den Quests kann auch enorme Konsequenzen haben. Manche Probleme können nicht für alle Parteien zufriedenstellend gelöst werden, sodass selbst dem größten Pazifisten irgendwann Blut an den Händen klebt.

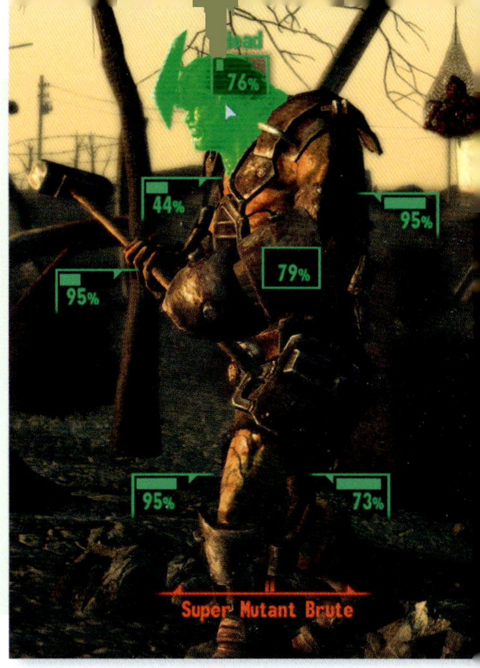

Echt vielseitig!
Das Vault-Tec Assisted Targeting System (V.A.T.S.) macht die Schusswechsel ganz schön taktisch. Während das Geschehen pausiert, darf man in Ruhe jedes Körperteil ins Visier nehmen und anhand der Trefferwahrscheinlichkeit entscheiden, wofür man seine limitierten Aktionspunkte ausgibt.

Kommt es mal zu einer Auseinandersetzung, spielt **Fallout 3** mit dem V.A.T.S.-Kampfsystem dann eine seiner größten Stärken aus. Äußerlich mag man an einen Egoshooter denken, doch ein Knopfdruck verlangsamt das Geschehen und lässt einzelne Körperteile der Gegner direkt anvisieren, inklusive angezeigter Trefferwahrscheinlichkeit. Ein genialer Kniff, der viel Taktik und Planbarkeit in die Gefechte bringt. Im Zusammenspiel mit dem peppigen Retro-Futurismus der Fünfzigerjahre wirkt die ungeschönte Gewalt des Spiels dann umso heftiger. Wer noch nie einen Raider zu Matsch geballert und dabei zu beschwingter Musik aus dem Prärie-Radio gewippt hat, hat echt was verpasst. Wurde **Fallout 3** zur Veröffentlichung noch von vielen Bugs geplagt, sollte man mit den aktuell erhältlichen Fassungen deutlich weniger Probleme haben. Nach dem Aufkauf Bethesdas durch Microsoft findet man die Serie zudem im Grundangebot des Game-Pass-Abos.

FINAL FANTASY VII REMAKE (2020)

SYSTEM: PLAYSTATION 4 / PLAYSTATION 5 / PC

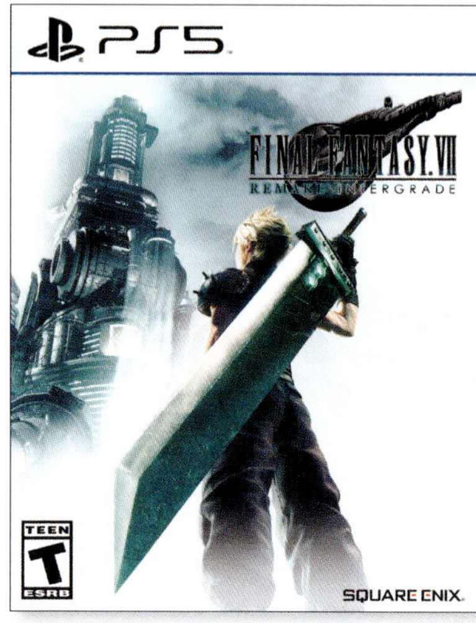

Auf kein anderes Unterhaltungsmedium hat der rapide Fortschritt so einen Effekt wie auf die Videospiele. Ein alter Song kann immer noch genauso gut wie aktuell produzierte Musik klingen, auch Filmklassiker sehen auf einer Blu-ray knackscharf aus. Bei Games wie **Final Fantasy VII** (1997), die damals als technisches Wunderwerk galten, ist der Lack allerdings stark abgeblättert. Sicher, Grafik ist nicht alles, was zählt ist der Spielspaß. Gerade aber **Final Fantasy VII** hat seitdem viel von seinem emotionalen Gewicht verloren. Kann man sich noch in einer Geschichte verlieren, die von staksigen Polygon-Püppchen aufgeführt wird? Dieses Manko war selbst den größten Fans klar, weswegen sie bereits seit der Jahrtausendwende nach einer Neuauflage schrien. Ihr Wunsch ging allerdings erst 2020 mit **Final Fantasy VII Remake** in Erfüllung. Immerhin, das Ergebnis ist fantastisch, ausgenommen vielleicht der Tatsache, dass nur ein Drittel der originalen Story drinsteckt.

Final Fantasy ist eine der wenigen Serien, die sich mit jedem nummerieren Eintrag neu erfindet. Charaktere und Spielewelt sind jedes Mal frisch, auch am Kampfsystem wird immer weiter justiert. In **Final Fantasy VII** stemmt man sich mit aller Macht gegen den Riesenkonzern Shinra, der Raubbau an den Ressourcen des Planeten betreibt. Ein durchaus interessantes Setting, doch was einen wirklich reinzieht, sind die persönlichen Schicksale der Figuren. Eine ganz bestimmte Szene, die wir allen Neulingen aus Spoiler-Gründen nicht vorwegnehmen wollen, hat die Spieler damals sogar so sehr mitgenommen, dass sie seitdem fest in der Popkultur verankert ist. Die Entwickler von Squaresoft gossen diese spannende Geschichte ein gigantisches Rollenspiel, verteilt über drei ganze PlayStation-CDs. Auch abseits der Story gibt es jede Menge zu tun, sei es beim Züchten von Chocobos oder auf der Suche nach legendären Monstern. Während der zahlreichen Kämpfe sind die Materia-Steine das

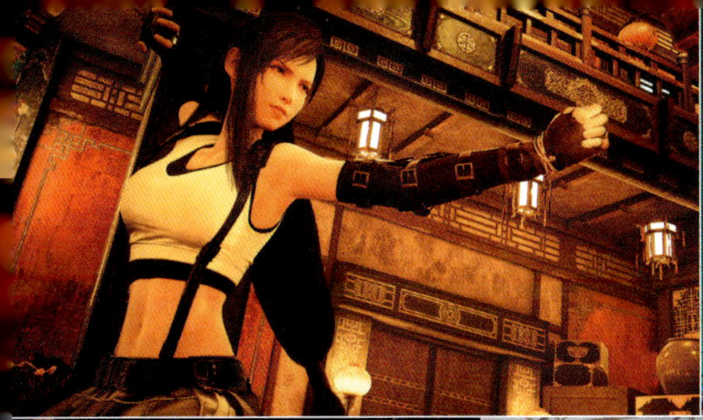
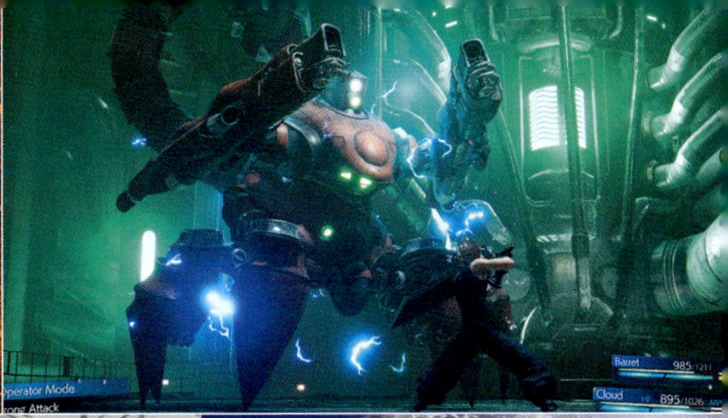
Barret
Cloud
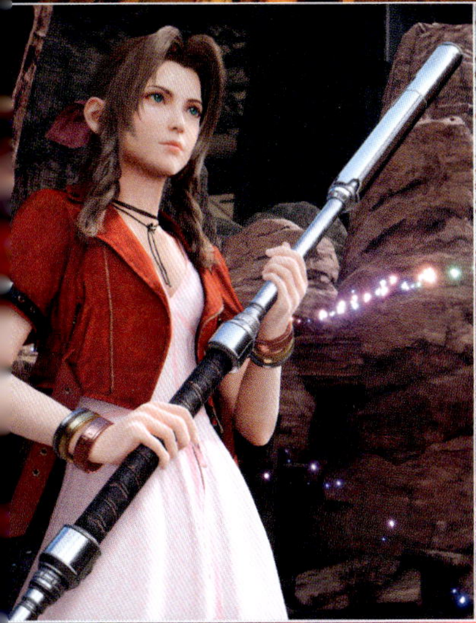
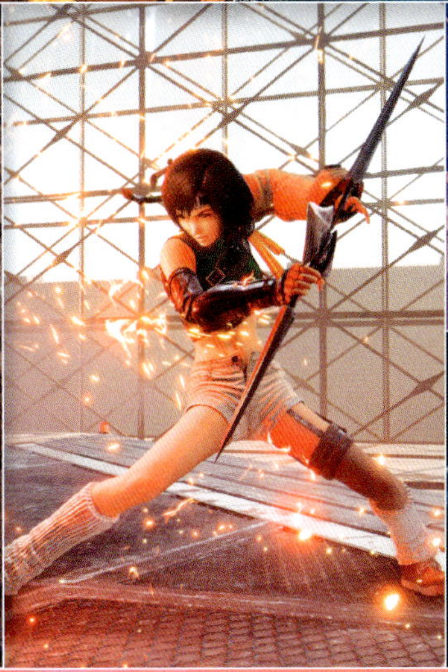
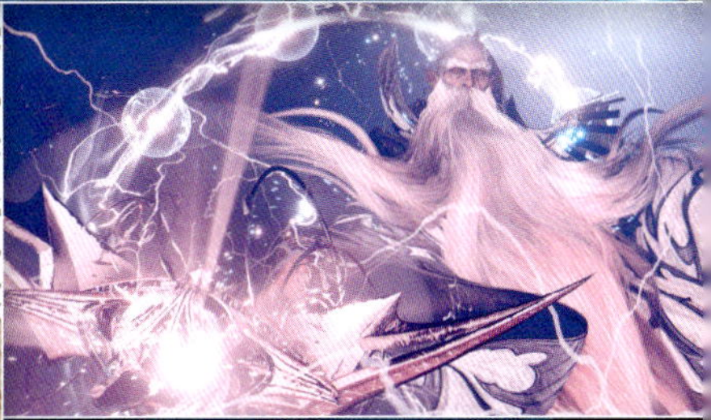
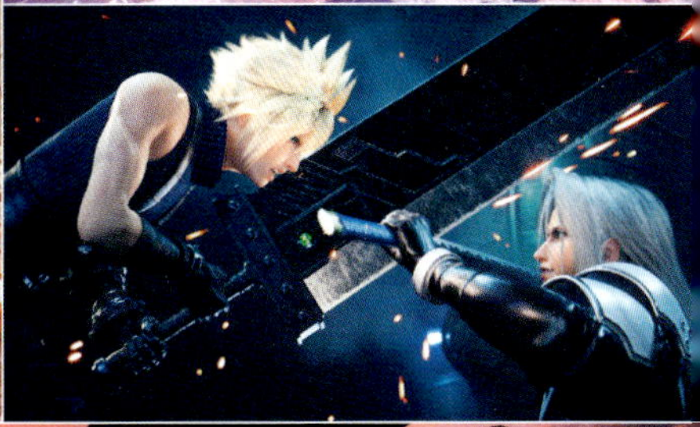
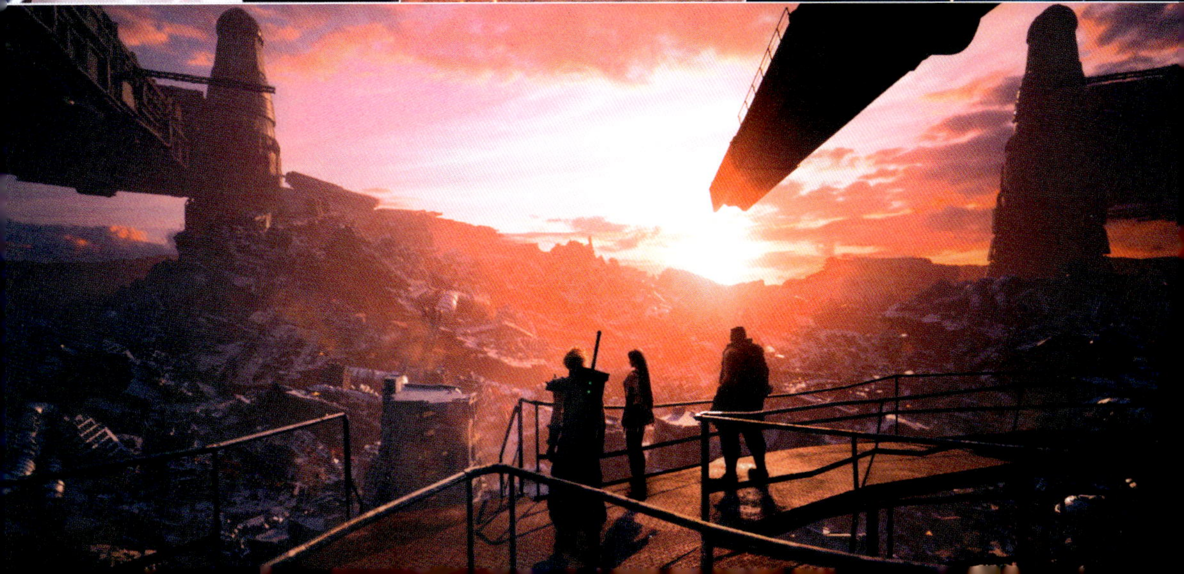

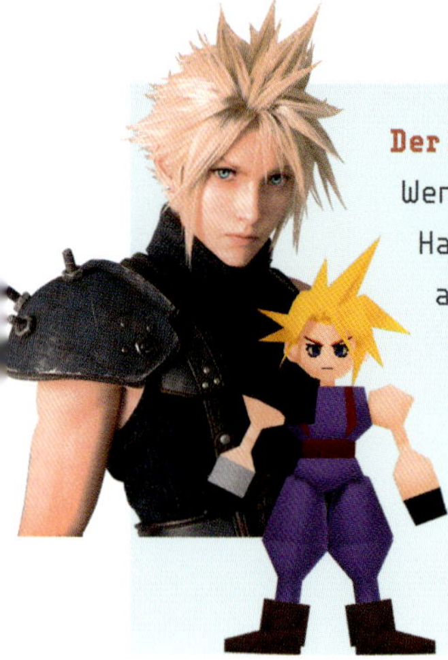

Der Zahn der Zeit

Wenn man die Modelle von Hauptcharakter Cloud aus dem Original und dem Remake direkt gegenüberstellt, dann wird mehr als deutlich, wie enorm die Technik mittlerweile vorangeschritten ist.

zentrale Gameplay-Element, mit denen man die Fähigkeiten seiner Truppe nach eigenem Gusto frei anpassen kann. Das ist auch enorm wichtig, sonst ist bei den kniffligen Bossen schnell mal Schluss. Mit dieser fein-austarierten Mischung wurde **Final Fantasy VII** zum Welthit, bei vielen entfachte es gar eine große Leidenschaft für das Genre. Obwohl bereits einige neue Serienvertreter auf dem Markt waren, ließ Squaresoft den siebten Teil nie ganz von der Bildfläche verschwinden. Noch Jahre später wurden im Rahmen der Compilation of **Final Fantasy VII** etliche Spin-offs und ein computeranimierter Kinofilm veröffentlicht. An ein vollumfängliches Remake traute man sich aber nicht so richtig. Auf der alten PlayStation konnte man sich noch eine Vielzahl an unterschiedlichen Örtlichkeiten erlauben, weil die meisten Hintergründe aus vorberechneten Standbildern bestanden. Diese hätte man entweder in richtiger 3D-Grafik komplett ausmodellieren müssen oder die Schauplätze so zusammenstreichen, dass am Ende nur schlauchige Korridore übriggeblieben wären. Damit wäre niemand glücklich geworden. Als das Projekt nach über einem Jahrzehnt endlich spruchreif wurde, entschloss man sich, doch den harten Weg zu gehen. Das Resultat war ein Mammutprojekt, mit dem das alte **Final Fantasy VII** auf gleich drei eigenständige Spiele verteilen werden sollte. Nach der offiziellen Ankündigung auf der E3-Messe 2015 war die Freude darüber gigantisch, aber auch ein gewisses Maß an Skepsis schwang mit. Wird das alles nicht viel zu lange dauern? Und verwässert man damit nicht die geliebte Storyline? Die Antworten konnte nur das fertige Spiel geben.

Auch wenn nun **Final Fantasy VII Remake** auf der Verpackung steht, ist es streng genommen nur ein Remake der ersten Spielstunden. Als Supersoldat Cloud steht man in Diensten der Öko-Terroristen von Avalanche, zu denen auch Jugendfreundin Tifa gehört. Von den Slums der Mega-Metropole Midgar aus operierend, führen sie im Geheimen Anschläge auf Shinra aus. Nach und nach findet Avalanche immer mehr Verbündete, doch auch die Firma ist nicht untätig und mobilisiert schon bald die eigenen Streitkräfte. War dieser Abschnitt im alten **Final Fantasy VII** noch relativ kurz, dauert er im Remake mit knapp vierzig Stunden im Grunde genauso lang wie die komplette Story des Originals. Damit das funktioniert, gibt das Remake den einzelnen Versatzstücken mehr Luft zum Atmen. Die Stadtteile Midgars sind größer und lebendiger, die Dungeons haben wesentlich mehr Umfang. Am laufenden Band trifft man neue Charaktere, immer wieder gibt es Nebenquests zu erledigen. An die entschleunigte Progression muss man sich als Veteran zwar ein wenig gewöhnen, aber an sich wurde hier echt gute Arbeit geleistet. Alles wirkt wie aus einem Guss. Dabei hilft auch die fantastische Neu-Interpretation der eigenen Party. Sie fühlt sich immer noch wie die Truppe an, die man anno dazumal in sein Herz geschlossen hat. Die Dialoge sind diesmal aber deutlich besser, die Figuren wirken lebendiger, was auch ein Verdienst der guten deutschen Synchro ist. Es macht einfach Spaß, mit ihnen nach so langer Zeit wieder unterwegs zu sein und zu sehen, wie vertraute Szenen im modernen Gewand aussehen. Die Grafik ist ebenfalls auf Top-Niveau, auch wenn bei der PS4-Version hier und da mal ein paar unschöne Texturen durchblitzen. Viel Lob darf man an das überarbeitete Kampfsystem verteilen, welches den Action-Faktor stark erhöht, aber die taktische Tiefe und menübasierte Steuerung der Vorlage komplett erhält. Die Sorge, dass eine stumpfe Hau-Drauf-Prügelei draus wird, war am Ende unbegründet.

Für sich genommen hat **Final Fantasy VII Remake** also die Aufgabe mit Bravour gemeistert, einen der größten Klassiker mit Sinn und Verstand ins Hier und Jetzt zu bringen. Wer sich mitreißen lässt, hofft natürlich darauf, dass auch die nächsten beiden Episoden abliefern. Im Februar 2024 erschien mit **Final Fantasy VII Rebirth** endlich der Mittelteil, der leider zu Redaktionsschluss noch nicht ganz fertig war. Spannend bleibt deshalb die Frage, wie genau sich **Rebirth** an die Vorlage hält. Bereits im **Remake** gab es ein paar signifikante Änderungen im Story-Verlauf, die noch größeren Abweichungen Tür und Tor geöffnet haben. Ob im Positiven oder Negativen, wird die Zeit erst zeigen. Hoffen wir also aufs Beste.

Hoch zu Huhn

Ist die Handlung des Remakes noch auf die Mega-Metropole Midgar beschränkt, darf man in **Rebirth** endlich in die große weite Welt hinaus. Zum Glück muss man die lange Reise nicht zu Fuß bestreiten, die gefiederten Chocobo-Reittiere stehen ebenfalls zur Verfügung.

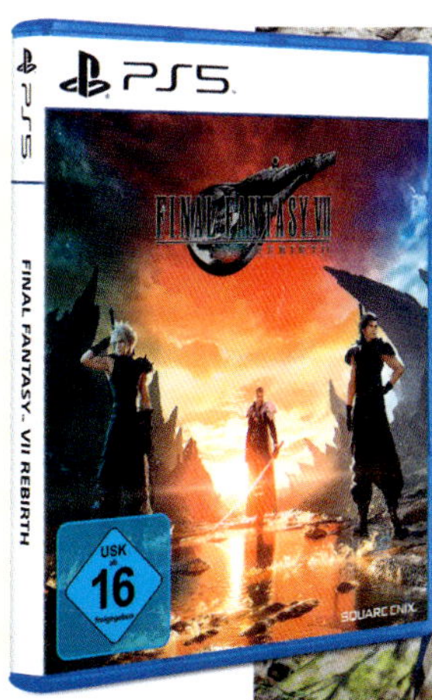

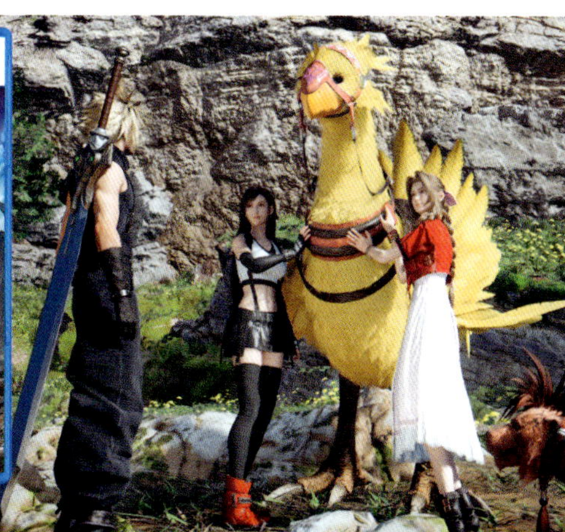

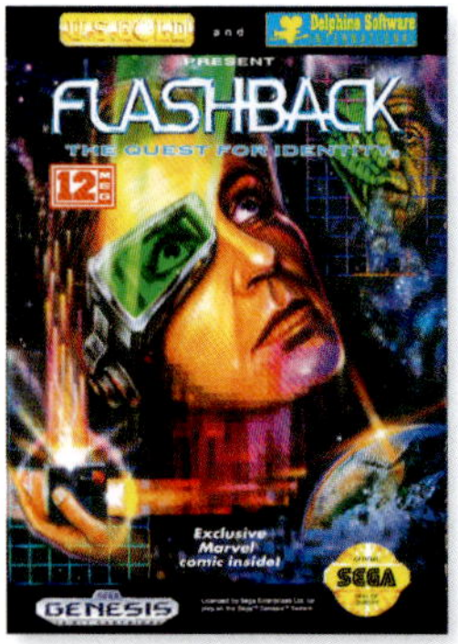

FLASHBACK: THE QUEST FOR IDENTITY

(1992)

SYSTEM: U.A. SEGA MEGA DRIVE / SUPER NES / AMIGA / ATARI JAGUAR / XBOX ONE

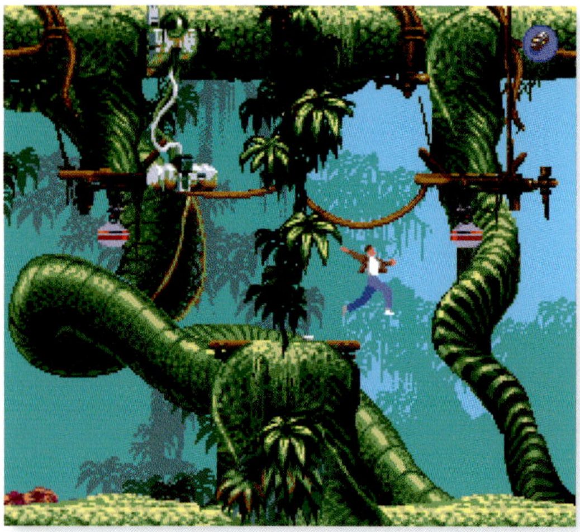

Sega Mega Drive

Der Cinematic Platformer ist eines dieser ganz bestimmten Subgenres, die komplett für sich stehen. Normalerweise sind eine filmreife Präsentation und behutsames Storytelling nicht so wichtig für ein Jump & Run, am Ende zählt eben das Gameplay. Im Gegensatz dazu darf sich ein Cinematic Platformer durchaus etwas gröber spielen, solange das Drumherum passt. Das hat bereits **Prince of Persia** (1989) bewiesen, der Urvater des Genres. Trotz seines unerbittlichen Zeitlimits und der etwas hakeligen Steuerung wurde das Game zum Welterfolg. Auch ein **Another World** (1991) genießt Kultstatus, obwohl es rein objektiv betrachtet viele unfaire Stellen besitzt. Im Fall von **Flashback** bekommt man hingegen nicht nur eine tolle Inszenierung, auch die Spielbarkeit passt endlich mal. Der kreative Kopf dahinter heißt Paul Cuisset und war in den frühen Neunzigern bei Delphine Software angestellt. Eigentlich galt Cuisset als Experte für hübsche Grafik-Adventures, was er mit Spielen wie **Future Wars** (1989) oder **Operation Stealth** (1990) unter Beweis stellte. Nachdem sich Delphine aber die Publishing-Rechte an **Another World** sichern konnte und große Erfolge damit feierte, schwenkte Cuisset auf die Cinematic Platformer um. Im Zentrum von **Flashback** steht

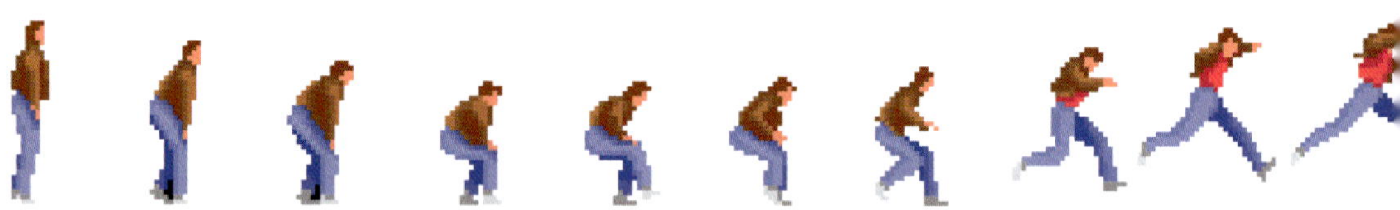

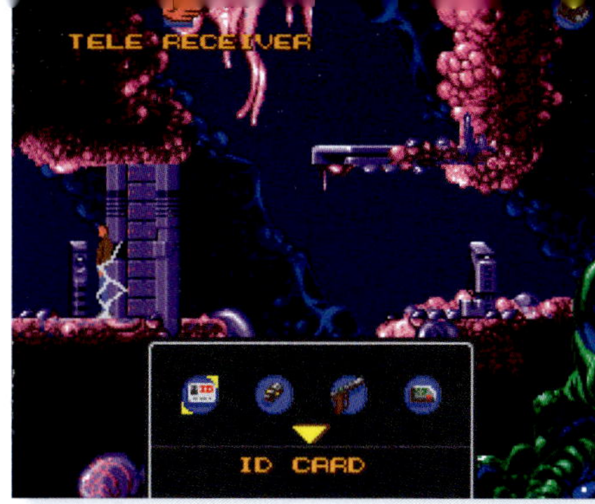

Geheimagent Conrad B. Hart, der herausfindet, dass Außerirdische die Erde infiltriert haben. Im actionreichen Intro des Spiels kommt er knapp mit dem Leben davon, seine Erinnerungen sind allerdings futsch. Nun muss Conrad nicht nur sein Gedächtnis wiederherstellen, sondern auch die Alien-Invasion verhindern.

Passend zum Setting ist **Flashback** durchsetzt mit Referenzen aus populären SciFi-Filmen. Nachrichten werden wie bei **Star Wars** per Hologramm übertragen und das futuristische New Washington zeigt starke Parallelen zu Los Angeles aus **Blade Runner**. Insbesondere an den Werken von Arnold Schwarzenegger hat Cuisset aber einen Narren gefressen. Von **Terminator** über **Total Recall** bis hin zu **Running Man** werden alle großen Hits der steirischen Eiche zitiert. Dieses Potpourri an Ideen ist ziemlich wild, greift aber gut ineinander und zeichnet elegant das Bild einer dystopischen Zukunft. Während der Großteil des Spiels aus der gewohnten Seitenperspektive gezeigt wird, gibt es an bestimmten Knotenpunkten in Echtzeit berechnete Cutscenes. Die Charaktere selbst sind etwas klein, dafür aber sehr flüssig per Rotoscoping animiert worden. Mit etwas Übung steuert man Conrad präzise durch die ausladenden Welten, sei es beim Lösen von Puzzles, knackigen Sprungeinlagen oder Schusswechseln mit den Außerirdischen.

Die Adventure-Wurzeln Cuissets scheinen beim verschachtelten Leveldesign auch immer wieder durch. Die Frage nach der besten Version von **Flashback** ist nun tatsächlich nicht so einfach. Cuisset selbst empfiehlt die Mega-Drive-Version, weil auf dieser Plattform das Urspiel entstanden ist. Mit einem der modernen Re-Releases macht man aber eigentlich auch nichts falsch. In den Folgejahren hatte Conrad leider nicht so viel Glück als Protagonist, sowohl das 3D-Sequel **Fade to Black** (1995) als auch das **Flashback**-Remake von 2013 sind eher mau. Am traurigsten ist aber das Schicksal von **Flashback 2** (2023), das sich nach der langen Wartezeit als echter Rohrkrepierer herausgestellt hat.

Butterweich in Bewegung

Beim Rotoscoping werden echte Personen gefilmt und als Vorlage genommen, um möglichst lebensechte Bewegungsabläufe im Computer zu erschaffen. Alleine in Conrads Figur stecken über 800 Animationsphasen.

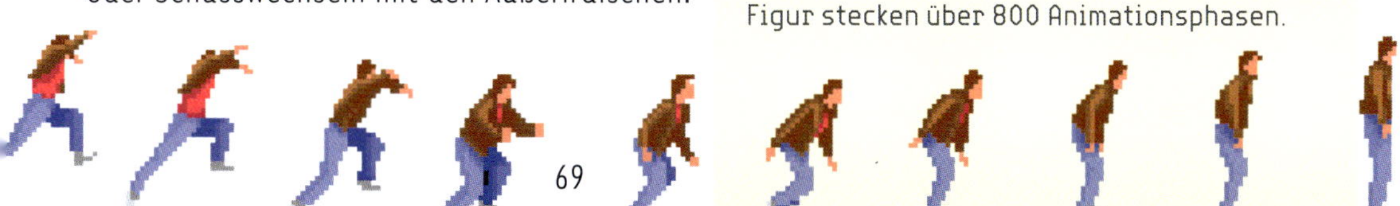

FORTNITE: BATTLE ROYALE (2017)

SYSTEM: PLAYSTATION 4 / PLAYSTATION 5 / XBOX ONE / XBOX SERIES / NINTENDO SWITCH / PC / SMARTPHONE

Einst kannte man das Metaverse im Grunde nur aus der Sci-Fi-Literatur. Seien es dystopische Romane wie **Snow Crash** oder die Nerd-Phantasie **Ready Player One**, sie alle stellten sich eine virtuelle Welt vor, in der die Menschen viel lieber unterwegs sind, als ihrem drögen Leben nachzugehen. Heutzutage ist der Begriff wesentlich geläufiger, unter anderem wegen Facebook-Gründer Mark Zuckerberg. Es ist gar nicht mal so lange her, dass er mit seinem Projekt spektakulär gescheitert ist und dabei über zwanzig Milliarden Dollar verbrannte. Hätte er mal doch lieber vorher bei Epic Games angeklopft und gefragt, was ihr Geheimnis ist. Die haben mit ihrem kindgerechten Shooter **Fortnite** nämlich einen so beliebten Online-Spielplatz geschaffen, dass man ihn eigentlich auch gleich in Metaverse umbenennen kann.

Früher war die Firma hauptsächlich für ihre Unreal Engine bekannt, ein Programmier-Fundament, das andere Studios zum Entwickeln ihrer Spiele verwenden. Wenn Epic selbst was veröffentlichte, dann solch ultra-brutale Shooter wie **Gears of War** (2007). Um auch ein Stück vom lukrativen Online-Kuchen abzubekommen, beschloss man in den frühen Zehnerjahren, den größten Trends nachzueifern. Ihr **Fortnite: Save the World**

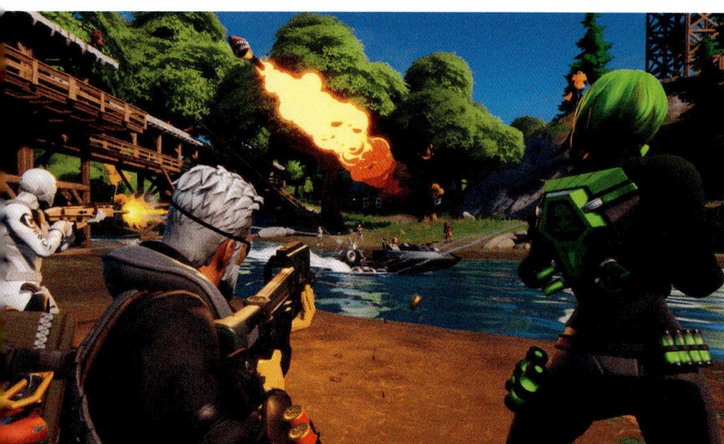

PC

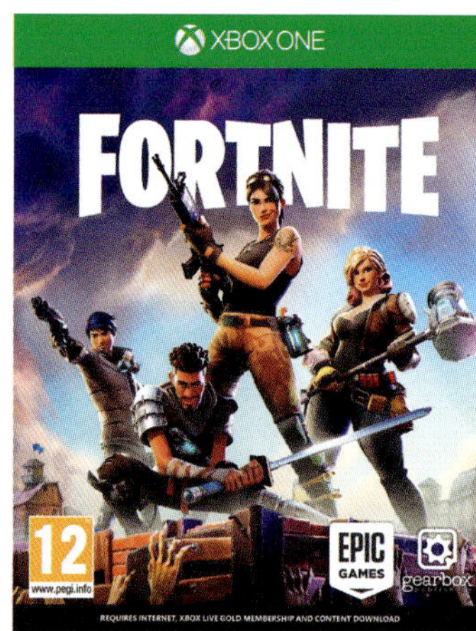

orientierte sich am Coop-Klassiker **Left 4 Dead** (2008), angereichert mit einer Spur Crafting und etwas Tower Defense. Um den bevorstehenden Angriff einer Zombie-Armee zu überstehen, muss man erst Ressourcen sammeln, um Barrikaden und Fallen zu bauen. Haben die Untoten diese überwunden, lichtet man ihre Reihen weiter mit gezieltem Geballer. Damit jüngere Gamer nicht ausgeschlossen werden, entschied man sich für stilisierte Comic-Grafik frei nach **Team Fortress 2** (2007). Das klang nun alles nicht so unspannend, aber ein richtig großer Hype entstand nicht unbedingt. Es half auch nicht gerade, dass die Entwicklung nur schleppend verlief und der Vorabzugriff erst 2017 stattfand. In diesem Jahr hatte sich mit **PlayerUnknown's Battlegrounds** bereits ein neuer Platzhirsch im Online-Gaming etabliert. Dessen Battle-Royal-Modus, in dem hundert Spieler gleichzeitig unterwegs sind und sich so lange abballern, bis nur einer übrig bleibt, lockte ein Millionen-Publikum an. Obwohl **Fortnite** fast fertig war, entschied man sich, schnell einen vergleichbaren Modus zu programmieren. Bereits zu Beginn 2018 trug diese Entscheidung Früchte, denn **Battle Royal** war deutlich beliebter als **Save the World**. Dies hatte gute Gründe: Da wegen den cartoonartigen Figuren die Gewalt eher mild war, konnten auch Jugendliche bedenkenlos mitspielen. Geld wurde nur fällig, wenn man sich neue Charaktere oder Siegestänze kaufen wollte, der eigentliche Download war kostenfrei. Auch die Bastelei war ein attraktives Alleinstellungsmerkmal, das die Konkurrenz so nicht bieten konnte.

Seitdem bricht **Fortnite** einen Rekord nach dem anderen, zuletzt im November 2023, als im Laufe des Tages unglaubliche 44,7 Millionen Spieler online gingen. Populäre Streamer erreichen teils hunderttausende Zuschauer mit ihren Match-Übertragungen. Auch die gesamte Unterhaltungsindustrie will Teil davon sein, neue Skins berühmter Figuren aus der Popkultur gibt es am laufenden Band. Wenn mal nicht geballert wird, gibt es virtuelle Großereignisse wie Konzerte oder exklusive Trailer-Premieren von **Star-Wars**-Filmen. Wenn aus **Fortnite** also irgendwann offiziell das neue Metaverse wird, muss sich wirklich niemand wundern.

Kauf mich!

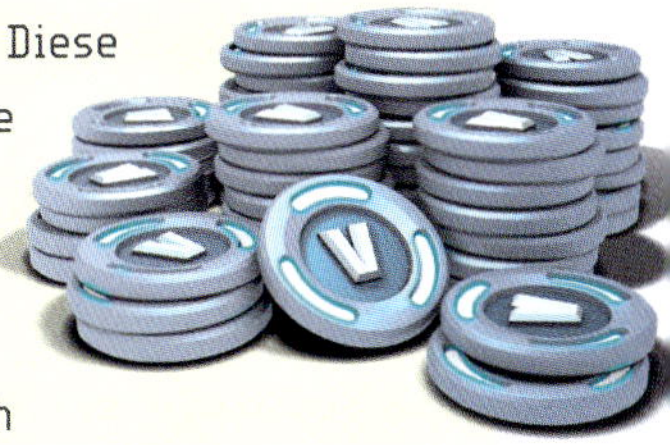

Die sogenannten V-Bucks sind die Währung von **Fortnite**. Diese werden zum Teil Ingame verdient, sind aber auch gegen Echtgeld zu haben. Damit kauft man hautsächlich kosmetische Gegenstände wie neue Skins und Emotes, aber auch Battle Pässe sowie den Zugriff auf den **Save-the-World**-Modus.

GAROU: MARK OF THE WOLVES (1999)

SYSTEM: U.A. ARCADE / NEO GEO / DREAMCAST / PLAYSTATION 4 / XBOX360 / PC / SMARTPHONE

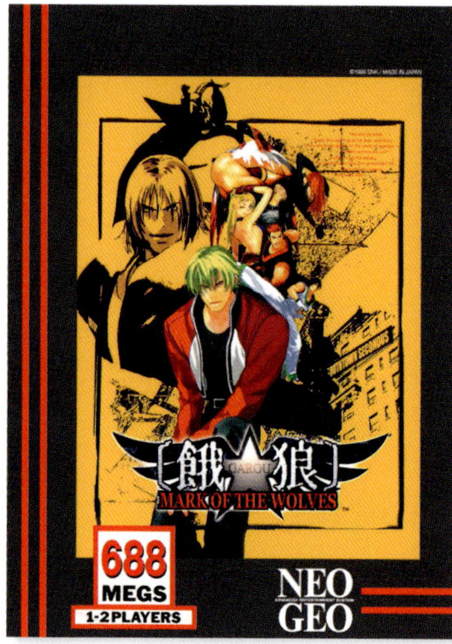

Kaum eine Konsole wird so sehr von einem Genre dominiert, wie das Neo Geo. Natürlich gibt es auch ein paar Sport-Titel oder knallige Shooter, doch am meisten vertreten sind die Fighting Games. In über einem Drittel der überschaubaren Spiele-Bibliothek darf man sich gepflegt auf die Schnauze hauen. Dieses Ungleichgewicht hat seinen guten Grund, schließlich steckt in dem Gerät von SNK die gleiche Hardware wie auch in den Arcade-Automaten der Firma. Was populär in der Spielhalle war, bestimmte gleichzeitig das Angebot für die Heimkonsole. Wegen der großen Konkurrenz konnte sich SNK allerdings nicht erlauben, die Zügel schleifen zu lassen und steckte dementsprechend viel Sorgfalt in die Entwicklung neuer Prügler. **Garou: Mark of the Wolves** ist ein Paradebeispiel für diese Politik und gilt deswegen heute als zeitloser Backpfeifen-Klassiker.

Auch wenn es nicht direkt ersichtlich ist, handelt es sich bei **Garou** um den bereits achten Teil einer langlebigen Serie. **Fatal Fury** (1991) war seinerzeit ein ambitioniertes Projekt von Takashi Nishiyama, dem Game Director des ersten **Street Fighter** (1987). Während seine Ex-Kollegen bei Capcom fleißig an **Street Fighter II** saßen, überlegte sich Nishiyama, wie er die Hardware-Power des Neo Geos am besten nutzen kann. Das Resultat war ein imposantes Prügelspiel mit großen Figuren und sehr bunten Locations. Im direkten Duell hatte zwar **Street Fighter II** die Nase vorn, aber **Fatal Fury** war dennoch so erfolgreich, dass der Stein für SNK ins Rollen kam. Mit jedem neuen Eintrag schraubte man weiter an der Formel, das Gameplay wurde feiner und präziser, die Anzahl der Kämpfer stieg ebenfalls. Interessanterweise profitiert **Garou** nicht nur von all diesen Erfahrungswerten, es ist auch deswegen so gut, weil es mit bestimmten Traditionen ganz bewusst bricht. Über zehn Jahre nach dem Tod von Gangsterboss

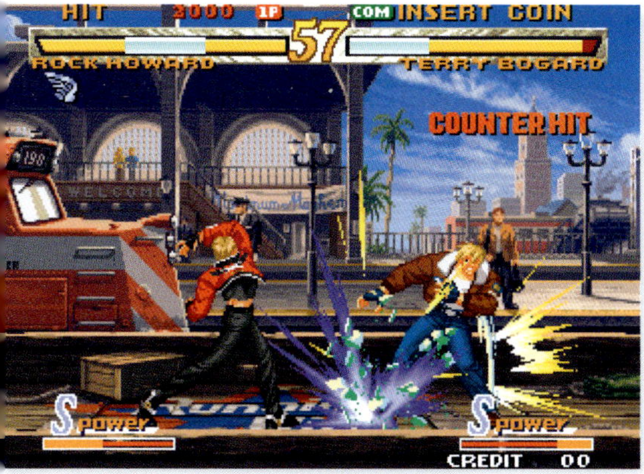

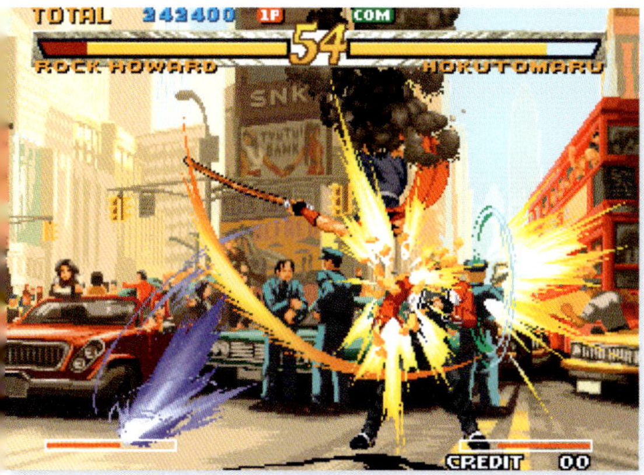

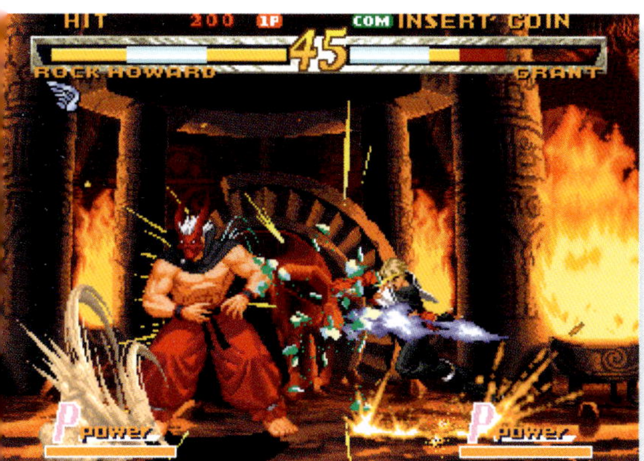

Neo Geo

Geese Howard wird erstmals wieder ein Turnier in der Küsten-Metropole South Town ausgetragen. Von den alten Haudegen ist allerdings nur noch Terry Bogard übrig. Für Veteranen mag die neue Kämpfer-Riege etwas klein wirken, was sich aber verschmerzen lässt, weil SNK dadurch auch keine Inhalte aus den Vorgängern recyceln konnte. Die Figuren sehen dank der vielen Animationsphasen einfach fantastisch aus, wodurch auch klar wird, warum das Modul mit satten 688 Mbit Speicher eines der größten (und teuersten) überhaupt ist.

Zum Glück passt neben der Grafik auch die tadellose Spielbarkeit. Die Special-Moves gehen locker von der Hand, sinnvolle Ergänzungen wie ein überarbeitetes Block-System machen taktischere Gefechte möglich. Auch das unsägliche Wechseln zwischen zwei Kampf-Ebenen aus den Vorgängern hat endlich ein Ende. Als Gesamtpaket ist **Garou** eines der rundesten Kampfspiele überhaupt. Aus der Ära könnte maximal **Street Fighter III: 3rd Strike** (1999) noch ein Wörtchen mitreden. Zum Glück muss man heutzutage kein Neo Geo mehr besitzen, **Garou** ist auf fast allen Plattformen vertreten. Manche der neueren Versionen enthalten sogar einen Online-Modus.

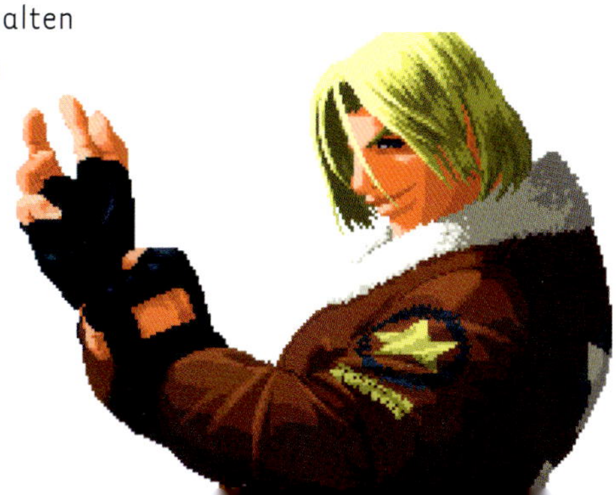

GHOULS 'N GHOSTS
(1988)

SYSTEM: U.A. ARCADE / SEGA MEGA DRIVE / PC ENGINE SUPERGRAFX / AMIGA / PLAYSTATION / X68000

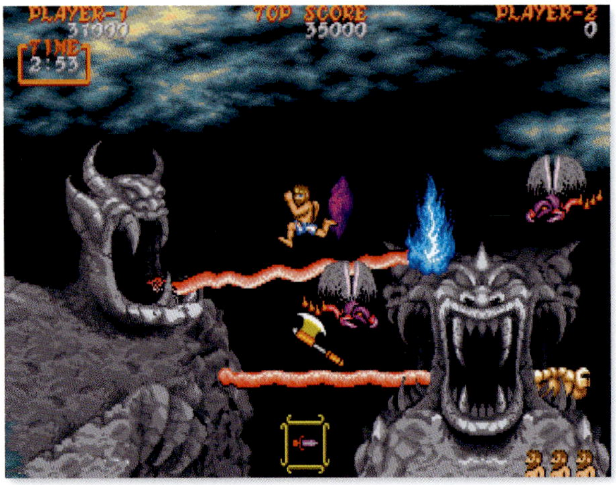

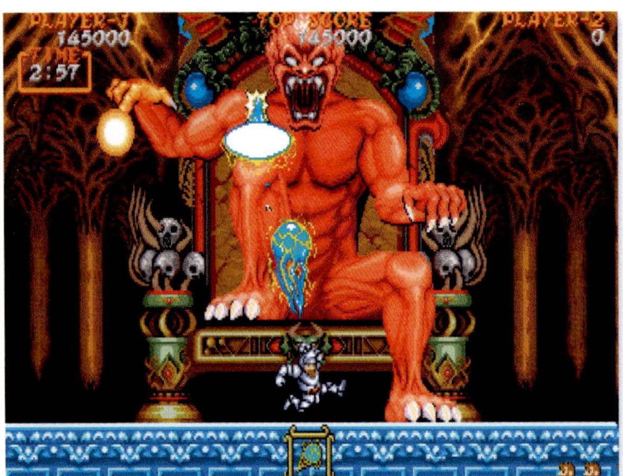

Arcade

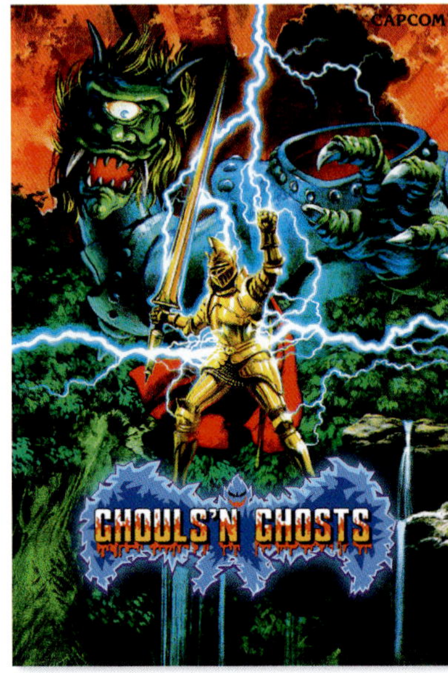

Jeder kennt sicher das Gefühl: Man hat gerade richtig Spaß an einem Videospiel, aber der letzte Feinschliff fehlt irgendwie. Mitten im Gefecht sprudeln einem plötzlich ganz viele Verbesserungsvorschläge aus dem Kopf. Passt am Ende vom dritten Level nicht vielleicht ein ganz anderer Gegner hin? Wäre eine Waffe mit ferngelenkten Projektilen nicht ziemlich praktisch? In den meisten Fällen bleibt es bei Gedankenspielen, schließlich ist man ja kein Entwickler. Bei **Ghouls 'n Ghosts** durften aber ausnahmsweise mal die Gamer das Heft in die Hand nehmen. Designer-Legende Tokuro Fujiwara landete bereits 1985 mit **Ghosts 'n Goblins** einen gigantischen Hit. Der imposante Automat, in dem Ritter Arthur die von Dämonen entführte Prinzessin Prin Prin retten muss, machte in den Arcades mit toller Technik und dichter Atmosphäre auf sich aufmerksam. Seine markanteste Eigenschaft war allerdings der knallharte Schwierigkeitsgrad. Selbst die kleinste Unachtsamkeit wurde sofort bestraft. Wer nicht aufpasste, sah innerhalb weniger Sekunden den Game-Over-Schirm. Trotz dieser großen Herausforderung war die Motivation, es immer wieder zu versuchen, mindestens genauso hoch und sorgte dafür, dass Publisher Capcom ordentlich Reibach damit machte.

Für das Sequel hatte Fujiwara nun den Luxus, mit einem Entwicklerteam aus Super-Fans zu arbeiten, die den Vorgänger in- und auswendig kannten. Ergo musste Fujiwara seine Vision nicht groß erklären, man konnte sich auf das Schleifen des Gameplays und das Verbauen frischer Ideen konzentrieren. Das erklärt auch, warum **Ghouls 'n Ghosts** so großartig geworden ist, selbst wenn sich an der grundsätzlichen Formel nur wenig geändert hat. Mal wieder befindet sich Arthur auf Rettungsmission, nur die Gefahren, die ihm auflauern, sind tödlicher denn je. Um nicht sofort ins Gras zu beißen, kann man jetzt auch nach oben und unten schießen. Es gibt neue Waffen mit eigenen Angriffsmustern, dank versteckter goldener Rüstungen sind sogar Super-Attacken möglich. Ausgestattet mit der damals brandneuen CPS-Platine, konnte sich das Team sowohl in Sachen Leveldesign als auch bei der Größe der Bossgegner austoben. Grafik und Musik sind ebenfalls auf einem Top-Niveau.

Demgegenüber steht aber erneut der harsche Schwierigkeitsgrad, auf den man sich natürlich erst mal einlassen muss. Wer keinen Spaß daran findet, es immer wieder zu probieren, der wird bei **Ghouls 'n Ghosts** schnell an seine Grenzen stoßen. Vor allem, weil man das gesamte Spiel gleich zweimal hintereinander beenden muss, um den richtigen Abspann zu sehen. Macht es aber doch mal »Klick«, dann gibt es nur wenige Titel dieser Art, die eine ähnliche Sogwirkung haben. Von den vielen Adaptionen galt früher mal die Umsetzung für Segas Mega Drive als die Beste. Heutzutage kommt man aber auch sehr günstig als Download an die originale Automaten-Version. Diese Fassungen akzeptieren zum Glück auch virtuelle Münzen und belasten damit den eigenen Geldbeutel nicht weiter.

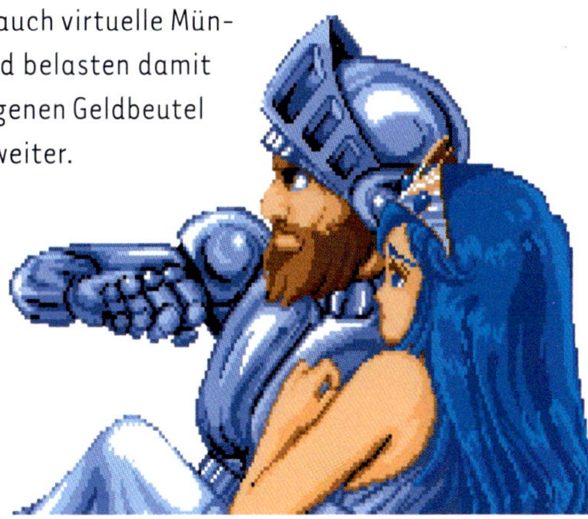

GOD OF WAR (2005)

SYSTEM: PLAYSTATION 2 / PLAYSTATION 3

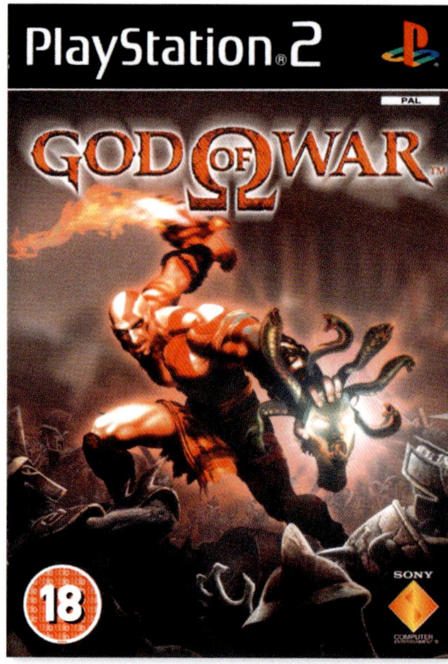

Sieben Minuten und 59 Sekunden. So lange verweilte Christopher Judge auf der Bühne der Game Awards 2022, wo er gerade den Preis für die beste schauspielerische Leistung entgegennahm. Damit brach er nicht nur den Rekord für die längste Dankesrede aller Zeiten, sein herzlicher Auftritt stellte das exakte Gegenteil der Rolle dar, die ihm die Auszeichnung überhaupt erst einbrachte. Kratos, seines Zeichens muskelbepackter Grieche mit Hang zu Gewaltausbrüchen, ist nämlich kein Mann der vielen Worte. Judge hingegen machte aus seinen Gefühlen keinen Hehl und freute sich derart überschwänglich, dass man ihm für das gnadenlose Überziehen nicht wirklich sauer sein kann. Dass er den Award mehr als verdient hat, stand jedoch außer Frage und bewies, wie sehr sich die Videospiel-Industrie in den siebzehn Jahren seit dem Debüt der Serie verändert hat. Standen früher noch knallharter Splatter, massenweise Blut und ein guter

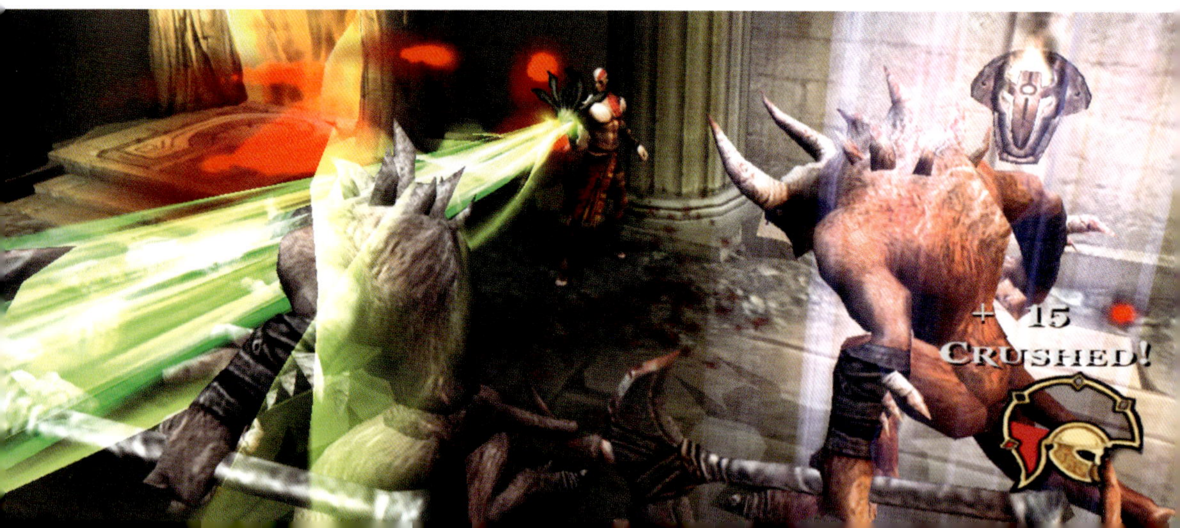

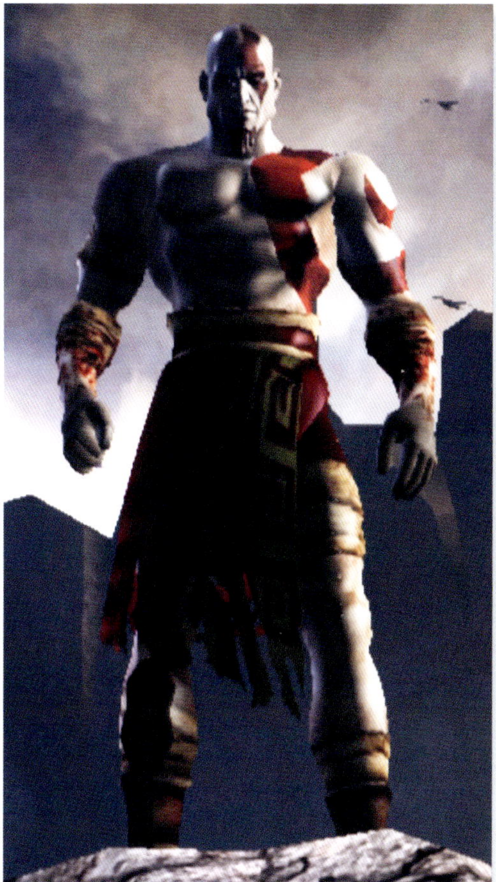

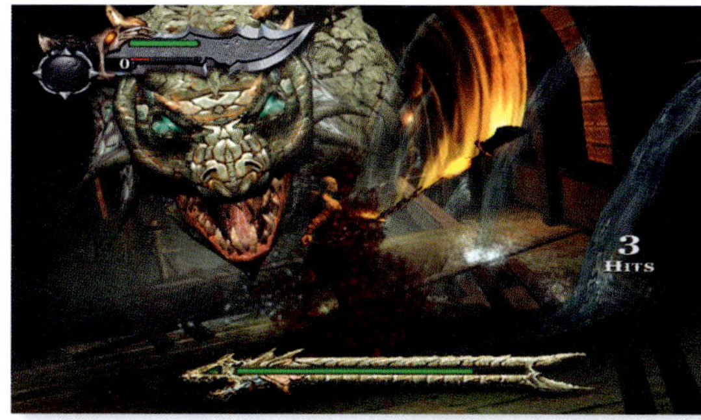

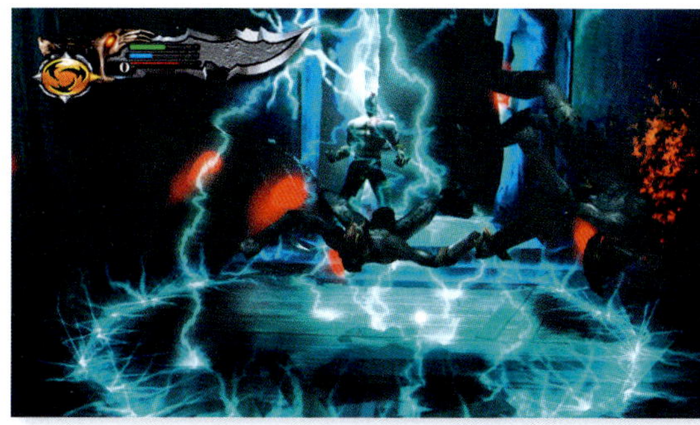

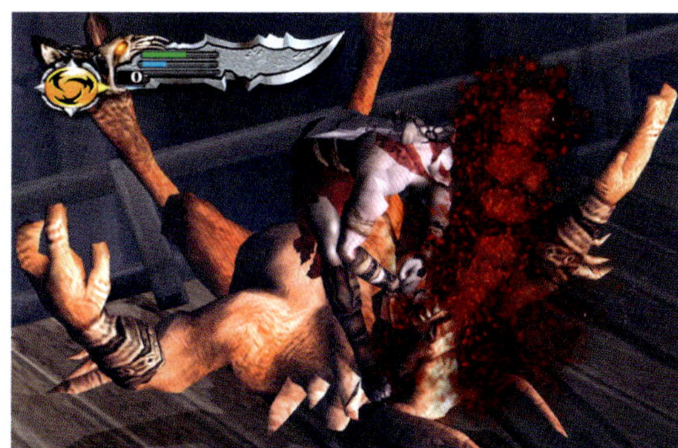

PlayStation 3

Schuss Sadismus im Mittelpunkt, war in **God of War: Ragnarök** (2022) nun auch genug Platz für eine nuancierte Performance. Wer das originale **God of War** für die PlayStation 2 aber nur auf die oben genannten Punkte reduziert, tut diesem Meilenstein unrecht. Zu seiner Zeit war das Fantasy-Epos Klassenbester in allen Bereichen, sei es bei dem Gameplay, der Grafik und ja, zum Teil auch beim Storytelling. Nur dass eben zwischendurch auch immer wieder mal ein paar Köpfe abgerissen wurden.

Die Idee zu **God of War** stammt von David Jaffe, damals tätig für Sonys Santa Monica Studio. Nach einer Session mit **Onimusha** (2001), in dem sich ein Samurai im antiken Japan durch endlose Dämonenhorden schnetzelt, entschied er: »Das müssen wir auch mit der griechischen Mythologie machen!«. Bereits als Kind hatte Jaffe ein Faible für die Sagengestalten und war darüber hinaus Fan des Kultfilms **Kampf der Titanen** (1981). Auf langen Bahnfahrten wälzte er Bücher zum Thema durch und strich die Stellen an, die seiner Ansicht nach gut in ein Videospiel passten. Der Grundton sollte außerdem vom Comic-Klassiker **Heavy Metal** mit seiner schonungslosen Mischung aus Gewalt, Sex und Fantasy bestimmt werden. Auf dieser Basis bekam Jaffes Team nun alle Freiheiten, ein pompöses Action-Adventure zu erschaffen, ohne sich aber zu sehr an die Vorlagen halten zu müssen. Kratos ikonischer Look stammt von Lead Concept Artist Charlie Wen, der Körperbau und Attitüde des Hünen nach Jaffes Wunsch – und das ist kein Witz – auf Edward Norton aus **American History X** basierte. Letzterer stellte im Filmdrama von 1998 einen gewaltbereiten Nazi dar.

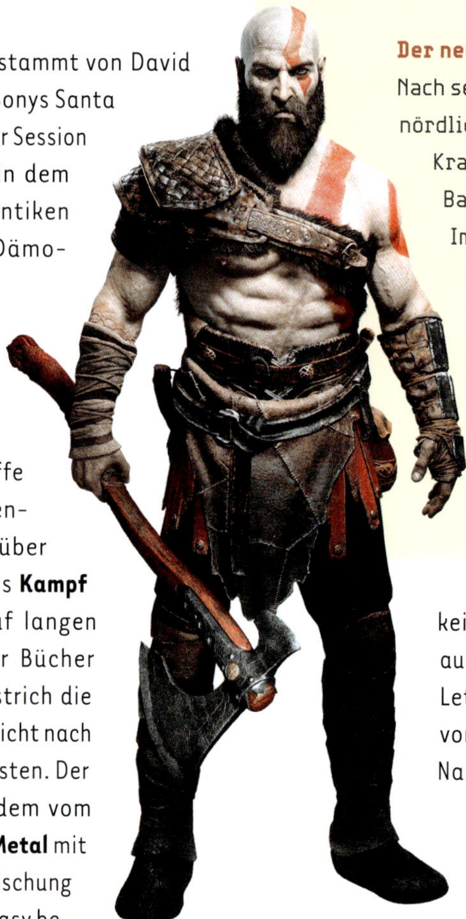

Der neue Kratos

Nach seinem Umzug in die nördlichen Gefilde hat sich Kratos einen stattlichen Bart wachsen lassen. Im gehobeneren Alter wird der hellenische Hitzkopf wie erwähnt von Christopher Judge verkörpert, der die Rolle vom ehemaligen Sprecher Terrence C. Carson übernahm.

Hinter der aggressiven Fassade von Kratos steckt jedoch eine ziemlich tragische Figur. Einst ein gefürchteter Spartiate, geht er in einem schwachen Moment einen Pakt mit Kriegsgott Ares ein, der Kratos zu seinem Werkzeug der Zerstörung macht. Um ihm das letzte bisschen an Menschlichkeit zu entziehen, legt Ares Kratos herein und bringt ihn unwissentlich dazu, seine Familie zu töten. Verflucht dazu die Asche seiner Liebsten auf der Haut zu tragen, sagt sich Kratos von Ares los und will Sühne leisten, indem er sich in den Dienst der anderen Gottheiten stellt. Nun soll ihm ein letzter Akt den so sehr gewünschten Frieden bringen: der Mord an Ares selbst. Ausgestattet mit den Chaosklingen, Messer, die mit Ketten an seine Hände gefesselt sind, schnetzelt sich Kratos nun gefühlt durch mindestens die Hälfte Griechenlands. Das macht dank der zahlreichen Kombo-Attacken einen Heidenspaß und wird durch das robuste Auflevel-System und alternative Waffen kaum langweilig. Gelegentlich weicht das klassische Gameplay simplen Quick Time Events, um die Sicht auf möglichst spektakuläre Schlachtungen freizuhalten. Damit es nicht bei einer reinen Action-Orgie bleibt, wurden regelmäßige Rätsel-Passagen in den Spielablauf eingestreut, die eine mehr als willkommene Abwechslung sind. Dass die Präsentation sowohl optisch als auch musikalisch der hervorragenden Spielbarkeit in Nichts nachsteht, macht das Paket erst richtig rund. Selbst die Geschichte kann durchaus mitreißend sein, auch wenn Kratos als Charakter hier noch relativ grob gezeichnet ist. Bei all der Skrupellosigkeit Sympathie für den rastlosen Wüterich zu empfinden, fällt einem manchmal nicht leicht. Und das verbaute Sex-Minigame mit seinen rhythmischen Controller-Bewegungen war damals schon eine dumme Idee. Diese kleinen Makel können **God of War** aber nur wenig anhaben, man bekommt im Grunde das Äquivalent eines Hollywood-Blockbusters zum Nachspielen. Es sollte eines der bestbewerteten und meistverkauften Spiele auf der PlayStation 2 werden.

Der enorme Erfolg des Spieles bescherte Sony nicht nur aus dem Stand ein neues Franchise, sein Name wurde für lange Zeit zum Synonym für das gesamte Genre. Nachdem der Serie zu Beginn der Zehnerjahre durch Abnutzungserscheinungen langsam die Luft ausging, kehrte **God of War** 2018 mit einer überraschenden Neuausrichtung zurück. Kratos ist mittlerweile nach Skandinavien gezogen und hat dort sogar eine neue Familie gegründet. Dass die nordischen Götter ihn und seinen Sohn Atreus nicht in Ruhe lassen, versteht sich fast von selbst. In diesem unter modernen Sensibilitäten entwickelten Reboot fand Christopher Judge als neuer Kratos-Darsteller nun einen fruchtbaren Boden, ganz andere Facetten des Charakters zu erkunden. Wo genau die Reise für **God of War** hingeht, ist offen, aber es spricht im Grunde nichts dagegen, dass sich Kratos auch durch all die anderen Gottheiten auf der großen weiten Welt schnetzelt. Darüber würde sich wohl jeder freuen, ausgenommen vielleicht die Leinwand-Legende Al Pacino. Der durfte sich bei Judges Dankesrede auf der Bühne die Beine in den Bauch stehen und erholt sich wahrscheinlich heute noch davon.

GOLDENEYE 007
(1997)

SYSTEM: NINTENDO 64 / NINTENDO SWITCH / XBOX ONE / XBOX SERIES

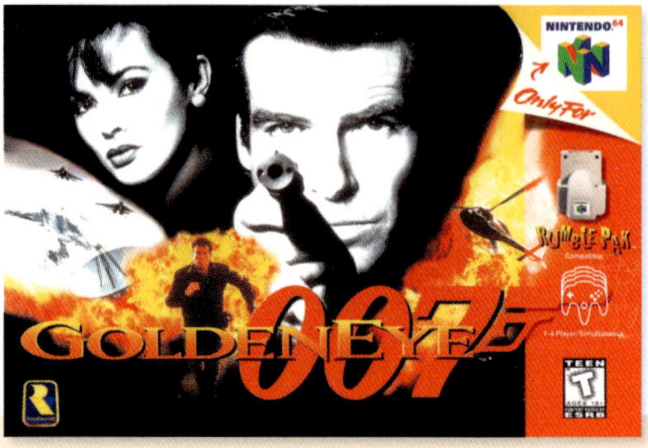

Heutzutage kann man sich das zwar nicht mehr so richtig vorstellen, aber für lange Jahre galt der PC als die einzig wahre Domäne für Ego-Shooter. Klar, Hits wie **Doom** (1993) oder **Hexen** (1995) wurden auch auf Konsole umgesetzt, oft aber mit großen Abstrichen in der Technik. War das Vorbild darüber hinaus auf Steuerung per Maus und Tastatur ausgelegt, konnte die Konsolen-Fassung wegen der eingeschränkten Fähigkeiten des Gamepads erst recht einpacken. Mit der Ankunft des Nintendo 64 kam jedoch die Wende. Das Gerät hatte nicht nur ordentlich Leistung unter der Haube, ein Analog-Controller lag ebenfalls standardmäßig in der Verpackung. Angesichts der hohen Qualität des exklusiv für die Plattform entwickelten **GoldenEye 007** konnten damals selbst eingefleischte PC-Puristen nicht anders, als neidisch über den Hardware-Teich zu blicken.

Optische Illusion

Das ikonische Cover kann auf den ersten Blick etwas verwirrend sein. Eigentlich hält Bond nur seine Pistole direkt vor dem Gesicht. Durch den starken Kontrast und die Position des Zeigefingers entsteht allerdings der Eindruck, dass der Superspion einen extrem breiten Mund hat.

Auf der Leinwand zumindest hatte James Bond in den frühen Neunzigern seine besten Zeiten längst hinter sich. Dann kam 1995 der Film **GoldenEye**

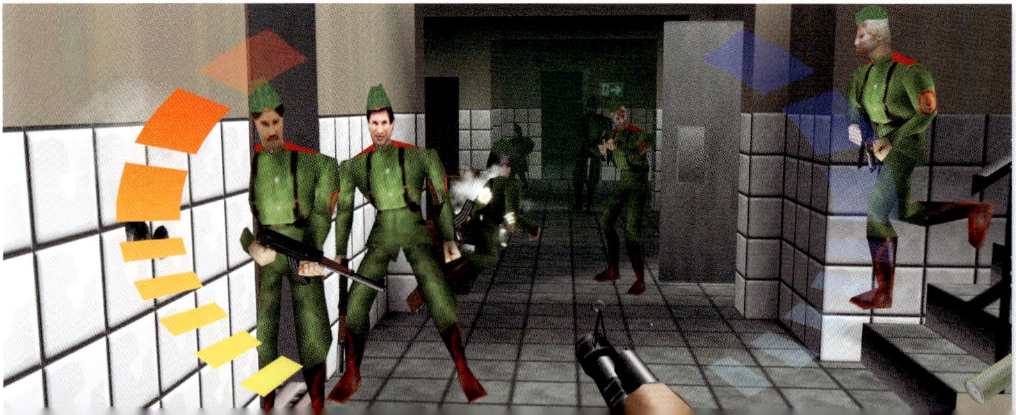

in die Kinos und zeigte, dass doch immer noch viel Potential in der Marke steckt. Das lag insbesondere an Schauspieler Pierce Brosnan, der mit seinem vielschichtigen Auftritt dem Superspion neues Leben einhauchte. Das erhöhte Interesse am Franchise war auch für das britische Entwicklerstudio Rare ein Glücksfall, das sich zeitig die Videospiel-Lizenz gesichert hatte. Über die Ausrichtung des Projekts war man sich jedoch nicht so richtig einig. Sollte es erst noch ein klassischer 2D-Titel aus der Seitenperspektive werden, entschied man sich später für einen Railshooter auf Schienen in 3D, vergleichbar mit Segas **Virtua Cop** (1993). Das stellte das junge Team rund um Game Director Martin Hollis vor eine große Herausforderung, waren doch zu Arbeitsbeginn weder die finale Version der Konsole noch des Controllers verfügbar. Stattdessen wurde eine sündhaft teure Workstation zum Entwickeln verwendet, als Eingabegerät diente ein hastig umgebautes Sega-Saturn-Pad. Nach vielen Experimenten wurde klar, dass tatsächlich ein richtiger Ego-Shooter mit variablen Missionsdesign möglich war, angelehnt an die Schauplätze des Films. Auch der spaßige Multiplayer-Modus, für viele das Herzstück von **GoldenEye**, war eigentlich nur ein »Nice-to-Have« und landete erst im Spiel, nachdem sich das Team in Eigeninitiative die Nächte um die Ohren schlug. Als man im Sommer 1997 endlich fertig wurde, war man eigentlich viel zu spät dran. Da aber für Ende des Jahres bereits der nächste Bond-Film anstand, ließ sich die Verzögerung irgendwie verschmerzen.

Die Resonanz auf das Spiel war jedenfalls fantastisch. Die Kritiker überschlugen sich mit Höchstwertungen, vor allem das tolle Schussgefühl und die Liebe zum Detail wurden gelobt. Der Mehrspieler-Modus im Vierer-Splitscreen sollte mindestens genauso populär wie der von **Mario Kart 64** werden. Obwohl das Spiel wegen des Gewaltgrades vorsorglich nicht in Deutschland erschien, hinderte es die damals noch BPjS genannte Einrichtung nicht daran, **GoldenEye 007** im darauffolgenden Frühjahr zu indizieren. Erst mit der Listenstreichung gegen Ende 2021, vorbereitend auf die etwas später erschienene Download-Fassung, durfte wieder frei über das Spiel berichtet werden. Wer aus diesem Grund das Original damals nicht gespielt hat, kann dieses Stück Shooter-Geschichte nun ohne Gewissensbisse nachholen.

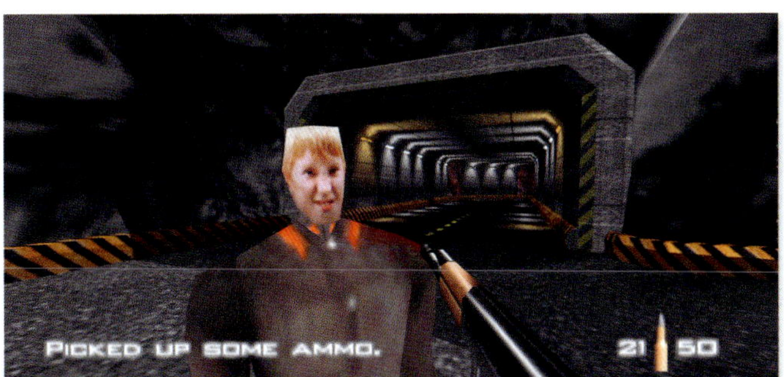

Xbox Series X

GRAND THEFT AUTO V (2013)

SYSTEM: PLAYSTATION 3 / PLAYSTATION 4 / PLAYSTATION 5 / XBOX360 / XBOX ONE / XBOX SERIES / PC

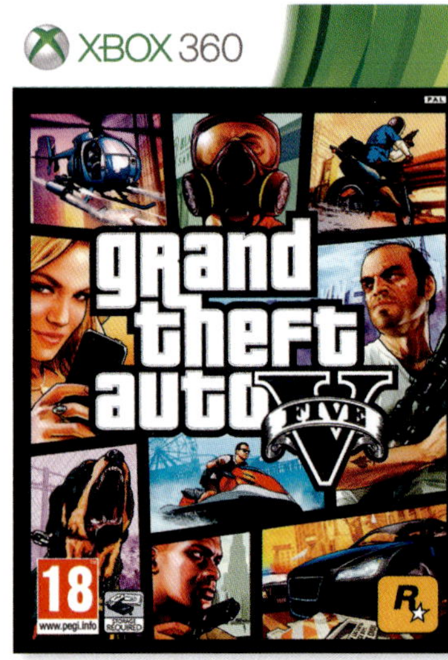

»Von **GTA V** wird mein Leben bestimmt, ich zocke und zocke immer weiter!«

Auf diese Art besang das Zwillingsbrüderpaar Lochmann im September 2013 ihr neuestes Lieblingsspiel, den fünften Teil von **Grand Theft Auto**. Damit sprachen die beiden beinahe allen Gamern direkt aus dem Herzen, schließlich zählte **GTA** damals schon zu den populärsten Serien überhaupt. Zehn Jahre später hat sich nun sehr vieles verändert. »DieLochis« sind mittlerweile volljährig, haben der Comedy auf YouTube abgeschworen und sogar eine neue Band gegründet. **GTA V** selbst macht allerdings so gar keine Anstalten, von der Bildfläche zu verschwinden, und bestimmt immer noch das Leben sehr vieler Menschen. Das liegt einerseits am konstanten Support von Rockstar North, dem Entwicklerstudio hinter dem phänomenalen Erfolg. Andererseits gilt **GTA V** wegen seiner inhaltlichen Qualitäten als Standardwerk des Gaming, das man eigentlich gleich mitkaufen muss, wenn man sich ein neues System zulegt. Auf diese Art will Rockstar bis dato kaum fassbare 180 Millionen Exemplare abgesetzt haben, nur das Jahrhundert-Spiel **Minecraft** bringt es auf insgesamt mehr. Sehr respektabel für eine Firma, die ihre Wurzeln in einer beengten Zweiraumwohnung über einem Geschäft für Babybekleidung hat.

1987 von den Gaming-Enthusiasten Russel Kay, Mike Dailly, Steve Hammond und David Jones gegründet, backte das seinerzeit DMA Design

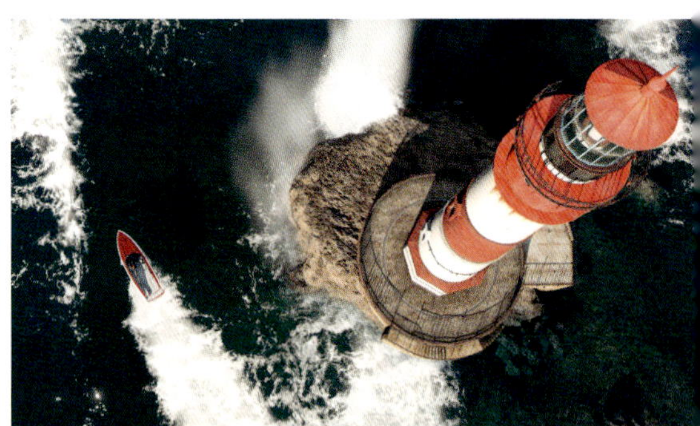

genannte Studio noch wesentlich kleinere Brötchen. Die vier hatten sich Jahre zuvor in einem Computer-Club im schottischen Dundee angefreundet und beschlossen, Spiele in Eigenregie zu machen. Eines ihrer vielversprechendsten Projekte war der Amiga-Shooter **Menace** (1988), den sie an das Traditionshaus Psygnosis verkaufen konnten. Es entstand eine lukrative Partnerschaft, die insbesondere 1991 mit dem Welthit **Lemmings** Früchte trug. Dessen sensationeller Erfolg war allerdings gleichzeitig Segen und Fluch für DMA, die sich in den Folgejahren gezwungen sahen, allerlei Fortsetzungen mit dem gleichen Konzept zu veröffentlichen. Ein spielerischer Tapetenwechsel war also mehr als dringend nötig. Mit einer ambitionierten Idee im Gepäck klopfte man deswegen bei Publisher BMG Interactive an. Auf den ersten Blick sah **Rac'n'Chase** noch wie ein typisches Party-Rennspiel à la **Micro Machines** aus, in dem kleine Autos aus der Vogelperspektive durch ein dichtes Straßennetz flitzen. In Wahrheit steckt man aber in den Schuhen eines Kleinkriminellen, der in frei erkundbaren Großstädten auf Gangstertour gehen kann. Mal fährt man in einer Mission den Fluchtwagen, dann verdingt man sich als Drogendealer oder verübt sogar ein Attentat. Wer es noch wilder haben will, stiftet so lange Chaos und Zerstörung, bis die gesamte Stadt hinter einem her ist. Die knuffige Optik im Miniatur-Format schwächte den Gewaltgrad zwar ab, aber man hatte es zweifellos mit einem Titel für Erwachsene zu tun.

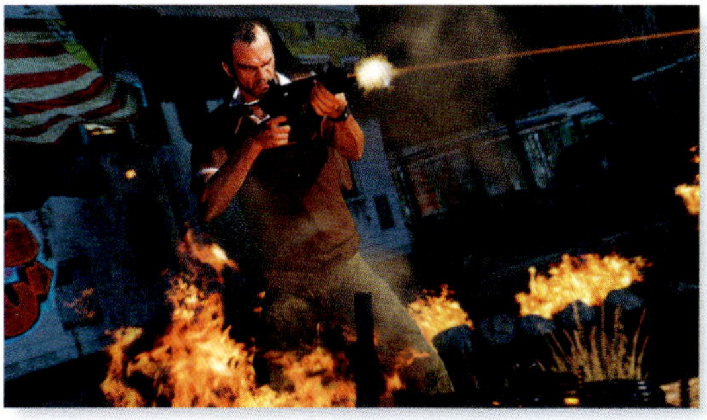

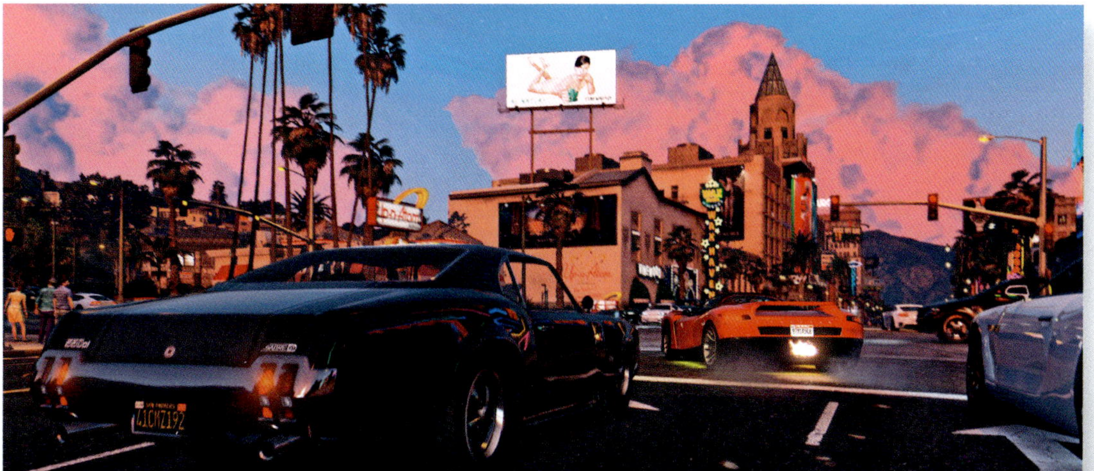

Trotz der Freigabe ab 18 hafteten dem zu **Grand Theft Auto** (1997) umbenannten Spiel dementsprechend etliche Kontroversen an. Im Oberhaus des britischen Parlaments diskutierte man hitzig darüber, ob **GTA** eine verrohende Wirkung auf Kinder hat, in Brasilien wurde sogar ein Verkaufsstopp angeordnet. Dem Erfolg tat dies keinen Abbruch. Trotz mittelprächtiger Wertungen drehte sich die CD-ROM schon bald in Millionen von Laufwerken. Das blieb auch Publisher Take-Two nicht verborgen, die sich mit dem Aufkauf von BGM die **GTA**-Lizenz sicherten und 1999 DMA gleich hinterher einverleibten. Angeführt von den Brüdern Sam und Dan Houser würde das neue Label Rockstar Games von nun an die Heimat der Serie sein. Noch im selben Jahr folgten die Erweiterung **Grand Theft Auto: London 1969** als auch das Sequel **Grand Theft Auto 2**. Der ganz große Durchbruch als weltweites Kulturphänomen fand allerdings erst 2001 mit der Veröffentlichung von **Grand Theft Auto III** statt. Im Vorfeld kritisch wegen der eher mauen Grafik beäugt, stellte sich der Sprung in die dritte Dimension als genau richtig heraus. Die umfangreiche Open World wirkte auf einmal viel greifbarer, dem Schabernack waren gefühlt keine Grenzen mehr gesetzt. In den Cutscenes triefte es nur so von Satire und Gesellschaftskritik, für die scharfzüngigen Dialoge konnte man etablierte Schauspieler wie Kyle MacLachlan oder Robert Loggia gewinnen. Im Umkehrschluss kam aber auch die dargestellte Gewalt umso fieser rüber, was die Streitigkeiten rund um die Serie nur noch weiter anfachte. Take Two ließ sich davon nicht beirren und erkor **Grand Theft Auto** von nun an zur wichtigsten Marke im eigenen Portfolio. Auch für DMA Design folgten große Änderungen. Das Studio wurde als Rockstar North mit **GTA-III**-Produzent Leslie Benzies an der Spitze umformiert.

Was folgte, war ein Jahrzehnt, in dem Rockstar einen Blockbuster nach dem anderen ablieferte. **Grand Theft Auto: Vice City** (2002) fing die Achtziger-Nostalgie frei nach **Miami Vice** perfekt ein. **Grand Theft Auto: San Andreas** (2004) nahm die Rassenunruhen im Los Angeles der Neunziger

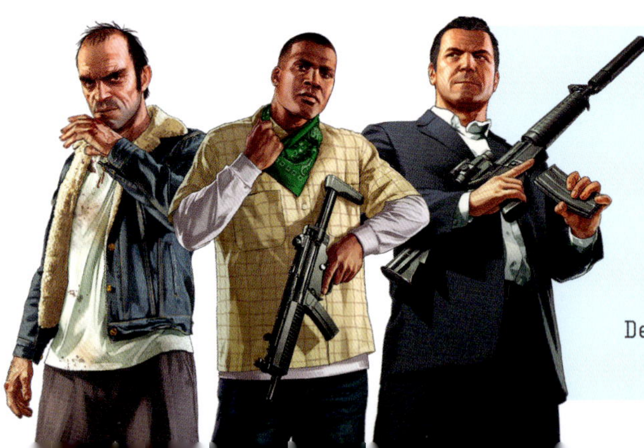

Trio mit sechs Fäusten
Von links nach rechts: Waffenschmuggler Trevor Philips, Straßengangster Franklin Clinton und Bankräuber Michael De Santa.

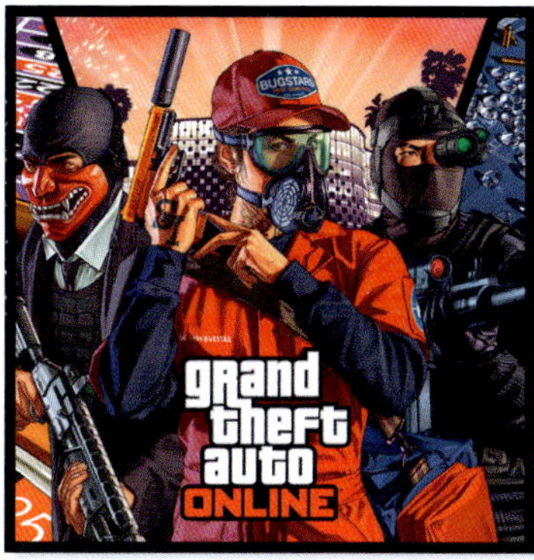

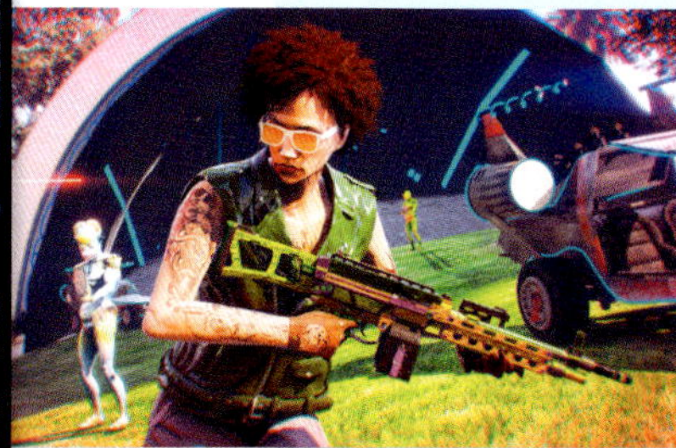

Irrsinn im Internet

War **Grand Theft Auto Online** einst nur im Paket mit dem Hauptspiel erhältlich, kann man heutzutage auch eine Standalone-Fassung erstehen. Pro Server werden bis zu 30 Leute unterstützt, die gemeinsam Missionen erfüllen, um die Wette fahren oder einfach nur Schabernack treiben. Unter Streamern ist auch das Roleplaying sehr beliebt, bei dem jeder Teilnehmer einen fiktiven Charakter verkörpern muss.

als Vorlage. In **Grand Theft Auto IV** (2008) stand sogar der amerikanische Traum auf dem Prüfstand, als man in der Rolle des Immigranten Niko Bellic immer weiter in die Welt des Verbrechens abrutschte. Die gesteigerte Erwartungshaltung ließ allerdings die Produktionskosten immer mehr in ungeahnte Höhen schnellen. Über fünf Jahre arbeitete man am darauffolgenden Teil und soll unglaubliche 265 Millionen Dollar investiert haben, ein Budget, das selbst die wenigsten Hollywood-Filme erreichen.

Dementsprechend ambitioniert ist **Grand Theft Auto V** auch geworden. Das gigantische Los Santos orientiert sich am echten Los Angeles. Gleich drei Protagonisten sind mit Michael, Franklin und Publikumsliebling Trevor parallel spielbar. In einem cleveren Schachzug dreht sich die Story rund um Raubüberfälle, die geplant und durchgeführt werden müssen, was passenderweise auch eine der Hauptattraktionen des Multiplayers ist. Als Sozialmuffel kann man aber auch komplett auf die Online-Komponente verzichten. Dialoge und Voice-Acting sind perfekt durchgeschliffen, aus dem Autoradio tönen sowohl lizensierte Musik als auch humorvolle Parodie-Talkshows. Dank der hauseigenen Rockstar Advanced Game Engine sieht die Grafik für **GTA**-Verhältnisse so gut wie nie zuvor aus. Das Fahrgefühl ist weiterhin fantastisch, nur die leicht träge Steuerung zu Fuß erntete ein wenig Kritik. So oder so, diese Mischung funktionierte schon 2013 top, hat 2023 kaum etwas an Faszination eingebüßt und wird wohl auch 2033 immer noch zünden. Vielleicht ist bis dahin auch endlich mal **Grand Theft Auto VI** erschienen, das zu Redaktionsschluss gerade erst frisch angekündigt wurde, und wird dann von den Kindern der Lochis mit Inbrunst besungen.

HADES (2020)

SYSTEM: PLAYSTATION 4 / PLAYSTATION 5 / XBOX ONE / XBOX SERIES / NINTENDO SWITCH / PC / SMARTPHONE

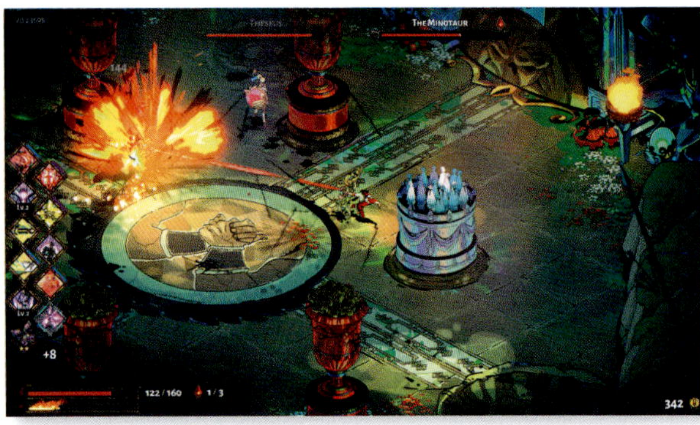

PC

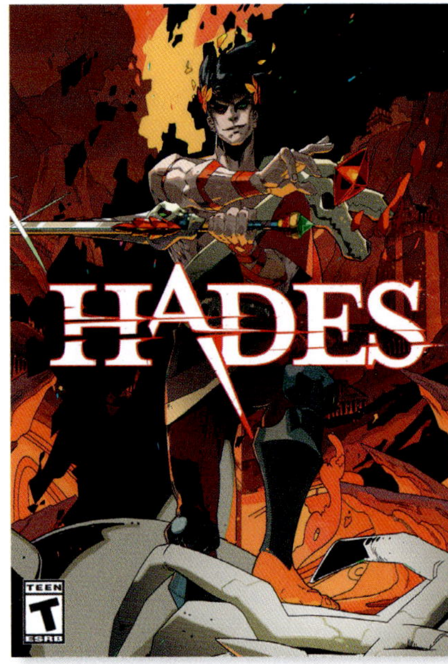

Eigentlich gibt es sie schon seit langer Zeit, aber erst in der letzten Dekade sind die Roguelikes so richtig durchgestartet. Grundlage für das eigenwillige Genre ist der Rollenspiel-Klassiker **Rogue** (1980), in dem die Kerker bei jedem Spielstart neu generiert werden und der Tod endgültig ist. Angelehnt daran bieten heutige Roguelikes oft keine klassische Progression, sondern setzen auf die Verbissenheit des Spielers. Je länger ein Versuch dauert, umso höher wird dann auch die Anspannung. Schaffe ich es noch zum nächsten Etappenziel? Oder scheitere ich am Zwischenboss? Vom Gameplay her können die Roguelikes stark variieren. Der knallharte Sidescroller **Spelunky** (2008) gehört ebenso dazu wie das großartige Shooter-Adventure **Returnal** (2021). Der mit Abstand beliebteste Vertreter nennt sich aber **Hades** und macht daraus ein Schlachtfest in der griechischen Unterwelt.

Zagreus hat genug von Papa Hades und will aus seiner unterirdischen Heimat entkommen. Zwischen der eigenen Behausung und der Oberfläche liegt jedoch der Tartaros, ein verschlungenes Labyrinth, in dem grausige Monster ihr Unwesen treiben. Obwohl Zagreus recht geschickt im Umgang mit Waffen ist, wird es sich nicht vermeiden lassen, dass er dabei den Löffel abgibt. Der Tod ist hier aber nicht das Ende, man wird nur wieder ganz an den Anfang geworfen. Leider sind dann auch die nützlichen Spezialtricks futsch, die man im Laufe einer Runde von anderen Gottheiten spendiert bekommen hat. Mit etwas Umsicht schaltet man dafür permanente Verbesserungen frei, die einem beim nächsten Anlauf unter die Arme greifen. Damit man sich seiner Sache nicht zu sicher wird, ist die Struktur des Labyrinths, die Verteilung der Gegner und auch die Art der Aufwertungen natürlich jedes Mal anders.

Was **Hades** nun besonders auszeichnet, ist der enorm hohe Suchtfaktor, der einen immer wieder dazu antreibt, ein weiteres Mal dranzuhängen. Entwickler Supergiant Games hat den idealen Mittelweg zwischen Zuckerbrot und Peitsche gefunden. Im ersten Moment fühlen sich die Gegnermassen überwältigend an. Durch die wenigen Möglichkeiten, seine Kraftreserven wieder aufzufüllen, tut jeder Treffer umso mehr weh. Selbst wenn man unweigerlich irgendwann ins Gras beißt, hat man bis dahin genug Erfahrungswerte gesammelt, um es im nächsten Versuch viel besser zu machen. Zudem freut man sich fast schon, nach dem Tod wieder im Heimathafen aufzuschlagen, wo man mit zahlreichen Figuren aus der griechischen Mythologie interagieren kann. Ob Höllenhund Kerberos, Halbgott Achilles oder der mächtige Hades selbst, alle wurden auf interessante Weise neu interpretiert. Selbst besiegte Gegner tauchen später auf und kommentieren, was bisher alles so passiert ist. Story und Gameplay gehen hier Hand in Hand. Wer dem Spiel alle seine Geheimnisse entlocken will, bleibt vielleicht sogar eine dreistellige Stundenzahl dran hängen. Finden kann man **Hades** auf so ziemlich jeder modernen Plattform, auch die Switch-Fassung läuft gar nicht mal so übel. Wegen der recht weit entfernten Kamera sollte man aber bedenken, dass im Handheld-Modus eventuell die Grafik dann etwas zu kleinteilig aussieht.

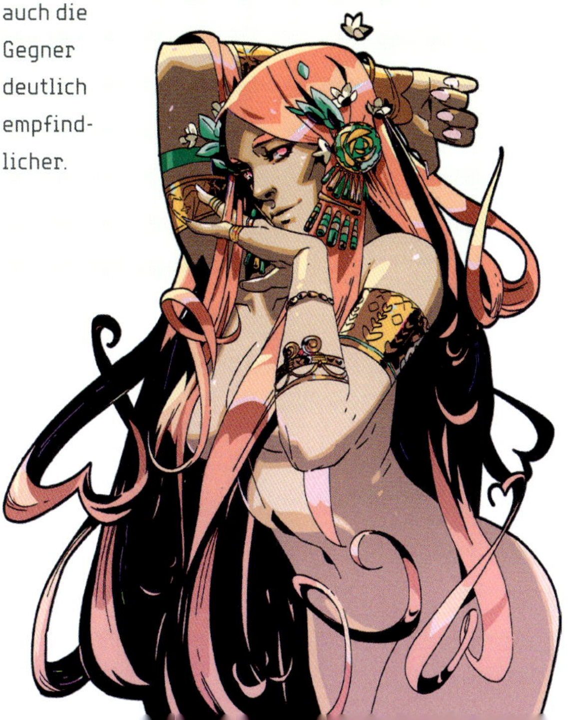

Generöse Göttin
Aphrodite ist eine der vielen Gottheiten, die Zagreus mit Power-Ups ausstatten. Ihre Gaben wirken sich vor allem auf die Angriffsstärke aus und machen auch die Gegner deutlich empfindlicher.

HALF-LIFE 2 (2004)

SYSTEM: PC / PLAYSTATION 3 / XBOX / XBOX360 / SMARTPHONE

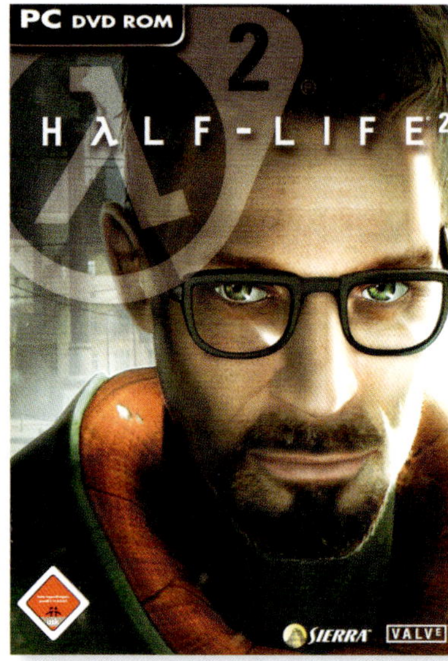

Heutzutage ist das PC-Gaming im Grunde synonym mit Steam. Auch über zwanzig Jahre nach seiner Öffnung bricht der populäre Download-Store einen Rekord nach dem anderen. Alleine 2023 wurden über 14.000 neue Titel veröffentlicht, Anfang 2024 gingen weltweit über 33 Millionen Leute gleichzeitig online. Dass es mal zu solch einer Dominanz kommt, konnte man zu Beginn allerdings noch nicht absehen. In den Nullerjahren war Hochgeschwindigkeitsinternet keine Seltenheit mehr, aber zum Spielen reichte meist immer noch ein physischer Datenträger. **Half-Life 2** tat jedoch das Unvorstellbare und funktionierte nur, wenn man seine Disc per Steam online aktivierte. Und das selbst im Singleplayer. Bei jedem anderen Spiel wären die Gamer auf die Barrikaden gegangen, doch für **Half-Life 2** biss man gerne in den sauren Apfel. Wer würde auch freiwillig auf den wohl besten Shooter aller Zeiten verzichten?

Entstanden bei den Baller-Experten von Valve, war **Half-Life 2** gleich in mehrfacher Hinsicht ein enorm wichtiger Titel. Das Entwicklerstudio hatte bereits mit dem ersten **Half-Life** (1998) für einen Umbruch im Genre gesorgt. Orientierten sich die Egoshooter vorher noch an Titeln wie **Doom** (1993) oder **Quake** (1996), bei denen knallharte Action im Vordergrund steht, setzte **Half-Life** verstärkt auf das Storytelling. Während eines Experiments öffnet Gordon Freeman ein Tor nach Xen, einer Paralleldimension voller garstiger Aliens. Um seinen Fehler wieder gut zu machen, nimmt der stoische Wissenschaftler Brechstange und Pumpgun in die Hand, damit er die außerirdische Bedrohung selbst abwehren kann. Komplett erzählt aus der Perspektive Freemans, lässt sich **Half-Life** nun mehr als genug Zeit, um die passende Atmosphäre aufzubauen. Bevor überhaupt der erste Schuss nach einer halben Stunde fällt, geht man seinem Job in der Forschungseinrichtung Black Mesa nach und saugt dabei die Stimmung in sich auf. Der behutsam aufgebaute Spannungsbogen hält einen dann über das gesamte Spiel bei der Stange.

Darüber hinaus ist **Half-Life** aber auch noch ein hochpolierter Shooter, mit solidem Gameplay und für damalige Verhältnisse toller Grafik. Nur die häufigen Sprungleinlagen im letzten Spieldrittel nerven etwas.

Der Story-Modus mag nun das herausragende Feature gewesen sein, aber auch der Multiplayer von **Half-Life** war ein großer Hit. Um für ein reibungsloses Online-Erlebnis zu sorgen, wurden regelmäßige Updates nötig, doch der passende Vertriebsweg dafür fehlte. Oft wollten Leute kurz mal eine Partie spielen, um dann zu merken, dass sie eine veraltete Version installiert haben. Dann musste man den neuesten Patch herunterladen und händisch einspielen, sonst war man vom ganzen Spaß ausgeschlossen. Die Einführung von Steam sollte nun gleich mehrere Fliegen mit einer Klappe schlagen. Damit verbundene Software wurde automatisch aktualisiert, so waren alle Spieler immer auf dem neuesten Stand. Gleichzeitig fungierte die Kopplung an den Store auch als praktischer Schutz, um die massive Vertreibung von Raubkopien einzudämmen. In diesem Sinne fand Steam zu seinem Start gegen Ende 2003 auch eine durchaus sehenswerte Zahl an Usern, aber der Großteil empfand es als noch nicht nötig, sich einen Account zu machen. Zum Glück hatte Valve genau den richtigen Pfeil im Köcher, um die Zweifler vom Gegenteil zu überzeugen.

Die Arbeiten an **Half-Life 2** begannen bereits vor der Jahrtausendwende mit gigantisch hohen Ambitionen. Firmenchef Gabe Newell stellte seinem Team quasi unendlich viel Zeit und Ressourcen zur Verfügung, um nach Möglichkeit das beste PC-Spiel aller Zeiten auf die Beine zu stellen. Ein riskantes Unterfangen, wie wir mittlerweile durch große Enttäuschungen wie **Duke Nukem Forever** (2011) wissen. Bei Valve schien man viel besser aufgestellt zu sein. So gab es immer wieder Fortschritte zu vermelden, es dauerte nur eben sehr lange. Die eigens entwickelte Source-Engine lieferte den technischen Unterbau, mit der zugekauften Havok-Engine wurden obendrein faszinierende Physik-Spielereien möglich. Fand der Vorgänger hauptsächlich in Black Mesa und Xen statt, sollte das Sequel nun wesentlich weitläufiger sein, inklusive einer Stadt mit ost-europäischem Flair. Autor Marc Laidlaw machte seine fortlaufende Geschichte mit ein paar tollen Wendungen noch mal unvorhersehbarer, auch die Charaktere wirkten lebhafter als je zuvor. Dachte das Entwicklerteam gegen Mitte 2003 noch, dass

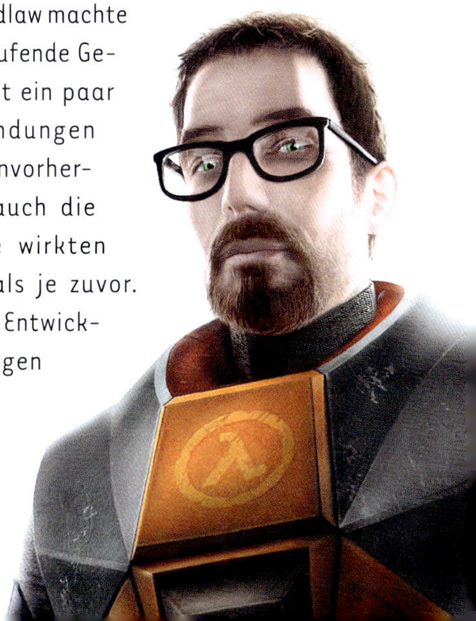

sie auf einem guten Weg sind, überraschte Newell sie mit einem geplanten Veröffentlichungsdatum im September. Was als Motivationshilfe gedacht war, stellte sich als schwerer Fehler heraus, denn der Termin wäre nur mit harten Kürzungen haltbar gewesen. Zähneknirschend gab man eine Woche vorher zu, dass **Half-Life 2** nicht wie versprochen erscheinen kann. Parallel dazu gab es eine weitere Hiobsbotschaft, denn ein Hacker hatte sich Zugriff auf das interne Netzwerk verschafft und die unfertige Version des Spiels ins Internet geleakt. Nach diesen enormen Dämpfern musste sich das Team zwar erst wieder aufrappeln, dafür lief es nach der Weihnachtspause aber immerhin besser. Da das Feedback zur geleakten Fassung nicht allzu positiv war, implementierte man jede Menge Änderungen und schraubte mit Hochdruck an der finalen Ausgabe. Diese war dann im Oktober 2004 fertig und am Ende so gut, dass Valve auch den angepeilten Steam-Zwang durchdrücken konnte. Trotz dieser Einschränkung stiegen die Absatzzahlen rapide an, bis heute wurden knapp 18 Millionen Einheiten des Spiels entweder online aktiviert oder digital gekauft.

Warum ist **Half-Life 2** aber eigentlich so toll? Nun, als Sequel ist es beinahe perfekt. Alles, was den Vorgänger ausmacht, wurde hier noch mal verbessert. Die Welt ist um einiges immersiver, insbesondere der Abschnitt in Geisterstadt Ravenholm ist so stimmungsvoll, dass er glatt aus einem Horror-Game stammen könnte. Aus dem erweiterten Arsenal sticht die Gravity Gun heraus, die sowohl im Kampf als auch beim Lösen von Rätseln eingesetzt wird. Da die spannende Story zum Ende noch nicht ganz abgeschlossen war, folgten 2006 und 2007 zwei weitere Bonus-Episoden, die die Spielzeit auf satte zwanzig Stunden anwachsen ließen. Sehr löblich für einen

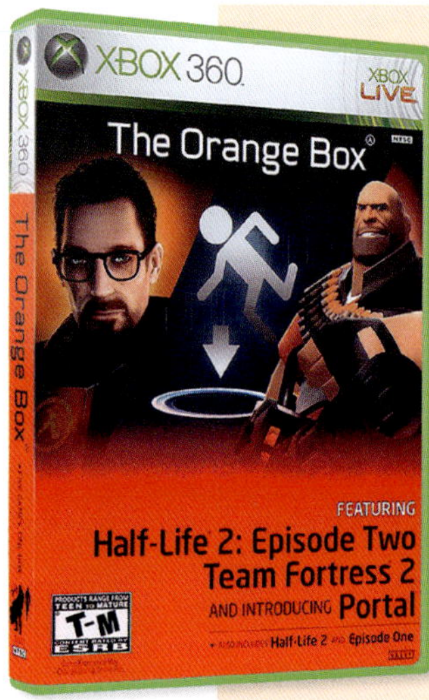

Die beste Collection?
Spielsammlungen gibt es ja einige, aber rein was den Inhalt angeht, gilt die **Orange Box** von 2007 als eines der rundesten Pakete. Neben **Half-Life 2** (inkl. Addons) bekommt man den Multiplayer-Kracher **Team Fortress 2** und mit **Portal** gar ein weiteres Spiel von dieser Bucket List.

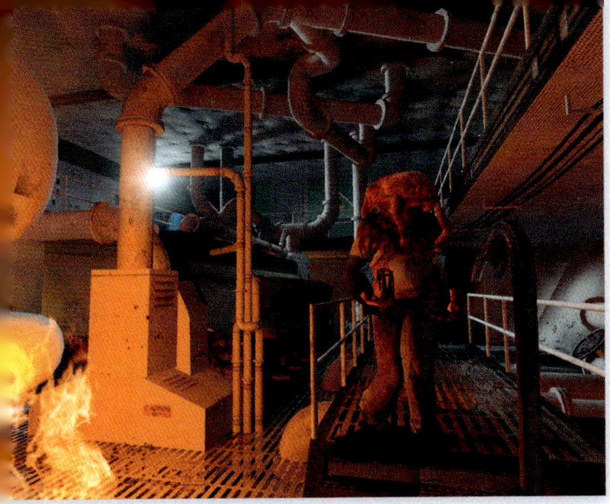

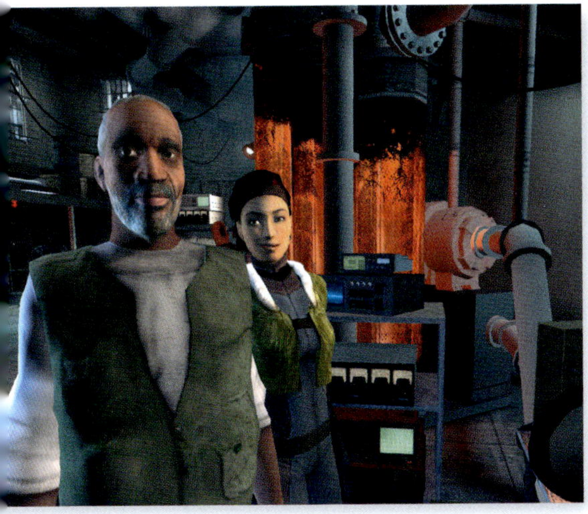

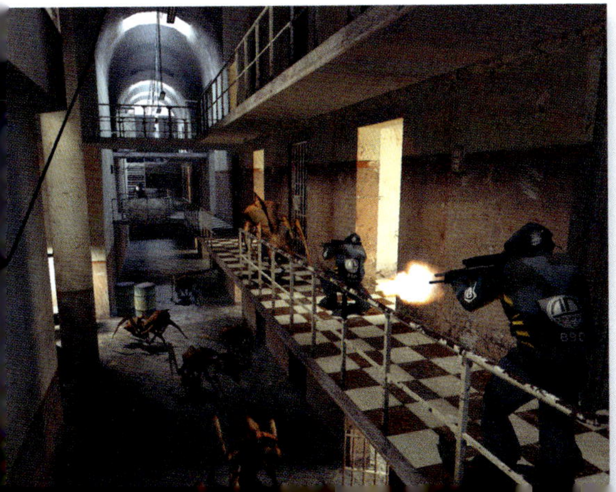

Ego-Shooter. Leider schaffte es eine geplante dritte Episode nicht mehr auf den Markt. Valve traute sich lange Zeit danach auch nicht mehr, was Neues mit der Marke anzustellen. Zu hoch war die Sorge, nicht mehr den eigenen Standards zu genügen. Erst 2020 war es wieder so weit, als mit **Half-Life Alyx** ein tolles Prequel für Virtual-Reality-Brillen erschien. An wem der ganze Spaß vorbei gegangen ist, dem sei immer noch das PC-Original von **Half-Life 2** empfohlen, das erst kürzlich mit einem brandneuen Update versorgt wurde.

PC

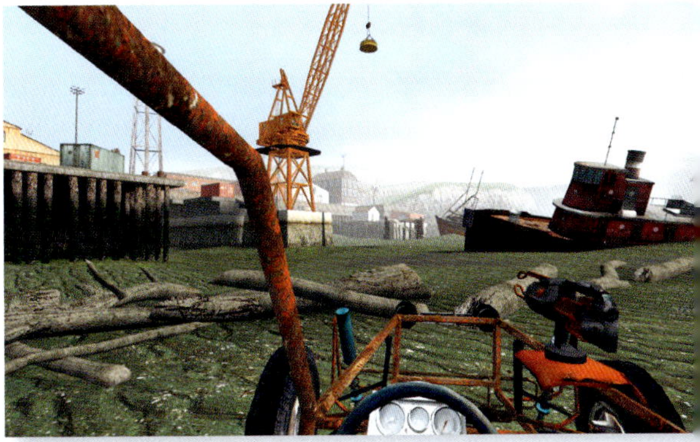

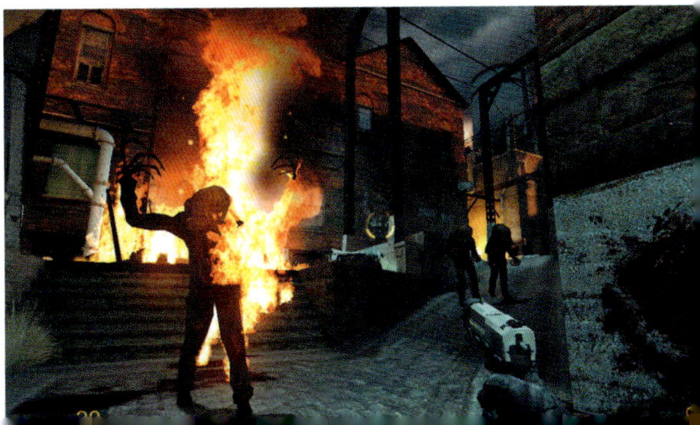

HOTLINE MIAMI (2012)

SYSTEM: U.A. PC / PLAYSTATION 4 / XBOX ONE / NINTENDO SWITCH / SMARTPHONE

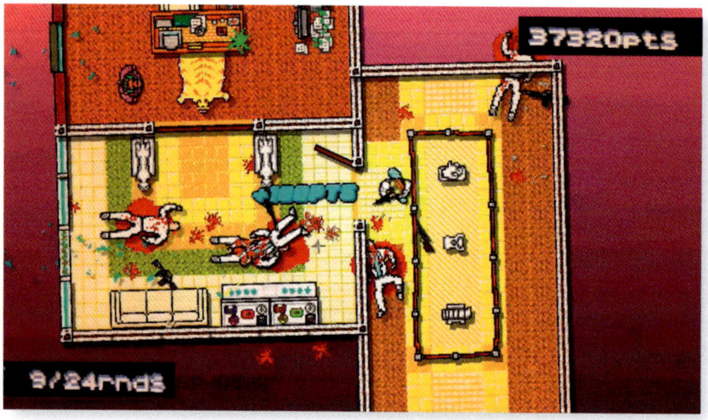

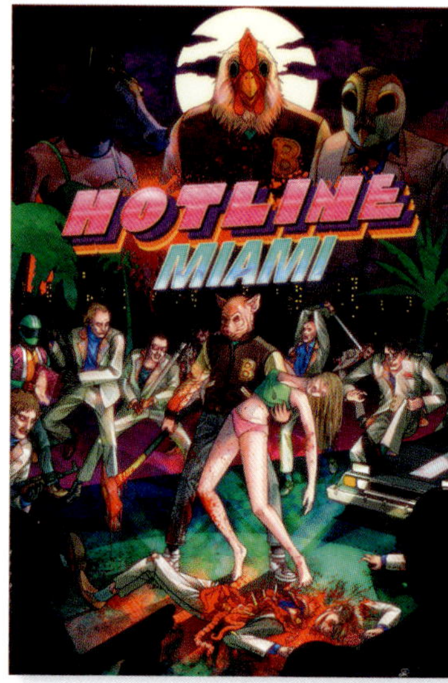

PC

Es ist wirklich erstaunlich, wie unterschiedlich man sich nach dem Beenden eines Videospiels fühlen kann. Manchmal ist man traurig darüber, dass die lange Reise nun vorbei ist. In anderen Fällen spürt man eine enorme Erleichterung, insbesondere nach einem ganz schweren Bosskampf. **Hotline Miami** hingegen hinterlässt einen mit so viel Adrenalin in der Blutbahn, dass man meinen könnte, übermenschliche Fähigkeiten entwickelt zu haben. Natürlich verfliegen die superschnellen Reflexe und der sechste Sinn für Gefahr bereits nach kurzer Zeit, doch in diesem Moment hätte selbst Kultfilm-Killer John Wick keine Chance. Bereits 2004 geisterte die Idee zum hyper-stilisierten Pixel-Shooter im Kopf des schwedischen Entwicklers Jonatan Söderström. Damals noch **Super Carnage** genannt, entstand ein früher Prototyp mit der Absicht, das brutalste Spiel aller Zeiten zu schaffen. An der finalen Version arbeitete er allerdings erst ab 2011 im Verbund mit Musiker Dennis Wedin. Innerhalb kürzester Zeit schraubten die beiden mit Hilfe der benutzerfreundlichen GameMaker-Engine das Spiel zusammen, doch der Prozess war alles andere als einfach. So stürzte das Programm häufig ab, unter anderem sogar, wenn ein Drucker am Computer angeschlossen war.

In seiner fertigen Fassung ist **Hotline Miami** nun wie ein spielbarer Fiebertraum. Laut, intensiv und sehr blutig. Per Telefon bekommt man vor jedem Level kryptische Anrufe, dann geht es schnurstracks zum nächsten Auftragsmord. Aus der Vogelperspektive gilt es nun nicht nur, die Zielperson zu eliminieren, sondern auch Dutzende von Handlangern, die einen sonst zu Matsch verarbeiten. Dabei hilft einem ein großes Arsenal an Schuss- und Nahkampfwaffen, von denen man aber nur jeweils eine tragen kann. Ist die Munition alle oder der Gegner zu weit weg, wird die Waffe zur Ablenkung geworfen und der Job wird mit der Faust erledigt. Um die Gewaltorgie zu überleben, muss man sowohl schnell und präzise sein als auch mit Bedacht agieren. Poltert man laut durch die Komplexe und hat dann gleich mehrere Schergen am Hals? Oder schleicht man sich hinterrücks an und knockt einen nach dem anderen aus?

Natürlich wird man dabei enorm oft ins Gras beißen, die wenigen Rücksetzpunkte lassen jeden Tod umso schwerer wiegen. Die hohe Spielgeschwindigkeit und der treibende Synthwave-Soundtrack motivieren einen aber direkt zum Neustart. Sobald die Steuerung ins Blut übergegangen ist und man ein Gefühl für das Gameplay entwickelt hat, kann einen nichts mehr aufhalten. Interessanterweise zelebriert das Spiel auf der einen Seite damit die Videospiel-Gewalt, hinterfragt sie auf der anderen Seite aber auch. In den Story-Sequenzen wird man ständig damit konfrontiert, dass man ohne Ende Leute massakriert und was das emotional mit einem macht. Es steckt also mehr in **Hotline Miami**, als man im ersten Moment vermutet. Wer sich darauf einlassen kann, kriegt ein fantastisches Erlebnis, das so von den vielen Nachmachern nicht repliziert werden konnte. Übrigens auch nicht vom Nachfolger **Hotline Miami 2: Wrong Number** (2015), der es mit zu langer Spieldauer und unfairen Stellen etwas übertreibt.

Tiermasken-Terror
Je nach Version können in **Hotline Miami** bis zu 27 verschiedene Masken gefunden und getragen werden. Mit Ausnahme des Hahns verleihen diese einem Spezialkräfte, etwa leisere Pistolenschüsse oder tödliche Fäuste.

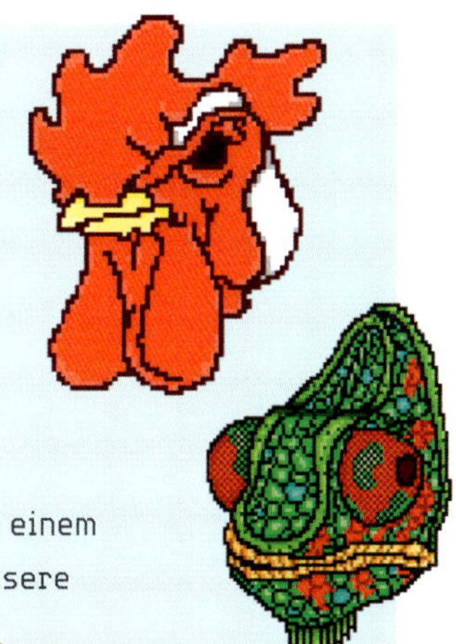

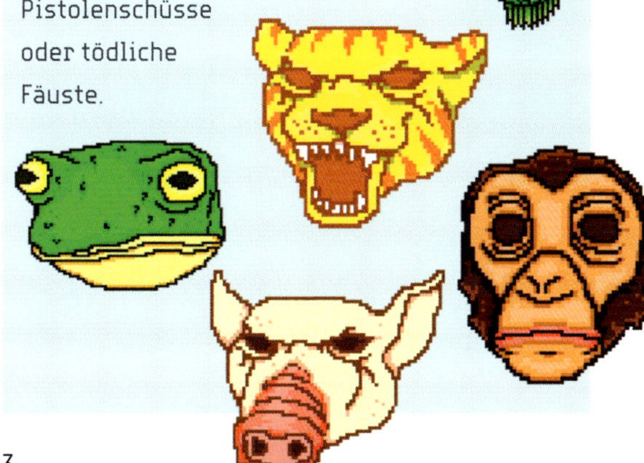

IKARUGA (2001)

SYSTEM: ARCADE / DREAMCAST / GAMECUBE / NINTENDO SWITCH / PLAYSTATION 4 / XBOX360 / PC

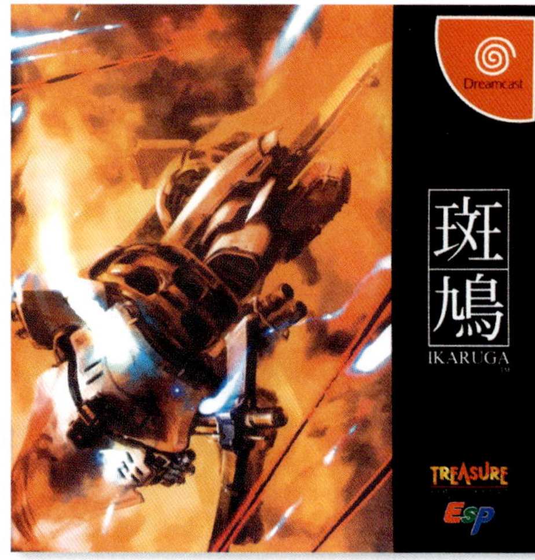

Wer die Genre-Bezeichnung Bullet Hell zum ersten Mal hört, mag verständlicherweise davon abgeschreckt werden. Macht es denn wirklich Spaß, wenn einem unzählige Projektile um die Ohren pfeifen? Ist das nicht nur was für Masochisten? Zugegeben, der erste Kontakt mit dieser ganz speziellen Art der Shoot'em ups endet wahrscheinlich in einem Game Over. Der zweite, dritte und zehnte Versuch geht auch noch in die Binsen. Sobald es aber mal »Klick« gemacht hat und man ein Gefühl dafür bekommt, elegant und präzise durch den Kugelhagel zu tauchen, ist es beinahe wie Magie. Wagemut und Präzision werden mit konstantem Fortschritt belohnt, die clevere Verkettung von Abschüssen treibt den Highscore in die Höhe. Der Klassiker **Ikaruga** fußt darüber hinaus auf einem so schlauen Grundkonzept, dass quasi ein Puzzlespiel daraus wird.

Entwickelt vom japanischen Kultstudio Treasure, war **Ikaruga** das Sequel im Geiste zu ihrem 1998 veröffentlichten **Radiant Silvergun.** Der Vertikal-Shooter glänzte damals nicht nur mit knalliger Grafik und tollem Sound, er bot auch ein paar spannende Gameplay-Ideen. Statt klassisch ein großes Waffen-Arsenal mit Power-Ups zu verstärken, hatte man von Haus aus drei Schussarten zur Verfügung. Diese konnten dann so miteinander verknüpft werden, um je nach Situation die passende Antwort auf die Gegner zu haben. Mit einem Schwert hackte man dazu bestimmte Projektile entzwei, farbkodierte Formationen steigerten das Punktekonto und die Langzeitmotivation. Für **Ikaruga** feilte man konsequent an diesem Spielprinzip weiter und dampfte es so weit runter, dass es nicht nur einfach zu kapieren ist, sondern auch eine enorme Tiefe aufweist.

Ausgestattet mit dem experimentellen Gleiter Ikaruga, stürzt sich Protagonist Shinra furchtlos in den Kampf gegen die Übermacht der Horai. Die Armee des Gegners ist dabei in zwei Farben aufgeteilt: Schwarz und Weiß. Unser Gleiter verfügt hingegen über beide Farben und muss sie per Knopfdruck ständig wechseln, sonst ist schnell Schicht im Schacht. Trifft man Gegner mit der gegensätzlichen Farbe, richtet man gleich doppelten Schaden an. Im Umkehrschluss sind gegnerische Projektile mit der anderen Farbe auch für uns tödlich, dafür können wir durch Projektile mit der gleichen Farbe gefahrlos durchtauchen. Da sich oft schwarze und weiße Gegner simultan auf dem Bildschirm befinden, sollte man sehr gut aufpassen, nicht im falschen Moment die Polarität zu wechseln. Die fünf umfangreichen Level sind mit stetig anwachsender Komplexität und Projektildichte auf den Punkt durchgeplant. Hat man das eigenwillige Konzept nicht voll verinnerlicht, rennt man spätestens bei den schussfreudigen Bossen an eine Wand. Sobald aber aus »panischem Reagieren« ein »selbstbewusstes Agieren« wird, steigt der Spaß am Ballern exponentiell.

Um den Spielern nicht weitere Stolpersteine in den Weg zu legen, ist die Grafik bewusst entsättigt worden, was hier aber überhaupt nicht stört. Ganz im Gegenteil: **Ikaruga** hat damit einen ganz eigenen »Vibe«, unterfüttert vom epochalen Soundtrack von Hitoshi Sakimoto. Während der frühe Dreamcast-Port des Arcade-Originals noch an etwas Slowdown litt, geben sich die Umsetzungen auf moderne Systeme nicht wirklich viel und sind gleichermaßen zu empfehlen. Schaut also gerne direkt in den Online-Store eurer Wahl, wenn ihr am explosiven Farbreigen selbst teilnehmen wollt.

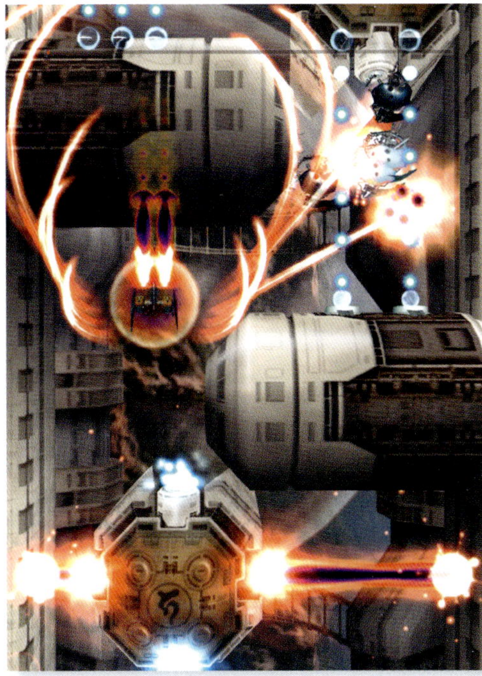

PC

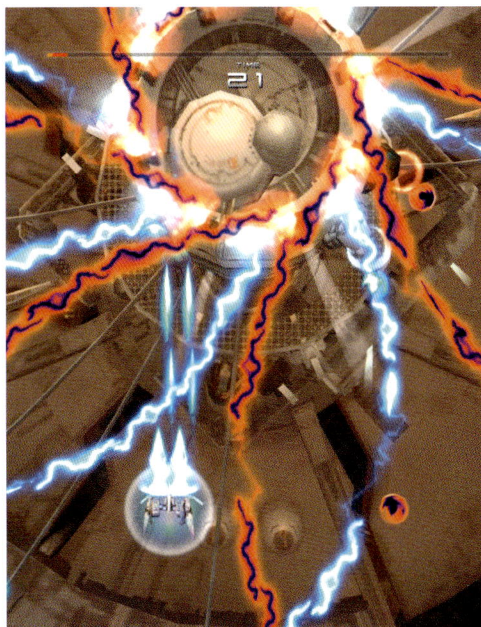

INTERNATIONAL SUPERSTAR SOCCER 64 (1997)

SYSTEM: NINTENDO 64

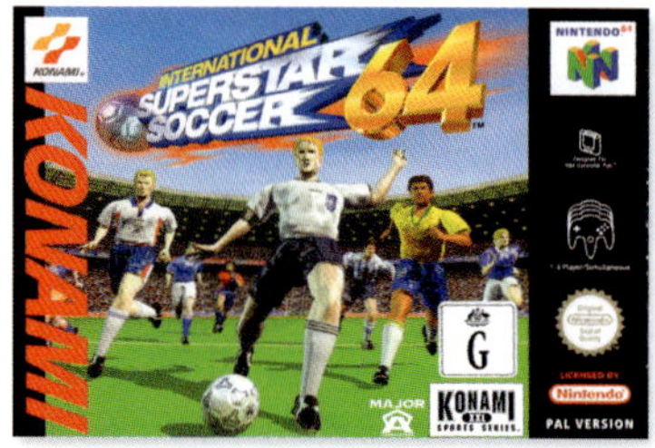

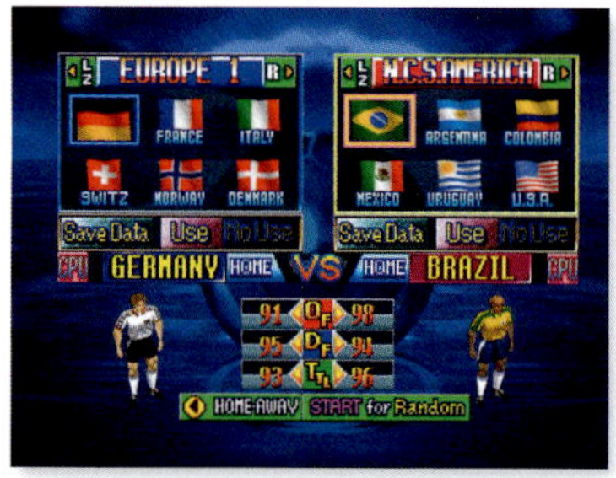

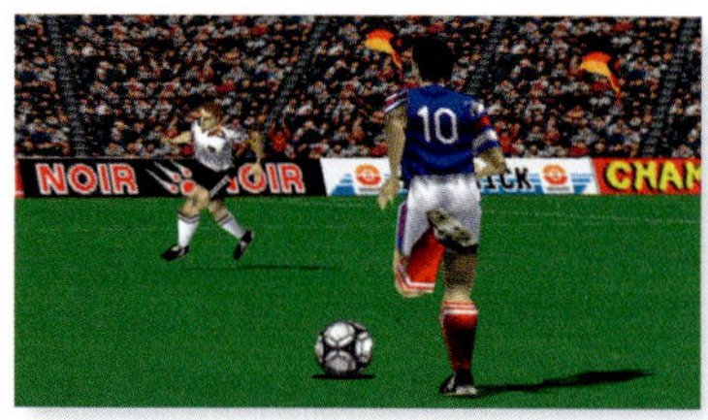

Aus gefühlt acht Millionen Fußball-Games eines herauszusuchen, das man unbedingt gespielt haben muss, ist nicht gerade einfach. Kann man denn wirklich sagen, welche der vielen jährlichen Ausgaben von **FIFA** am besten ist? Oder ist ein kulturhistorischer Ansatz der richtige Weg, um die Pionier-Arbeit von Titeln wie **Kick Off** (1989) oder **Sensible Soccer** (1992) zu würdigen? Am Ende war die Entscheidung aber doch ziemlich einfach, weil eigentlich niemand an **International Superstar Soccer 64** vorbeigehen darf. Zu ihrer Veröffentlichung war die actionreiche Simulation für das N64 der Konkurrenz meilenweit voraus, insbesondere was Steuerung und Spielbarkeit angeht. Und auch wenn die Grafik etwas in die Jahre gekommen ist, der Spaß ist ungebrochen.

In Sachen virtueller Ertüchtigung war Konami bereits vor diesem Meisterstück ziemlich breit aufgestellt, in den Arcades probierte sich die japanische Firma regelmäßig an den verschiedensten Sportarten aus. Um den Hype der Fußball-WM von 1994 mitzunehmen, enthielt das erste **International Superstar Soccer** für SNES alle Nationalmannschaften, die es damals in die Endrunde geschafft haben. Zwar trugen die Spieler aus Lizenzgründen fiktive Namen, die Vorbilder waren aber trotzdem gut erkennbar. Dank cleverer Ideen wie einem Trainingsmodus, vorgefertigter Szenarien zum Nachspielen und dem fantastischen Gameplay wurde **ISS** so zum Dauergast im Modulschacht. Eine aufgewertete **Deluxe**-Fassung für weitere Plattformen folgte auf dem Fuße. Zum Wechsel auf das N64 galt es nun, all diese Qualitäten zu erhalten, aber den Kern des Spieles von Grund auf zu erneuern. Die eigenwillige Perspektive und flache Pixel-Grafik der Vorgänger wich komplett ausmodellierter 3D-Optik, mit realistisch proportionierten Spielen und einer Ansicht, die an Fernsehübertragungen erinnert. Trotz des knappen Speicherplatzes auf dem Modul kommentiert ein Sprecher fast alle Aktionen auf dem Bildschirm energisch mit, auch wenn mit limitiertem Wortschatz und leicht rauschiger Stimme. Der wahre Star von **International Superstar Soccer 64** ist aber die Steuerung oder besser gesagt der Analogstick des N64-Controllers. Noch nie ließen sich digitale Fußballer so filigran und präzise lenken, setzten anatomisch korrekt zum Sprint an oder gaben beim Freistoß etwas Linksdrall auf den Ball. Mit etwas Übung gingen Doppelpässe und Finten locker von der Hand, sogar der berühmte Hackentrick vom Frankfurter Mittelfeld-Star Jay-Jay Okocha war enthalten.

Zum damaligen Zeitpunkt konnte kein Fußballspiel da mithalten, vor allem im Multiplayer war **ISS64** wegen der vier anschließbaren Controller eine Spielspaß-Granate. Konami schöpfte den Erfolg des Spieles mit etlichen Updates aus. Nach dem Ende des N64 wechselte man für ein paar Jahre auf die PlayStation 2. Die Konkurrenz schlief jedoch nicht, die **FIFA**-Serie von EA nahm dank originaler Lizenzen und Riesen-Budget ordentlich an Fahrt auf. Um damit zu konkurrieren, entschied man sich bei Konami, den Fokus auf die etwas realistischere Zweit-Serie **Pro Evolution Soccer** zu legen. Wer **ISS64** deswegen tragischerweise verpasst haben sollte, kann dies zum Glück recht günstig nachholen. Das Modul kostet wegen seiner hohen Verbreitung heutzutage nur noch eine Handvoll Euro.

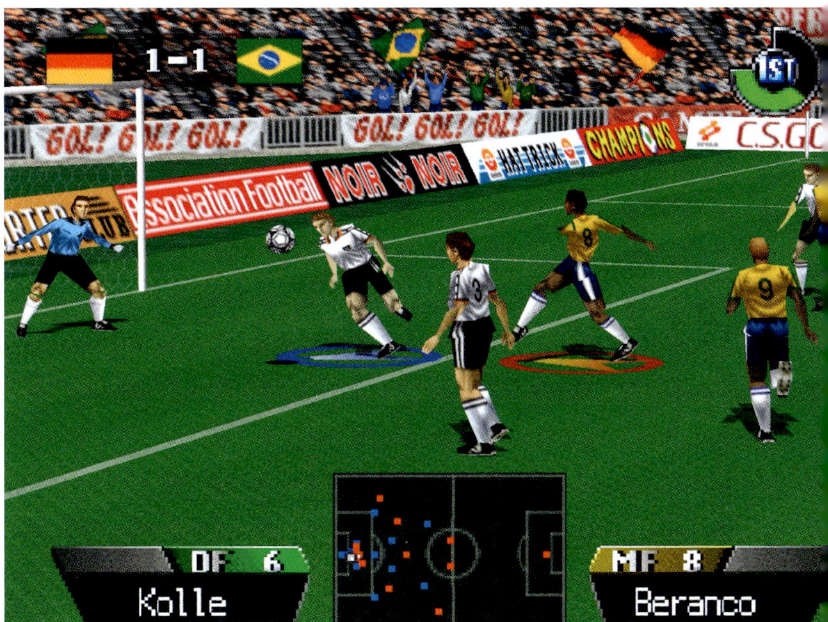

JOURNEY (2012)

SYSTEM: PLAYSTATION 3 / PLAYSTATION 4 / PC / SMARTPHONE

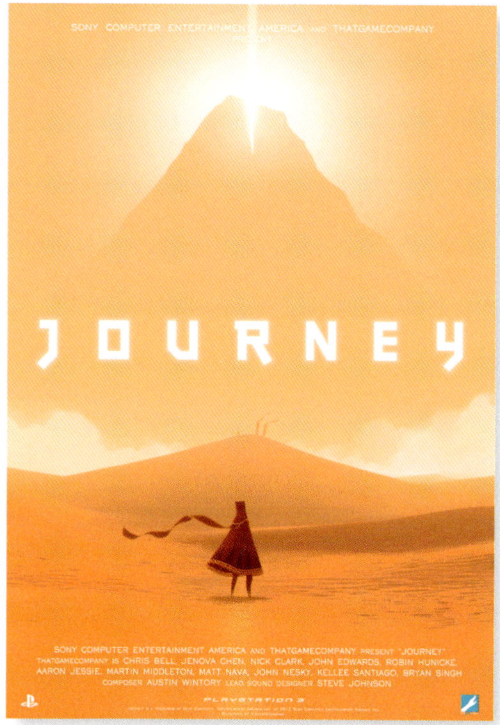

Wie viel darf ein Videospiel eigentlich kosten? Eine Frage, die nicht gerade einfach zu beantworten ist. Als Entwickler muss man natürlich schauen, dass man seine Arbeit nicht zu sehr unter Wert verkauft. Als Käufer hingegen will man das Gefühl haben, einen vernünftigen Gegenwert zu bekommen. Lässt sich dieser aber nur mit dem Preis in Relation zur Spieldauer bemessen? Genau diese Diskussion schwelte im Internet, als **Journey** im Jahr 2012 erschien. Für seine fünfzehn Euro bekam man ein Erlebnis, wie es kein Spiel zuvor geboten hat. Das Problem war nur, dass schon nach zwei Stunden der Abspann lief.

Journey erregte damals bereits im Vorfeld viel Aufsehen, weil es das neueste Werk von Jenova Chen war. Der Game Designer nutzte das Medium weniger für traditionelle Spiele, sondern für interaktive Erlebnisse, oft mit meditativem Charakter. Chens **flOw** (2006) versetzte einen in die Rolle eines mikroskopisch kleinen Organismus, der durch das Vertilgen von Amöben wachsen muss. In **Flower** (2009) lenkt man dafür den Wind und pustet Blütenblätter über malerische Wiesen. Bei den Kritikern konnte Chen damit punkten, unter den Spielern war die Rezeption eher gemischt. Wer sich jedoch auf die ungewohnten Konzepte einließ, schwärmte noch Jahre später in den höchsten Tönen davon. Vor diesem Hintergrund kam nun **Journey** heraus und hatte die Chance, ein viel größeres Publikum anzusprechen, weil es rein äußerlich weitaus weniger abstrakt ist. In einer staubigen Wüste steht eine vermummte Gestalt, um ihren Hals ist ein langer Schal gewickelt. Weit am Horizont befindet sich ein Berg, der augenscheinlich das Ziel der bevorstehenden Reise ist. Der Weg dahin ist mit den Ruinen einer untergegangenen

Zivilisation gepflastert. Manchmal blockieren Hindernisse den Fortschritt, die sich nur mit etwas Hirnschmalz überwinden lassen. Kleine Stofffetzen helfen einem dann dabei, sich kurz durch die Lüfte zu wuchten, ansonsten gibt es nur eine Art wortlosen Schrei, um an gewissen Punkten mit der Umwelt zu interagieren. Allzu kompliziert ist dies alles nicht, dafür aber unglaublich stimmungsvoll in Szene gesetzt. Neben der traumhaften Grafik trägt vor allem auch die sphärische Musik des Komponisten Austin Wintory enorm dazu bei. In **Journey** steckt ein ganz kleiner Schuss **The Legend of Zelda**, angereichert mit etwas **Shadow of the Colossus** und jeder Menge Gefühl.

Wer sein Gerät nun ans Internet angeschlossen hat, stolpert im Laufe der Reise über jemanden, der ebenfalls gerade am Spielen ist. Direkt austauschen kann man sich mit der anderen Person nicht, es gibt keinen Voice-Chat oder Textnachrichten. Durch nonverbale Kommunikation spricht man sich aber dennoch irgendwie ab, vielleicht hilft man sich sogar bei den simplen Puzzles. Wirklich nötig ist das nicht. Man kann das Ende auch gut alleine erreichen, aber möchte man das auch? Obwohl der Mitspieler eigentlich ein Fremder ist, schweißt das gemeinsame Erlebnis am Ende zusammen, als ob man gerade einen neuen Freund gefunden hätte. In diesem Sinne ist die Diskussion um den Kaufpreis eigentlich auch müßig. Kein Spiel bietet auf zwei Stunden das, was man in **Journey** erleben kann, und es kostet jetzt auch nicht die Welt. Wer dennoch skeptisch ist, sollte es eventuell mit einem Besuch im Kino vergleichen. Der ist mittlerweile fast genauso teuer und bietet die Chance, seinen neuen Lieblingsfilm zu entdecken. Vielleicht wird **Journey** ja am Ende sogar euer neues Lieblingsspiel.

PC

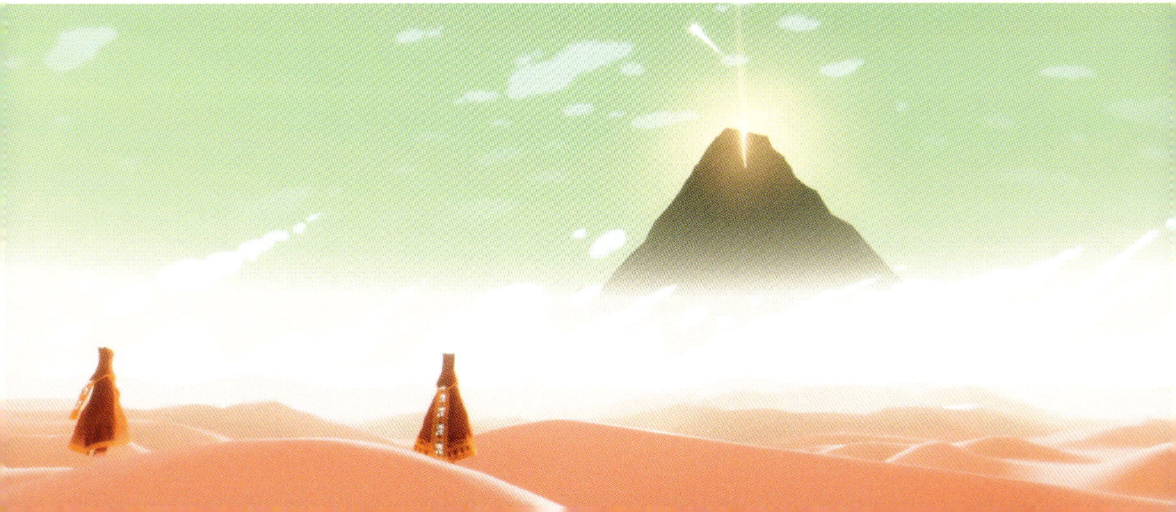

LEMMINGS (1991)

SYSTEM: U. A. AMIGA / SUPER NES / SEGA MEGA DRIVE / ATARI LYNX / PC

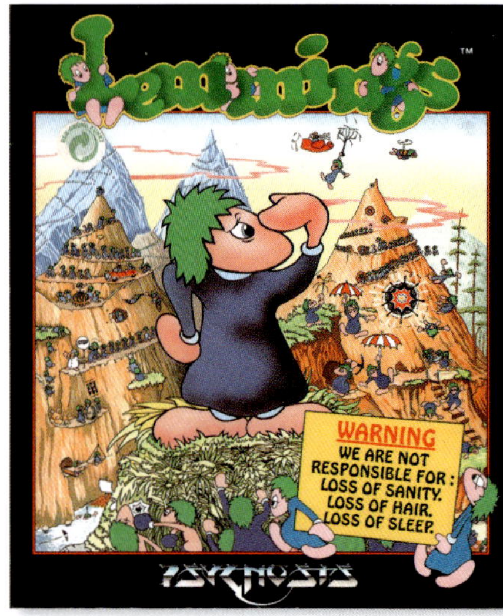

Außerhalb Deutschlands wird gerne gewitzelt, dass wir lauter nicht übersetzbare Wörter in unserem Sprachschatz haben. Im Englischen gibt es beispielsweise kein direktes Äquivalent für »Fernweh« oder »Schadenfreude«. Gleiches gilt nun auch für »Wuselfaktor«, einen gern verwendeten Begriff der deutschen Gaming-Presse. Spiele mit Wuselfaktor haben oft ganz kleine Figuren, die in Massen über den Bildschirm wandern. Dadurch entsteht der Eindruck eines lebendigen Dioramas, alleine das Zuschauen kann Glücksgefühle auslösen. Noch besser ist es aber, wenn Spielspaß und Wuselfaktor Hand in Hand gehen. In diesem Sinne ist kein Spiel spaßiger (und wuseliger) als das gute alte **Lemmings** von DMA Design.

Im Sommer 1989 arbeitete das britische Entwicklerstudio an einem Prototyp ihres Mech-Shooters **Walker** (1993). Um die Größe des eigenen Kampfroboters adäquat darzustellen, sollten möglichst winzige Menschen in den Leveln verteilt werden. Infolgedessen probierte man so lange herum,

Artenvielfalt

Die verschiedenen Lemming-Arten von links nach rechts: Climber, Floater, Stopper, Builder, Digger, Miner, Basher. Nicht abgebildet ist der Bomber, weil dieser explodiert und danach nichts mehr übrig ist.

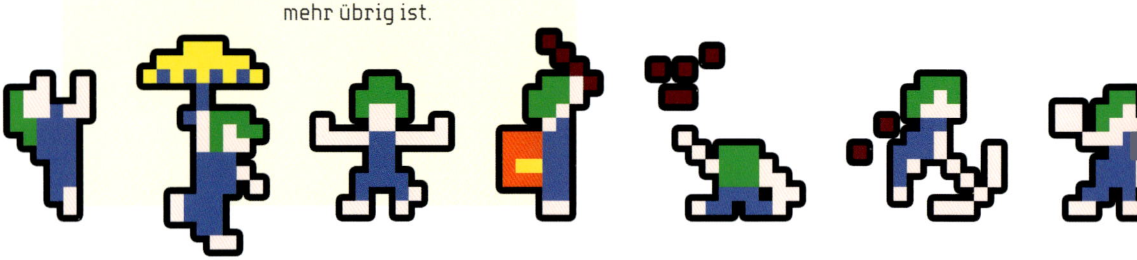

bis die Figuren nur noch ein paar Pixel groß waren. Diese sahen dann so knuffig aus, dass sich schnell die Idee formte, ein komplettes Spiel mit ihnen zu gestalten. Obwohl die kleinen Racker nicht unbedingt an echte Lemminge erinnerten, blieb der Name hängen und inspirierte am Ende auch das Gameplay. In ausladenden Leveln ploppen die Lemminge nacheinander aus einem Eingang und wollen logischerweise zum Ausgang geführt werden. Wenn man als Spieler nicht eingreift, bewegen sie sich ohne Unterlass vorwärts und machen nur kehrt, wenn sie auf ein Hindernis treffen. Der Drang zum Weiterlaufen ist so stark, dass die Lemminge selbst vor tödlichen Gefahren nicht halt machen. Um den Massen-Exitus zu verhindern, darf man nun per Mausklick verschiedene Jobs an die Nagetiere verteilen. Es gibt unter anderem Handwerker, die mit einer Spitzhacke neue Wege graben, Stopper, die ihre Kollegen in die andere Richtung schicken, und auch Gleiter, die wie Mary Poppins per Regenschirm tiefe Abgründe herunter schweben. Je nach Aufgabenstellung ist es nicht immer möglich, alle Lemminge zu retten. Deshalb ist etwas Schwund leider nicht vermeidbar. Befindet man sich dann mal so richtig in der Sackgasse, bleibt nur noch der Befehl zur Selbstzerstörung. Das ist zwar irgendwie traurig, aber die knalligen Explosionen und Ploppgeräusche, die dabei entstehen, haben auch etwas Befriedigendes an sich. Das ist eben die Magie des Wuselfaktors.

Lemmings mauserte sich mit dieser Formel zum gigantischen Hit und wurde auf alle möglichen Plattformen umgesetzt. Wegen der Maus als Eingabegerät spielen sich die Computerversionen am besten, aber auch die Konsolenfassungen sind nicht von schlechten Eltern. Natürlich zog der Erfolg jede Menge Fortsetzungen nach sich, aber ganz ehrlich, es geht kaum was über die gut kuratierten Fähigkeiten und vertrackten Level des Originals. Leider bietet der aktuelle Rechteinhaber Sony davon keine offizielle

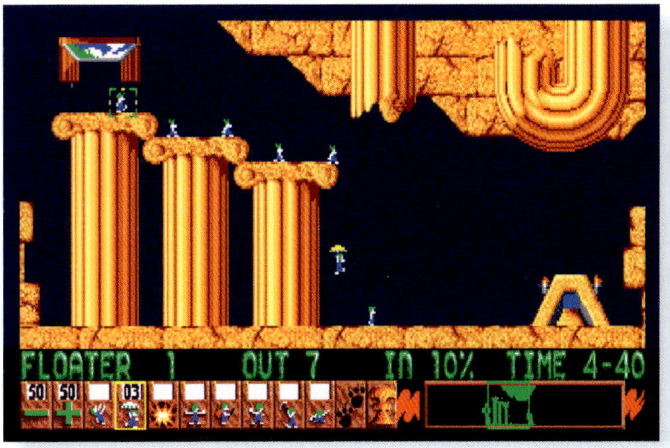

Amiga

Download-Version an. Es gibt nur ein modernisiertes Sequel für Handys. Bevor man zu diesem greift, lohnt es sich jedoch, auf dem Gebrauchtmarkt nach dem ersten Teil zu schauen. Die Preise dafür sind zum Glück immer noch so klein wie die Lemminge selbst.

LORDS OF THUNDER
(1993)

SYSTEM: PC-ENGINE DUO / SEGA MEGA CD

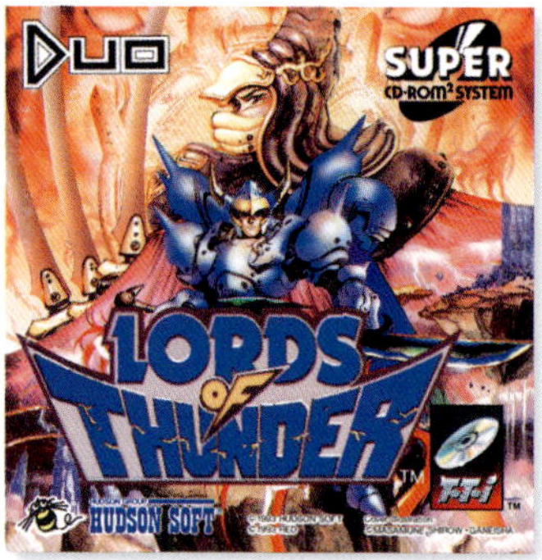

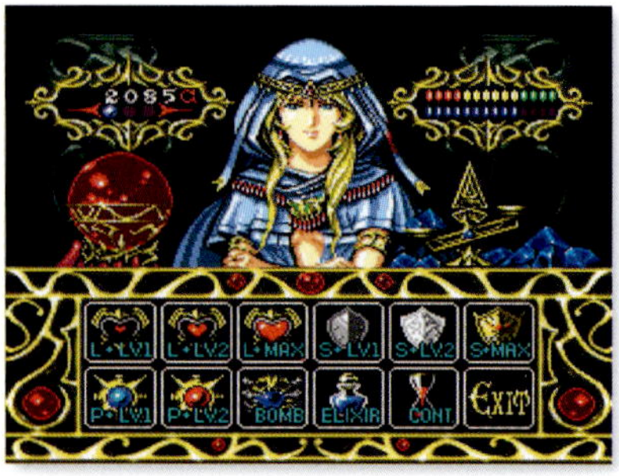

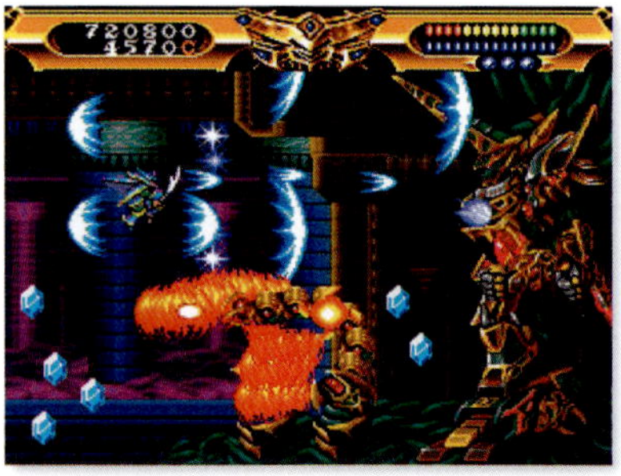

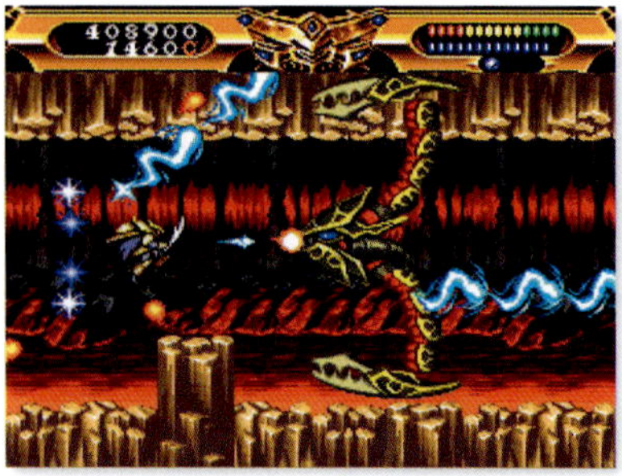

PC-Engine Duo

Als System-Seller bezeichnet man Spiele, für die sich ganz alleine die Anschaffung einer neuen Konsole lohnt. Meist sind das absolute Schwergewichte des Gaming, wie **Super Mario 64** (1996) oder **Grand Theft Auto III** (2001). Verglichen damit ist der Name **Lords of Thunder** vielleicht nicht ganz so weit verbreitet, eigentlich hat es das brillante Shoot'em up aber dennoch verdient, in einer Reihe mit oben genannten Klassikern zu stehen. So mancher Genre-Fan hat sich extra dafür eine PC-Engine gekauft, obwohl das Gerät nie offiziell in den deutschen Läden stand. Die Brieftasche mag im Anschluss leer gewesen sein, dafür war der Bildschirm voll mit riesigen Gegnern, unzähligen Projektilen und gigantischen Explosionen.

Bereits die grundlegende Idee von **Lords** klingt nach echt viel Spaß. War der Vorgänger **Gate of Thunder** (1992) noch ein typischer Weltraum-Shooter mit SciFi-Elementen, hat man hier nun quasi ein spielbares Heavy-Metal-Album vor sich. Der geflügelte Ritter Landis will sein Land vom Joch des garudanischen Imperiums befreien. Ausgestattet mit scharfem Schwert und durchschlagskräftiger Magie, wirft er sich mutig in die schier endlosen Horden des Bösen. Aus der Seitenperspektive ballert man sich nun durch bunte Fantasy-Level, die je nach Bedarf in alle Richtungen scrollen. Auch wenn das Spiel wegen seiner hohen Schussdichte knallhart aussieht, brauchen Anfänger keine große Angst zu haben. Neben dem Schwierigkeitsgrad ist die Wahl der Rüstung enorm wichtig, die einem bestimmte Fähigkeiten verpasst. Da es eine Energieleiste gibt, ist nach einem Treffer auch nicht sofort Schluss. Wer gewissenhaft die vielen Edelsteine einsammelt, die über den Bildschirm jagen, darf darüber hinaus seine leeren Reserven im Shop immer wieder aufladen. Bei all der Einsteigerfreundlichkeit wurde aber auch an Shmup-Veteranen gedacht, die sich am Super Hard Mode die Zähne ausbeißen dürfen.

Richtig rund macht das Spektakel allerdings erst die wahnsinnig gute Soundkulisse. Während die Konsole für die Effekte zuständig ist, erklingt glasklarer Metal der 80er direkt von der CD-ROM. Die Musik von Komponist Satoshi Miyashita ist dabei so mitreißend, dass man im Handumdrehen zum Headbanger wird. All diese Versatzstücke sorgten damals für eine extrem positive Berichterstattung in der Presse. Um den Hype vernünftig mitzunehmen, spannte der US-Vertrieb sogar Skateboard-Legende Tony Hawk ein, der ein Werbe-Video zum Spiel produzierte. Angesichts der hohen Verbreitung von Segas Mega Drive und dem Super Nintendo, schaffte es aber selbst **Lords of Thunder** nicht, die Verkäufe der Hardware von NEC groß anzufachen. Deswegen folgte ein paar Jahre später auch ein Port für Segas Mega-CD-Laufwerk, jedoch mit leicht schwächerer Grafik und neu-arrangiertem Soundtrack. Die Engine-Fassung hingegen gab es mit den Jahren immer wieder auf verschiedenen Download-Services, doch davon ist heute keine Ausgabe mehr online. Während der Sammlermarkt das Original unerschwinglich gemacht hat, lohnt sich deshalb eher der Kauf einer PC-Engine-Mini-Konsole, auf der das Spiel vorab installiert ist. Damit ist **Lords of Thunder** auch dreißig Jahre später noch irgendwie ein System-Seller.

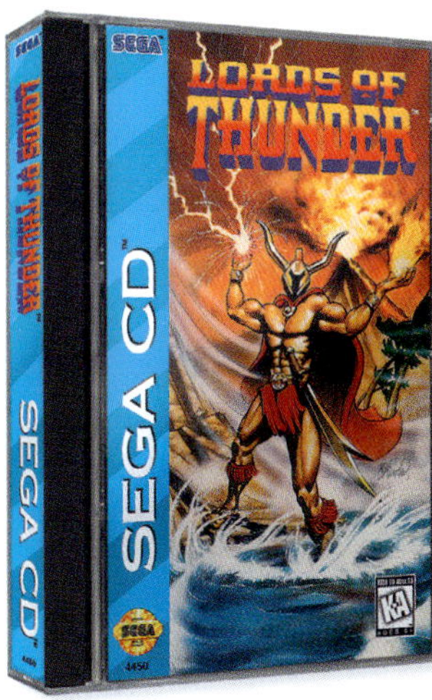

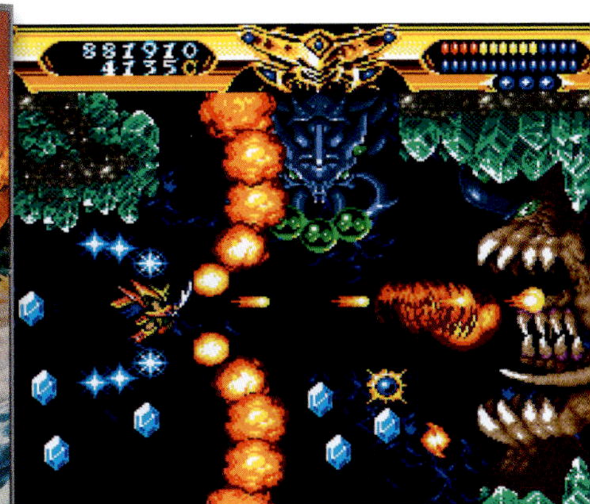

Der Mega-CD-Port

MARIO KART 8 DELUXE
(2017)

SYSTEM: NINTENDO SWITCH

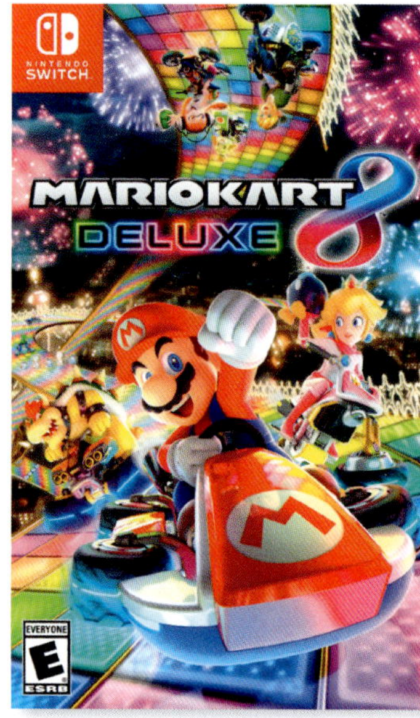

Jeder mit einem bunt-durchmischten Freundeskreis kennt es: Es ist nicht immer leicht, sich auf eine gemeinsame Freizeitaktivität zu einigen. Manche gehen eben ungern ins Kino oder zum Zelten. Für einen spaßigen Zock-Abend ist es deshalb umso wichtiger, ein Spiel zu finden, das sofort bei allen zündet. Ohne komplexe Steuerung, mit einem leicht zu kapierenden Spielprinzip und so viel Unterhaltungswert, dass man die nächste Runde kaum abwarten kann. **Mario Kart 8 Deluxe** erfüllt nicht nur diese Aufgabe mit Bravour, es hält einen auch stundenlang bei der Stange, selbst wenn die Freunde längst nach Hause gegangen sind.

Seit den seligen SNES-Tagen gehört **Mario Kart** quasi zur Grundausstattung eines jeden Videospielers. Wie bei der Formel 1 wird auf mehreren Rundkursen um die Weltmeisterschaft gefahren, nur eben in knuffigen Go-Karts statt hochgezüchteten Boliden. Am Steuer sitzen dementsprechend auch nicht Sebastian Vettel oder Max Verstappen, sondern Rennsport-Größen wie Super Mario, Donkey Kong und Prinzessin Peach. Damit das Ganze nicht zu öde wird, bringen Gegenstände wie werfbare Panzer oder Bananenschalen etwas mehr Würze in den Wettbewerb. Wem das immer noch nicht genug ist, der tritt im Battle-Modus zum Duell an und versucht, sich möglichst elegant mit den Panzern abzuschießen.

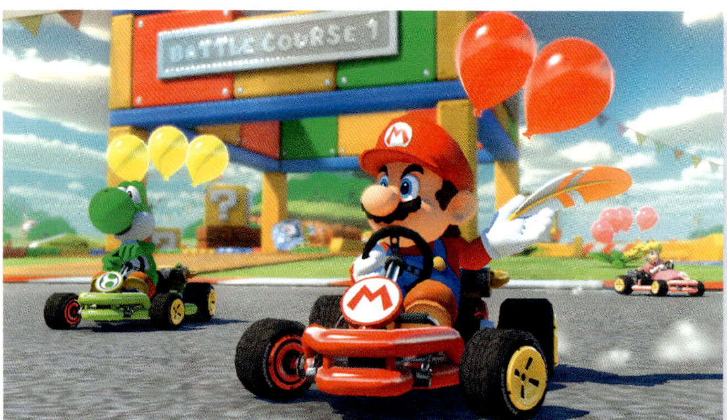

Das simple Konzept funktionierte damals aus dem Stand

und wurde von Nintendo mit jeder neuen Konsolengeneration verbessert und verfeinert. In **Mario Kart 8 Deluxe** sind deshalb nicht nur die Erfahrungswerte von über dreißig Jahren Entwicklung geflossen, sondern auch fast eine Dekade an Feintuning. Ursprünglich 2014 für die glücklose Wii U-Konsole erschienen, war das originale **Mario Kart 8** bereits ein gutes Spiel, auch wenn mit ein paar Schönheitsfehlern. Zu der üppigen Auswahl an Strecken und Fahrern gesellten sich diverse Gameplay-Ideen aus den Vorgängern. Dank der neuen Antigravitations-Düsen fuhr man diesmal sogar an den Wänden. Weniger gelungen war der Battle-Modus, der nun auf normalen Strecken ausgetragen wurde, was in frustrierende Suchspiele ausartete. Wer vermehrt solo unterwegs war, ärgerte sich auch über den verstärkten Gummiband-Effekt, der den Fahrern hinter einem mehr PS und übertrieben starke Items in die Hände gab. Die **Deluxe**-Fassung nahm sich nicht nur der Kritik an: Sie enthielt auch alle bisherigen Updates und komplett neue Inhalte. Der Battle-Modus

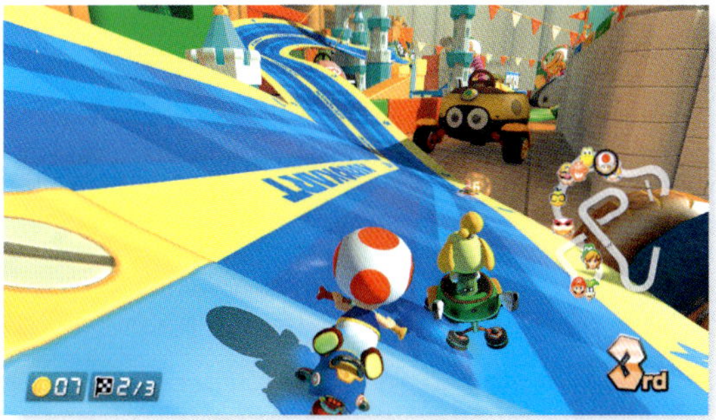

macht nun dank dedizierter Arenen richtig Spaß. Das Gummiband wurde ebenfalls abgeschwächt, auch wenn es im Sinne der Einsteigerfreundlichkeit nicht komplett entfernt werden konnte. So oder so ist diese Ausgabe von **Mario Kart** aber die polierteste von allen, mit jeder Menge Fun für bis zu zwölf Leute gleichzeitig, zumindest im Online-Modus. Da die Verkäufe einfach nie abrissen – bis Mitte 2023 sollen insgesamt knapp 64 Millionen Einheiten über den Ladentisch gegangen sein –, versorgt Nintendo das Spiel immer wieder mit neuem Content. Selbst wenn also mal ein Sequel kommt, muss es sich echt stark anstrengen, um an **Mario Kart 8 Deluxe** vorbeizudüsen.

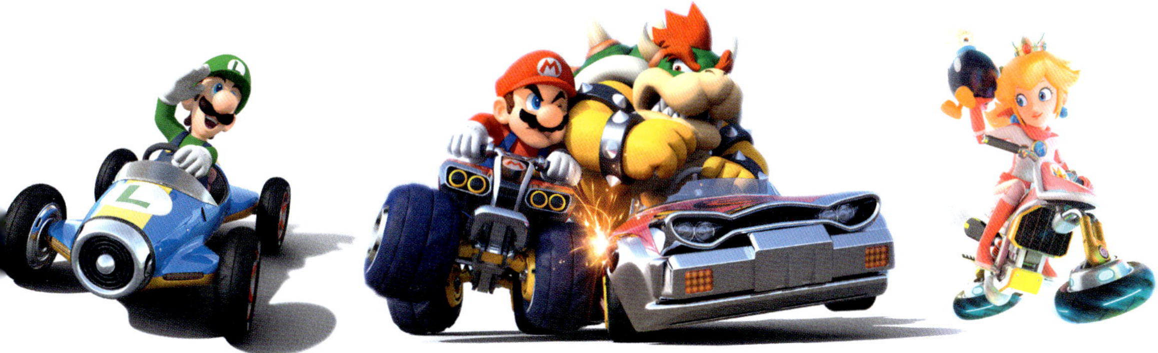

MASS EFFECT 2

(2010)

SYSTEM: PLAYSTATION 3 / PLAYSTATION 4 / XBOX360 / XBOX ONE / PC

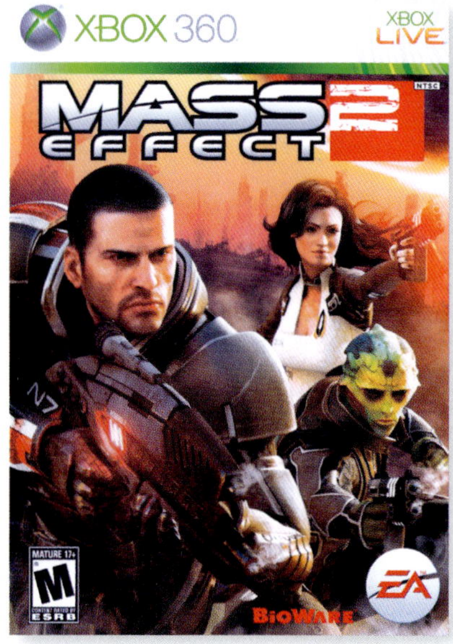

Es mag auf den ersten Blick etwas komisch wirken, wenn man explizit den Mittelteil einer Trilogie empfiehlt. Es wäre ja auch sinnfrei, bei **Harry Potter** mit dem Feuerkelch einzusteigen oder bei **Herr der Ringe** die Gefährten auszulassen. Im Fall von **Mass Effect 2** sprechen aber gute Gründe dafür. Zu einem steht das epische Sci-Fi-RPG trotz einer übergreifenden Geschichte storytechnisch auf eigenen Beinen. Zum anderen müsste man weit über einhundert Stunden investieren, um gleich alle drei Teile durchzuspielen. Wer dafür die Zeit hat, kann selbstverständlich auf die komplette Reise gehen. Alle anderen dürfen sich aber ohne Gewissensbisse auf diese Perle konzentrieren.

Das erste **Mass Effect** (2007) war seinerzeit der ambitionierte Versuch, aus dem Stand ein neues Universum zu etablieren. Nachdem die Entwickler von Bioware mit **Star Wars: Knights of the Old Republic** (2003) große Erfolge feierten, wollten sie nun auf eigenen Beinen stehen. Die Rechnung ging auf, denn **Mass Effect** überzeugte vor allem mit seinem akribischen Worldbuilding. In der fernen Zukunft ist die Menschheit tief in den Weltraum vorgedrungen und fester Bestandteil eines komplexen politischen Gefüges mit etlichen Alien-Völkern. Nun droht eine Gefahr aus antiker Vorzeit, alles Leben in der Galaxis auszulöschen. In der Rolle des Commander Shepard stellt man sich dieser Übermacht und versucht, das Geheimnis hinter den sogenannten Reapern zu entschlüsseln. So greifbar das Setting rüberkommt, gab es damals leider beim Gameplay ein paar Schwachstellen. Die Echtzeit-Gefechte spielten sich zum Beispiel etwas ungelenk.

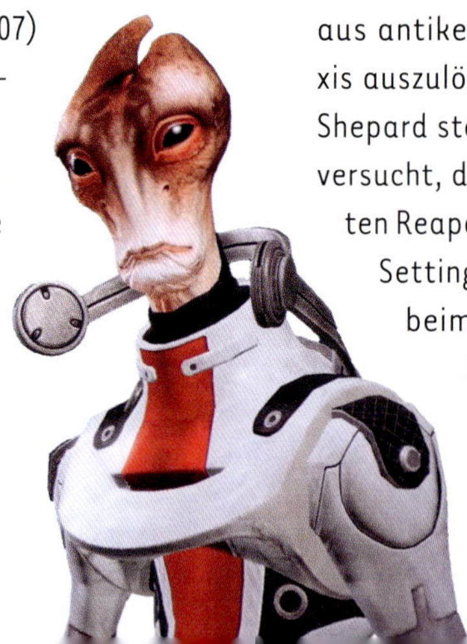

Abseits der Story waren oft nur repetitive Aufgaben angesagt, die schreckliche Steuerung des Mako-Landrovers half auch nicht gerade.

Zum Glück hat Bioware für **Mass Effect 2** in fast allen Belangen nachgebessert. Obwohl Veteranen ihren alten Spielstand importieren und damit getroffene Entscheidungen übernehmen dürfen, sind Neueinsteiger nicht wirklich im Nachteil. Commander Shepard stirbt im dramatischen Intro und wird von der Geheimorganisation Cerberus wiederbelebt. Aus den Schatten operierend stellt man nun ein Team zusammen, um eine Selbstmord-Mission zu bestreiten, von der es keine Wiederkehr gibt. Analog zum Kultfilm **Das dreckige Dutzend** (1967) rekrutiert man die dafür geeignetsten Leute und reist dabei kreuz und quer durch den Weltraum. In ausgefeilten Loyalitäts-Quests stärkt man die Bindung mit seiner Crew, auch romantische Beziehungen sind möglich. Infolgedessen ist die Anspannung umso höher, wenn das Spiel auf die Zielgerade einbiegt und der Tod greifbar in der Luft liegt. Begleitet wird das tragische Abenteuer vom gewohnt starken Setting, das Kampfsystem spielt sich dankenswerterweise um einiges flotter als im Vorgänger. Zu bekritteln gibt es maximal die etwas reduzierte Komplexität in den Rollenspiel-Elementen und gelegentliche Fleißarbeit beim Scannen von Planeten. Dieses hohe Niveau konnte der dritte Teil leider nicht ganz halten, insbesondere das Ende empfanden viele als unbefriedigend. Die vor ein paar Jahren erschienene **Legendary Edition**, welche die komplette Trilogie in einem Paket zusammenfasst, enthält deswegen auch viele Updates und Ergänzungen. Nichtsdestotrotz ist **Mass Effect 2** aber immer noch der beste Eintrag der Serie und gerade für Fans von Franchises wie **Star Trek**, **Babylon 5** und (natürlich) **Star Wars** Pflichtprogramm.

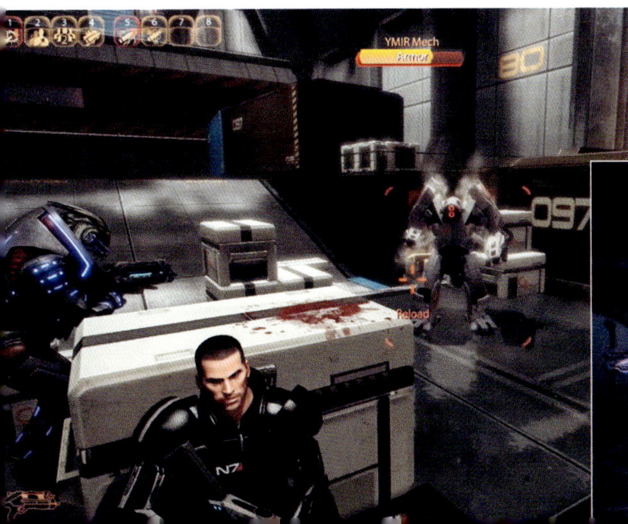

PC (Legendary Edition)

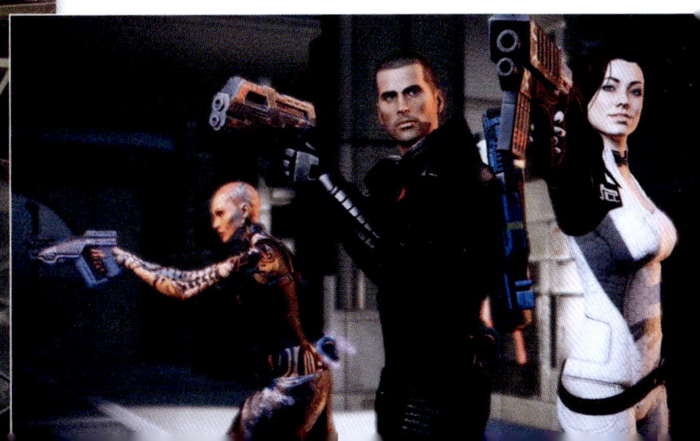

MAX PAYNE (2001)

SYSTEM: PC / PLAYSTATION 2 / XBOX / GAME BOY ADVANCE / SMARTPHONE

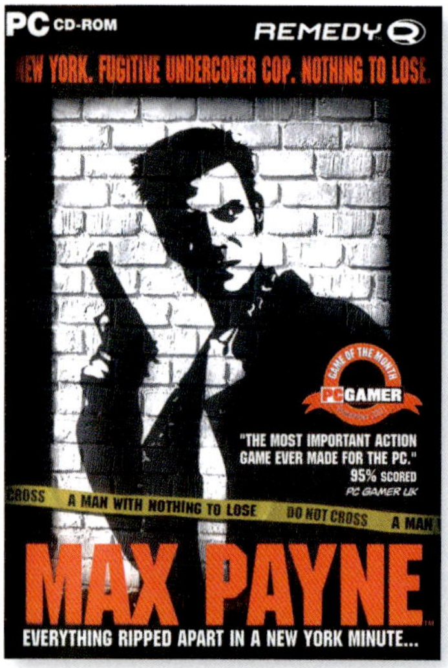

»Das Leben meinte es gut. Ein sonniger Sommertag neigte sich seinem Ende zu, der Geruch von frisch gemähtem Gras, der Lärm spielender Kinder. Ich hatte ein Haus in New Jersey, eine schöne Frau und eine kleine Tochter. Ein wahr gewordener amerikanischer Traum. Aber Träume haben die miese Angewohnheit, schlecht auszugehen, wenn man nicht gerade hinsieht …«

Mit diesem inneren Monolog beginnt das Martyrium von **Max Payne**, der tragischen Hauptfigur aus dem gleichnamigen PC-Klassiker. Nachdem seine Familie von Junkies umgebracht wird, sinnt der Ex-Cop auf Rache und sucht nach den Drahtziehern hinter der Designerdroge Valkyr. Als ein Undercover-Einsatz jedoch schiefgeht, steht er sowohl im Fadenkreuz der Mafia als auch der New Yorker Polizei. Um seine letzte Chance zu wahren, stürzt sich Payne kopfüber in die Nacht, mit brachialer Waffengewalt und jeder Menge Schmerzmittel in der Tasche. Es entspinnt sich eine atemlose Ballerei, die mühelos die Ästhetik damals moderner Action-Filme mit dem klassischen »Film Noir« der Vierzigerjahre kombiniert. Erdacht von den Finnen bei Remedy Entertainment stellte sich **Max Payne** zu seiner Zeit als das richtige Spiel zur richtigen Zeit heraus. Um das Konzept eines psychologischen Thrillers zum

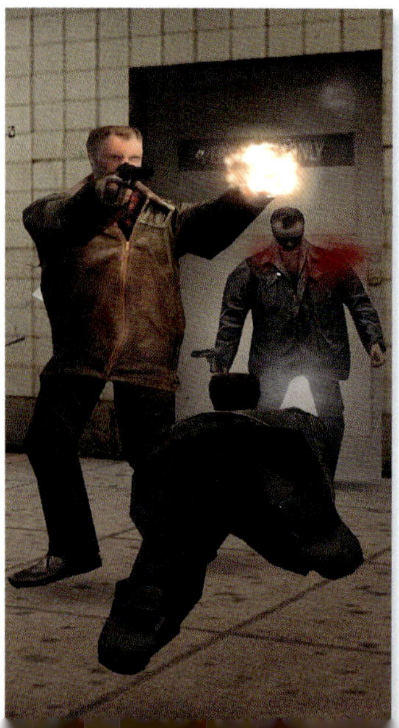

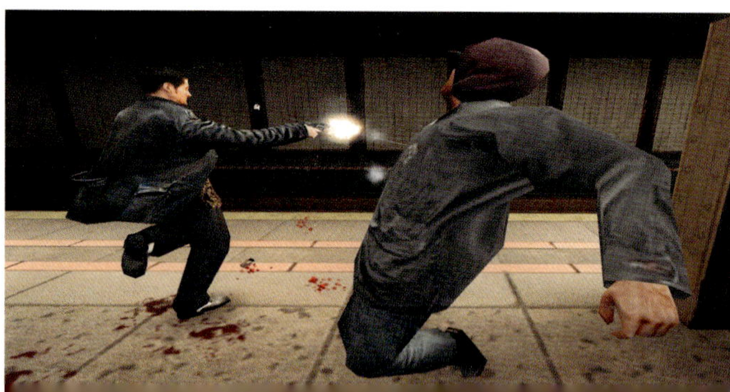

Nachspielen zu verwirklichen, feilte man für Jahre an der hauseigenen MaxFX-Engine. Hatte man eine potente Grafikkarte im Rechner, zauberte die Engine filigrane Partikel- und Rauch-Effekte auf den Bildschirm. Die spektakulären Schusswechsel erinnerten dadurch stark an die Werke des Hong-Kong-Regisseurs John Woo. Auch dessen Vorliebe für Slow-Motion-Sequenzen wurde mit der sogenannten »Bullet Time« Tribut gezollt. Damit ließ sich das gesamte Spielgeschehen per Knopfdruck verlangsamen, doch die Zielfunktion lief weiter in Echtzeit, so dass selbst eine Übermacht an Gegnern locker ausgeschaltet werden konnte. Da sich **Matrix** (1999) bei den gleichen Quellen bediente, verbaute Remedy auch etliche Zitate auf den populären SciFi-Blockbuster.

Erzählt wird dieses Gangster-Drama nun in stilsicheren Comic-Panels mit konstanter Narration von Payne selbst. Manchmal ergreift er das Wort auch während der spielbaren Abschnitte, was dem Ganzen eine ganz eigene Stimmung verpasst. Es wirkt wie ein schlimmer Albtraum, aus dem man angestrengt versucht zu entkommen. Das ist leichter gesagt als getan, denn die Gegner sind fies platziert und Todesfallen lauern hinter jeder Ecke. Wessen Reflexe nicht sofort greifen, sieht schnell den Game-Over-Screen. Hat man das Eingabeschema mit Maus und Tastatur aber erst mal intus, müssen sich die Feinde vor einem selbst verstecken. Bis es soweit ist, stützt man sich auf das kulante Speichersystem, das überall aktiviert werden kann. Man sollte nur aufpassen, nicht mit dem Finger zu verrutschen und sich aus Versehen in eine Sackgasse zu speichern. Obwohl auch eine PlayStation-2-Version existiert, ist wegen der Steuerung und Technik die originale PC-Fassung eindeutig zu bevorzugen. Ein Download-Key kann immer noch auf den gängigen Webseiten für ein paar Euro gekauft werden, auch die lohnenswerten Sequels kosten nicht die Welt. Wer etwas Geduld beweist, könnte auch auf das Remake warten, an dem zu Redaktionsschluss noch fleißig hinter verschlossenen Türen gearbeitet wurde. Wie man dieses Stück Gaming-Geschichte erlebt, bleibt am Ende aber einem selbst überlassen.

Finnische Fratze

Sami Antero Järvi, auch bekannt unter seinem Künstlernamen Sam Lake, war eigentlich nur für die Story und das Leveldesign verantwortlich. Aus Budgetgründen wurde er aber auch zum Gesicht von Paynes Ingame-Modell, die Synchro übernahm hingegen der mittlerweile verstorbene Schauspieler James McCaffrey.

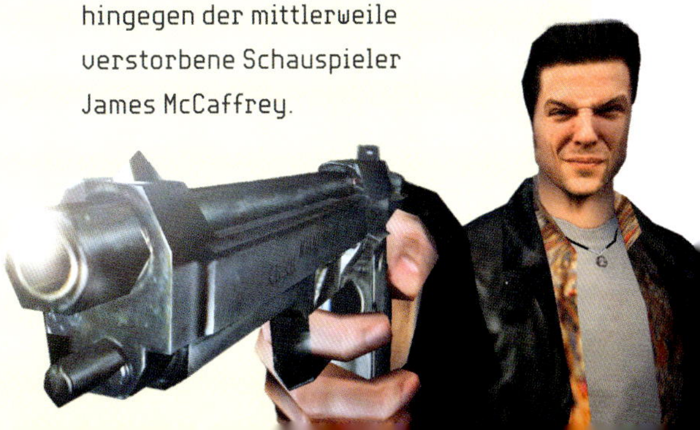

MEGA MAN X (1993)

SYSTEM: U.A. SUPER NES / NINTENDO SWITCH / PLAYSTATION 4 / XBOX ONE / PC

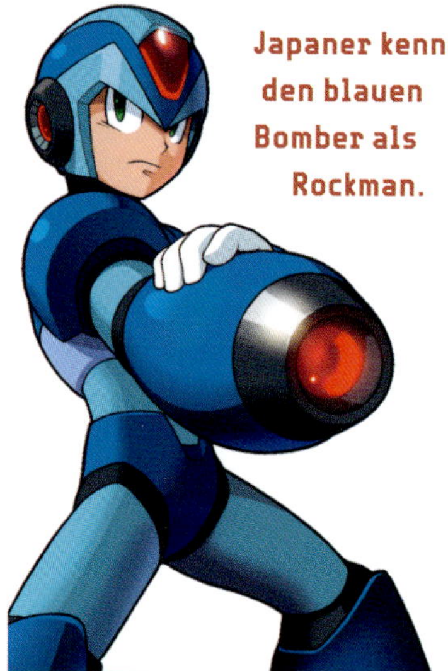

Japaner kennen den blauen Bomber als Rockman.

Als Nintendo in den frühen Neunzigern seine 16-Bit-Konsole auf den Markt brachte, schlugen insbesondere die Fans knalliger Action die Hände über den Kopf. Schließlich war der SNES-Prozessor mit vergleichsweise mageren 3,58 MHz getaktet. Das war weniger als die Hälfte von Segas Mega Drive, schockschwere Not! Schnell wurde jedoch deutlich, dass der Rest der verbauten Technik diesen Makel mehr als wieder wettmachen konnte. Gerade bei Capcom hatte man es drauf, das Maximum aus dem Gerät zu holen, sei es bei Frühwerken wie **Super Ghouls 'n Ghosts** (1990) oder dem legendären Port von **Street Fighter II** (1991). Das beste SNES-exklusive Spiel im Portfolio der Firma war allerdings Teil einer anderen Serie und heißt ... Trommelwirbel ... **Mega Man X**!

Der blaue Bomber hatte sich seine Sporen hauptsächlich auf der Vorgängerkonsole verdient, dem NES. Geschaffen von Dr. Light wurde der agile Roboter in den Kampf gegen die Metallschergen von Dr. Wily geschickt. Diese Aufgabe war stets mit großen Mühen verbunden, waren die Level doch sehr anspruchsvoll und die Gegner aggressiv. Wegen der präzisen Steuerung konnte man allerdings irgendwann selbst die größten Hürden überwinden. Sehr hilfreich waren auch die Waffen besiegter Bosse, die man im Anschluss mitnehmen und verwenden konnte. Diese Formel kam damals so gut an, dass Capcom im Jahrestakt ein Sequel nach dem anderen auf den Markt warf, oft nur mit marginalen Neuheiten. Um Ermüdungserscheinungen vorzubeugen, durfte es beim ersten SNES-Auftritt der Serie also nicht nur bei einem schnöden Grafikupdate bleiben.

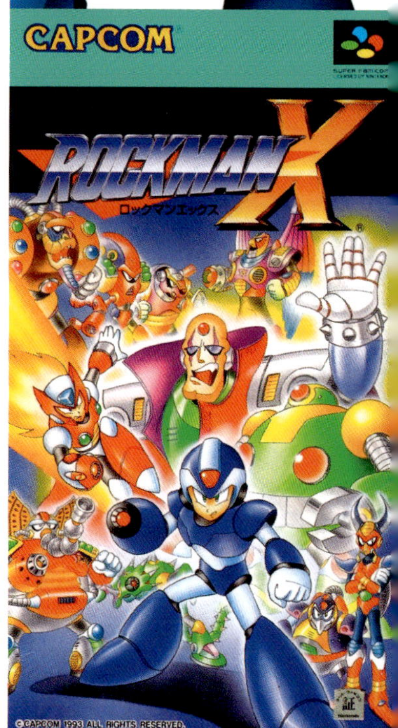

Mega Man X ist deswegen kein einfaches Sequel, sondern eine eigenständige Reihe mit frischer Story und sinnigen Neuerungen. Der neue Protagonist trägt den Codenamen X und muss in der fernen Zukunft gegen die Mavericks kämpfen. Zusammen mit seinem Kollegen Zero stürzt er sich in den Kampf, insbesondere von Robo-Anführer Sigma geht eine große Gefahr aus. Nachdem man sich in einem einleitenden Abschnitt mit Steuerung und Setting vertraut gemacht hat, geht es auf den gewohnten Auswahlbildschirm. In welcher Reihenfolge man die Stages nun spielt, hat nicht nur Einfluss auf die Waffen, die man den Bossen stibitzen kann, sondern auch auf die Levelstruktur. Besiegt man beispielsweise Storm Eagle vor Spark Mandrill, dann werden etliche Gefahren in Mandrills Level entschärft. Zum Grundrepertoire gesellt sich ein nützlicher Walljump, versteckte Upgrades verstärken dazu eure Angriffs- und Abwehrfähigkeiten. Wer dem Spiel all seine Geheimnisse entlockt, wird sogar mit dem Hadoken-Feuerball aus **Street Fighter** belohnt, der selbst Bosse mit einem Treffer besiegen kann.

Neben dem tadellosem Gameplay stimmen bei **Mega Man X** zum Glück auch Grafik und Musik. Bei manchen Abschnitten ist zwar so viel auf dem Bildschirm los, dass der Spielfluss ein wenig ins Stocken kommt, aber daran gewöhnt man sich schnell. Richtig glänzen kann die Konsole dafür beim Soundtrack, der zu den besten auf der Plattform zählt. **Mega Man X** etablierte damit ein erfolgreiches Parallel-Franchise, das neben der Hauptserie auf eigenen Beinen steht. Darüber hinaus ist das Spiel ein Eckpfeiler der Speedrun-Szene, wo selbst dreißig Jahre später regelmäßig neue Rekorde aufgestellt werden. Mit der praktischen **Mega Man X Legacy Collection** sollte heutzutage jeder ohne große Probleme am Robo-Reigen teilnehmen können.

Super NES

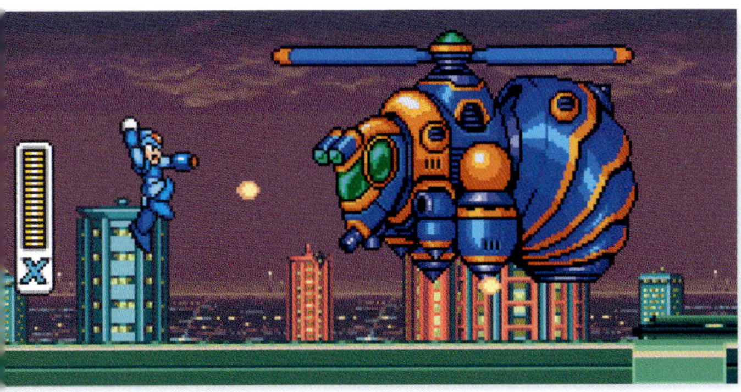

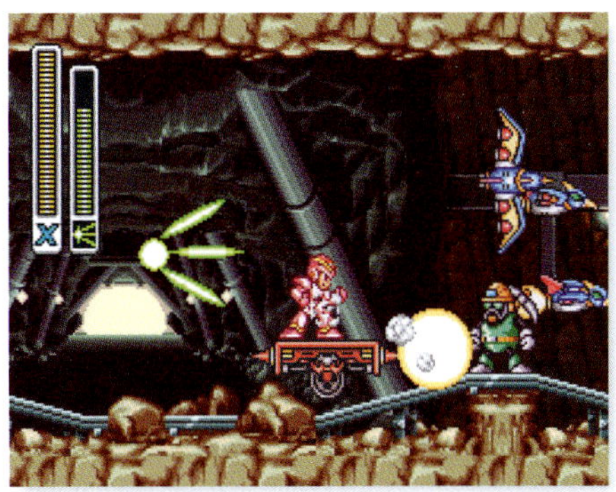

METAL GEAR SOLID

(1998)

SYSTEM: PLAYSTATION / PLAYSTATION 4 / PLAYSTATION 5 / XBOX SERIES / NINTENDO SWITCH / PC

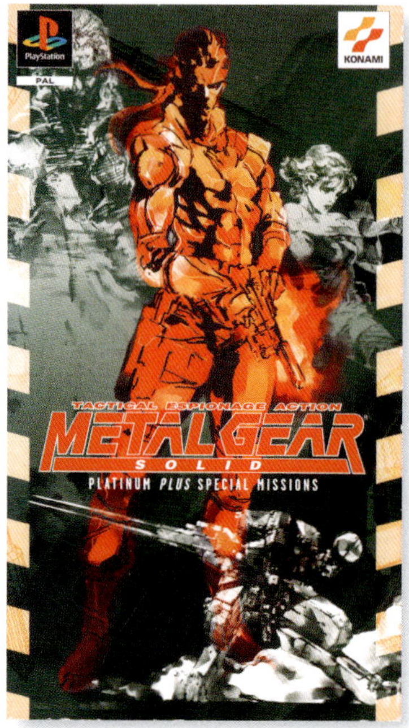

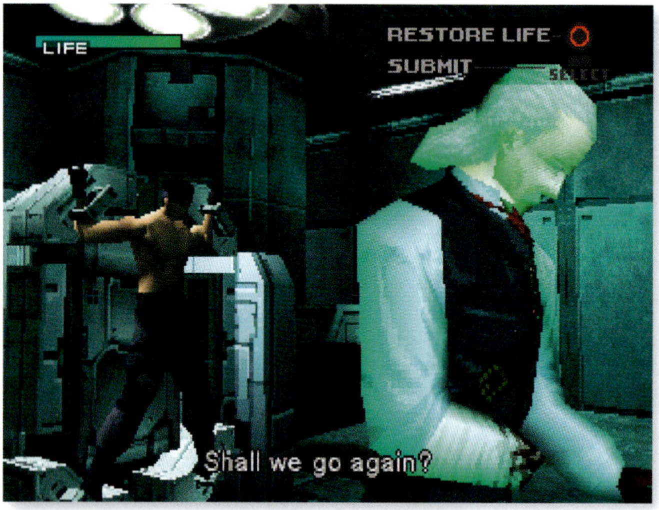

»We're gonna play the game, the PlayStation all day, with **Metal Gear Solid** to **Tekken 3**.«

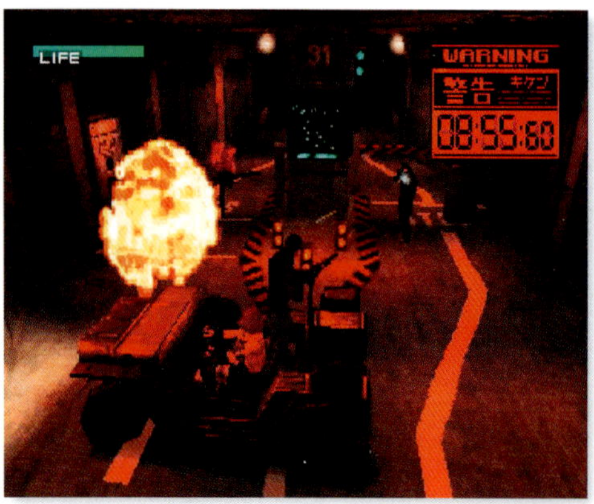

Mit dieser … ähm … unsterblichen Zeile beginnt **My Console**, die musikalische Ode von Eiffel 65 an die gute alte PlayStation. Das italienische Trio hinter dem Dance-Klassiker **Blue (Da Ba Dee)** besang in dem Track seine Liebe zur Konsole, indem es einen Spieletitel an den anderen reihte. Was dabei auffällt: Noch vor **Gran Turismo**, **Resident Evil** und **Abe's Oddysee** wird

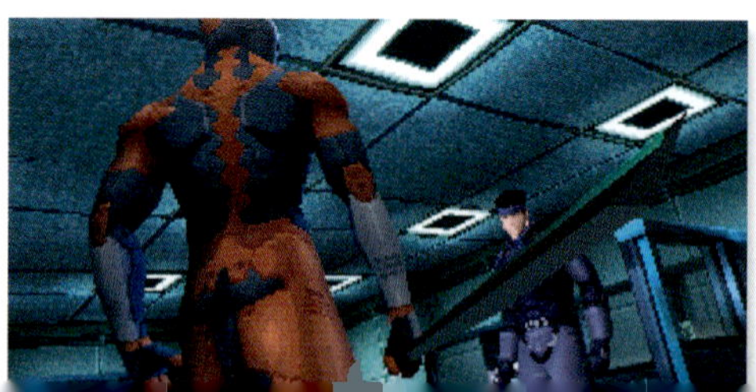

Metal Gear Solid genannt. Aus gutem Grund: Schließlich ist es eines der wichtigsten Games seiner Generation. Noch nie war ein Videospiel mit filmreif inszenierten Cutscenes und einem bombastischen Soundtrack dem Hollywood-Kino so nahe. Den Stealth-Action-Klassiker aber nur darauf zu reduzieren, wäre schon ein wenig vermessen. Selbst der abgebrühteste Zocker wird angesichts der cleveren Ideen, die aus jeder Rille der zwei vollgepackten CD-ROMs strömen, nicht anders können, als mit einem breiten Grinsen vor dem Fernseher zu sitzen.

Die Saga rund um den abgebrühten Superspion Solid Snake wurde von Hideo Kojima erdacht. Die Designer-Legende war von Kindesbeinen an ein riesengroßer Cineast und plante ursprünglich, in der Filmindustrie Fuß zu fassen. Da aber die passenden Kontakte fehlten, heuerte er bei der japanischen Spielefirma Konami an. Dort merkte er bereits nach kurzer Zeit, dass auch die Videogames ein durchaus brauchbares Medium für spannende Geschichten sind. Kojimas SciFi-Adventure **Snatcher** (1988) verknüpfte Elemente aus Filmklassikern wie **Terminator** und **Blade Runner**. In **Policenauts** (1994) verfrachtete er ein Buddy-Cop-Duo frei nach **Lethal Weapon** in den Weltraum. Den größten Eindruck hinterließ Kojima allerdings mit **Metal Gear** (1987), das zuerst auf den hierzulande eher unbekannten MSX2-Computern erschienen ist. Auf seiner ersten Mission muss Solid Snake eine schwer bewachte Militärbasis in Südafrika infiltrieren. Dort sucht er nicht nur nach den verschollenen Mitgliedern seiner Einheit, er will auch den titelgebenden Metal Gear ausmachen, eine mobile Abschussanlage für nukleare Raketen. Da die Gegner weit in der Überzahl sind, schleicht sich Snake lieber leise an ihnen vorbei. Für heutige Verhältnisse wirkt die künstliche Intelligenz der Wachposten zwar etwas simpel, aber es ist erstaunlich, wie nahe das Gameplay bereits hier an die modernen Vertreter der Serie kommt.

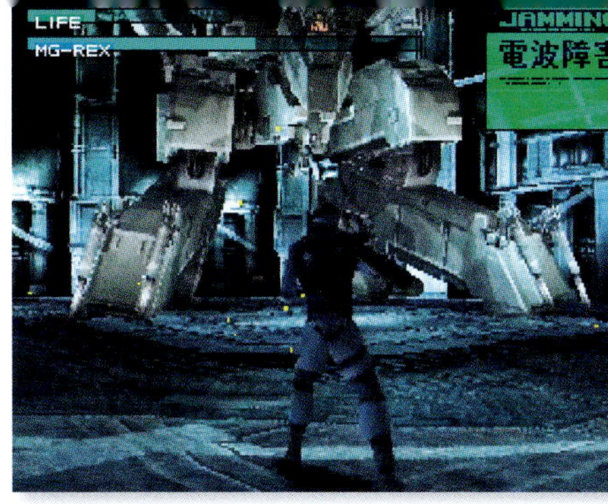

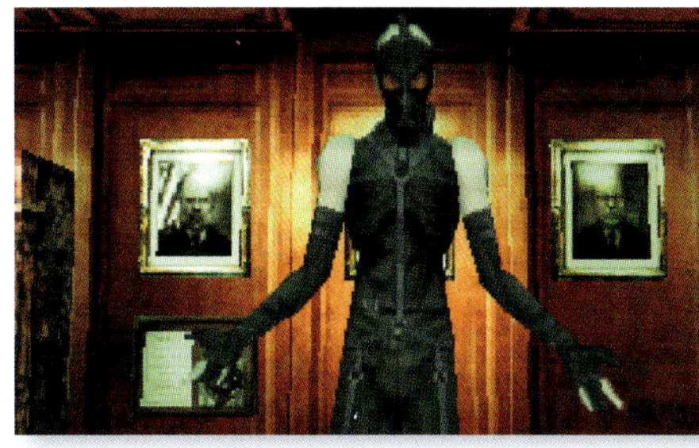

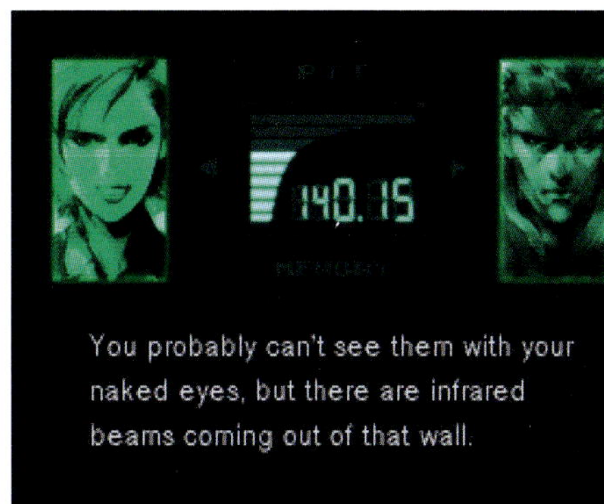

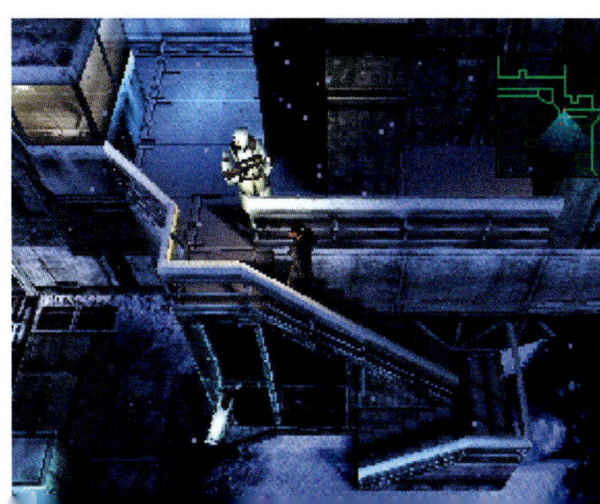

Kojima baute weiter auf dieser Formel auf und stellte 1990 das rundum verbesserte **Metal Gear 2: Solid Snake** fertig. Nicht nur die Grafik hat ein Facelifting bekommen, auch an der Spielmechanik wurde gefeilt. Snake ist diesmal im fiktiven Zanzibarland unterwegs, wo der Wissenschaftler Dr. Marv gefangen gehalten wird. Im Laufe seiner Mission bekommt er es jedoch mit einem Freund zu tun, der mittlerweile auf der gegnerischen Seite steht. Nun deutlich wortlastiger als im ersten Teil, kommen die Charaktere hier wesentlich glaubhafter rüber. Die Gegner haben auch dazugelernt und patrouillieren größere Gebiete, haben ein breiteres Sichtfeld und reagieren sogar auf Geräusche. Snake hingegen darf sich nun hinknien und selbst durch den kleinsten Spalt robben. Ein nützlicher Radar zeigt sowohl den Aufbau des Geländes als auch die Positionierung der Wachen an. Zusammen mit den neuen Waffen, den noch kniffligeren Rätseln und jeder Menge frischer Storytwists wurde aus **Metal Gear 2** ein Erlebnis, dass man eigentlich nicht verpassen darf. Leider gab es, anders als beim ersten Teil, keine englische Lokalisation. Ohne Japanischkenntnisse konnte man den Spaß also so gut wie vergessen.

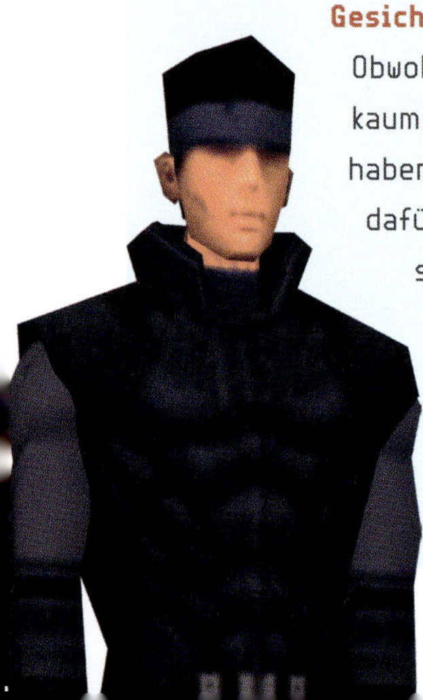

Gesichtsverlust

Obwohl die Ingame-Figuren kaum definierte Gesichtszüge haben, sorgen die Animationen dafür, dass die Charaktere sehr lebendig wirken. Das Modell von Solid Snake kommt deshalb auch mit nur schmalen 644 Polygonen aus.

Eigentlich ein trauriger Umstand, aber ironischerweise brachte dies dem nächsten Teil der Serie quasi nur Vorteile. Gerade im Westen war den meisten Leuten nicht bewusst, dass **Metal Gear Solid** (1998) eine Fortsetzung ist. Ohne die Vorgänger gespielt zu haben, hätten wohl viele gezögert, dem Spiel eine Chance zu geben. Zum Glück konnte man die Story auch so gut verstehen. Im Gegenzug mussten Kojima und sein Team das Gameplay-Rad nicht von Neuem erfinden. **MGS** ist deshalb in erster Linie eine Evolution, die sich aber in den entscheidenden Momenten traut, mit etablierten Regeln zu brechen. Dieses Mal begleiten wir einen desillusionierten Snake, der sich eigentlich zur Ruhe gesetzt hat. Als er aber erfährt, dass seine alten Kollegen von FOXHOUND zu Terroristen geworden sind, macht er sich ein letztes Mal auf den Weg. Die Power der PlayStation wirkt sich nun vor allem auf die Inszenierung aus. Es gibt dynamische Kamerafahrten und einen filmreifen Schnitt. Auch die Gespräche sind erstklassig vertont, zumindest in der englischen Fassung. Der Großteil der Dialoge findet über das sogenannte Codec statt, eine Art Funkradio, durch das Snake mit allerlei Leuten spricht. In den ersten Stunden mag die Masse an Konversationen noch etwas überwältigend wirken, sie sorgt aber auch dafür, dass man sich irgendwann komplett in die Story fallen lassen kann. Begleitet von der gelungenen Gameplay-Mischung aus Schleichen und Kämpfen, fühlt man sich irgendwann wie in einem Actionfilm, der aber mindestens viermal so lange dauert wie sonst üblich.

Richtig spaßig wird es dann, wenn **MGS** die vierte Wand bricht. Relativ früh in der Story geht es darum, die Codec-Frequenz des Charakters Meryl zu finden. Diese soll sich auf der Rückseite einer Disk befinden, doch im Inventar ist keine Spur davon. Schaut man aber auf die Verpackung des Spieles selbst, kann man die Nummer auf einem der abgedruckten Screenshots entdecken. Ein weiteres Highlight ist die Auseinandersetzung mit Psycho Mantis. Der Gedankenleser durchforstet die Speicherkarte der PlayStation, um einem schnippische Kommentare über Konami-Titel wie **Castlevania** oder **Suikoden** an den Kopf zu werfen. Da Mantis auch die Eingaben des Controllers erkennt, ist er nur zu besiegen, indem man sein Gerät an die Buchse für Spieler zwei anschließt. Dies alles sind aber nur vereinzelte Beispiele für den Ideenreichtum, mit dem **MGS** aufwarten kann. Das Erlebnis war für 1998 so revolutionär, dass sich Millionen von Leuten mit Freuden auch in die vielen Sequels und Spin-offs gestürzt haben. Wer heute eine Runde drehen will und keine alte Konsole mehr hat, findet den soliden PC-Port für ein paar Euro bei Good Old Games. Ansonsten gibt es noch die **Metal Gear Solid: Master Collection Vol. 1**, wobei diese Sammlung nicht wirklich perfekt ist und an etlichen Bugs leidet. Unspielbar ist sie aber nicht und im Fall von **MGS** ist ebenfalls die (unfreiwillig komische) deutsche Synchro enthalten. Schön ist auch, dass sich das Feature mit dem Auslesen der Speicherkarten replizieren lässt.

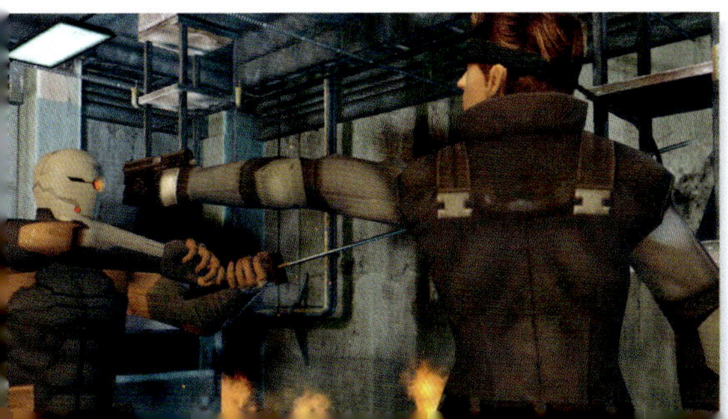

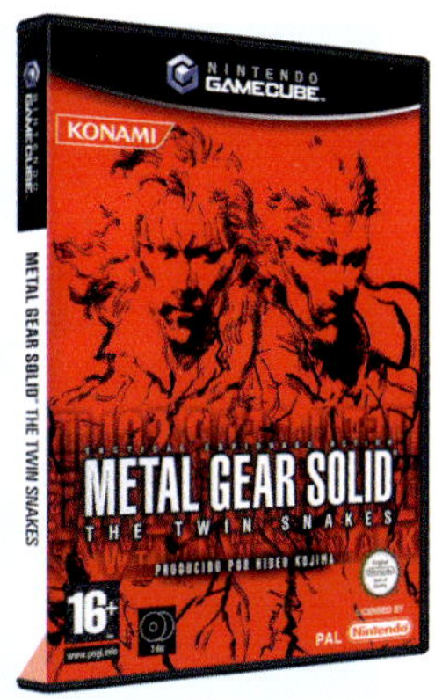

Das vergessene Remake

Mit **The Twin Snakes** (2004) existiert tatsächlich bereits ein Remake, welches in Fankreisen aber umstritten ist. Absolute Puristen stören sich am leicht verwässerten Gameplay, die knalligen Cutscenes des Action-Regisseurs Ryuhei Kitamura sind auch nicht jedermanns Sache. Trotz des Verkauferfolgs hat Konami leider keine Neuauflage des GameCube-Originals veröffentlicht.

MINECRAFT (2009)

SYSTEM: U.A. PC / PLAYSTATION 4 / XBOX ONE / NINTENDO SWITCH / SMARTPHONE

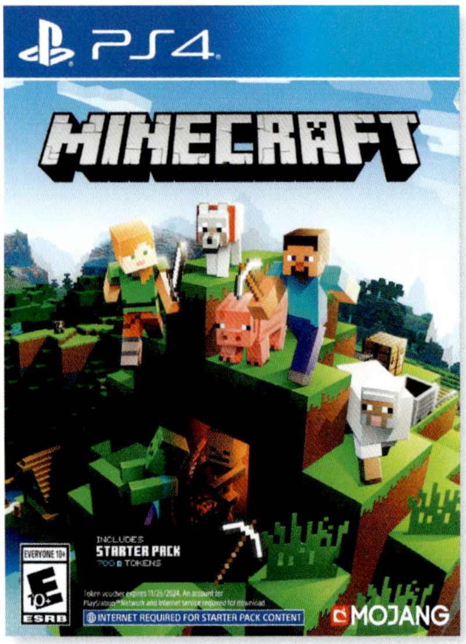

Im Oktober 2023 vermeldete die BBC, dass **Minecraft** die unfassbare Grenze von 300 Millionen Exemplaren durchbrochen hat. Auf die Weltbevölkerung hochgerechnet bedeutet dies, dass in etwa jeder 27. Mensch das Spiel bereits in der Sammlung hat. Sollte man wider Erwarten noch nicht dazu gehören, dann wird's echt allerhöchste Eisenbahn. Im Gegensatz zu anderen Mega-Blockbustern wie **Grand Theft Auto V** oder **Tetris** ist **Minecraft** nämlich weniger ein reines Videospiel, sondern eher ein Video-Spielzeug. Der passendste Vergleich wäre, dass es sich um eine digitale Version der beliebten Lego-Steine handelt. Nur dass **Minecraft** um einiges günstiger ist als die immer teurer werdenden Bauklötze aus Dänemark.

Der kreative Kopf hinter **Minecraft** heißt Markus Persson, den meisten bekannter unter seinem Alias »Notch«. Hauptberuflich als Programmierer tätig bastelte der Schwede in seiner Freizeit gerne an kleinen Prototypen, oft nach dem Vorbild seiner Lieblingsgames. Besonders angetan war er von **Infiniminer**, bei dem man gemeinsam in einer kastenförmigen Welt nach Mineralien schürfen muss. Das Spiel von Notch sah

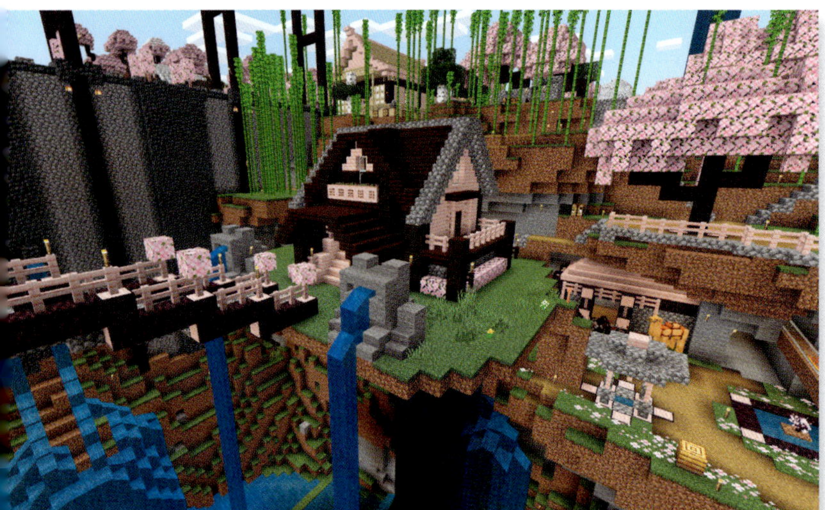

äußerlich sehr ähnlich aus, ging vom Gameplay her aber eher in Richtung Survival-Rollenspiel. Bereits die erste Alpha-Version von **Minecraft** stellte sich als so populär heraus, dass Notch seine anderen Jobs schon bald aufgeben musste, um Vollzeit daran zu arbeiten. Was in der Anfangsphase auch enorm geholfen hat, war die Tatsache, dass beliebte YouTuber das Spiel für sich entdeckt haben. So startete das deutsche Let's-Play-Urgestein Gronkh im Jahr 2010 eine Reihe, die am Ende weit über eintausend Folgen lang war.

Hack the Planet!
Über die Jahre ist der spielbare Avatar Steve zum offiziellen Gesicht von **Minecraft** geworden. Seine Popularität ging sogar so weit, dass er von Nintendo als Kämpfer in **Super Smash Bros. Ultimate** (2018) verbaut wurde.

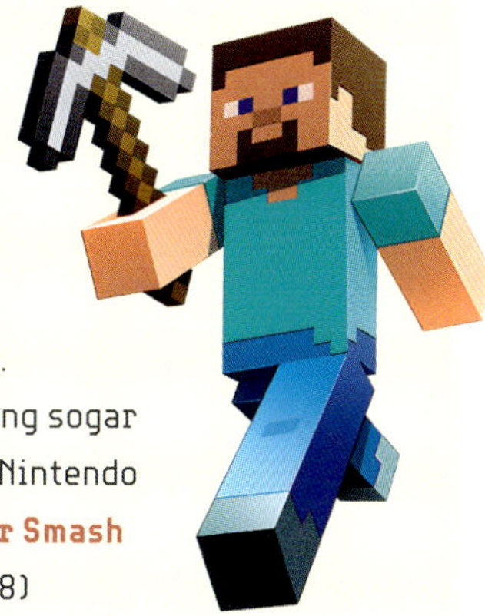

Wie funktioniert **Minecraft** aber eigentlich? Wer eher ein klassisches Erlebnis haben will, kann sich am Survival-Modus versuchen. Dort sammelt man in erster Linie Ressourcen, um daraus Rüstungen, Waffen oder einen Schutzwall zu fertigen. Wer sich nicht rechtzeitig um sein Überleben kümmert, ist vor allem nachts in Gefahr, wenn böse Kreaturen wie die explodierenden Creeper auftauchen. Dazu sollte man darauf achten, dass einem die Nahrung nicht ausgeht, sonst kommt erst der Hunger und dann geht es an die Energiereserven. Abseits von der weitläufigen Oberwelt, die zu Spielbeginn prozedural generiert wird, gibt es noch weitere Unterdimensionen. In einer davon wartet mit dem Ender Dragon gar eine Art Bossgegner, den man besiegen kann, sofern man denn will. Geht es einem nur um das Bauen an sich, schaltet man einfach in den Creative-Modus, der die lästigen Limitierungen aufhebt. Hier darf man sich nach Lust und Laune austoben, bis einem die Blöcke aus den Ohren kommen. Wer mit seinen Freunden spielen möchte, findet sich per Multiplayer auf demselben Server zusammen, so dass man auch gemeinsam Quatsch anstellen kann. Mittlerweile gibt es dank Fan-Mods und ständiger Erweiterungen so viel zu tun, dass im Grunde das gesamte Buch damit gefüllt werden könnte. Kein anderer digitaler Spielplatz ist so gut ausgestattet wie **Minecraft**, und keiner ist besser besucht. Auf welcher Plattform ihr einen Abstecher macht, bleibt euch überlassen, beinahe jedes System hat seine eigene Version. Also: Husch, husch und ab auf die Baustelle. Den Letzten beißen die Creeper!

MONSTER BOY AND THE CURSED KINGDOM (2018)

SYSTEM: PLAYSTATION 4 / PLAYSTATION 5 / XBOX ONE / XBOX SERIES / NINTENDO SWITCH / PC

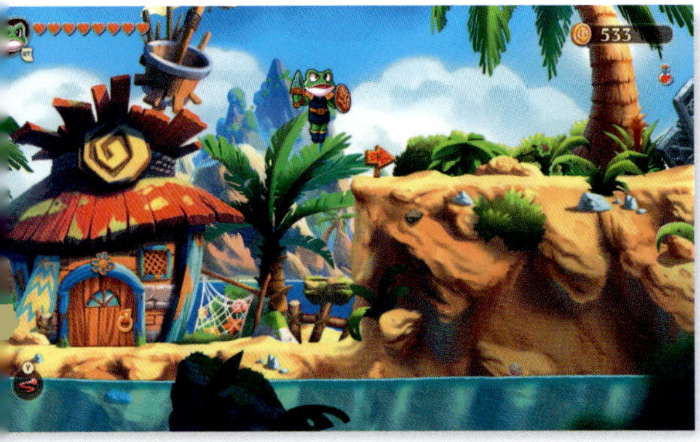

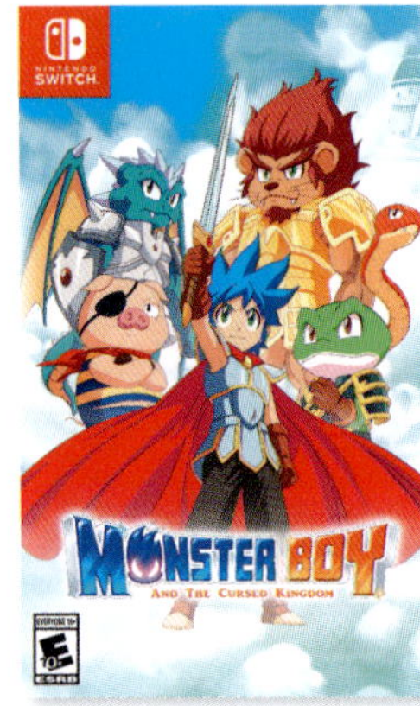

PlayStation 4

Wer in einer großen Familie aufgewachsen ist, der weiß, dass ein Streit unter Verwandten ziemlich ausarten kann. So auch im Fall von Jin, seines Zeichens blauhaariger Jüngling und Protagonist von **Monster Boy**. Sein Onkel Jabu dreht gerade richtig am Rad und hat fast alle Einwohner des Landes in Tiere verwandelt. Der König ist jetzt ein Löwe, Bruder Zeke wurde zum Mini-Drachen und Jin selbst ist gar ein grunzendes Schwein! Um Onkelchen Einhalt zu gebieten, muss Jin nun kreuz und quer durch das Land reisen und die heiligen Kugeln einsammeln. Diese können nicht nur den Fluch brechen, sie schalten auch neue Verwandlungsmöglichkeiten frei. Das ist auch bitter nötig, denn ohne die neuen Fähigkeiten, die mit jeder Tierform einhergehen, wäre ganz schnell Schicht im Schacht.

Dass die spaßige Artefakt-Hatz verblüffend an den Sega-Klassiker **Wonder Boy III: The Dragon's Trap** erinnert, kommt nicht von ungefähr. Bei jenem Spiel durfte man bereits 1989 eine weitläufige Welt erkunden, indem man sich in verschiedene Tiere verwandelt. Gewürzt war das Ganze mit leichten Rollenspiel-Elementen, vertrackten Rätseln und knackigen Bosskämpfen. Heutzutage würde man **Wonder Boy III** am ehesten als Metroidvania bezeichnen, allerdings mit ganz eigenem Spielgefühl, an das kein vergleichbarer Titel seitdem rangekommen ist. Erst im Jahr 2015 versuchte sich das kleine französische Studio Game Atelier an einem inoffiziellen Nachfolger. Ihr **Flying Hamster II** sollte mit einem hübschen Trailer die ausgehungerten Fans von

Wonder Boy davon überzeugen, das Projekt per Crowdfunding zu finanzieren. Ein Wunsch, der so leider nicht in Erfüllung ging. Game Atelier ließ sich von diesem Rückschlag nicht beirren und ging eine Partnerschaft mit den Münchnern von FDG Entertainment ein. Als dann noch Ryuichi Nishizawa, der einstige Erfinder von **Wonder Boy**, zum Team stieß, stand man endlich auf festen Beinen und die Arbeit konnte losgehen. Im Laufe der fast dreijährigen Entwicklungsphase wurde nun immer deutlicher, dass es sich bei dem zu **Monster Boy** umbenannten Spiel um ein Herzensprojekt handelt. Andere Studios hätten beispielsweise nicht ständig Rücksprache mit ihrer Community gehalten und Kritik so ernst genommen, dass bereits fertige Abschnitte mehrfach neu gemacht wurden. Für den passenden akustischen Rahmen sorgte ein Allstar-Team an japanischen Komponisten. Zu guter Letzt holte man sogar die Erlaubnis von Sega ein, ein offizielles **Wonder Boy** daraus zu machen. Nur den Namen wollte man so kurz vor Veröffentlichung nicht mehr anpassen, deshalb blieb es bei **Monster Boy**.

Das fertige Spiel ist nun in (beinahe) allen Punkten ein wahrer Volltreffer. Die knallbunte Grafik sieht mit ihren vielen Animationsphasen einfach toll aus, die Steuerung ist direkt und präzise. Waren die vorherigen Serienvertreter nicht unbedingt für ihren großen Umfang bekannt, kann man aus der gigantischen Spielewelt von **Monster Boy** satte zwanzig Stunden an Spielspaß rausholen. Mit jeder neuen Verwandlung kommen immer mehr Fähigkeiten hinzu, so dass das Leveldesign im Gleichschritt auch immer komplexer wird. Genre-Veteranen bringt das hohe Tempo zwar nicht so schnell aus dem Takt, Neulinge könnten sich aber von den vielen Möglichkeiten ein wenig erschlagen fühlen. Wer sich davon beirren lässt, verpasst allerdings eines der besten Spiele seiner Art.

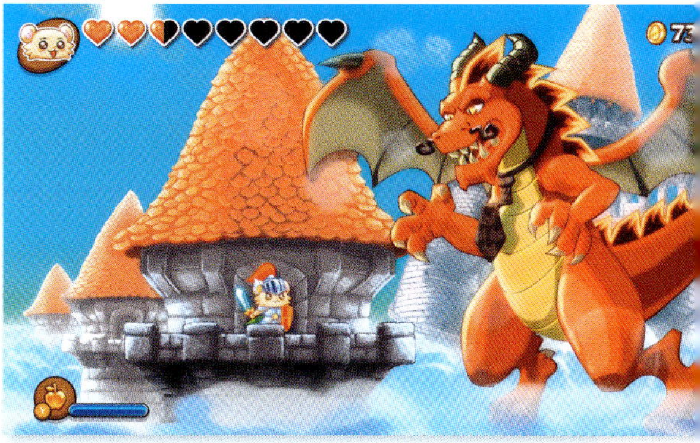

Mit Erfolg gescheitert

Um die Arbeit an **Flying Hamster II** zu finanzieren, mussten 139.415 € per Crowdfunding zusammenkommen. Immerhin waren 967 Leute bereit, insgesamt 30.580 € zu spendieren, doch das war leider nicht genug. Ohne das Scheitern der Kampagne wäre **Monster Boy** allerdings nie entstanden, also hatten wir noch mal Glück im Unglück.

NIDHOGG (2014)

SYSTEM: PLAYSTATION 4 / PLAYSTATION VITA / PC

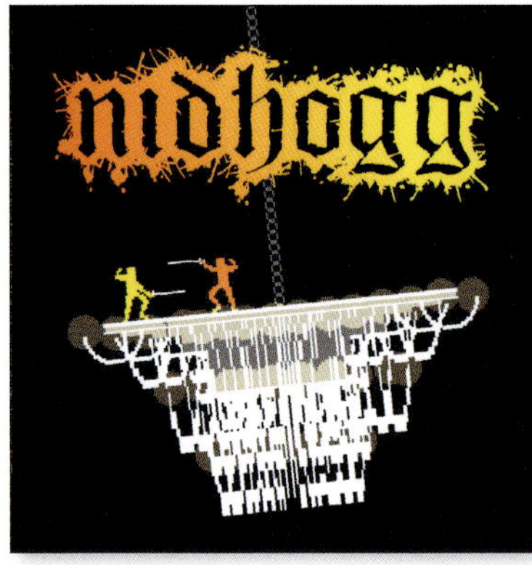

In der nordischen Mythologie ist Nidhogg eine legendäre Drachenschlange, die am Weltenbaum nagt und die Toten peinigt. In der echten Welt ist **Nidhogg** ein Videospiel, das am Nervenkostüm nagt und die Lebenden peinigt. Stehen sich zwei Duellanten mit ungefähr gleichen Fähigkeiten gegenüber, gibt es als Zuschauer nur wenig Spannenderes, als eine Partie des Schwertkampf-Simulators zu verfolgen. Im Gegenzug stehen die Kontrahenten aber unter solch einem Druck, dass man meinen könnte, ihnen purzeln gleich ein paar Diamanten aus der Hose. Über vier Jahre schraubte Solo-Entwickler Mark Essen an diesem kleinen Kunstwerk, das wie der Indie-Klassiker **Hotline Miami** (2012) in der einsteigerfreundlichen GameMaker-Engine entstand. Ursprünglich für eine Ausstellung an der New Yorker Universität geplant, fand das Spiel selbst in seiner frühen Fassung viel Anklang und gewann in der Folge sogar einige Preise. Richtig spruchreif wurde das Projekt aber erst nach dem Zugang von Business-Partner Kristina Norindr und Musiker Daedelus. Anfang 2014 auf dem PC veröffentlicht staubte **Nidhogg** damals nicht nur sehr hohe Wertungen ab, es sollte auch zur beliebten Disziplin auf großen Fighting-Game-Turnieren werden.

Das Spielprinzip selbst ist denkbar simpel: Zwei abstrakte Pixelmännchen stehen auf einer Plattform und müssen aneinander vorbeikommen. Mit einem Degen in der Hand versucht man nun, eine Lücke in der Verteidigung zu finden, um zum tödlichen Stoß anzusetzen. Entscheidend hierbei

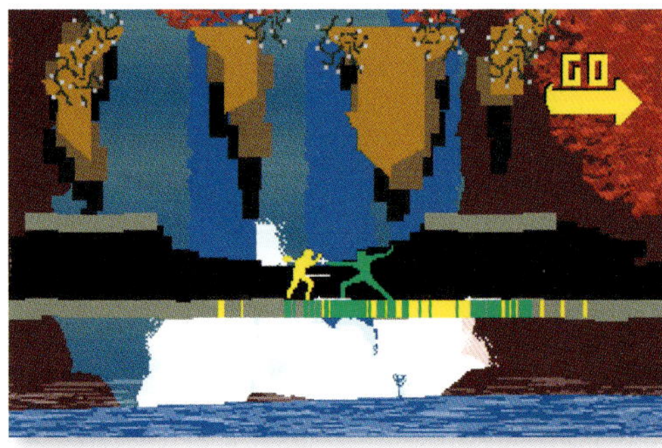

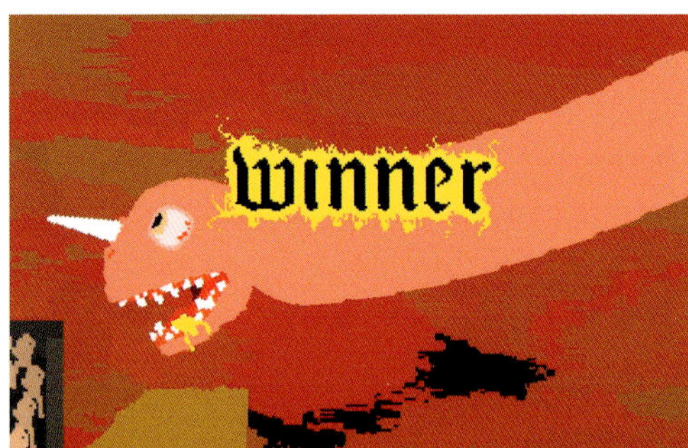

ist nicht nur die Höhe des Angriffs, die eigene Waffe kann auch geworfen werden, oder man bringt die Gegner mit einem gezielten Sprungtritt ins Wanken. Alternativ kann man sich auch auf die eigenen Fäuste verlassen, Ausweichrollen gibt es ebenfalls. Hat man es auf die andere Seite geschafft, ist der Kampf allerdings noch lange nicht vorbei. Der Gegner wird nach Kurzem wiederbelebt und stellt sich einem erneut in den Weg. So muss man sich mehrere Bildschirme Stück für Stück vorarbeiten, um am Ende vor tosendem Publikum ins Maul der titelgebenden Riesenschlange zu springen und das Match zu gewinnen. Trotz der vergleichsweise limitierten Aktionen entsteht ein nervenaufreibender Schlagabtausch, bei dem jeder noch so kleine Fehler bestraft wird. Selbst wenn ein Spieler direkt vor dem rettenden Ziel steht, kann die Partie immer noch komplett kippen.

Als Gaming-Veteranen wird man dabei ein wenig an die Gefechte von **Sid Meier's Pirates!** (1987) erinnert, gewürzt mit einer Prise von »Ein-Treffer-und-du-bist-tot«-Spielen wie **Bushido Blade 2** (1998). Keines der Vorbilder hat aber ansatzweise die Dynamik eines **Nidhogg**, das seine Stärken vor allem im Multiplayer ausspielt. Es gibt zwar auch einen Modus für Einzelspieler, doch der ist mehr als Training für die Konfrontation mit menschlichen Gegnern gedacht. Wer sich nun ein wenig abgeschreckt fühlt, sollte dennoch versuchen, über den eigenen Schatten zu springen. Ja, **Nidhogg** verlangt einem schon echt viel ab. Wer aber die Feuertaufe übersteht und sogar mal einen Sieg einfährt, spürt im Anschluss eine Erleichterung wie bei kaum einem anderen Videospiel.

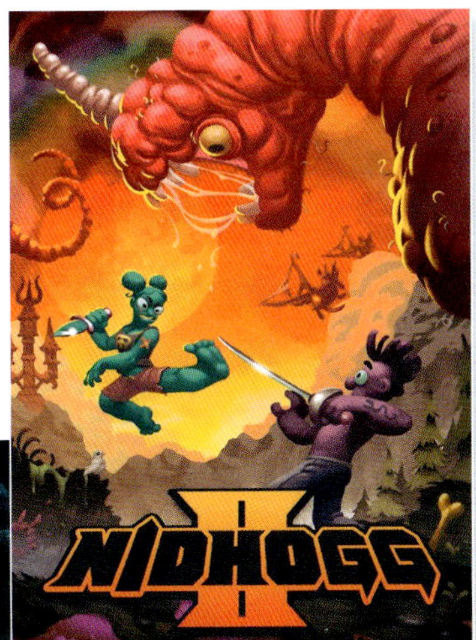

Das umstrittene Sequel

An sich ist **Nidhogg II** (2017) vielleicht sogar das bessere Spiel, zumindest was die Abwechslung und Spielbarkeit angeht. Der abstruse Grafikstil mit seinen grellen Farben und wülstigen Figuren im **Simpsons**-Stil wirkt für viele aber eher abschreckend.

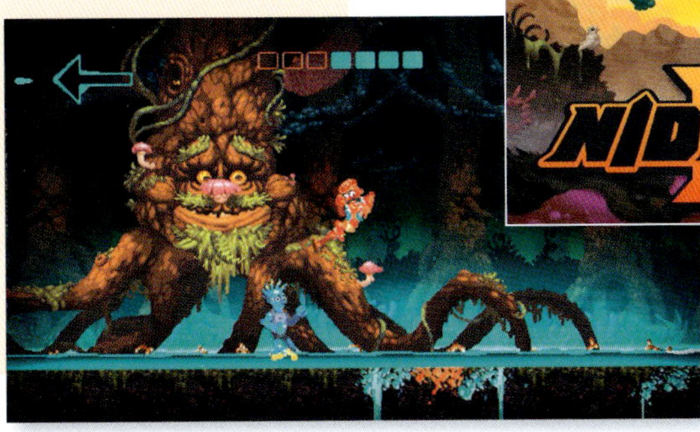

NIER: AUTOMATA (2017)

SYSTEM: PLAYSTATION 4 / XBOX ONE / NINTENDO SWITCH / PC

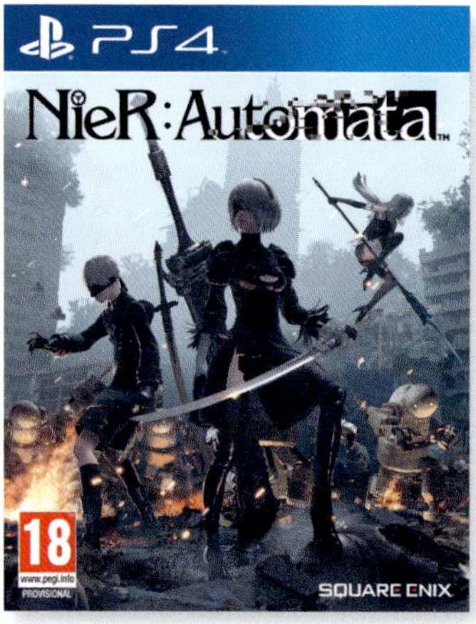

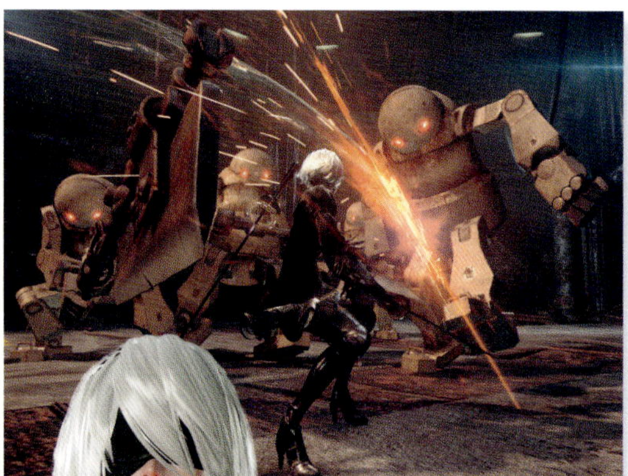

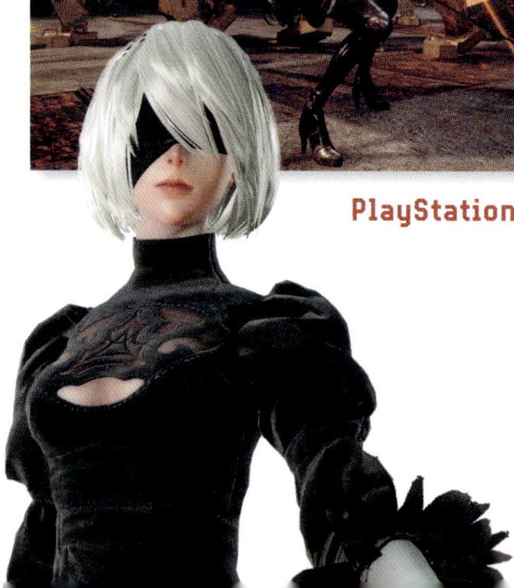

PlayStation 4

Dass der Job eines Spiele-Entwicklers manchmal etwas schrägere Typen anzieht, sollte einen nicht verwundern. Schließlich ist die Kreativität eines der höchsten Güter, und nur wer abseits der ausgetretenen Pfade denkt, kann aus der Masse herausstechen. Yoko Taro gehört eindeutig zu dieser Gruppe. Die Werke des Game-Designers, der zu Interviews nur noch vermummt erscheint, bombardieren den Spieler mit einer wilden Mischung aus abstrakten Ideen, pointierter Gewalt und schamloser Fleischbeschau. Unter der Oberfläche trieft es aber nur so von Subtext, während im Hintergrund ein Hauch von Melancholie mitschwingt. Konnten Taros Frühwerke wie **Drakengard** (2006) noch etwas sperrig sein, landete er mit dem wesentlich polierteren **Nier: Automata** einen weltweiten Riesenhit.

Das Setting des Action-Rollenspiels ist schon mal ziemlich frisch. In der fernen Zukunft wurde die Menschheit von einer Alien-Übermacht größtenteils ausgelöscht. Auf der Erde tobt seit Jahrtausenden ein Stellvertreterkrieg, in dem von Menschen geschaffene Androiden gegen außerirdische Roboter kämpfen. Man selbst versucht nun in der Rolle von 2B und ihres Partners 9S eine Lücke im Verteidigungssystem des Gegners zu finden. Auf den ersten Blick hat dies mit dem

Vorgänger aus dem Jahr 2010 nur wenig gemein, die Storys scheinen komplett voneinander getrennt. Je weiter aber man vorankommt, desto mehr dürfen sich Veteranen auf ein paar echt schöne »Aha«-Momente freuen. Das heißt jedoch nicht, dass man **Automata** nur richtig genießen kann, wenn man den ersten Teil auswendig kennt. Ganz im Gegenteil, die Geschichte steht hier auf ganz eigenen Beinen. Obwohl es sich bei den Figuren eigentlich nur um seelenlose Maschinen handelt, sorgt die feinfühlige Charakterisierung dafür, dass einem ihr Schicksal alles andere als egal ist. Schicht um Schicht entblättert man die Geheimnisse der Welt, krasse Wendungen werfen ein komplett anderes Licht auf bestimmte Ereignisse. Wer die volle Tragweite verstehen will, muss **Automata** tatsächlich mindestens fünf Mal durchspielen. Gewisse Abschnitte lassen sich später aber abkürzen, sodass die Repetition nicht zu sehr ins Gewicht fällt.

Bei all dem Lob für die Story sollte man jedoch nicht unterschlagen, dass auch die Spielbarkeit gut passt. Taro durfte dafür auf die Dienste von Platinum Games zurückgreifen, die sich in der Vergangenheit mit Klassikern wie **Bayonetta** (2009) und **Metal Gear Rising** (2013) bewiesen haben. Das Gameplay findet nun größtenteils in einer weitläufigen Sandbox statt. Dort werden kleinere und größere Aufträge erledigt, nach versteckten Ressourcen gefahndet und Unmengen von Gegnern in Echtzeit auseinandergenommen. Gerade die Kämpfe machen dank variabler Combos und präziser Steuerung echt viel Spaß. In bestimmten Sequenzen wird dann in die Vogelperspektive geschaltet, wo man sich wie bei einem Shoot 'em up durch Horden von Raumschiffen ballern muss. Verpackt ist dies alles in stilsicherer Grafik mit desaturierten Farbtönen,auch die englische Vertonung ist super und der Soundtrack zählt zu den besten seiner Zunft. Dennoch kann man **Automata** nicht ganz uneingeschränkt empfehlen, Taros exzentrische Art liegt sicher nicht jedem. Lässt man sich aber darauf ein, hat man viele unvergessliche Spielstunden vor sich.

Markanter Mummenschanz

Chef-Entwickler Yoko Taro hat es sich angewöhnt, bei Veranstaltungen nur noch vermummt aufzutreten. Seine Verkleidung ist dem Charakter Emil nachempfunden. Als er im Sommer 2023 die Grinsemaske aus Versehen in einer Bar liegen ließ, trug er kurzzeitig auch mal den Kopf eines irischen Leprechauns.

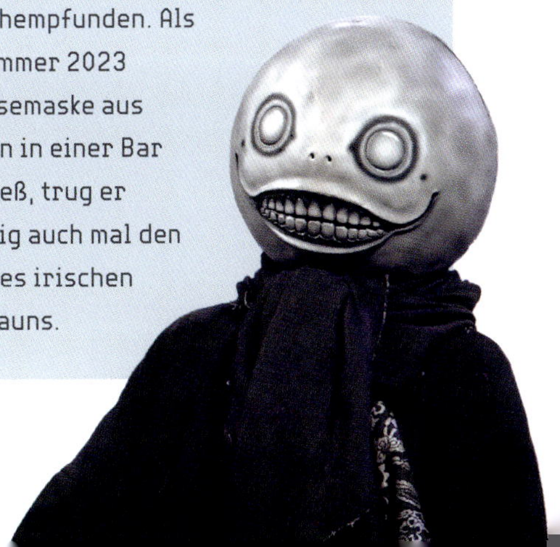

NINE HOURS, NINE PERSONS, NINE DOORS (2009)

SYSTEM: NINTENDO DS (ORIGINAL) / PLAYSTATION 4 / PLAYSTATION VITA / XBOX ONE / PC / SMARTPHONE

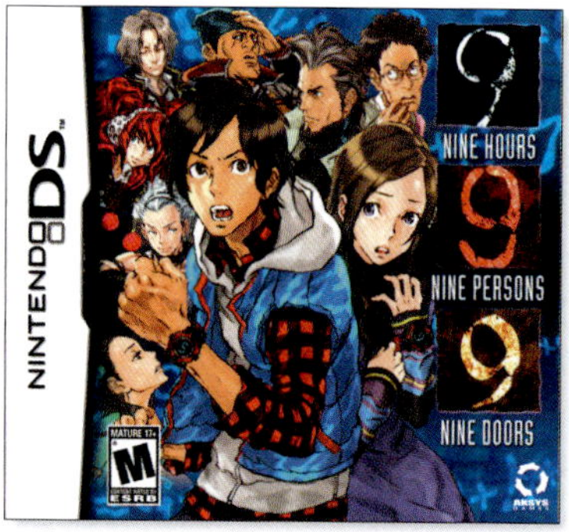

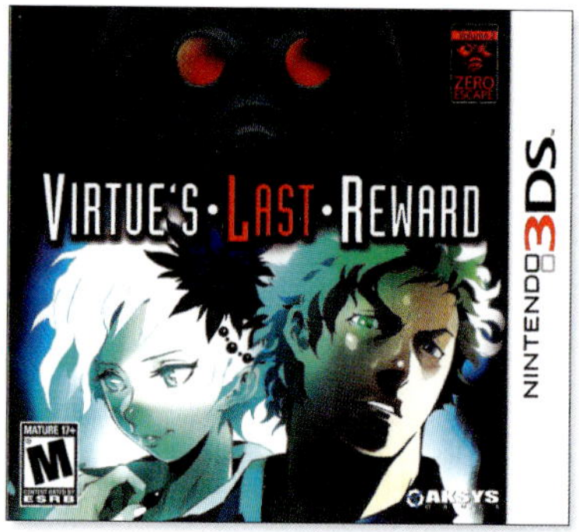

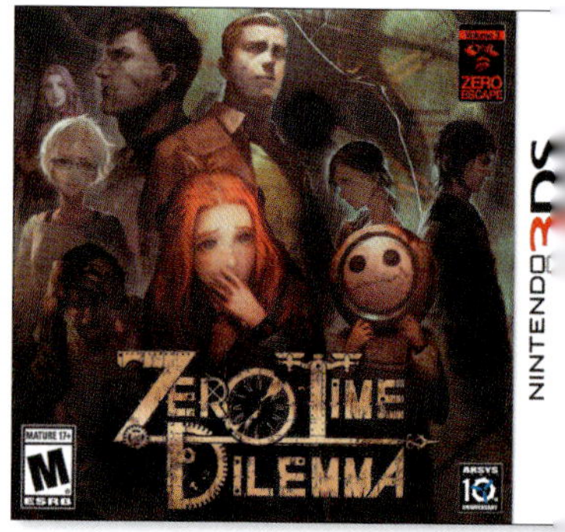

Die Zero-Escape-Trilogie: 999 (2009) / Virtue's Last Reward (2012) / Zero Time Dilemma (2016)

Mit brummendem Schädel wacht der junge Universitätsstudent Junpei in der heruntergekommenen Kabine eines Luxusliners auf. Sosehr er sich jedoch anstrengt, will ihm partout nicht einfallen, wie er überhaupt auf das Schiff gekommen ist. Ebenso verwundert ist er darüber, dass er auf einmal eine Armbanduhr trägt, auf der die Zahl »5« prangt. Die gleiche Zahl, die jemand mit roter Farbe auf die fest verschlossene Tür des beengten Raumes gemalt hat. Als seine Erinnerung langsam wieder zurückkehrt, bricht plötzlich eines der Bullaugen und der Wasserspiegel steigt rapide an ...

Diese brenzlige Situation bildet den Startschuss von **Nine Hours, Nine Persons, Nine Doors**, einer der wildesten Achterbahnfahrten in Videospiel-Form. Analog zu den verstörenden **SAW**-Horrorfilmen ist Junpei gegen seinen Willen Teilnehmer eines tödlichen Wettbewerbs geworden. Eine vermummte Gestalt namens Zero hat sowohl ihn als auch acht weitere Personen entführt und eingesperrt. Der Weg ins Freie ist nun mit vertrackten Puzzles und mörderischen Fallen gepflastert, die nur gemeistert werden können, wenn die Gefangenen miteinander kooperieren. Schaffen sie es nicht innerhalb der vorgegebenen

Zeit, sinkt das Schiff und besiegelt damit den Tod aller noch an Bord befindlichen Leute. Erzählt wird dieses spannende Katz-und-Maus-Spiel in Form einer Visual Novel, der japanischen Art der Grafik-Adventures. Ein akribischer innerer Monolog vermittelt das Erlebte glaubhaft, obwohl die Umgebung nur aus schlichten Zeichnungen besteht. Das Gleiche gilt für die Charaktere, die im Grunde nicht viel mehr als leicht animierte Standbilder sind, aber durch Gespräche und Interaktionen mit Leben gefüllt werden. An bestimmten Knotenpunkten gilt es dann, wichtige Entscheidungen zu treffen, die den Verlauf der Geschichte stark beeinflussen. Manche der Wege enden in Sackgassen, andere wiederum gar in tragischen Blutbädern. All diese Variationen sind aber keineswegs falsch, sondern zahlen auf das wahre Ende mit ein und geben einem die nötige Erfahrung, es beim nächsten Durchlauf besser zu machen. Bereits gelesene Texte dürfen dann übrigens vorgespult werden, zum Glück.

Die andere Gameplay-Komponente sind die Escape Rooms, aus denen man regelmäßig entkommen muss. In den verschlossenen Räumen warten Puzzles, Gegenstandsrätsel sowie – interessanterweise – Rechenaufgaben. Erst wenn diese gelöst wurden, geben sie den Weg zum nächsten Abschnitt des Schiffes frei. Diese Sequenzen können durchaus etwas komplexer und kleinteilig sein, sind aber auch eine willkommene Abwechslung, insbesondere nach längeren Dialogen. In Kombination mit dem bedrückenden Soundtrack erzeugt **999** dadurch eine intensive Sogwirkung, die einen erst aufhören lässt, bis dem Spiel auch das letzte Geheimnis entlockt wurde. Wer sich nun auf den Trip wagen möchte, wird wohl mit dem 2017 erschienenen Remaster am glücklichsten. Dieses enthält neben aufwändiger Sprachausgabe auch eine sehr nützliche Flowchart, mit der man jederzeit direkt zu bereits erlebten Teilen der Story springen kann. Absolute Puristen schwören aber auf die Original-Fassung für den Nintendo DS, die einen genialen Kniff aufweist, der nur auf diesem Gerät mit seinen Doppel-Bildschirmen möglich ist. Um was es sich genau handelt, verraten wir natürlich nicht.

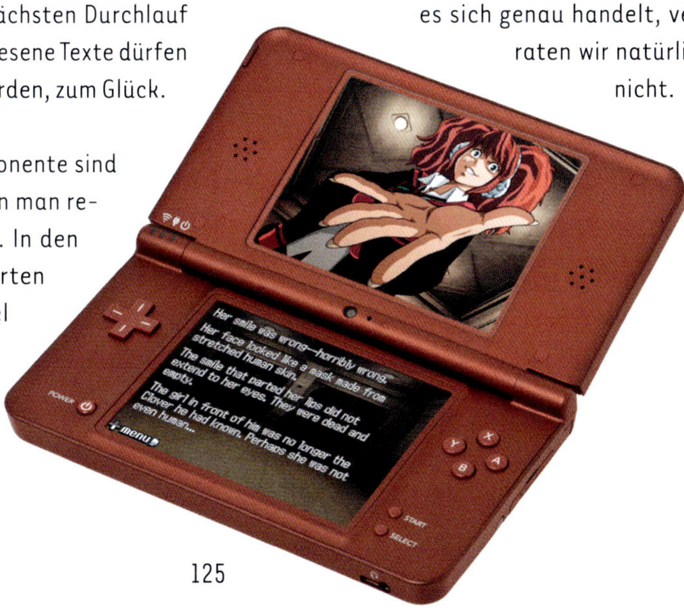

NO MAN'S SKY (2016)

SYSTEM: PLAYSTATION 4 / PLAYSTATION 5 / XBOX ONE / XBOX SERIES / NINTENDO SWITCH / PC / IPAD

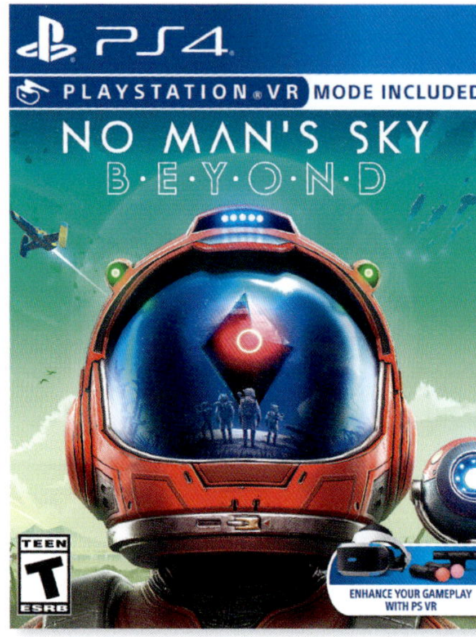

No Man's Sky hat von all den Spielen, die auf dieser Bucket List vertreten sind, mit Abstand am härtesten für seinen Platz arbeiten müssen. Zur Veröffentlichung im Jahr 2016 noch weit hinter den Erwartungen geblieben, hat sich das Survival-Abenteuer in der Zwischenzeit zum absoluten Fan-Liebling gemausert. Dass solch ein Comeback überhaupt möglich war, liegt an der Hartnäckigkeit von Hello Games. Wo andere Entwicklerstudios längst aufgegeben hätten, ließen die Briten nicht locker und arbeiteten so lange am Spiel weiter, bis es ihrer ursprünglichen Vision entsprach. Sehr löblich ist auch zu erwähnen, dass fast alle Updates und Erweiterungen nichts weiter gekostet haben. Wie kam es aber überhaupt dazu? Werfen wir doch mal einen Blick auf den mehr als holprigen Anfang zurück.

Erstmals 2013 der Öffentlichkeit vorgestellt, sorgte **No Man's Sky** quasi über Nacht für Begeisterungsstürme. Ein hübscher Trailer zeugte von einem Sci-Fi-Spektakel, in dem man mysteriöse Alien-Planeten erkundet und an knallharten Gefechten im Weltraum teilnimmt. Insbesondere spannend war hierbei die Tatsache, dass die kompletten Inhalte prozedural generiert sind. All die Planeten, Kreaturen und Pflanzen werden dabei nicht von Hand gefertigt, sondern anhand eines Algorithmus berechnet. So wird ein gigantisches Universum geschaffen, in dem keine Ecke der anderen gleicht. Dass das Konzept super funktionieren kann, bewies bereits das große Vorbild **Elite** im Jahr 1984. Die Mischung aus Wirtschaftssimulation und Space-Shooter hatte dadurch quasi unendlich viel Wiederspielwert, und dies, obwohl nur zwei Personen daran gearbeitet haben. Ganz so wenige waren es bei **No Man's Sky** zwar nicht, aber verglichen mit den gigantischen Entwicklerteams, die sonst an solchen Spielen sitzen, wirkte Hello Games eher wie eine Gruppe ambitionierter Studenten. Im Laufe der dreijährigen Produktion sollen tatsächlich nur ein knappes Dutzend Leute daran beteiligt gewesen sein. Firmengründer Sean Murray diente dabei gleichzeitig als Ideengeber, Programmierer und öffentliches Sprachrohr des Studios. Nachdem die positive Vorberichterstattung große Wellen schlug, kam Hello Games mit Branchengigant Sony ins Geschäft, die in **No Man's Sky** einen attraktiven Titel für ihre damals neue PlayStation 4 sahen. Infolgedessen bekam Murray die Gelegenheit, seine Vision in Fernsehinterviews und Messeauftritten mit einem Millionenpublikum zu teilen. Die Begeisterung, die er durch seine sympathische Art dabei vermittelte, stellte sich als enorm ansteckend heraus. Wie genau das Gameplay aussehen würde, blieb zwar meist eher vage, dafür erzählte Murray gerne von den vielen geplanten Features, die es am Ende ins Spiel schaffen sollten. Als **No Man's Sky** im August 2016 in den Läden stand, musste das fertige Produkt deswegen erst mal mit der imaginären Fassung konkurrieren, die sich vorab in den Köpfen der Fans geformt hatte.

No Man's Sky beginnt nun damit, dass man ohne Erinnerung auf einem fremden Planeten aufwacht. Zum Glück trägt man bereits einen Raumanzug, der einen vor der unwirtlichen Atmosphäre schützt. Da der Lebenserhaltung langsam der Saft ausgeht, muss man mit einem Multifunktionswerkzeug nach den passenden Ressourcen suchen. Genau dies stellt sich als die zentrale Gameplay-Schleife heraus, die leicht an den Klassiker **Minecraft** (2011) erinnert. Aus der passenden Kombination an Mineralien, Metallen und Edelgasen lassen sich allerlei Dinge herstellen, die es möglich machen, anderswo nach noch mehr Material zu suchen, um noch mehr Dinge zu bauen. Hat man sein kaputtes Raumschiff repariert, erstreckt sich die Mischung aus Sammeln und Basteln schließlich über das ganze Universum. Im Laufe seiner Reise trifft man auch auf Alien-Völker, mit denen man handeln kann. Wer ein konkretes Spielziel braucht, darf sich obendrein auf den Weg zum Zentrum der Galaxis machen.

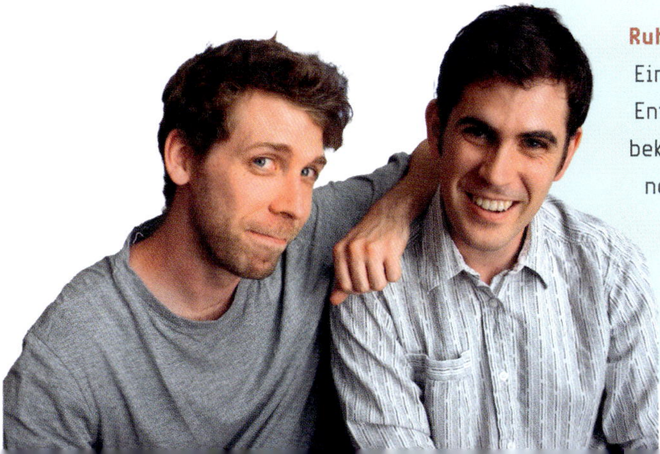

Ruhe vor dem Sturm
Ein knappes Jahr bevor man die Entwicklung von **No Man's Sky** bekannt gab, war man bei Hello Games noch guter Dinge. Während Mit-Firmengründer Grant Duncan (links) eher im Hintergrund blieb, sollte Sean Murray zum Gesicht des Spieles werden.

Auf diesen grundsätzlichen Ablauf stützt sich auch die moderne Ausgabe von **No Man's Sky**. Allerdings enthält diese wesentlich mehr Inhalte als die karge Urfassung. Viele der angedachten Features konnten zur Veröffentlichung noch nicht umgesetzt werden, sei es aus Zeitmangel oder technischen Problemen. Wegen des enormen Hypes, der im Vorfeld entstanden war, kippte damals die Stimmung im Handumdrehen. Noch heute kann man ellenlange Postings inklusive Quellenangaben bei Reddit finden, in denen haarklein aufgelistet ist, was alles mal ins Spiel sollte. Am schmerzlichsten vermisst wurde der Multiplayer, oder zumindest die Möglichkeit, auf andere Menschen zu treffen. Trotz der schier unvorstellbaren Anzahl von achtzehn Quadrillionen Planeten schafften es damals zwei Spieler, zur selben Zeit am selben Ort zu sein. Sich gegenseitig sehen oder miteinander interagieren konnten sie aber nicht. Schnell hatte Murray den Ruf eines »Lügenbarons« weg, der mit leeren Versprechungen Millionen von Leuten um ihr Geld erleichtert hatte. Diese Aussage ist natürlich emotional aufgeladen und beschreibt die Situation nur einseitig. Einerseits war es durchaus nachvollziehbar, dass Murray seine Wünsche und Hoffnungen nach außen trug. Andererseits hätte er aber auch transparent kommunizieren müssen, dass es sich dabei nicht um konkrete Inhalte handelt. Warum aber tat Murray das nicht? War es die Hoffnung, dass man am Ende doch noch alles unterbekommt? Oder eher die Angst, dass der Hype-Maschine vorzeitig das Feuer ausgeht? Dementsprechend war es auch vollkommen in Ordnung, wenn berechtigte Kritik geübt wurde. Was aber selbstverständlich keinesfalls ging, waren die persönlichen Attacken und Todesdrohungen, die anschließend bei Hello Games eingingen.

Dem Team kann man in der Folge nun hoch anrechnen, dass es nie die Flinte ins Korn geworfen hat. Erst wurde das Spiel um etliche Bugs und Abstürze bereinigt, dann fügte man langsam ein Feature nach dem anderen hinzu. Mittlerweile gibt es einen extensiven Basenbau, mit dem sich komplexe Strukturen auf Planeten errichten lassen. Dazu kommen Vehikel wie Buggys oder zweibeinige Riesenroboter, die das Erkunden um Einiges spaßiger machen. Dank vieler Einstellmöglichkeiten lässt sich auch das Gameplay stark individualisieren, vom knallharten Survival-Erlebnis bis zum entspannten Bastelvergnügen ist alles möglich. Mit das Wichtigste aber ist ein richtiger Multiplayer, bei dem sich mehrere Leute systemübergreifend treffen und Schabernack treiben können. War **No Man's Sky** einst das Paradebeispiel für die Gefahren des übertriebenen Hypes, ist es heute ein schöner Spielplatz, auf dem sich jeder Sci-Fi-Fan mal richtig austoben sollte.

ie unendlichen Weiten von No Man's Sky (PC)

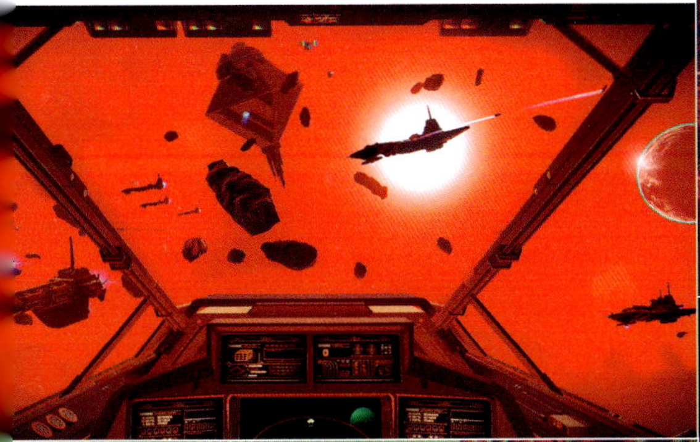

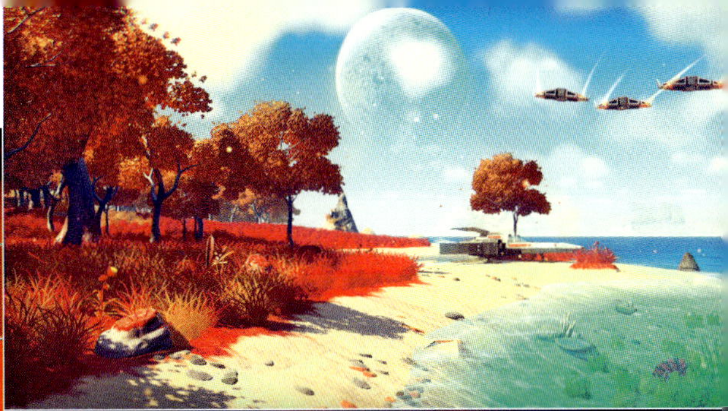

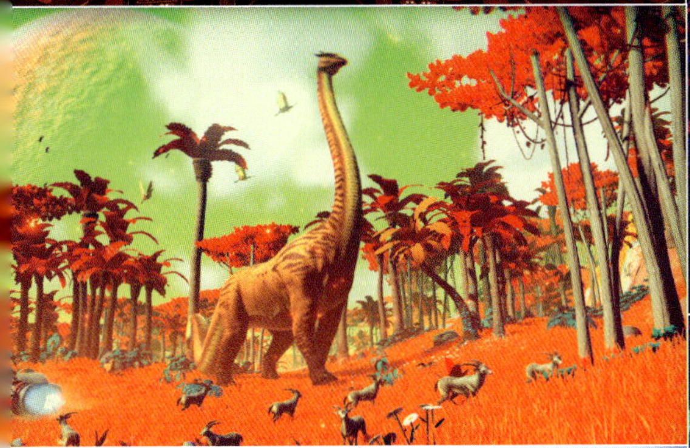

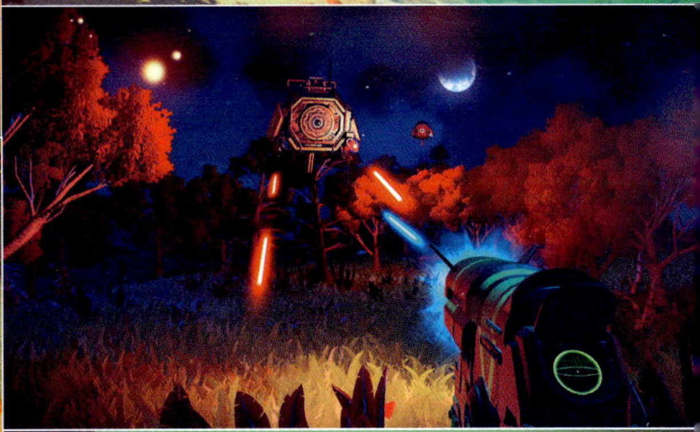

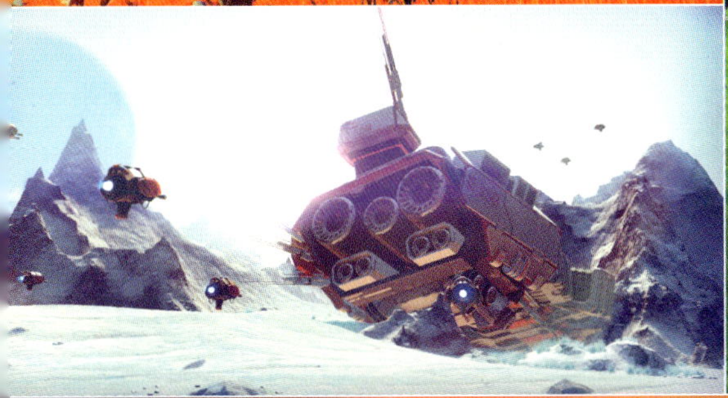

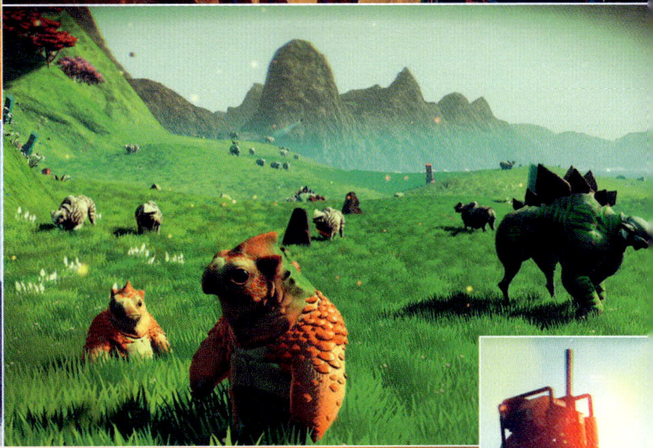

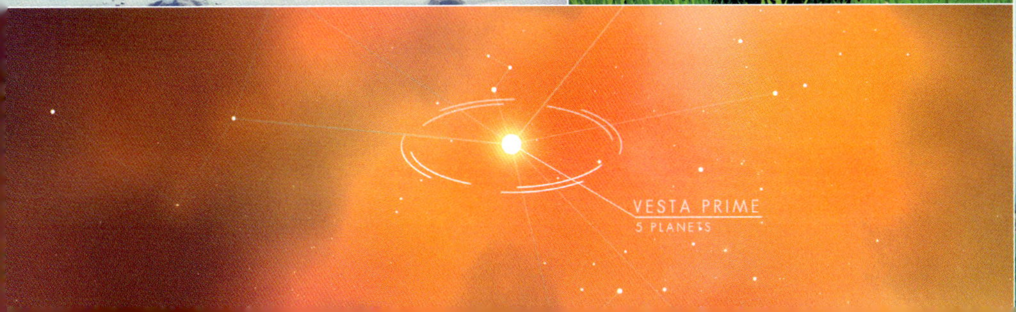

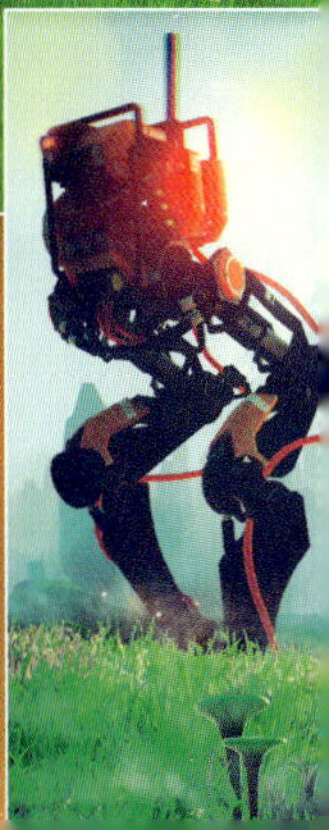

ŌKAMI (2006)

SYSTEM: PLAYSTATION 2 / PLAYSTATION 3 / PLAYSTATION 4 / XBOX ONE / WII / NINTENDO SWITCH / PC

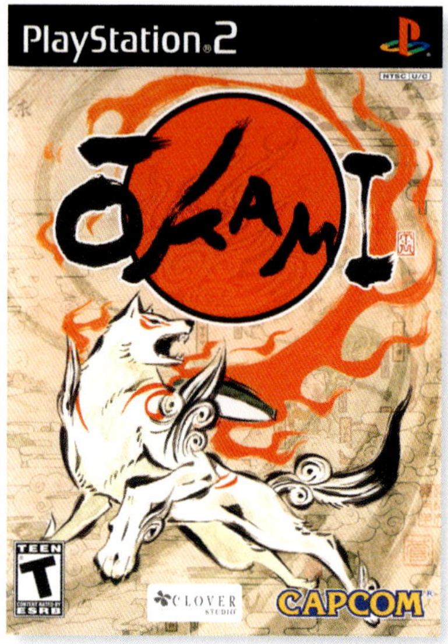

Wenn man die Spiele eines Entwicklerteams mit der Dauer seiner Existenz gegenrechnet, dann haben nur wenige eine so gute Ratio wie das legendäre Clover Studio. Einst gegründet, um möglichst kreative Ideen zu verwirklichen, zog die Mutterfirma Capcom nach nicht mal drei Jahren den Stecker. Das war auch irgendwie verständlich, da sich selbst Perlen wie **Viewtiful Joe 2** (2004) oder **God Hand** (2006) nicht besonders gut verkauften. Besonders schade ist dies allerdings im Fall von **Ōkami**, einem der malerischsten Spiele aller Zeiten. In einer fairen Welt wäre ein Millionenseller draus geworden und Clover würde heute noch Sequels produzieren. Da **Ōkami** aber kaum was von seiner Faszination eingebüßt hat, ist es stattdessen eine der schönsten Entdeckungen, die man in seinem Gamer-Leben machen kann.

Alles beginnt mit dem achtköpfigen Dämon Orochi, der nach hartem Kampf vom Schwertkämpfer Nagi gebannt wird. Leider kommt dessen Nachfahre Susano hundert Jahre später auf die dumme Idee, das Siegel zu brechen. Wieder in

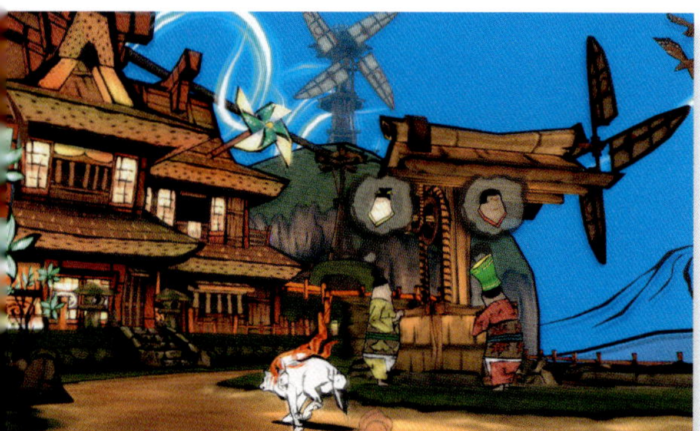

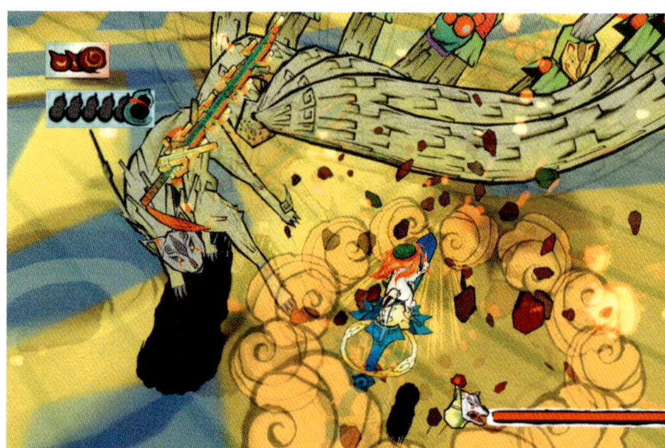

PlayStation 4

Freiheit rächt sich Orochi umgehend und entzieht beinahe ganz Nippon seine Lebensenergie. Um dem Dämon Einhalt zu gebieten, beschwört der Waldgeist Sakuya die Sonnengöttin Amaterasu, die nun im Körper eines Wolfes auf Erden wandelt. Mit dem Däumling Issun im Schlepptau bereist man das ganze Land und versucht, den Schaden Orochis wieder rückgängig zu machen. Analog zu Action-Adventures wie **The Legend of Zelda** bietet **Ōkami** einen fein-austarierten Mix aus Erkunden, Rätseln und Kämpfen. Die gesamte Spielewelt fußt auf japanischen Märchen und Legenden, in der sich mythologische Figuren die Klinke in die Hand geben. Wer damit nicht vertraut ist, dem entgeht natürlich jede Menge Kontext und der tiefere Sinn hinter den Szenarien. Die charmante Umsetzung der Geschichten funktioniert aber auch so sehr gut, das Spiel steht auf eigenen Beinen. Man muss also kein Japanologe sein, um **Ōkami** genießen zu können. Abseits des genre-typischen Gameplays spielt vor allem der göttliche Pinsel eine enorm wichtige Rolle. Zu fast jeder Gelegenheit darf man das Spielgeschehen anhalten und geometrische Formen auf dem Bildschirm zeichnen. Je nach Situation und Muster hat dies dann ganz unterschiedliche Auswirkungen. So kann man mit einem Pinselstrich kaputte Brücken wiederherstellen, Sternbilder im Himmel vervollständigen oder gar Gegner im Kampf in zwei teilen. Eine tolle Idee, die schon bald zum unverzichtbaren Werkzeug wird. Bei all dem Lob darf man aber auch ein paar Unzulänglichkeiten nicht unterschlagen. So gewitzt die Dialoge auch sein mögen, sie sind auch sehr umfangreich. Dazu lässt sich die Story etwas zu lange Zeit, um auf die Zielgerade einzubiegen und manche Bosskämpfe wiederholen sich öfters. Zu guter Letzt vermisst man innerhalb von Dungeons die Komplexität, die vergleichbare **Zelda**-Titel an den Tag gelegt haben. So oder so lohnt es sich dennoch für jeden, mal in die Pfoten von Amaterasu zu steigen und auf Märchentour zu gehen. Trotz des finanziellen Misserfolgs hat der Kultstatus von **Ōkami** Capcom dazu bewogen, das Spiel auf fast allen modernen Plattformen neu aufzulegen, die Verfügbarkeit ist also kein Problem. Für Nintendo-DS-Besitzer gibt es mit **Ōkamiden** (2010) sogar ein Spin-off, das im Gegenzug zum Original aber kein absolutes Must-have ist.

Die Kunst des Sumi-e
Der markante Zeichenstil von **Ōkami** orientiert sich am Sumi-e, einer traditionellen japanischen Maltechnik, bei der schwarze Stangentusche aus Ruß verwendet wird.

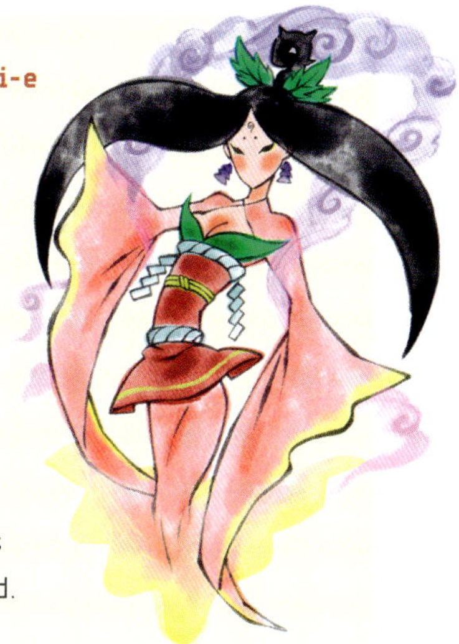

PAC-MAN (1980)

SYSTEM: U.A. ARCADE / ATARI 2600 / NES / C64 / SEGA GAME GEAR / SMARTPHONE

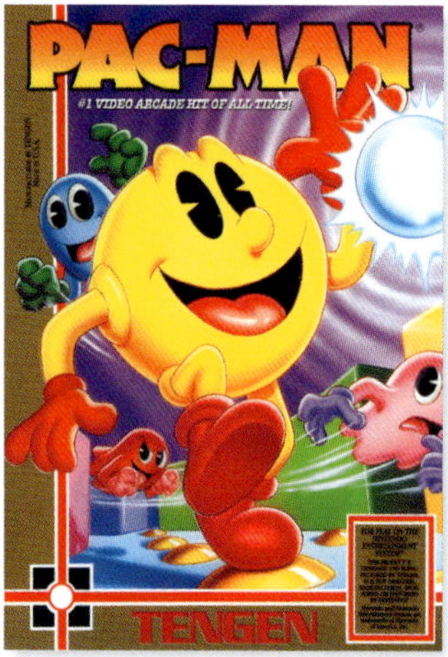

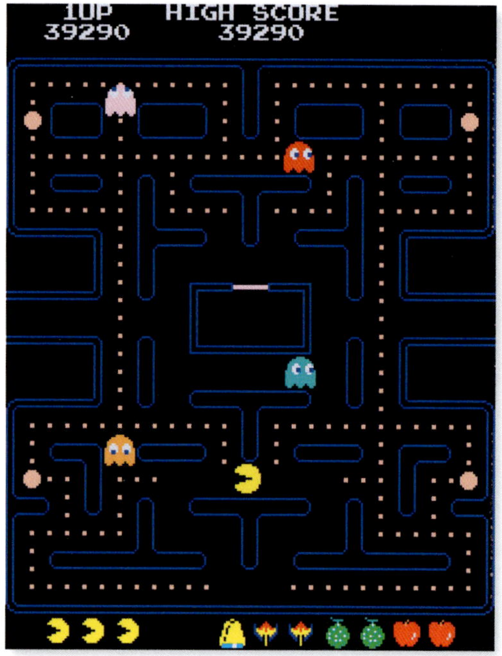

Arcade

Wenn es um einen Platz auf der Bucket List der Videospiele geht, spielt das Alter eigentlich nur eine zweitrangige Rolle. Ein Meisterwerk bleibt schließlich ein Meisterwerk, egal ob es vor zehn, zwanzig oder gar vierzig Jahren erschienen ist. Dennoch muss man hinterfragen, ob Pioniere wie **Space Invaders** oder **Pong** auch wirklich Vorrang gegenüber ihren brillanten Nachfahren wie **Ikaruga** und **Windjammers** haben. Im Fall von **Pac-Man** wird dessen simple Eleganz aber nirgendwo so schön transportiert wie im Arcade-Original von 1980.

Ein Blick auf den Bildschirm reicht und das Spielprinzip ist klar: In einem Labyrinth sind überall kleine Pillen verteilt, die alle vertilgt werden müssen. Die Steuerung kommt dabei komplett ohne Knöpfe aus. Es reicht, den titelgebenden Mampfmeister per Stick in die gewünschte Richtung zu lenken. Erschwert wird die Aufgabe von den Gespenstern Inky, Pinky, Blinky und Clyde, die Pac-Man permanent nach dem Leben trachten. Die einzige Möglichkeit, sich der vier Fieslinge zu erwehren, ist, eine der seltenen Riesen-Pillen zu schlucken. Für ein paar Sekunden wird der Gejagte dann zum Jäger und verpasst den Geistern mit einem beherzten Biss eine kurze Auszeit. Gelegentlich tauchen im unteren Labyrinth-Drittel leckere Bonus-Früchte auf, die ein paar Extrapunkte bringen. Ist der Bildschirm mal geräumt, geht das gleiche Spielchen unter erschwerten Bedingungen von vorne los. Klingt nach einem kurzen Vergnügen. Doch wer damals vom Pac-Man-Fieber gepackt wurde, verbrachte statt ein paar Minuten auch gerne mal ein paar Monate am Automaten. Dass einem dabei nicht so schnell langweilig wird, liegt hauptsächlich am erstaunlich dynamischen Verhalten des untoten Quartetts. Dank cleverer Algorithmen manövriert sich jeder Geist etwas anders über das Spielfeld. Während Blinky dem Spieler direkt nachstellt, versucht Pinky stattdessen, ihm den Weg abzuschneiden. Permanent werden die Bewegungsmuster anhand eurer Position auf dem Spielfeld und der restlichen Anzahl der Pillen neu berechnet, so dass eine spannende Verfolgungsjagd entsteht. Findige Programmierer haben in den vergangenen Jahrzehnten die Formeln dahinter natürlich längst ausgelotet und können die Geister mit etwas Geschick sogar lenken. Als Otto-Normalspieler könnte man aber meinen, dass man es mit künstlicher Intelligenz zu tun hat.

Selbstverständlich wurde so ziemlich jedem Computer, jeder Konsole und jedem Handheld unter der Sonne eine ganz eigene Version von **Pac-Man** spendiert. Im Sinne der Authentizität empfiehlt es sich aber, das Arcade-Original mit einer der vielen Collections oder als günstigen Download für Nintendo Switch oder PlayStation zu erleben. Wer es noch originalgetreuer möchte und einen tiefen Geldbeutel hat, schaut sich die Bausätze der Firma Arcade1Up an. Die bieten vom Gerät für den Schreibtisch bis hin zum ausgewachsenen Automaten viele Alternativen an, die teilweise sogar alle **Pac-Man**-Sequels aus der Spielhalle und weitere Hits wie **Galaga** und **Rolling Thunder** enthalten. Bei den hohen Preisen muss man den Pillenschlucker aber auch wirklich sehr, sehr liebhaben.

Teurer Spaß
Der Automat von Arcade1Up kostet stolze 650 €, enthält dafür aber über ein Dutzend Namco-Klassiker. Neben sechs **Pac-Man**-Spielen sind **Galaxian, Galaga, Galaga '88, Dig Dug, Dig Dug II, Mappy, Rompers** und **Rolling Thunder** verbaut.

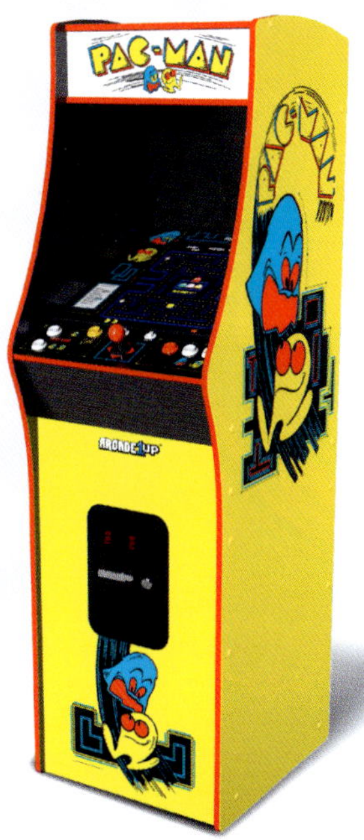

PERSONA 5 ROYAL (2019)

SYSTEM: PLAYSTATION 4 / PLAYSTATION 5 / XBOX ONE / XBOX SERIES / NINTENDO SWITCH / PC

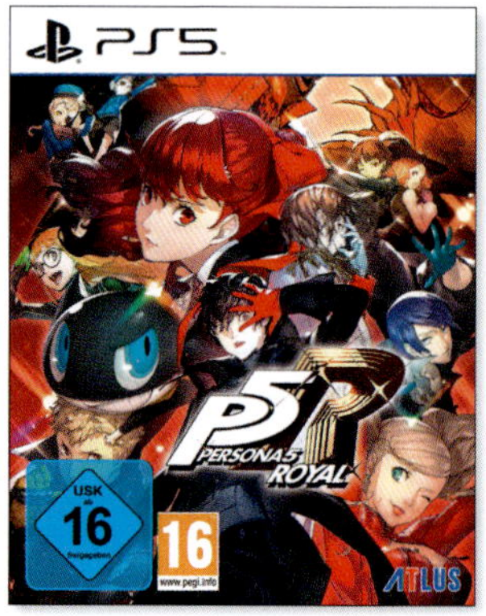

Die Protagonisten japanischer Rollenspiele sind nur selten gehobeneren Alters. Das ist auch irgendwie verständlich, schließlich will die jugendliche (oder junggebliebene) Zielgruppe nicht mit alten Knackern jenseits der dreißig die Welt retten müssen. In **Persona 5 Royal** bedeutet dies aber im Umkehrschluss, dass man abseits vom Erkunden riesiger Gewölbe oder Bekämpfen garstiger Monster mit einer weiteren Herausforderung konfrontiert wird. Da die Handlung im Hier und Jetzt spielt, muss man – oh Schreck, oh Graus – auch noch in die Schule gehen!

Die enorm populäre Serie von Atlus ist dafür bekannt, Rollenspiel und Lebenssimulation geschickt miteinander zu verknüpfen. Da jede Aktion ein gewisses Maß an Zeit benötigt, muss man sich oft entscheiden, wo die eigenen Prioritäten liegen. Verhaue ich vielleicht die nächste Prüfung, weil ich lieber in den Dungeon gegangen bin, anstatt zu lernen? Oder verpasse ich gar einen wichtigen Bosskampf, weil ich mit meiner Freundin verabredet war? Lässt man bestimmte Aufgaben zu lange schleifen, drohen schwere Konsequenzen. Das Schöne dabei ist, dass beide Abschnitte echt clever verzahnt wurden. Wer die Beziehungen zu seinen Freunden pflegt, bekommt im Kampf wichtige Boni spendiert. Im Gegenzug kann die Story nur weitergehen, wenn man den nächsten Antagonisten aus dem Weg geräumt hat. Es entsteht ein ganz eigener Rhythmus, der mit keinem anderen RPG vergleichbar ist. Trotz all der übernatürlichen

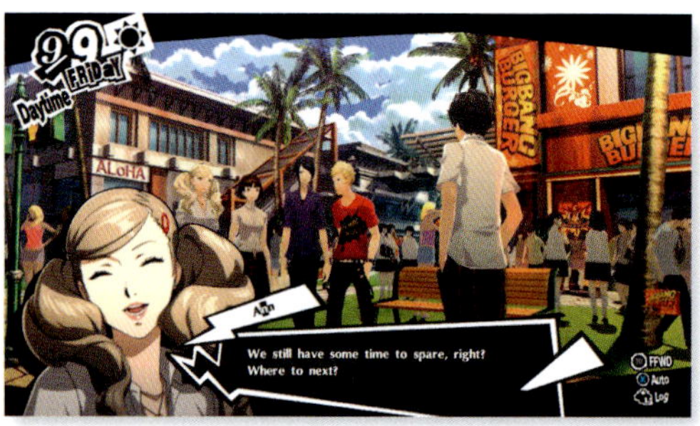

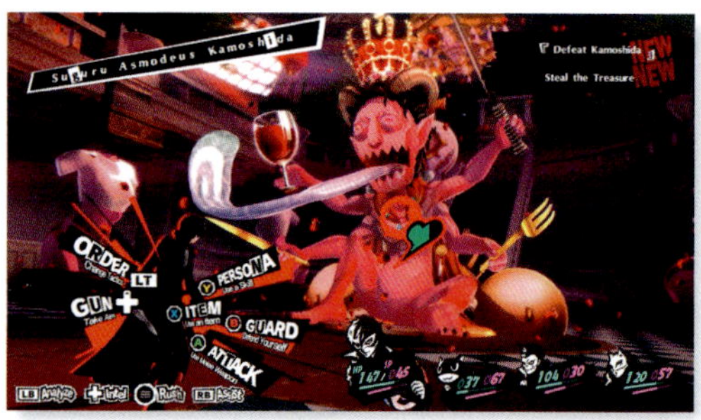

Xbox One

Spaßige Spin-offs

Die **Persona-5**-Charaktere dürfen sich in den Spin-offs an gleich drei unterschiedlichen Genres versuchen: Während in **Strikers** Echtzeitkämpfe mit massenhaft Gegnern angesagt sind, ist in **Tactica** rundenbasierte Strategie dran und in **Dancing in Starlight** wird stilecht getanzt.

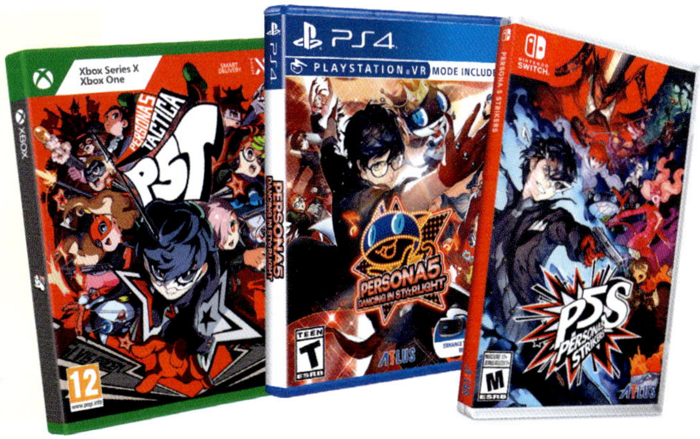

Elemente wird dazu ein greifbares Bild davon geschaffen, wie es ist, ein Heranwachsender in Japan zu sein.

Persona 5 Royal ist nun gleichzeitig die umfangreichste und geschliffenste Ausgabe dieses Konzepts. Eine mysteriöse Handy-App stellt sich als Tor in eine Welt heraus, die von den innersten Gedanken der Menschen geschaffen wurde. Sind dem Protagonisten und seinen Schulkameraden im echten Leben die Hände gebunden, werden sie in diesem Metaverse zu den sogenannten Phantomdieben und verfügen über besondere Kräfte. Gemeinsam dringen sie in die Gedankenpaläste der fiesesten Erwachsenen ein, um sie dort zu besiegen und ihnen damit das Handwerk zu legen. Die etwas verkopfte Prämisse mag in der Kurzfassung ein wenig wirr klingen, aber im Spiel selbst wird alles recht behutsam und schlüssig erklärt. Die Geschichte hat hierbei einen guten Spannungsbogen und traut sich auch mal, durchaus ernste Themen anzuschneiden. Das Gameplay weiß ebenfalls zu überzeugen, mit handgefertigten Dungeons und einem genialen Kampfsystem im Runden-Modus. Natürlich darf man auch die titelgebenden Personas nicht vergessen. Das sind Beschwörungsgeister, die analog zu Monstersammel-Spielen wie **Pokémon** zu neuen Kreaturen fusioniert werden können. Allein mit diesem Punkt kann man sich über Monate hinaus beschäftigen. Richtig rund wird das Paket schließlich mit der unglaublich stylischen Anime-Präsentation und dem beschwingten Soundtrack, der zu gleichen Teilen aus Pop, Jazz und Metal besteht. Wer sich nun für ein paar Semester einschreiben möchte, findet **Persona 5 Royal** mittlerweile auf fast allen modernen Plattformen. Man sollte nur aufpassen, nicht aus Versehen die alte Version ohne das **Royal** im Titel zu erwischen. Diese hat nicht nur deutlich weniger Inhalt, es fehlen auch die deutschen Texte.

PHOENIX WRIGHT: ACE ATTORNEY (2005)

SYSTEM: U.A. NINTENDO DS (ORIGINAL) / NINTENDO SWITCH / PLAYSTATION 4 / XBOX ONE / PC / SMARTPHONE

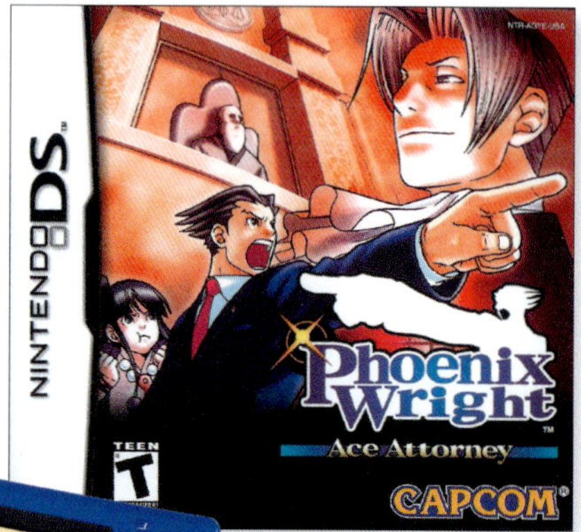

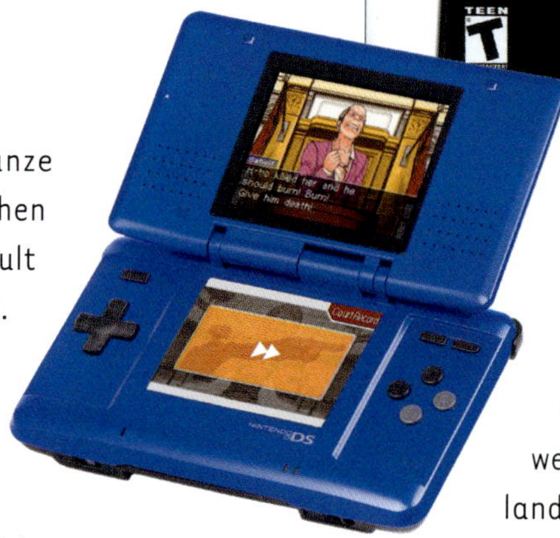

»Einspruch!«

Aufgeschreckt blickt der ganze Gerichtssaal auf den energischen jungen Mann, der gerade am Pult der Strafverteidigung steht. Adrett gekleidet mit blauem Anzug und roter Krawatte, die stacheligen Haare stramm hinten gekämmt, zeigt er nun mit fest ausgestrecktem Arm auf den verwirrten Zeugen. Bis hierhin klang dessen Aussage noch ganz glaubhaft, doch plötzlich fällt dem Strafverteidiger etwas Unvorstellbares auf.

»Moment mal! War das nicht gerade komplett erstunken und erlogen?«

Ohne groß darüber nachzudenken, schmettert er seinen patentierten Einspruch durch den Saal, hebt mahnend den Finger und knallt schließlich mit beiden Händen aufs Pult. Jetzt hat er ihn. Das Einzige, was noch fehlt, ist das korrekte Beweismittel. Aber wo genau lag eigentlich der Fehler? Jetzt darf er es bloß nicht vermasseln, sonst wird sein Mandant am Ende noch unschuldig wegen Mordes hinter Gittern landen …

So (oder so ähnlich) hat sich diese Situation bereits hundertfach in **Ace Attorney** abgespielt. Seit der Jahrtausendwende hat die spaßige Adventure-Serie knapp ein Dutzend Einträge bekommen, meistens mit Phoenix Wright in der Hauptrolle. Als leicht trotteliger Anwalt mit einem unvergleichlichen Gespür für die Wahrheit, kann er jede Lüge quasi direkt erschnüffeln. Das Problem ist nur, dass er seinen Gedankengang nicht mit dem Spieler teilt. Es bleibt einem selbst überlassen, die Aussagen der Zeugen mit den Beweismitteln zu vergleichen, um zu schauen, wo genau der Schuh drückt. Wer nicht akribisch mitdenkt und haarscharf deduziert, wird das Lügengebilde nie zum Einsturz bringen. Am Ende ist es aber auch ganz gut so, sonst hätte man vor dem Bildschirm nicht so einen Heidenspaß dabei, den schrägen Vögeln auf dem Zeugenstand die Argumente um die Ohren zu knallen und ihnen beim Schwitzen zuzusehen.

Einst nur in Japan auf dem Game Boy Advance erhältlich, entstammt die **Ace-Attorney**-Serie dem äußerst kreativen Hirn von Shu Takumi. Nach der harten Arbeit als Game Director des Survival-Horror-Spiels **Dino Crisis 2** (2000) gaben ihm seine Chefs bei Capcom die Chance, ein kleines Projekt auf eigene Faust zu verwirklichen. Als Fan von Adventures erdachte er einen Gerichts-Simulator, der so simpel zu spielen ist, dass selbst seine Mutter damit zurechtkommt. Takumi strickte das Spiel rund um einen Nachwuchs-Anwalt, der zwar die Wahrheit auf seiner Seite hat, dem aber immer wieder Steine in den Weg gelegt werden. Obwohl der Großteil in ausladenden Dialogen vor Gericht stattfindet, leistet man zwischendurch auch klassische Detektiv-Arbeit und sammelt Beweismittel, untersucht Tatorte und fragt die Beteiligten aus. Angelehnt an das harsche japanische Justizsystem, in dem es eine Verurteilungsrate von unglaublichen 99,9 % gibt, schwebt ständig das Damoklesschwert der Niederlage über einem. Wir sind als Strafverteidiger in der Bringschuld, leisten wir uns zu viele Fehler am Stück, landet

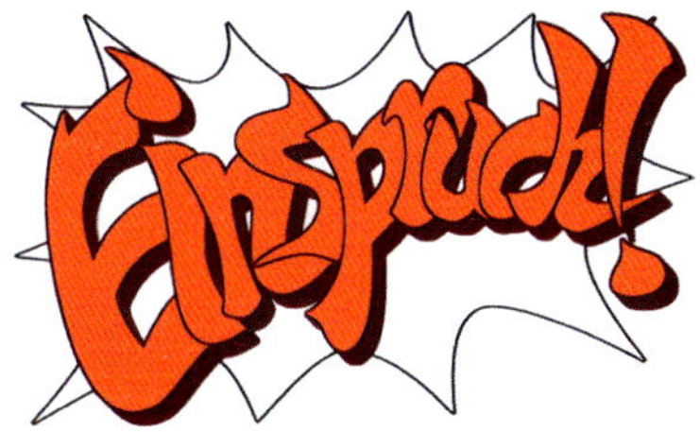

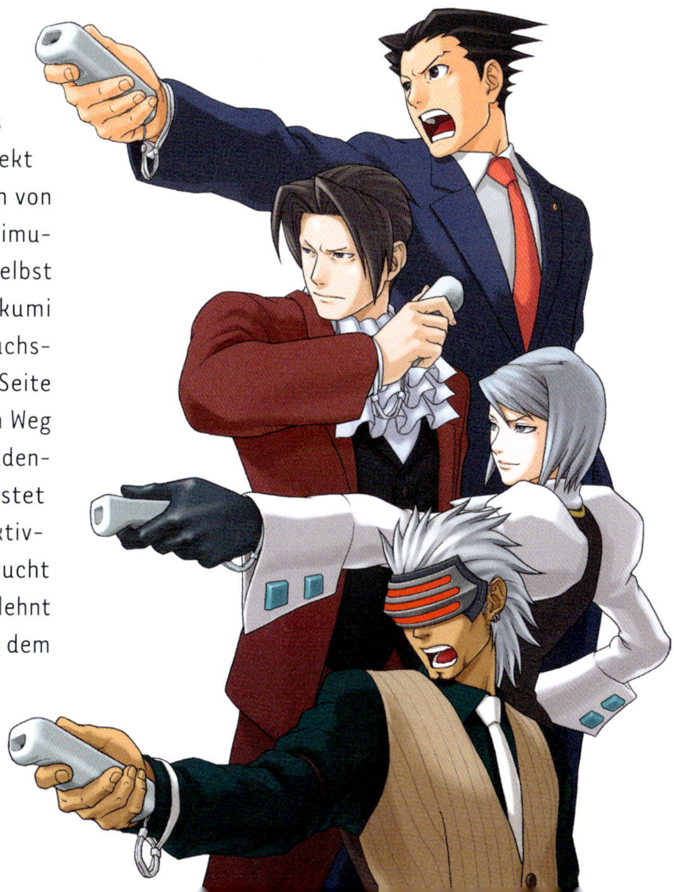

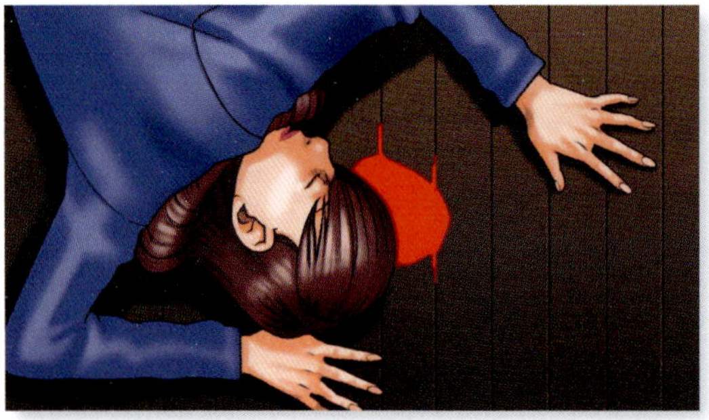

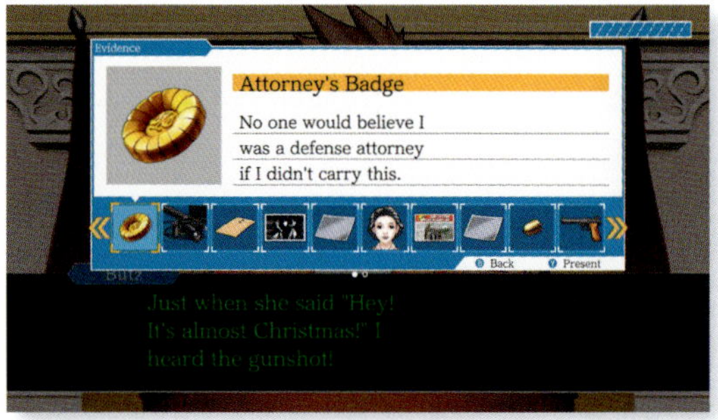

unser Mandant direkt im Knast. Dieses solide Gameplay-Fundament funktioniert jedoch nur, weil sich Takumi auch viele Gedanken über die Story gemacht hat. Jedes Spiel bietet meist vier bis fünf umfangreiche Fälle, die zum Teil für sich stehen, aber am Ende geschickt in eine übergreifende Narrative einzahlen. Das äußert sich insbesondere im Debüt der Serie, das außerhalb Japans erst 2005 stattfand. Zu diesem Zeitpunkt gab es bereits drei ganze Einträge auf dem Game Boy Advance, eigentlich war die Trilogie schon abgeschlossen. Da aber gerade der Nintendo DS richtig erfolgreich war, entschloss man sich bei Capcom, den ersten Teil darauf umzusetzen und sogar weltweit zu veröffentlichen. Takumi und sein Team nutzten die Doppel-Bildschirme des Geräts für ein entschlacktes Interface. Die Steuerung konnte dank des Touchscreens sehr vereinfacht werden. Da der DS ein Mikrophon besaß, war es nun auch möglich, seinen Einspruch selbst in das Handheld zu schreien. Die beste Addition war aber ein komplett neuer Fall, der die Spieldauer auf insgesamt über zwanzig Stunden anhob.

Richtig rund gemacht wurde die Neuauflage schließlich durch die hohe Qualität der englischen Lokalisation. Autor Alexander O. Smith

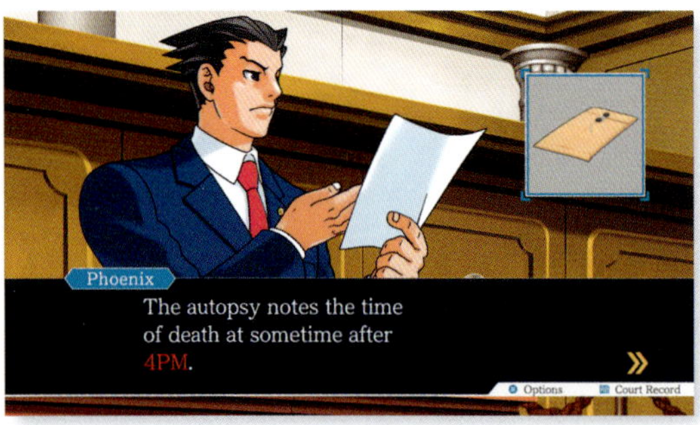

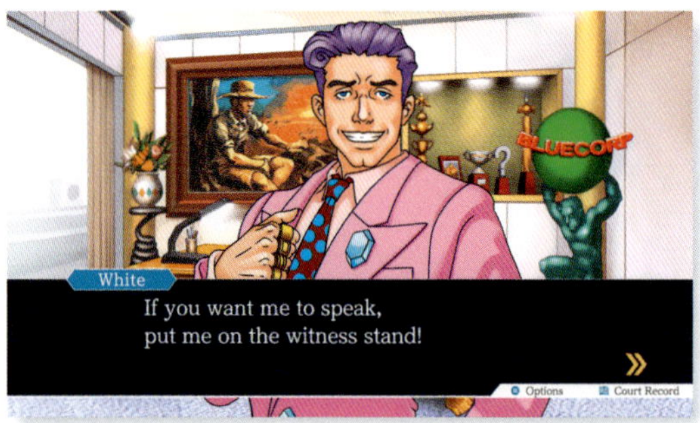

PC

hatte für die Übersetzungen von Klassikern wie **Vagrant Story** (2000) und **Final Fantasy X** (2001) bereits viel Lob geerntet. Da Takumi ordentlich Arbeit in seine Charaktere gesteckt hatte und gern auf Wortspiele setzte, mussten die englischen Äquivalente ebenso peppig sein. Aus Ryūichi Naruhodō, dessen Nachname in etwa so viel bedeutet wie »Ich verstehe!«, wurde Phoenix Wright. Er hat das Recht auf seiner Seite und steigt wie ein Phönix aus der Asche auf, selbst wenn der Fall komplett verloren scheint. Als sein bester Freund Larry Butz des Mordes bezichtigt wird, nimmt Wright erstmals seinen Platz am Pult des Verteidigers ein und muss zeigen, was er wirklich draufhat. Im Laufe des Spiels duelliert er sich nicht nur mit Jugendfreund Miles Edgeworth, der vom legendären Ankläger Manfred von Karma ausgebildet wurde, ein Trauma aus der Vergangenheit holt ihn ebenfalls ein. Smith schaffte es mit seinen pfiffigen Texten, Spaß und Spannung des Originals größtenteils verlustfrei einzufangen. Nur eine Stilblüte wirkt im Nachhinein etwas komisch, denn – warum auch immer – spielt **Ace Attorney** nun in Amerika und nicht mehr in Japan. Am Ende ist das halb so wild. Da aber gerade in den Sequels oft auf japanische Kultur Bezug genommen wird, war dies vielleicht nicht die beste Entscheidung. Wer sich übrigens die europäische DS-Version schnappt, findet auch deutsche Texte auf dem Modul.

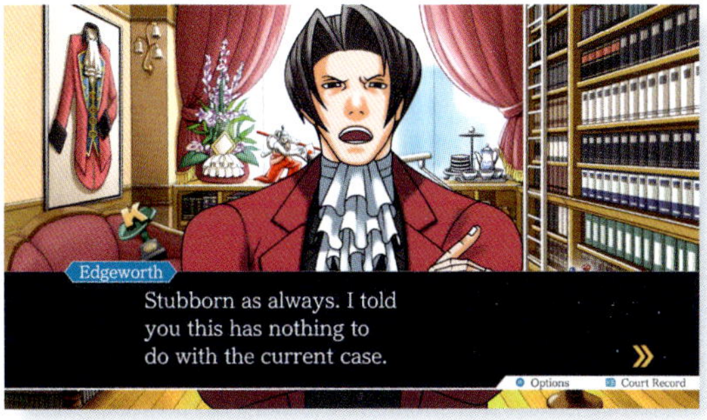

So oder so: Selbst wenn aus **Phoenix Wright: Ace Attorney** kein absoluter Blockbuster wurde, fand es eine eingeschworene Fangemeinde, die seitdem jeden neuen Eintrag mit Wonne verschlingt. Nachdem auch die beiden anderen Game-Boy-Advance-Spiele für den DS portiert wurden, startete man mit **Apollo Justice** (2007) thematisch eine neue Trilogie, die später auf dem Nintendo 3DS ihr Ende fand. Darüber hinaus gibt es etliche Spin-offs wie das Schlaumeier-Crossover **Professor Layton vs. Phoenix Wright** (2012) und auch Gegenspieler Edgeworth hat mit **Ace Attorney Investigations** (2009) seine eigene Reihe bekommen. Am sinnvollsten ist aber, sich die schmucke **Ace Attorney Trilogy** zu schnappen und von vorne anzufangen. Diese kam über die Jahre auf etlichen Systemen heraus, bietet (zumindest in den neuesten Versionen) deutsche Texte und hat nicht nur eine aufgewertete Grafik, sondern auch viele sinnvolle Extras. Da wird selbst Barbara Salesch ganz grün vor Neid.

POKÉMON BLAU & ROT (1998)

SYSTEM: GAME BOY / GAME BOY ADVANCE (REMAKE) / NINTENDO SWITCH (REMAKE)

Selbst wer nur am Rande mit Videospielen vertraut ist, sollte irgendwann mal über die Pokémon gestolpert sein. Seit Jahrzehnten findet man die knuffigen Monster als Stofftiere in den Regalen von Spielzeugläden. Über 1.200 Folgen der begleitenden Anime-Serie liefen bereits im Fernsehen, alleine der jüngste Kinofilm **Detective Pikachu** (2019) spielte mehr als 450 Millionen Dollar ein. Das alles war aber natürlich nur möglich, weil die Games solche Dauerbrenner sind. Ist man zur Jahrtausendwende noch ein Kind gewesen, hat man in seinem Leben aller Wahrscheinlichkeit nach bereits mindestens einen **Pokémon**-Titel durchgespielt. Alle alten Knacker, an denen der Kelch vorübergegangen ist, haben allerdings dringend Nachholbedarf.

Grundsätzlich aufgebaut wie ein klassisches Rollenspiel, geht es bei jedem **Pokémon** immer um das Gleiche: Schnapp' sie dir alle! Als Nachwuchs-Trainer bereist man das ganze Land und versucht, mindestens ein Exemplar von jedem Monster einzufangen. Da all die Schiggys, Relaxos und Porentas nicht freiwillig mitkommen, muss man sie erst mal im rundenbasierten Kampf herausfordern. Haben die eigenen Pokémon den Gegner ordentlich geschwächt, lässt sich dieser viel einfacher überreden, Teil unserer Truppe zu werden. Weil wir nicht der einzige Trainer auf der Welt sind, gehören längere Duelle mit den Kontrahenten ebenfalls zur Tagesordnung. Schafft man es gar, einen der spezialisierten Arenaleiter zu besiegen, winkt ein schmucker Orden als Belohnung. Aber aufgepasst, fiese Banden wie

Super Game Boy

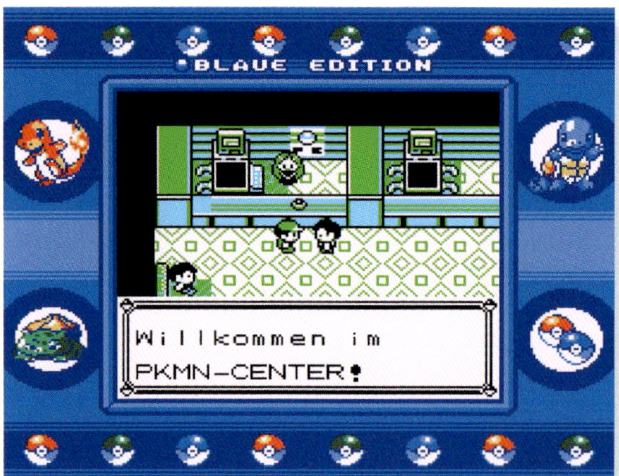

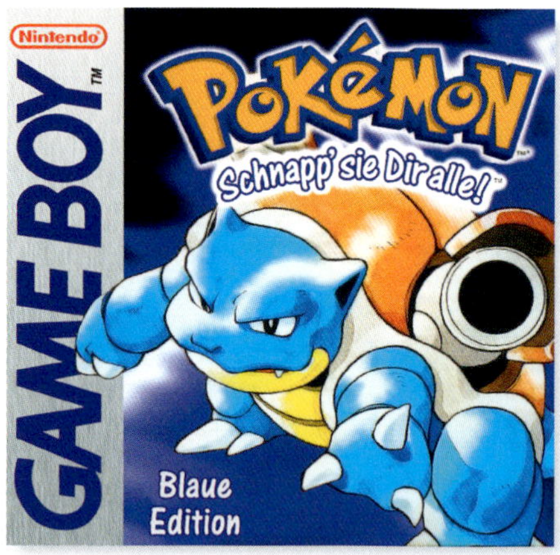

das berüchtigte Team Rocket stellen sich einem dabei immer wieder in den Weg. Obwohl in erster Linie Kinder angesprochen werden sollen, ist doch einiges an Spieltiefe vorhanden. Jedes Monster gehört einem bestimmten Typen an. Wer über die Stärken und Schwächen Bescheid weiß, macht sich das Leben wesentlich leichter. Das Arsenal an Fähigkeiten ist zu einem gewissen Grad anpassbar, hat man dazu genug Erfahrungspunkte gesammelt, lassen sich die eigenen Monster weiterentwickeln. All dieser Sammelspaß findet in einer zusammenhängenden Welt statt, gezeichnet in drolliger Manga-Optik und vertont mit eingängiger Musik. Auch wenn diese Punkte für fast alle **Pokémon**-Titel gelten, lohnt es sich für Neulinge durchaus, die Erstausgabe von 1998 zu spielen. Sie ist nämlich noch nicht so überladen mit neuen Pokémon, Features und Tutorials. Wie für Nintendo üblich, gibt es von jedem Spiel zwei verschiedene Ausgaben, in diesem Fall wären das **Rot** und **Blau.** Sie unterscheiden sich zwar nicht allzu sehr, jedes Modul enthält aber ein paar exklusive Monster, die sich mit dem passenden Kabel und zwei Game Boys tauschen lassen.

Leider hat Nintendo zum aktuellen Zeitpunkt keine Downloads der Originale mehr im Angebot. Wegen der enorm hohen Verbreitung gibt es die Module aber immer noch zum schmalen Preis, zumindest gebraucht. Mit **Pokémon Gelb** (1999) erschien später eine gesonderte Version, die sich etwas näher am populären Anime hält. 2004 folgten mit **Feuerrot** und **Blattgrün** schicke Remakes für den Game Boy Advance. Die aktuellsten Varianten gibt es seit 2019 auf Nintendo Switch, in Form von **Let's Go, Pikachu!** und **Let's Go, Evoli!**. Beide haben die gelbe Edition als Grundlage und sind eigentlich ganz solide, der simple Charme der Urfassung fehlt jedoch ein wenig. Mit welcher Version ihr am Ende alle schnappt, bleibt aber euch überlassen.

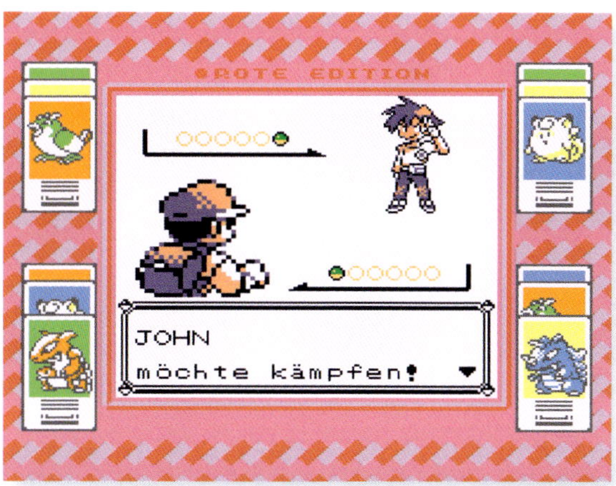

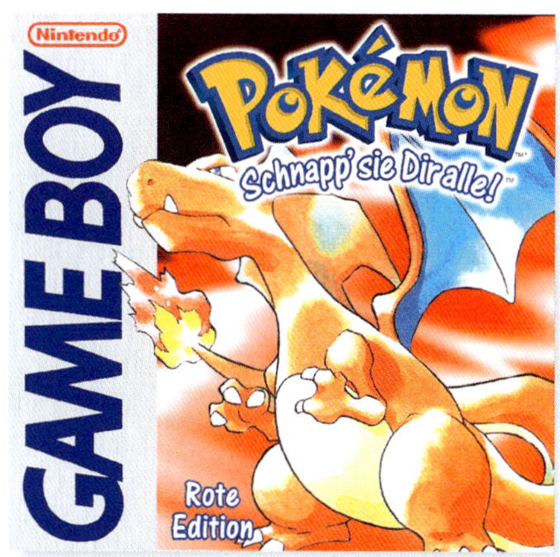

PORTAL (2007)

SYSTEM: PC / PLAYSTATION 3 / XBOX360 / NINTENDO SWITCH / ANDROID

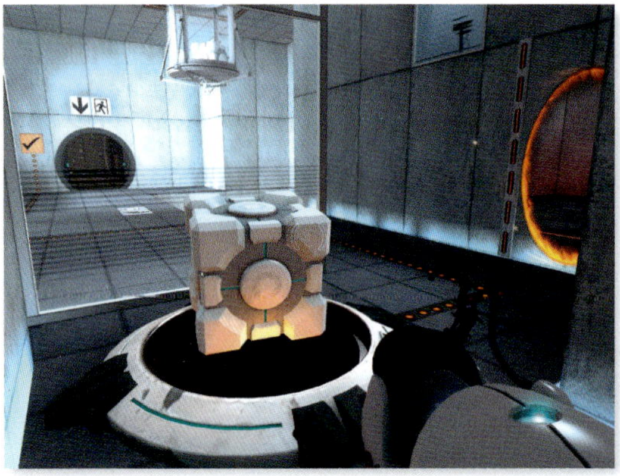

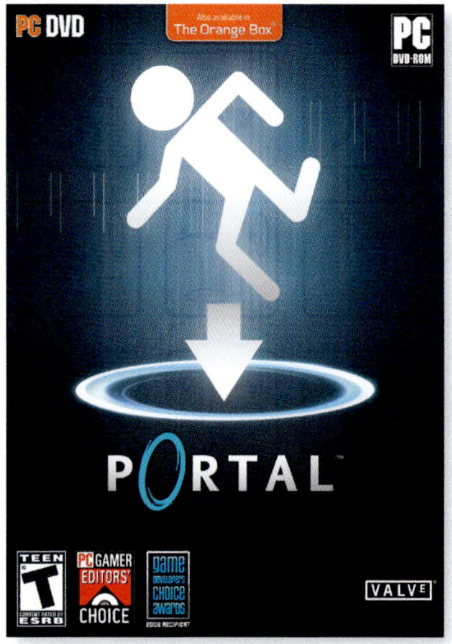

PC

»This was a triumph ...«

Intoniert von der sonoren Stimme des Supercomputers GLaDOS beginnt mit dieser Zeile das peppige Abspannlied von **Portal**. Einerseits fühlt sich das beinahe melancholisch an, weil es den Abschluss eines ganz besonderen Spiels bedeutet. Andererseits freut man sich aber auch, seinem rauchenden Hirn eine Verschnaufpause gönnen zu dürfen. Rein von der Spieldauer mag das ganze Experiment, in dem man als Versuchskaninchen vertrackte Rätsel lösen muss, nur rund vier Stunden gedauert haben. Diese vier Stunden haben es aber so in sich, dass man sich jetzt erst mal zurücklehnen und entspannt mitsummen kann.

Entstanden ist dieses kleine Meisterwerk bei Valve, dem Entwicklerstudio hinter der Shooter-Sensation **Half-Life**. Firmenchef Gabe Newell wurde 2005 auf ein Studentenprojekt namens **Narbacular Drop** aufmerksam. Das hatte zwar keinen großen Umfang und die Grafik sah auch nicht gerade hübsch aus, aber das Spielprinzip fußte auf einer genialen Idee: Um aus einem verschlungenen Gefängnis zu entkommen, muss man auf glatten Oberflächen Portale erzeugen. Diese sind auf magische Weise miteinander verbunden und funktionieren wie eine Tür. Selbst die stabilsten Zellengitter sind kein Problem, wenn man das Eingangsportal direkt neben sich öffnet und das Ausgangsportal auf der gegenüberliegenden Seite platziert. Ein Schritt reicht dann und schwupps, steht man draußen. Newell war so begeistert, dass er die kreativen Köpfe dahinter umgehend bei Valve anstellte. Designerin Kim Swift arbeitete nun die nächsten zwei Jahre mit ihrem Team daran, diese Idee in ein vollwertiges Spiel zu verwandeln. Rein mechanisch mag **Portal** zwar nah dran an der Vorlage sein, doch die längere Entwicklungszeit sorgte dafür, dass die Rätsel wesentlich durchdachter und geschliffener sind. Entscheidend ist aber auch der Beitrag der Autoren Erik Wolpaw und Chet Faliszek, die der Puzzelei das passende Szenario auf den Leib schneiderten. Protagonistin Chell wacht zu Beginn des Spiels in einem verlotterten Komplex von Aperture Science auf, einem Konkurrenzunternehmen der aus **Half-Life** bekannten Firma Black Mesa. Schon bald meldet sich die künstliche Intelligenz GLaDOS, die einem schmackhaften Kuchen in Aussicht stellt, wenn man an Experimenten mit der Portal-Gun teilnimmt. Umgehend wird aber klar, dass GLaDOS auch eine sadistische Ader besitzt, sodass man ihre Worte mit Vorsicht genießen muss.

Innerhalb der kurzen Zeit schafft es **Portal** nun nicht nur, enorm viel aus dem Gameplay-Fundament zu holen, auch die Narrative ist fantastisch. GLaDOS Monologe sind voller pointierter Spitzen, die detailreiche Umgebung erzählt ihre ganz eigene Geschichte. Gibt es überhaupt ein Entkommen aus der Anlage? Und wer genau leitet das ganze Experiment? Selbst zu einem leblosen Objekt, mit dem man eine Reihe von Rätseln lösen muss, wird eine erstaunlich emotionale Bindung aufgebaut. Bereits kurz nach der Veröffentlichung erreichte **Portal** mit dieser feinen Mischung Kultstatus, manche Referenzen sind seitdem fest in der Popkultur verankert. Wer also herausfinden will, ob der Kuchen wirklich eine Lüge ist, muss unbedingt mal selbst Hand anlegen.

So geht's!

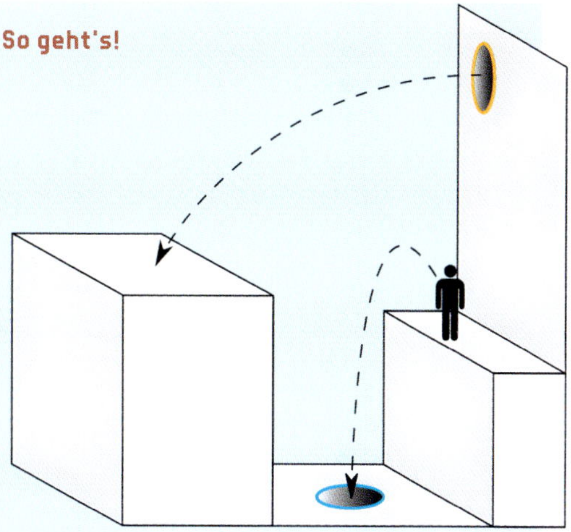

Trotz räumlicher Trennung sind beide Portale direkt miteinander verbunden. Durch einen Sprung ins blaue Portal nimmt man genug Schwung mit, um wie aus der Pistole geschossen aus dem orangefarbenen Portal geschleudert zu werden. Dank der entstandenen Fliehkraft landet man dann sicher auf der linken Plattform.

PROFESSOR LAYTON UND DAS GEHEIMNISVOLLE DORF (2007)

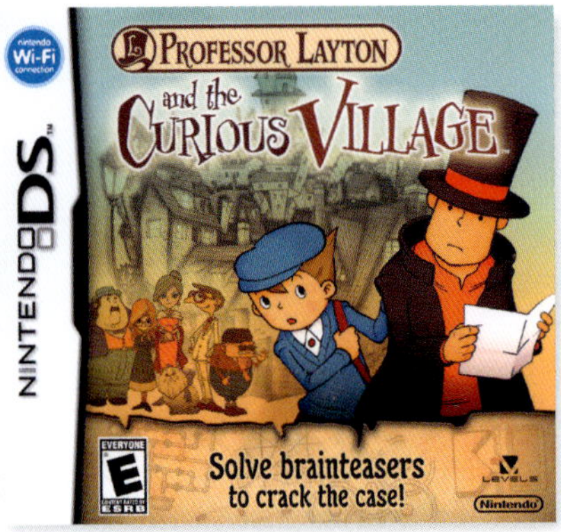

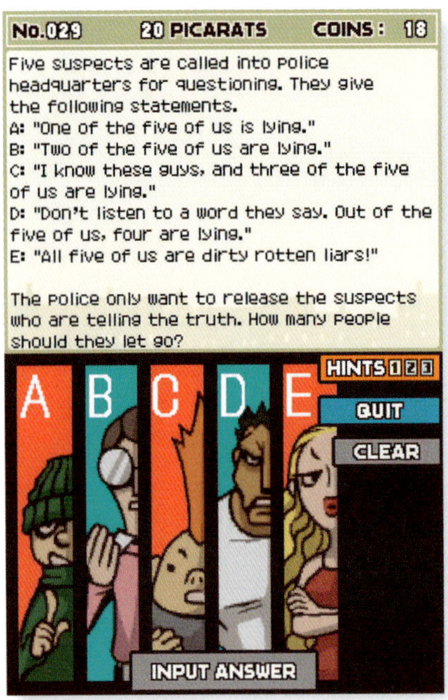

Nintendo DS

SYSTEM: NINTENDO DS / SMARTPHONE

Für viele sind Videospiele in erster Linie ein Unterhaltungsmedium, mit dem man sich etwas die Zeit vertreiben kann. Schenkt man ein paar Studien Glauben, kann sich das Zocken aber auch positiv auf die Gesundheit auswirken, etwa in Form einer verbesserten Hand-Augen-Koordination. In Sachen geistiger Fähigkeiten ist die Wissenschaft allerdings unschlüssig. Eine höhere Denkleistung gilt zum Beispiel nach ein paar Runden **Dr. Kawashimas Gehirn-Jogging** (2006) nicht wirklich als erwiesen. Dennoch schadet es sicher nicht, das eigene Hirn mit knackigen Rätseln mal so richtig durchzukneten. Insbesondere, wenn es auf solch charmante Art wie bei **Professor Layton und das geheimnisvolle Dorf** passiert.

Eigentlich arbeitet der titelgebende Professor als Archäologe an der renommierten Gressenheller Universität, doch seine wahre Leidenschaft gilt dem Denksport. Immer wenn Layton mit einem Rätsel konfrontiert wird – und das passiert erstaunlich oft –, kann er erst weitermachen, wenn die Aufgabe korrekt gelöst wurde. Oft spannt Layton auch seinen jungen Protegé Luke mit ein, um ihn auf erzieherische Weise zum Schlussfolgern zu animieren. Wie eine nerdige Ausgabe von Sherlock Holmes und Dr. Watson ist das Gespann überall in der Weltgeschichte unterwegs und wird mit Vorfällen wie marodierenden

Geistern, Mord im Luxuszug und sogar Zeitreisen konfrontiert. Für ihr erstes gemeinsames Abenteuer auf dem Nintendo DS verschlägt es die beiden nach St. Mystere, wo ein goldener Apfel den Erben des verstorbenen Barons Augustus Reinhold bestimmen soll. Wie bei einem Point-&-Click-Adventure darf man nun das gesamte Dorf absuchen, in der Hoffnung, hinter das Geheimnis des Apfels zu kommen. Zwischen den ausladenden Dialogen tauchen immer wieder kleine Rätsel auf, die mit etwas Hirnschmalz und Einsatz des Touchscreens in Angriff genommen werden. Die Art der Aufgaben ist dabei bunt gemischt. Manchmal sind es Logik-Puzzles oder mathematische Gleichungen, aber auch Schieberätsel und Suchspiele kommen dran. Wer auf dem Schlauch steht, kann sich gegen im Gelände versteckte Münzen ein paar Tipps freischalten. Ein Zeitlimit gibt es nicht. Liegt man dennoch falsch, darf man die Aufgaben so oft wiederholen, wie man will. Als Strafe verdient man dafür etwas weniger von den sogenannten Picarats. Diese fungieren als eine Art Highscore und lassen sich später gegen ein paar nette Extras eintauschen.

Ganz nüchtern könnte man **Professor Layton** nun als typisches Gehirn-Jogging-Spiel betrachten, nur mit etwas mehr Story als üblich. Immerhin, die Qualität der Rätsel ist gut gelungen und der Schwierigkeitsgrad auch nicht von schlechten Eltern. In diesem Fall macht aber tatsächlich der Ton die Musik, sprich, die schicke Verpackung inklusive der unterhaltsamen Geschichte. Obwohl die Serie in Japan beim Entwicklerstudio Level 5 entstand, kommt bei den **Layton**-Spielen beinahe eine Stimmung auf wie beim Lesen französischer Comics. Diese ganz spezielle Formel war so erfolgreich, dass Luke und Layton bis dato in gleich sieben weiteren Spielen auftreten durften. Wer keinen Nintendo DS mehr hat, kann den Einstand des Duos zum Glück auch auf dem Smartphone erleben.

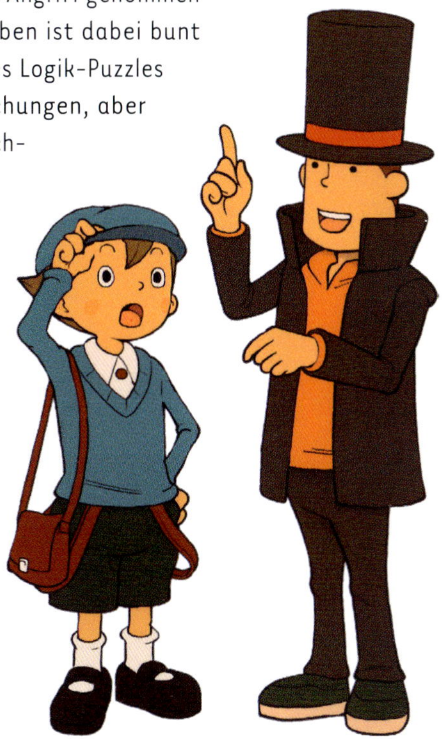

PUNCH-OUT!! (1987)

SYSTEM: NES / NINTENDO SWITCH

Von all den Sportarten, die man im echten Leben nicht unbedingt ausprobieren muss, ist das Boxen sicherlich ganz weit oben. Keine Frage, wer gut im Training ist und über die nötigen Reflexe verfügt, kann zumindest mal über eine Runde Sparring nachdenken. Alle anderen holen sich ihre Portion Backpfeifen aber lieber in einem der zahlreichen Videospiele ab. **Punch-Out!!** hebt sich insofern angenehm von der Konkurrenz ab, dass es das Boxen auf seine Grundelemente runterdampft, ohne aber dessen Essenz zu verdünnen. Ja, die Steuerung ist simpel, die Grafik bewusst comichaft. Deswegen kann man sich aber auch darauf konzentrieren, die Gegner vernünftig lesen zu lernen. Wann ist es sinnvoller zu blocken, wann weiche ich lieber aus? Sehe ich da etwa eine Lücke in der Abwehr? Darauf antworte ich mit einem Leberhaken, und zwar von links!

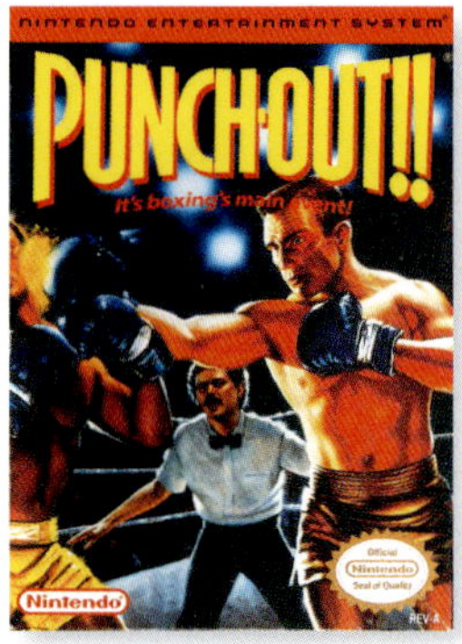

Bevor **Punch-Out!!** in den späten Achtzigern die Kinderzimmer eroberte, legte Nintendo den Grundstein in der Spielhalle. Um den Überschuss an Monitoren in den eigenen Lagerhallen zu reduzieren, wollte man ein Spiel erschaffen, das gleich zwei Schirme verwendet. Auf der Oberseite ist einer der Monitore exklusiv zum Anzeigen der Kämpferportraits und wichtiger Daten reserviert. Die eigentliche Action findet direkt darunter statt. Dort ist der eigene Boxer nur als Gittermodell zu sehen, damit die Sicht auf die massiven Kontrahenten frei ist. So richtig clever wurden die Doppelschirme nicht eingesetzt., das ungewohnte Setup zog aber dennoch mehr als genug Spieler an. Es folgten sowohl ein Sequel als auch ein Spin-off in Form von **Arm Wrestling** (1985). Als dann die Umsetzung für das NES dran war, wusste Produzent Genyo Takeda, dass sie nicht ohne Abstriche möglich sein würde. Da man keine zwei Fernseher an die Konsole anschließen konnte, musste nun alles auf einen Schirm

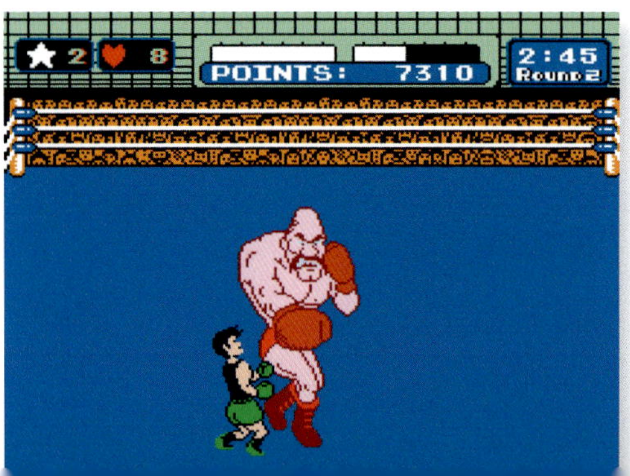

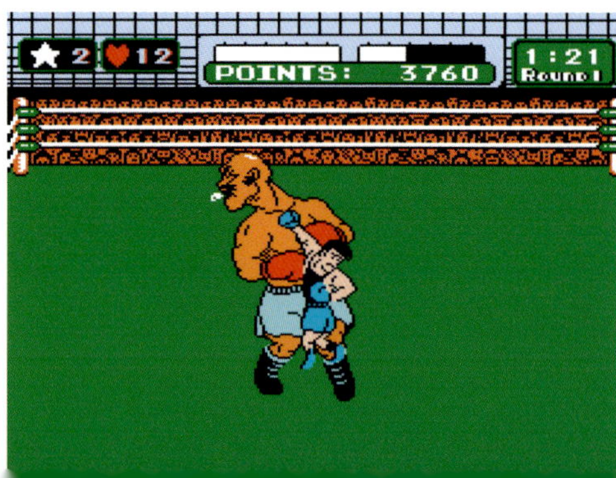

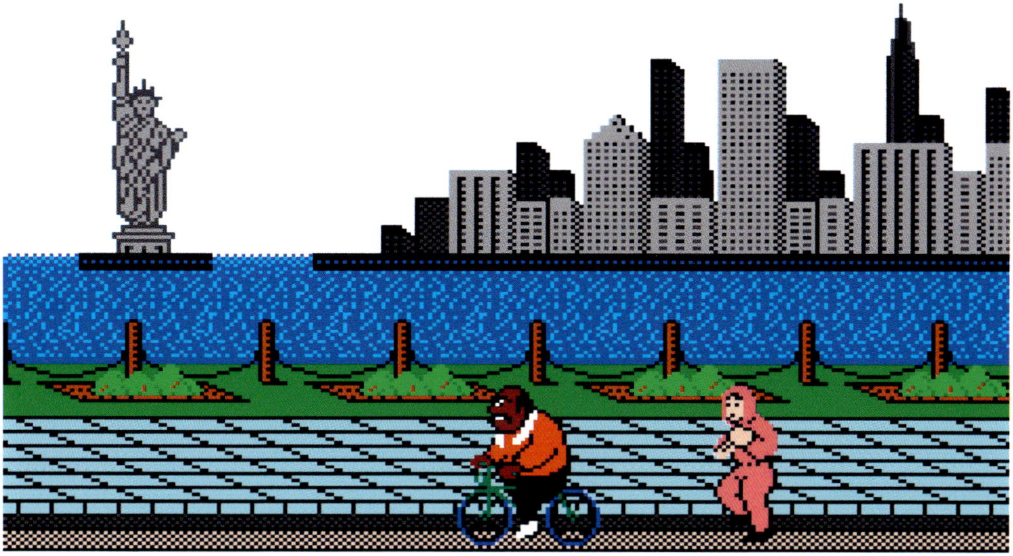

passen. Wegen der grafischen Limits kippte auch das durchsichtige Gittermodell. Die eigene Figur wurde deswegen ganz klein geschrumpft, damit man die Gegner nicht zu sehr verdeckte. Diese konnten dafür mit einem Programmiertrick einen guten Teil ihrer Größe erhalten und sind beeindruckend gut animiert. Beim Roster bediente man sich bis auf ein paar bestimmte Ausnahmen hauptsächlich an den bisherigen Arcade-Spielen. Obwohl der NES-Controller nur zwei Buttons hatte, wurden die Aktionen des Automaten sinnvoll darauf umverteilt. Die eigentliche Spieltiefe ist gar um einiges höher, weil es nun auch Anzeigen für Ausdauer und Spezialangriffe gibt. Am Ende war das Vorhaben Nintendos ein voller Erfolg, **Punch-Out!!** setzte allein im ersten Jahr über zwei Millionen Exemplare ab.

Der große Erfolg ließ sich damals aber nicht nur auf die tolle Spielbarkeit zurückführen, sondern auch auf eine geglückte Marketing-Kampagne. Für die erste Auflage kam Nintendo mit Boxweltmeister Mike Tyson ins Geschäft, der nicht nur auf der Verpackung auftauchte, sondern auch der finale Endgegner war. Dementsprechend hieß das Spiel damals auch noch **Mike Tyson's Punch-Out!!**. Als der Vertrag auslief, tilgte Nintendo alle Referenzen auf Tyson aus dem Spiel. Auch seine Figur wurde gegen den gleichwertigen Mr. Dream getauscht. Dem Spielspaß tat dies keinen Abbruch, angesichts Tysons anhaltender Probleme mit dem Gesetz wäre eine Verlängerung auch eher unwahrscheinlich gewesen. Diese Fassung ist jedenfalls einwandfrei und heutzutage mit einem Online-Abo auf der Switch spielbar.

RED DEAD REDEMPTION II
(2018)

SYSTEM: PLAYSTATION 4 / XBOX ONE / PC

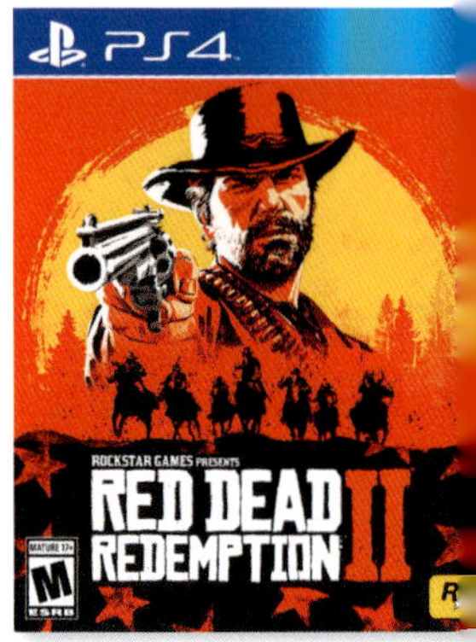

Was ist das teuerste Spiel aller Zeiten? Eine Frage, die sich leider nicht so einfach beantworten lässt. Anders als in der Filmindustrie werden die Budgets im Gaming-Business nicht immer ganz genau dokumentiert. Zumindest kann man aber mit Bestimmtheit sagen, dass **Red Dead Redemption II** eines der teuersten Spiele ist. Zu Spitzenzeiten sollen mehr als 2.000 Leute daran gearbeitet haben, laut Schätzungen verschlang die Produktion über eine halbe Milliarde Dollar. Natürlich sagt das nichts über die spielerischen Qualitäten aus, aber das Geld spielt in dem Fall tatsächlich keine so unwichtige Rolle. Ohne die manische Detailversessenheit, die erst durch das hohe Budget möglich wurde, wäre **Red Dead II** einfach nicht dasselbe Spiel.

Dass gigantische Open-World-Spiele das Spezialgebiet der Rockstar Studios sind, haben sie ja mit **Grand Theft Auto** hinlänglich bewiesen. Funktioniert die bewährte Formel aber auch ohne Fahrzeuge? Die Antwort darauf gab das originale **Red Dead Redemption** bereits 2010. Nur noch mit einer Pferdestärke unterwegs, muss man in den Stiefeln von John Marston die Mitglieder seiner einstigen Gang zur Strecke bringen. Es beginnt eine atemlose Jagd, die einen von den Südstaaten der USA bis hin zum Norden Mexikos führt. Dies wird, ganz typisch für Rockstar, mit enorm fesselndem Storytelling erzählt. Der groß-

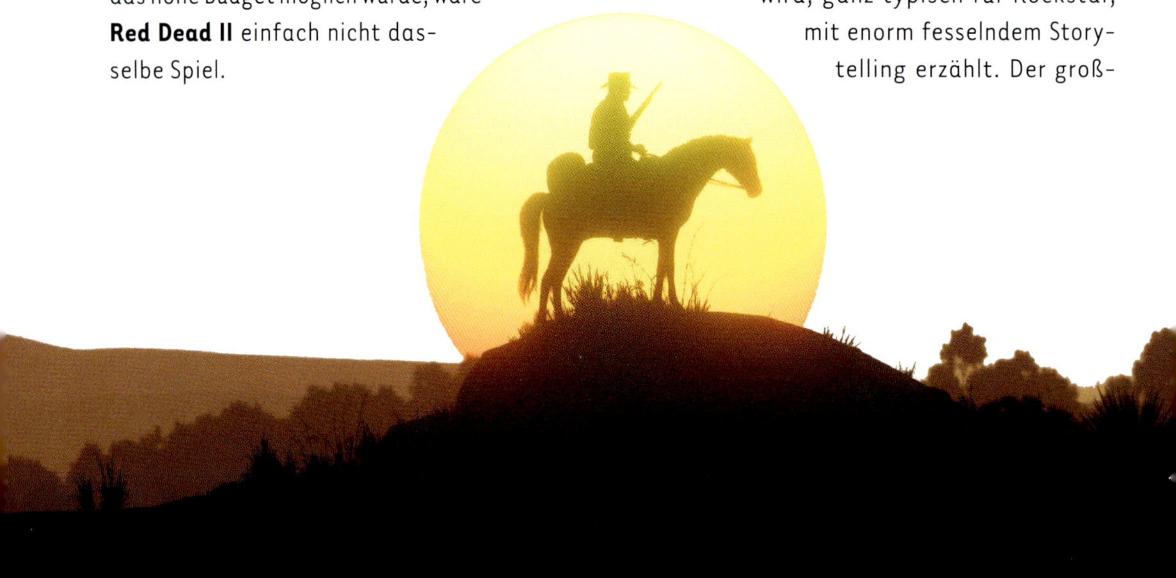

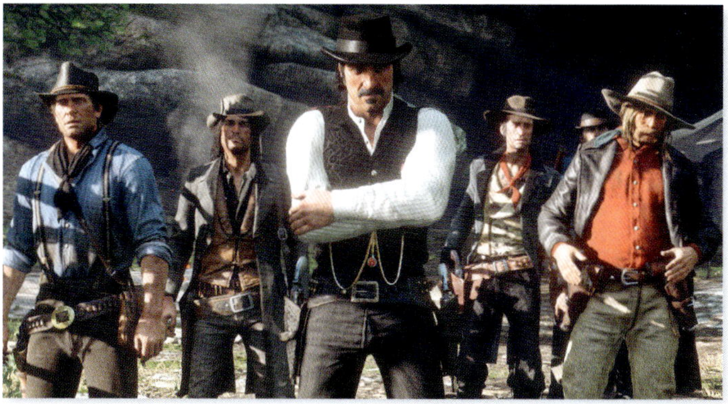

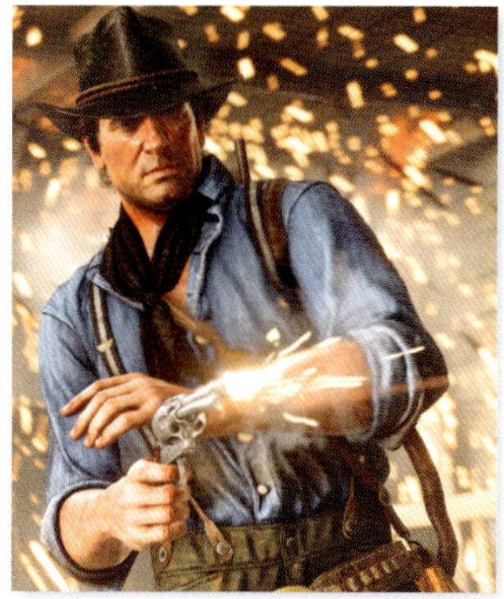

PlayStation 4

artige Soundtrack macht so manchen Magic Moment erst richtig rund. **Red Dead Redemption** kam in seiner Gesamtheit damals so gut an, dass ein Sequel in allen Punkten noch mal einen draufsetzen musste. **Red Dead Redemption II** dreht nun die Uhr auf die Zeit zurück, als die Gang aus dem Vorgänger in den letzten Zügen liegt. Ein junger John Marston ist auch dabei, aber eigentlich nur als Nebenfigur. Stattdessen spielt man Arthur Morgan, einen selbstsicheren Outlaw mit eigenem Moralkompass. Auf der Flucht vor dem Gesetz versucht man, gemeinsam so viel Geld zu verdienen, dass sich die Bande endlich zur Ruhe setzen kann. Wie beim ersten **Red Dead** sind hier die Figuren ein absolutes Highlight. Arthur ist eine vielschichtige Person, auf die der Spieler seinen eigenen Stempel aufdrücken kann. Das Leben mit der Gang hat fast schon familiären Charakter, sodass es umso mehr weh tut, wenn diese Beziehungen auseinanderbrechen. Dies findet erwartungsgemäß in einer gigantischen Spielewelt mit belebten Siedlungen, nebligen Sumpfgebieten oder dichten Wäldern statt. Alles wirkt hier greifbar und beinahe wie echt.

Die erwähnte Liebe zum Detail ist es aber, die **Red Dead II** noch mal auf eine andere Stufe hievt. Arthurs Haare wachsen realistisch mit der Zeit und lassen sich dann neu stylen. Ohne Schlaf und Essen wird man schnell müde, kann aber Gewicht ansetzen, wenn man es mit den Mahlzeiten übertreibt. Hat man böse Taten begangen, wird man sogar von Albträumen geplagt. Auch die Tierwelt birgt teilweise recht abstruse Entdeckungen, wie dass der Hodensack eures Pferdes bei kalten Temperaturen zusammenschrumpft. Das Schöne ist nun, dass sich all diese kleinen Dinge in der Summe zum einzigartigen Erlebnis vermengen. In wenige Games kann man sich so fallen lassen wie in Rockstars Cowboy-Drama. **Red Dead Redemption II** ist ein Spiel für die Ewigkeit.

RESIDENT EVIL 2

(1998)

SYSTEM: PLAYSTATION / NINTENDO 64 / GAMECUBE / PC / GAME.COM

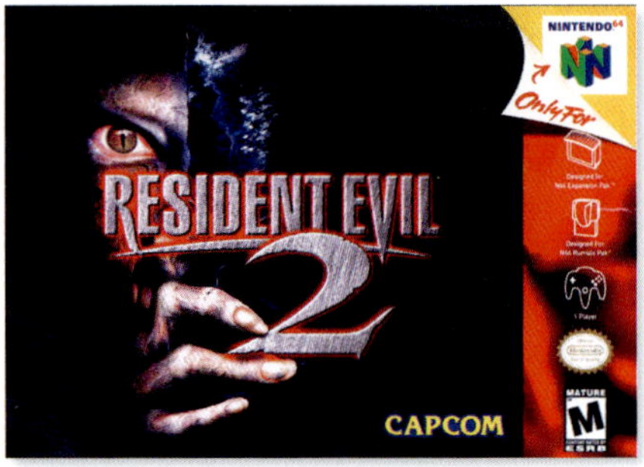

Wenn ein Spiel mit lauter Problemen bei der Entwicklung zu kämpfen hat, spricht man von der sogenannten »Development Hell«. Oft klappt dann kaum etwas so wie geplant. Ständig muss man den Kurs korrigieren und wichtige Deadlines werden verpasst. **Resident Evil 2** ist solch ein Fall. Am Ende ging so viel schief, dass man bei Capcom die Reißleine ziehen musste. Berichten zufolge waren bis zu 70 % des Spiels fertiggestellt, bevor man quasi wieder von vorne begann. Zum Glück, muss man sagen, denn die veröffentlichte Fassung gilt nicht umsonst als eines der besten Survival-Horror-Spiele aller Zeiten.

Dass man so hohe Ansprüche an **Resident Evil 2** stellte, lag am Überraschungserfolg des Vorgängers. Dieser kam 1996 heraus und revolutionierte quasi im Alleingang das gesamte Genre. Angelehnt an das Gameplay des Klassikers **Alone in the Dark** (1992) muss man in einer von Zombies überrannten Villa um sein Überleben kämpfen. Dargestellt mit vorberechneten Hintergründen in damals toller Qualität arbeitet man sich nach und nach durch das Haus, verwaltet seine kargen Ressourcen und löst dabei abgedrehte Rätsel. Verschiedene Abspänne, freispielbare Extras und ein nicht gerade zimperlicher Umgang mit Pixel-Gewalt luden dazu ein, immer wieder eine neue Runde zu drehen. Über die guten Verkaufszahlen und hohen Wertungen freute sich insbesondere Shinji Mikami, der als Game Director erstmals selbst ein Projekt verantworten durfte. Auch hier war die Entwicklung nicht gerade stressfrei. Neben Mikami bestand fast das ganze Team aus Firmen-Neulingen. Erst als Remake des alten 8-Bit-Rollenspiels **Sweet Home** (1989) geplant, sattelte man irgendwann auf Survival Horror um, passte das Gameplay an und schrieb auch eine neue Story. Dass am Ende so ein gutes Spiel draus wurde, grenzt fast an ein Wunder.

Normalerweise würde man jetzt denken, dass die Macher hinter **Resident Evil** erst mal in den wohlverdienten Urlaub durften. Anschließend hätte man sich gut erholt hinsetzen und darüber sprechen können, was man für das Sequel alles so verbessern möchte. Leider ging dies in diesem Fall nicht, denn es gab nach der Fertigstellung ein paar signifikante Abgänge. Star-Produzent Tokuro Fujiwara verließ Capcom nach vielen Jahren, Autor Kenichi Iwao zog es zum Konkurrenten Squaresoft. Auch Mikami wollte nicht mehr in derselben Position sein und übernahm selbst die Rolle des Produzenten. Als Game Director installierte er stattdessen einen sehr jungen Hideki Kamiya, der bislang hauptsächlich als Designer aufgetreten war. Obwohl dieser eigentlich gar kein Fan von Horror-Spielen ist, nahm Kamiya die Herausforderung an.

Da ihm das vergleichsweise langsame Pacing des Originals nicht so sehr gefiel, wollte Kamiya aus **Resident Evil 2** einen wesentlich flotteren Titel machen. Statt einer Villa in den Wäldern überfielen die Zombies nun die angrenzende Kleinstadt Raccoon City, in der wesentlich mehr Platz für krachende Action war. Wie im Erstling gab es gleich zwei spielbare Protagonisten, den Nachwuchs-Polizisten Leon S. Kennedy und die Motorradfahrerin Elza Walker. Die Wahl der Spielfigur wirkte sich auf die Story aus, man besuchte unterschiedliche Locations und traf auch andere Personen. Nachdem das Team um Kamiya den Großteil des Spieles fertiggestellt hatte, inspizierte Capcom-Urgestein Yoshiki Okamoto die getane Arbeit und war schockiert. In dieser Form fehlte **Resident Evil 2** der Grusel des Vorgängers, die Story war flach und uninteressant. Okamoto holte den Drehbuchautor Noboru Sugimura mit ins Boot, der unter anderem für populäre TV-Serien wie **Super Sentai Zyuranger** geschrieben hatte, dem japanischen Original der **Power Rangers**. Sugimura spiegelte die Meinung Okamotos wider und kritisierte vor allem, dass die Geschichte kaum eine Verbindung zu den Ereignissen des ersten **Resident Evil** hatte. Das alles ließe sich aber nicht so einfach korrigieren, da könnte man genauso gut wieder neu anfangen.

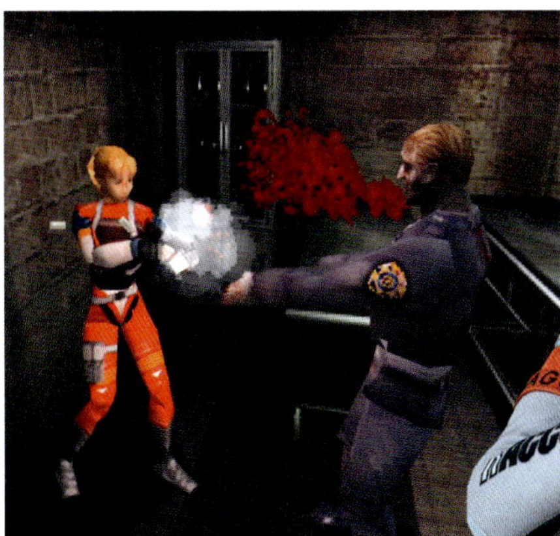

Resident Evil 1.5

Nachdem 2013 eine (extrem lückenhafte) Fassung des eingestellten Originals im Internet auftauchte, dufte man erstmals auch mit der geschassten Protagonistin Elza Walker ein wenig herumlaufen. Capcom selbst zollten Elza im Remake von 2019 Tribut, in Form eines schicken Motorradanzugs für Claire Redfield.

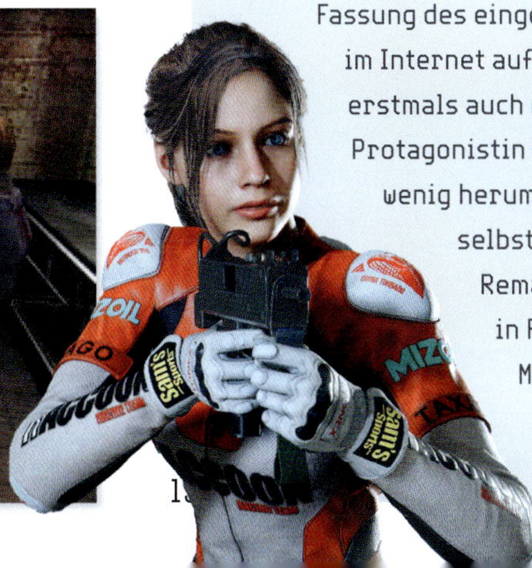

Kamiya und Mikami ließen das harsche Feedback erst mal sacken, mussten sich aber eingestehen, dass ein Reboot wohl der beste Kurs war. Das verursachte einerseits zwar enorme Kosten und schob die Veröffentlichung um ein Jahr nach hinten, aber es war immer noch besser, als ein halbgares Produkt abzuliefern. Das Entwicklerteam selbst nahm die Nachricht bestürzt auf. Manche gingen sogar privat auf Mikami zu und verlangten, dass Kamiya als Game Director abgesetzt wird. Mikami schloss das aber kategorisch aus. Er hatte das Vertrauen, dass Kamiya von nun an abliefern würde. Autor Sugimura war beim Neustart ebenfalls offiziell dabei und musste nach seiner Kritik beweisen, dass er eine viel bessere Story schreiben konnte.

Screenshot-Galerie (Dreamcast-Fassung)

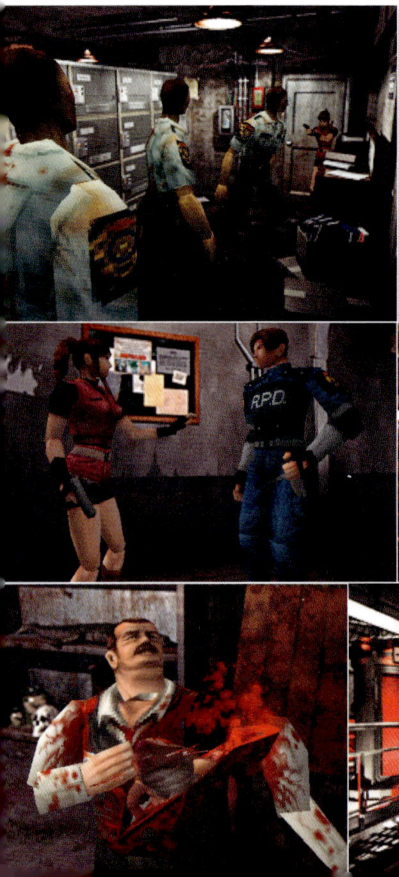

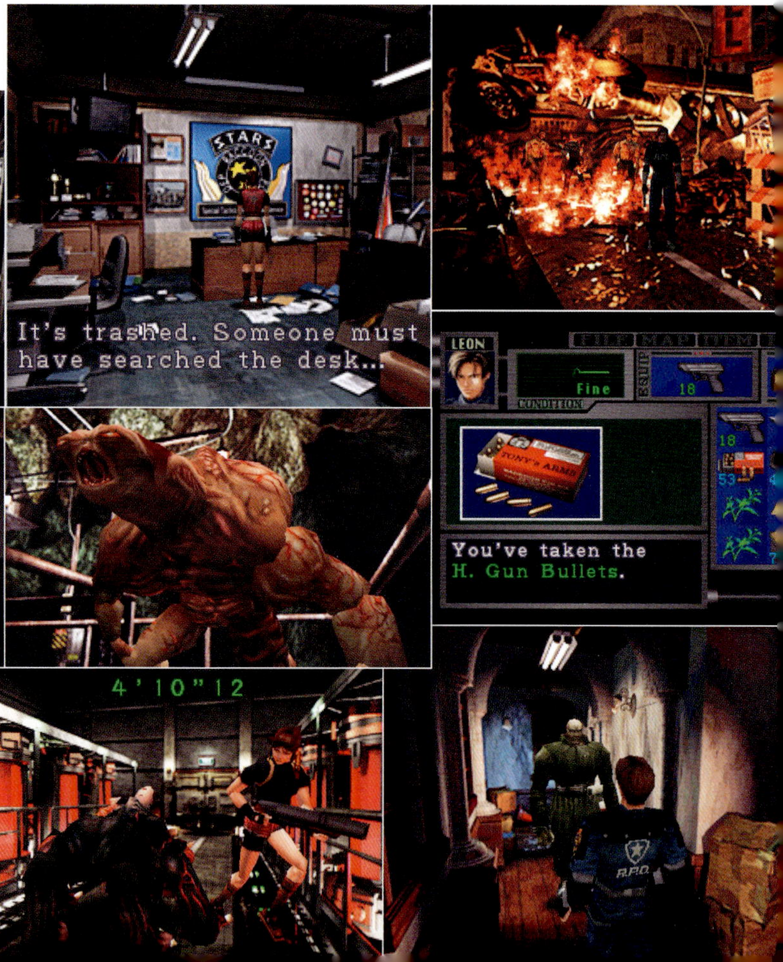

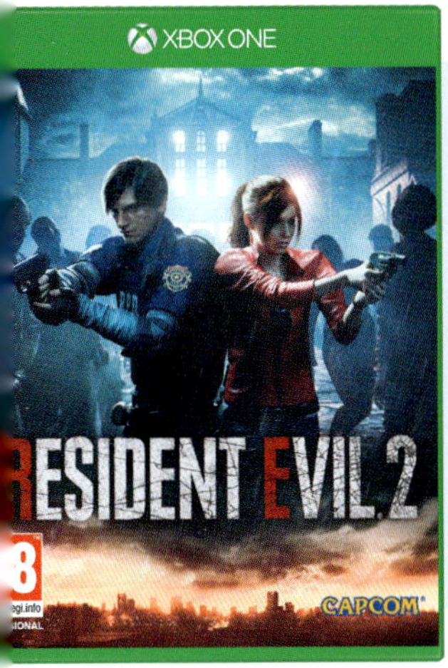

Das geniale Remake

Über Jahrzehnte hinweg wünschten sich die Fans nichts sehnlicher als eine moderniesierte Neuauflage von **Resident Evil 2**. Capcom kam 2019 dem Flehen nach und traf mitten ins Schwarze. Das Remake sieht toll aus, spielt sich wunderbar und ist darüberhinaus enorm stimmungsvoll.

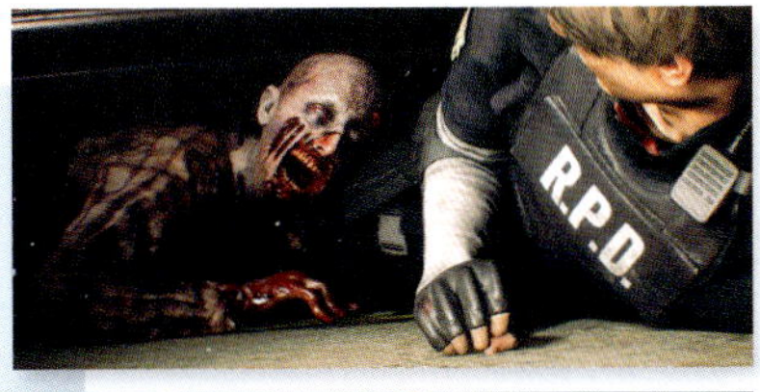

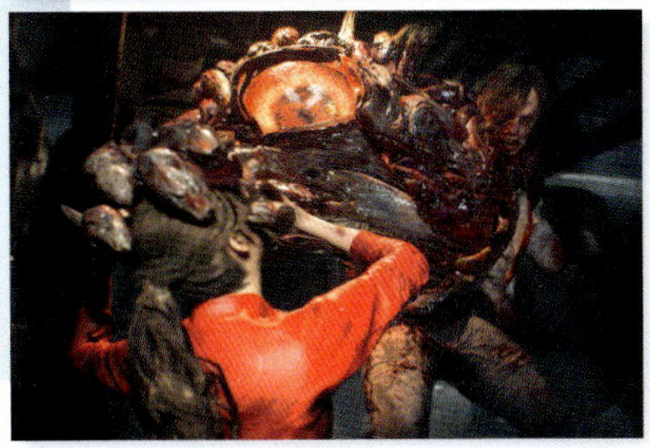

Auch wenn viele der grundsätzlichen Details gleichblieben, spielten Sugimuras pointierte Änderungen eine wichtige Rolle. Während Leon bleiben durfte, tauschte man Elza gegen Claire Redfield aus, die Schwester von **RE1**-Protagonist Chris Redfield. Das verwinkelte Polizeirevier wurde gleichzeitig zum ehemaligen Kunst-Museum, so dass man ähnlich verkopfte Rätsel wie im ersten Teil verbauen konnte. Eine clevere Idee war auch das neuartige Zapping-System. Je nachdem, mit welchem Charakter man das Spiel zuerst beendet, ändert sich der zweite Durchlauf mit der anderen Figur signifikant. Verteilt auf zwei CD-ROMs waren so vier unterschiedliche Szenarien möglich. Ein fünftes mit Umbrella-Soldat Hunk ließ sich zusätzlich freischalten. Etwas Würze bringt auch der gigantische Mr. X ins Spiel, der einen ohne Unterlass verfolgt und zu den unpassendsten Momenten auftaucht. Das Tolle war nun, dass die von Kamiya so herbeigesehnte Action immer noch vorhanden war, der Horror kam jetzt aber nicht mehr zu kurz. Veröffentlicht gegen Anfang 1998, schlug das fertige **Resident Evil 2** ein wie eine Bombe. Die Wertungen übertrafen sogar die des Vorgängers. Rund fünf Millionen Exemplare konnten abgesetzt werden und sicherten damit die Zukunft der Serie. Mit den Jahren festigte das Spiel seinen Kultstatus und wurde auf vielen weiteren Plattformen umgesetzt. 2019 kam Capcom außerdem den ständigen Bitten der Fans nach und veröffentlichte ein Remake, das ebenfalls brillant ist. Wer nur ansatzweise Spaß an Horror und Action hat, spielt am besten gleich beide Versionen durch. Immer und immer wieder.

RESIDENT EVIL 4 (2005)

SYSTEM: U.A. GAMECUBE / WII / PLAYSTATION 2 / XBOX360 / PC / SMARTPHONE

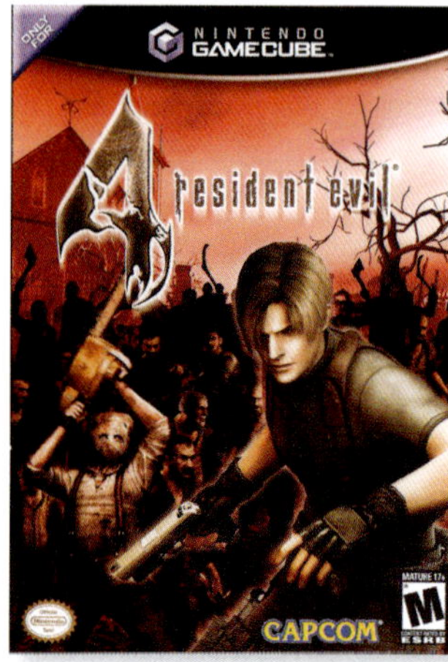

Konnte sich **Resident Evil 2** (1998) noch auf die Fahnen schreiben, den klassischen Survival Horror perfektioniert zu haben, war **Resident Evil 4** gleich in mehrfacher Hinsicht enorm wichtig. Zum einen hat das Spiel dem Franchise genau zum richtigen Zeitpunkt einen Tritt in den Hintern verpasst, denn die alte Formel hatte gegen Mitte der Nullerjahre bereits einen richtig langen Bart. Zum anderen war das neuartige Gameplay so gut, dass sich die gesamte Spieleindustrie davon beeinflussen ließ. Für Jahre fanden sich Ideen aus **Resi 4** in fast jedem anderen Action-Adventure. Dass es darüber hinaus ein absolut fantastisches Spiel ist, muss man nicht extra erwähnen, oder?

Ginge man jetzt an dieser Stelle auf die komplexe Entstehungsgeschichte ein, würde dies wahrscheinlich den kompletten Rest des Artikels in Anspruch nehmen. Wie bei **Resident Evil 2** gab es gleich mehrere Anläufe, die nach längerer Entwicklungszeit abgebrochen wurden. Wer mehr darüber erfahren will, dem sei das hervorragende Buch **Itchy, Tasty** von Alex Aniel empfohlen. Zur final veröffentlichten Version reicht es zu wissen, dass Serien-Vater Shinji Mikami selbst die Zügel wieder in Hand nahm. Aus Angst, sich zu sehr auf Bewährtes zu verlassen, warf er fast alles über Bord, was die Serie einst so erfolgreich machte. Protagonist Leon S. Kennedy kennt man zwar bereits, der Rest der Story ist dafür aber ganz neu. Jetzt in Diensten der amerikanischen Regierung reist Leon im Alleingang nach Spanien, um die Tochter des Präsidenten aus den Händen eines Kults zu befreien. Dort angekommen muss er feststellen, dass ein bislang unbekannter Parasit die einst friedliebenden Bewohner zu Monstern gemacht hat. Die Suche führt Leon von einem verschlafenen Dorf über ein gotisches Schloss bis hin zu verwundenen Minenschächten und einer schwer bewachten Militärinsel. In **Resident Evil 4** steckt so viel drin wie sonst in gleich vier Spielen. Alles ist clever miteinander verzahnt, die Gefechte mit den Gegnern reichen von spannend bis spektakulär. Auch die Geschichte macht Spaß. Es gibt viele interessante Charaktere zu treffen und Leon haut gerne mal den einen oder anderen Spruch raus. Die Grafik war übrigens seinerzeit das Beste, was man auf einer Konsole zu sehen bekam.

Noch wichtiger sind jedoch die Anpassungen am Gameplay. Alles ist komplett in 3D begehbar, die Kamera ist direkt über Leons Schulter positioniert und fängt das Geschehen perfekt ein. Ein Laserpointer hilft beim genauen Zielen, mit krachenden Nahkampfangriffen spart man dazu etwas Munition. Einzig die Tatsache, dass man sich bei Schusswechseln nicht bewegen kann, stößt heutzutage etwas sauer auf. Da das gesamte Spiel aber darauf ausgerichtet ist, fällt das kaum ins Gewicht. Wenn man einmal drin ist, spielt sich **Resident Evil 4** einfach wie Butter. Zuerst exklusiv auf Nintendos GameCube erschienen, folgten darauf noch Umsetzungen für PS2 und PC, allerdings mit technischen Abstrichen. Immerhin war die spätere Wii-Fassung dafür ganz nett. Mehr zu empfehlen ist deshalb das gelungene HD Remaster, das auf allen modernen Plattformen klaglos läuft. Ähnlich wie bei **Resident Evil 2** gibt es seit 2023 ein modernisiertes Remake, das wie beim Remake von **Resident Evil 2** einfach nur großartig ist. Das tolle Original aber nur wegen der Neuauflage zu verschmähen, wird solch einem wegweisenden Spiel nicht gerecht.

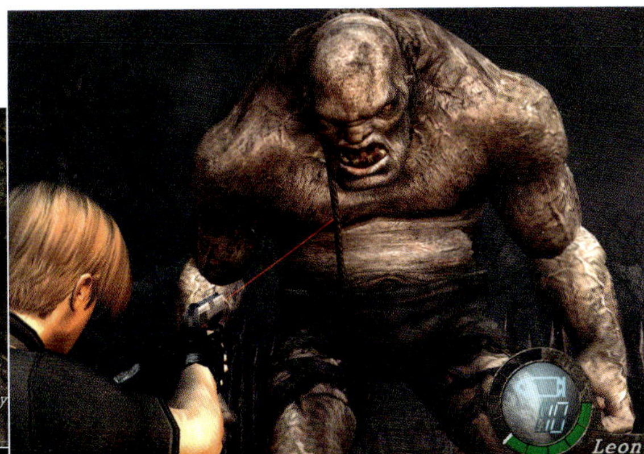

Grausige Gegner (PC-Remaster)

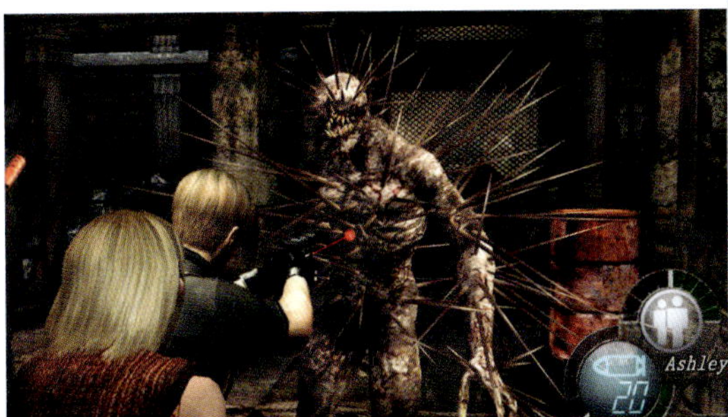

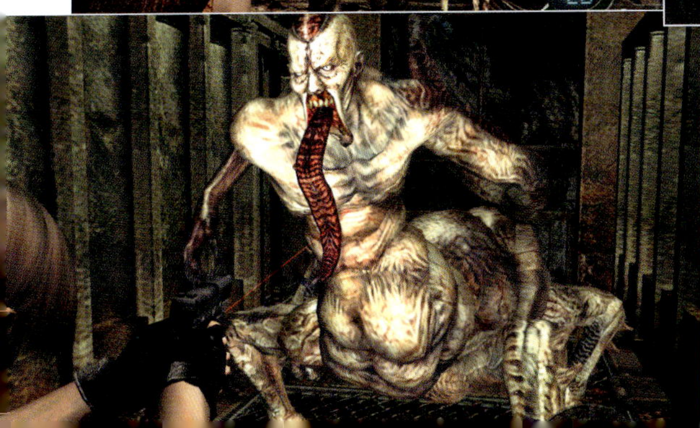

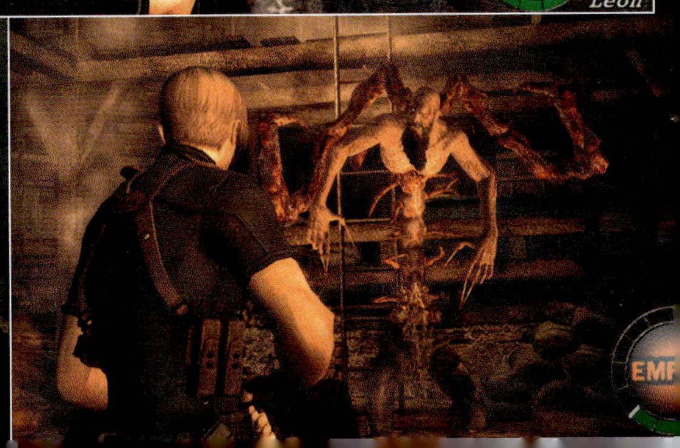

REZ (2001)

SYSTEM: DREAMCAST / PLAYSTATION 2 / PLAYSTATION 4 / PLAYSTATION 5/ XBOX360 / PC / ANDROID / OCULUS QUEST

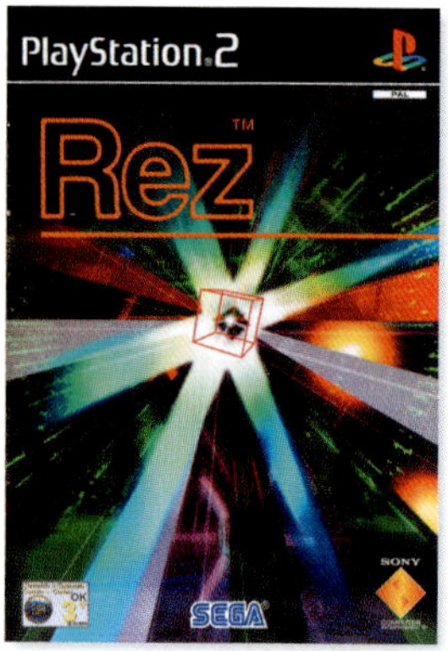

Mit dem Wort Synästhesie bezeichnet man das Phänomen, wenn zwei Sinneswahrnehmungen miteinander verbunden sind. Bei manchen Menschen reicht es aus, den Namen ihres Leibgerichts zu hören und schon haben sie den Geschmack im Mund. Andere hingegen müssen nur sehen, wie jemand berührt wird, um selbst eine Berührung zu spüren. Dass er auch zu dieser Gruppe von Menschen gehört, fand Tetsuya Mizuguchi auf einem Musikfestival heraus. Als er die Leute beim Tanzen beobachtete, veränderten sich plötzlich die Farben und die Geräusche um ihn drumherum. Dieses einschneidende Erlebnis inspirierte den Game-Designer, seine Spiele in Zukunft auf Basis von Synästhesie zu entwickeln. Wessen Hirn also nicht auf diese Weise verdrahtet ist, darf mit einer Runde **Rez** zumindest virtuell daran teilhaben.

Zuerst erschienen auf Sega Dreamcast und PlayStation 2 erinnert **Rez** rein vom Spielprinzip an den Shooter-Klassiker **Panzer Dragoon**. Eine künstliche Intelligenz spielt plötzlich verrückt und kann nur noch von einem Hacker aufgehalten werden. Wie beim Vorbild fliegt man aus der Rückansicht einen vorgegebenen Pfad entlang, während Gegner in Form von Computer-Viren auf einen hereinprasseln. Nun gilt es, diese möglichst effizient mit einem Fadenkreuz ins Visier zu nehmen und zu »löschen«, bevor man selbst Schaden nimmt. Hat man genug Feinde nacheinander getilgt, bricht man zur nächsten Sicherheitsstufe durch. Am Ende wartet dann der Bossgegner. Der Clou an der Sache ist jetzt, dass die komplette Progression direkt an Grafik, Musik und Soundeffekte gekoppelt ist. Startet man noch in einer Welt mit simplen Gittermodellen und minimalistischer Geräuschkulisse, ergänzt jede Stufe neue Details, bis man irgendwann als silberner Gott durch ein digitales Wunderland schwebt. Jede Aktion verursacht passende Effekte, die gesamte Spielewelt pulsiert im Takt des treibenden Soundtracks. Wer sich komplett davon mitreißen lässt, darf sich beim Spielen auf einen Dopamin-Kick nach dem anderen freuen.

Trotz des hohen Lobes der Presse blieben die initialen Abverkäufe von **Rez** leider hinter den Erwartungen. Der abstrakte Look war nicht unbedingt massenmarkttauglich. Bereits nach

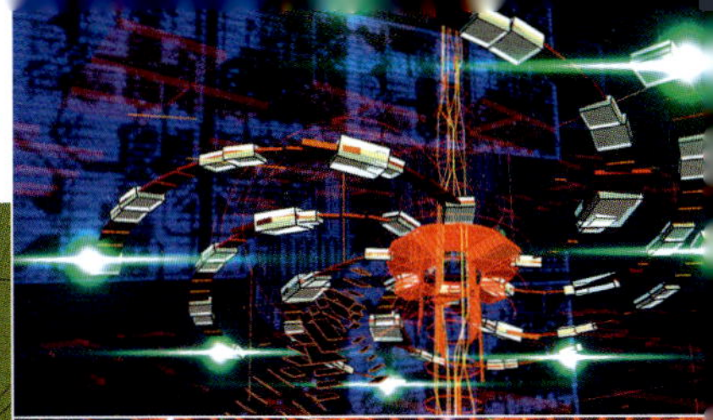

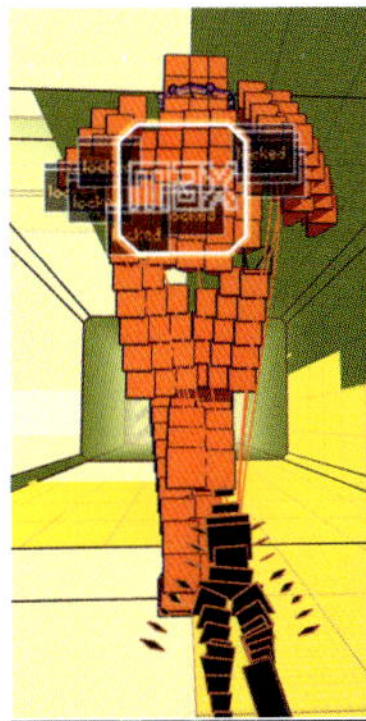

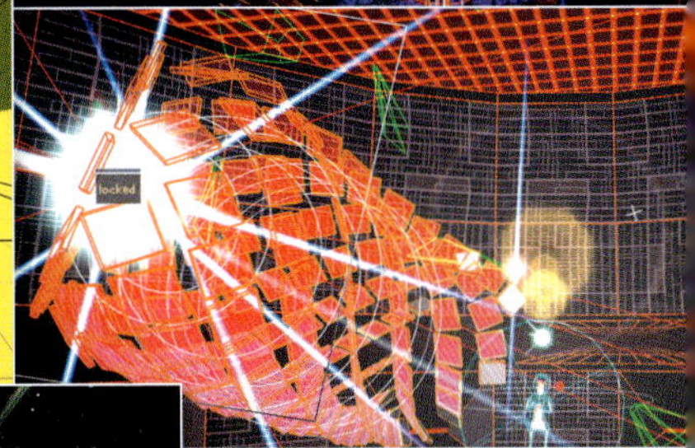

kurzer Zeit fand sich die Disc in den Discount-Regalen der hiesigen Kaufhäuser wieder. Im Umkehrschluss erschloss **Rez** damit aber auch ganz neue Zielgruppen, die das Spiel auf gut Glück zum Sparpreis mal mitnahmen. Schon bald entwickelte sich eine kultische Verehrung darum, so dass Mizuguchi einen guten Grund hatte, alle Jahre wieder eine neue Version auf den Markt zu werfen. So gab es 2008 mit **Rez HD** ein aufgehübschtes Remaster für die Xbox360 und **Rez Infinite** (2016) für die PlayStation 4 enthielt sogar neue Level. Was letztere Version aber besonders empfehlenswert macht, ist die Inklusion von Virtual Reality. Bei kaum einem anderen Spiel ergibt es so viel Sinn, mit der passenden Brille und Kopfhörern direkt einzutauchen. Deswegen ist **Rez** mittlerweile auch mit anderen Headsets kompatibel, die PlayStation VR2 wurde ebenfalls versorgt. Egal aber auf welcher Plattform, wer sich mal ohne Reue und Spätfolgen auf einen Drogentrip begeben möchte, wird mit jeder Version happy.

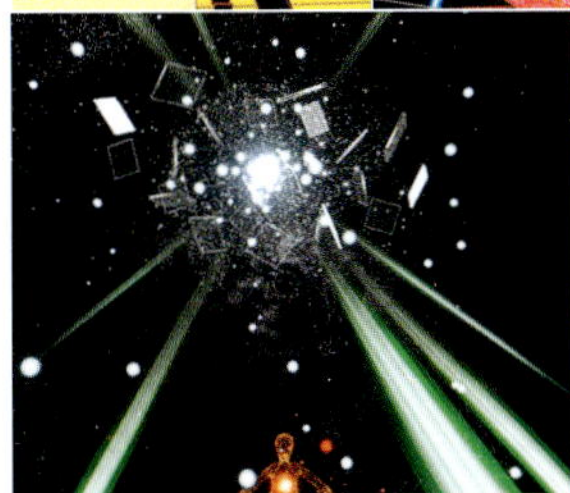

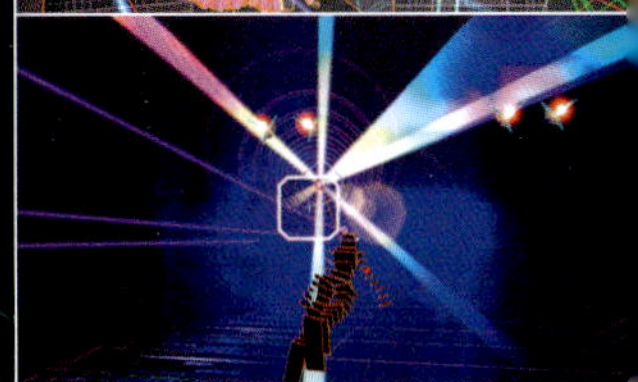

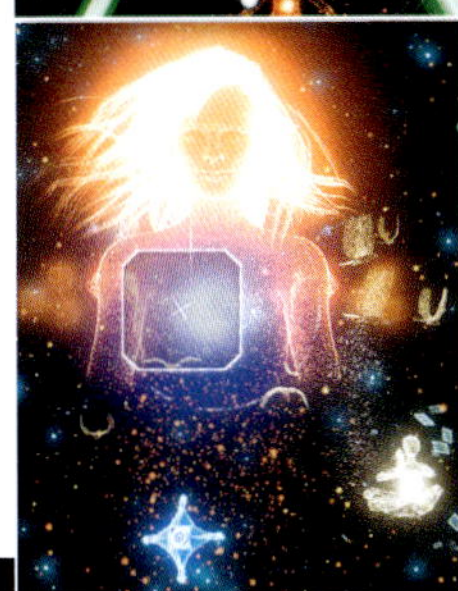

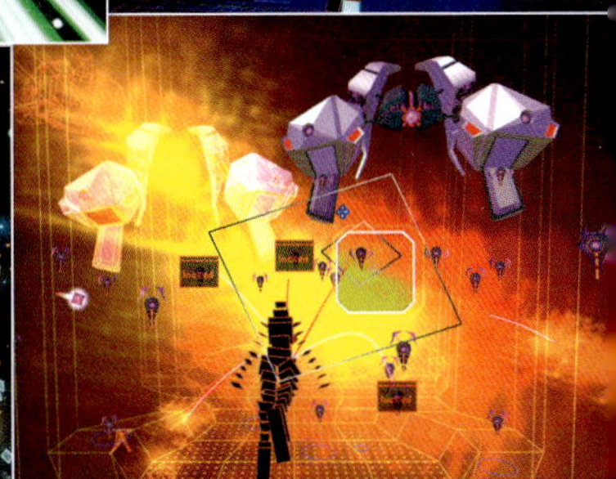

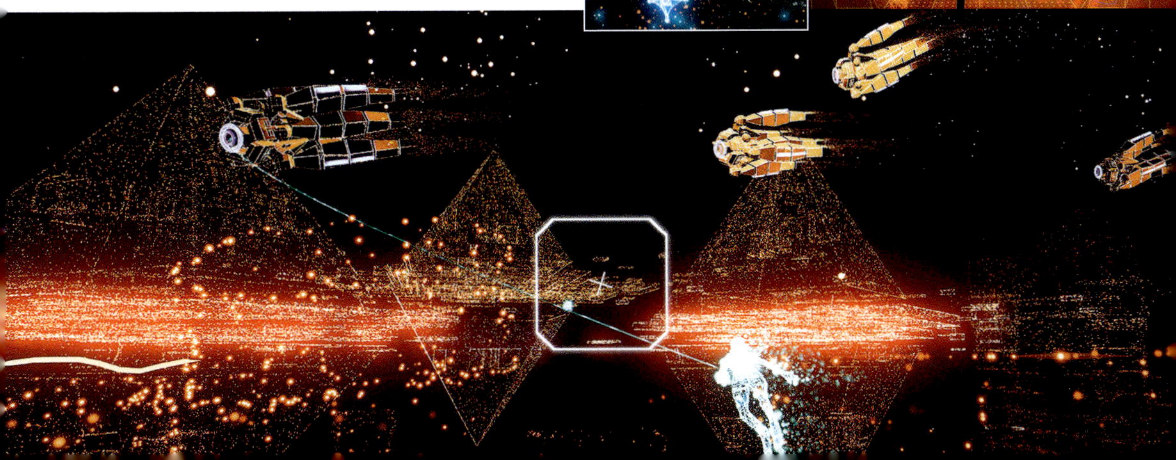

ROCK BAND (2007)

SYSTEM: PLAYSTATION 2 / PLAYSTATION 3 / XBOX360 / WII

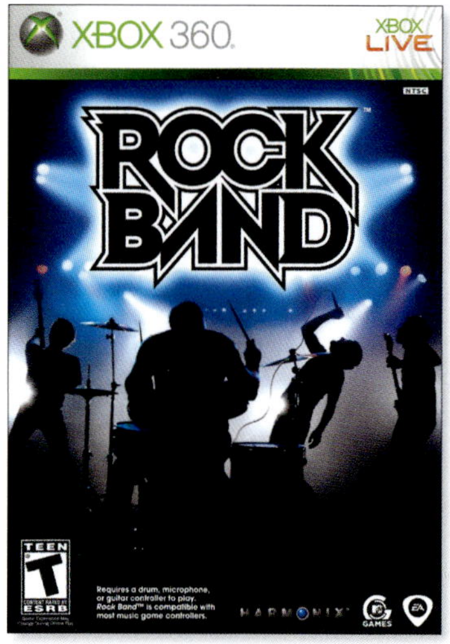

Es gab mal eine Zeit, da waren Rhythmusspiele eine der wichtigsten Stützen der Gaming-Industrie. Selbst eine Firma wie Activision, die sonst so große Marken wie **Call of Duty** im Angebot hat, verdiente sich mit dem Verkauf von Plastikgitarren eine goldene Nase. Gegen Ende der Nullerjahre flaute der Trend jedoch ab, einstige Party-Kracher wie **SingStar** oder **Guitar Hero** wurden irgendwann eingemottet. Wer den ganzen Spaß damals verpasst hat und diese Wissenslücke nun schließen möchte, sollte sich aber zumindest im Freundeskreis mal umhören. Vielleicht hat jemand die Instrumente noch im Keller und ist bereit, sie für eine letzte Session wieder zu entstauben. Mit etwas Glück ist die Disc von **Rock Band** auch gleich mit dabei.

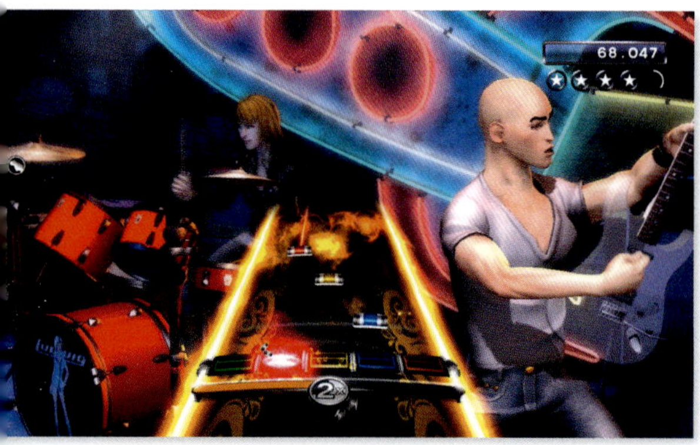

Wanted Dead or Alive von Bon Jovi aus Rock Band, gespielt in Rock Band 3 (Xbox360)

Entwickelt von den Rhythmus-Spezialisten bei Harmonix, stellte **Rock Band** sowas wie das ultimative All-in-One-Paket für musikaffine Gamer dar. Das Genre selbst hatte seit dem wegweisenden **PaRappa the Rapper** (1996) stetig an Fahrt aufgenommen. Beschränkten sich frühe Vertreter noch auf simple Controller-Eingaben im Takt zu peppiger Musik, baute die Arcade-Abteilung von Konami gleich gesonderte Peripherie für ihre Games. **Dance Dance Revolution** (1998) spielte man zum Beispiel mit einer Tanzmatte, für **DrumMania** (1998) gab es Trommel-Kits und **GuitarFreaks** (1998) machte erst mit einer

Klampfe aus Hartplastik so richtig Laune. Letzteres diente Harmonix dann als Inspirationsquelle für **Guitar Hero** (2005), das quasi über Nacht zum Mega-Hit wurde. Mit gleich fünf Knöpfen am Griffbrett konnte man sowohl einzelne Noten als auch komplexere Akkorde simulieren. Es reichte allerdings nicht, die auf einem Laufband angezeigten Kombinationen einfach nur zu drücken. Erst wenn man dazu einen Kippschalter am Korpus wie ein Plektrum hin- und herwippte, wurden die Eingaben registriert. Selbst wer keine Ahnung vom richtigen Gitarrespielen hat, konnte sich beinahe so fühlen wie ein Rockstar.

Trotz des großen Erfolges musste Harmonix allerdings die Arbeit an **Guitar Hero** bald niederlegen, da die Rechte an der Marke den Besitzer wechselten. Für ihr eigenes **Rock Band** nahmen sie die Erfahrungswerte mit und machten ein paar wichtige Ergänzungen. Die enthaltenen Songs wurden mit Sorgfalt ausgewählt, darunter waren solche Kracher wie **Black Hole Sun** von Soundgarden oder **Sabotage** von den Beastie Boys. Neben der spielbaren Gitarrenspur konnte man die Tracks aber nun auch als Bassist, Schlagzeuger oder Sänger angehen. Zum Glück waren alle dafür nötigen Spezial-Controller in der gigantischen Riesen-Box gleich mit dabei. Unter johlendem Gekreische des digitalen Publikums kam beim Nachspielen dann fast so eine Stimmung auf wie beim Großkonzert im Wembley Stadion. Wer keine komplette Band zusammenkriegen konnte, durfte mit jedem Instrument selbstverständlich auch einzeln ran. Für **Guitar-Hero**-Veteranen war es zudem noch ziemlich praktisch, dass ihre alten Gitarren dank Patches weiter funktionieren. Wenn man heutzutage eine Runde drehen möchte, muss es natürlich nicht unbedingt die erste Ausgabe von **Rock Band** sein. Entscheidender ist die Auswahl der Tracks, die einem bei den Sequels vielleicht besser liegt. Darüber hinaus gab es mit den Jahren beinahe dreitausend Songs, die zusätzlich als Download erworben werden konnten. Wer also jemanden findet, der noch seine alte Hardware hat, muss auf jeden Fall mal in die virtuellen Saiten hauen.

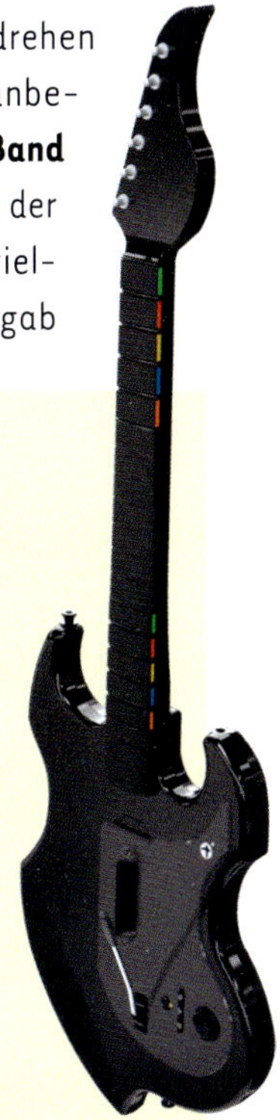

Die PDP Riffmaster

Kurz vor Redaktionsschluss wurde tatsächlich noch eine brandneue Plastikgitarre für das Frühjahr 2024 angekündigt. Die Riffmaster ist nicht nur mit **Rock Band 4** kompatibel, sondern auch mit **Fortnite Festival**, dem Musik-Modus des populären Shooters. **Festival** wurde von Harmonix selbst entwickelt und funktioniert fast genau so wie ihre alten Spiele.

ROCKET LEAGUE
(2015)

SYSTEM: PLAYSTATION 4 / XBOX ONE / NINTENDO SWITCH / PC

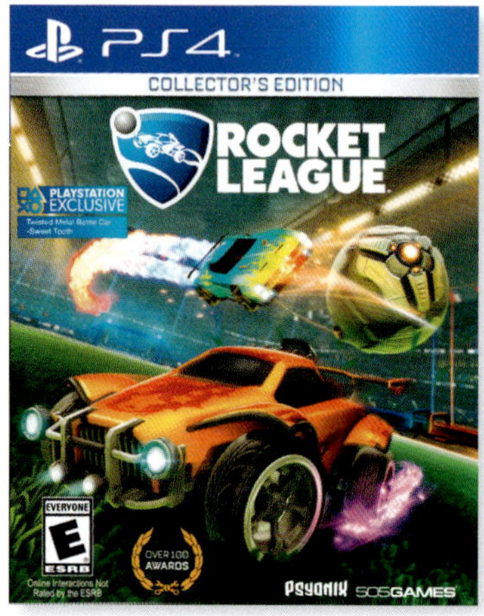

Was ist besser als Fußball? Fußball mit raketenbetriebenen Autos natürlich! Wer zum ersten Mal von der Idee hinter **Rocket League** hört, zuckt verständlicherweise mit den Schultern. Kann so was überhaupt Spaß machen? Es reicht aber, bei einem Match zuzuschauen und schon hat man total Lust, sich selbst hinters virtuelle Lenkrad zu klemmen. Leicht angelehnt an Hallenfußball sitzt man hier in hochfrisierten Karren und versucht, einen gigantischen Ball ins Tor des Gegners zu bugsieren. Die Mobilität der Autos ist dabei wesentlich höher als im echten Leben, sie können für »Kopfbälle« springen oder per Boost-Feld mehr Geschwindigkeit aufnehmen. Wie kommt man aber nur auf solch ein abgedrehtes Konzept?

PC

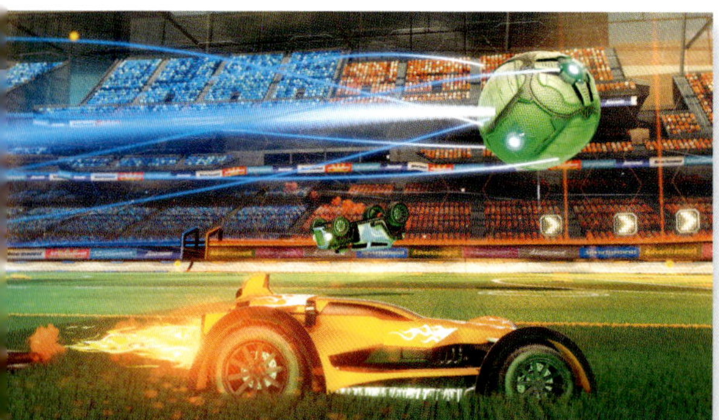

Der Ursprung hinter **Rocket League** findet sich tatsächlich in der Modding-Szene. Dave Hagewood hatte zur Jahrtausendwende mit Psyonix ein neues Studio gegründet, musste sein geplantes Großprojekt jedoch auf Eis legen, als sich die Entwicklung als zu anspruchsvoll herausstellte. Stattdessen kam der Autonarr mit Epic Games ins Geschäft, den Machern hinter **Unreal Tournament 2003**. Der Shooter war eigentlich nicht für Fahrzeuge vorgesehen, aber Psyonix hatte kurzerhand eine Mod gebastelt, mit der dies doch möglich wurde. Epic heuerte das Studio an, um daraus einen vollwertigen Modus für **Unreal Tournament 2004** zu programmieren. Das brachte Psyonix eine lukrative Position als Support-Studio für Epic ein. Im Umkehrschluss war aber nun keine Zeit mehr für eigene Ideen. Deshalb verließ man irgendwann das gemachte Nest und setzte sich an ein eigenes Spiel mit dem griffigen Namen **Supersonic Acrobatic Rocket-Powered Battle-Cars** (2008).

Schaut man sich einen Trailer zu **Supersonic** an, erkennt man direkt die Wurzeln von **Rocket League**. Mit Ausnahme der schwächeren Grafik könnte man meinen, es sei sogar das gleiche Spiel. Da es ein exklusiver Download-Titel für die PlayStation 3 war, hatte es allerdings kaum jemand auf dem Schirm. Hagewood glaubte jedoch weiter daran und versuchte sich Jahre später an einem Sequel, woraus dann **Rocket League** entstand. Diesmal war man mit PlayStation 4 und dem PC auf wesentlich populäreren Systemen vertreten, das Streaming auf Plattformen wie Twitch steigerte die Sichtbarkeit enorm. Wer den Vorgänger doch mal gespielt hatte, erkannte auch, dass sich das Gameplay und die Ballphysik jetzt wesentlich runder anfühlen. Mit der steigenden Popularität wurden auch Versionen für Xbox und die Switch nachgeschoben, die im Online-Modus sogar per Crossplay verbunden sind. Nur Sony stellte sich erst wegen ihrer Firmenpolitik quer. Seit 2019 dürfen aber auch PS4-Spieler per Internet gegen Leute auf anderen Geräten spielen.

Seitdem hält Psyonix **Rocket League** mit regelmäßigen Updates und jeder Menge DLC am Leben. Wer in die Tasche greift, darf mit dem DeLorean aus **Zurück in die Zukunft** oder Dominic Torettos Karre aus **Fast & Furious** fahren. Für kompetitive Leute gibt es analog zu echten Sportarten halbjährliche Saisons, wo dann die jeweiligen Meister ermittelt werden. Heutzutage ist **Rocket League** übrigens kostenlos zu haben, denn seit 2020 läuft das Spiel unter dem Free-to-Play Modell. Grund dafür sind unter anderem auch Epic Games, die sich mit Psyonix wieder zusammentaten und diesmal das Studio direkt kauften. Damit dürfte die Zukunft des Auto-Fußballs für lange Zeit gesichert sein.

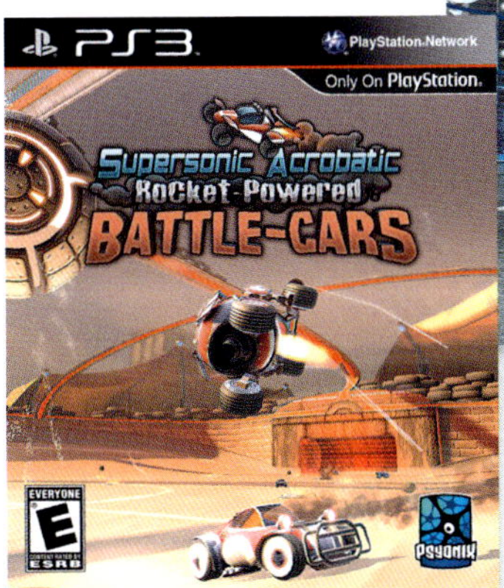

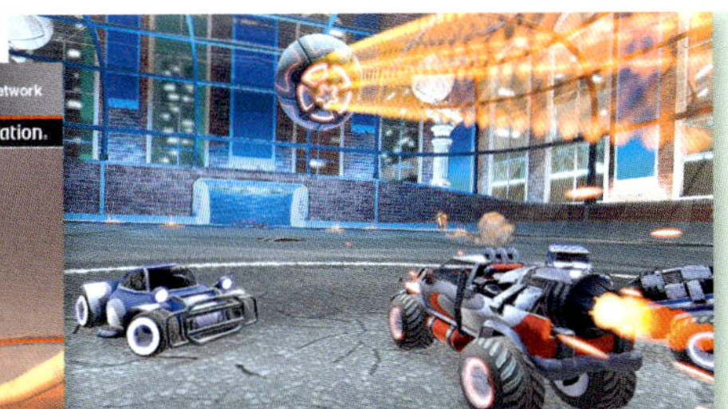

Verkannter Vorgänger
Im Jahr 2008 hatte wohl noch keiner so richtig Lust auf Auto-Fußball: Laut dem Review-Portal **metacritic.com** gaben nur 16 Kritiker dem PS3-Vorläufer eine Chance und verteilten im Schnitt 67 von 100 Punkten.

SATURN BOMBERMAN (1996)

SYSTEM: SEGA SATURN

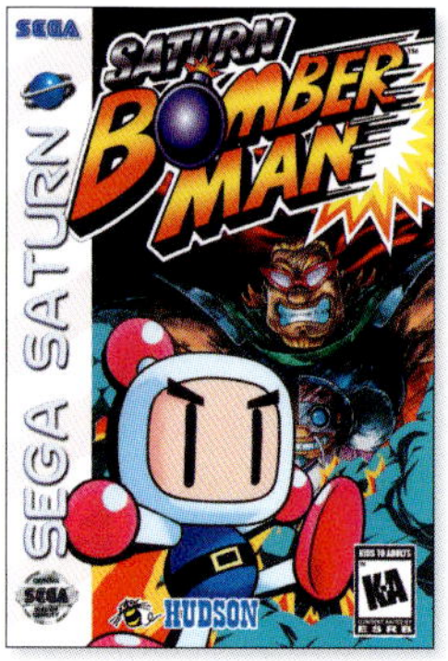

Was macht eigentlich ein gutes Party Game aus? Zuallererst ist eine geringe Einstiegshürde nötig, damit selbst komplette Neulinge mitmachen können. Dann sollte immer noch genug Spieltiefe drin sein, sonst wird es für erfahrene Leute schnell langweilig. Am wichtigsten ist jedoch, dass der Spaß nicht nur rein vom Können am Controller abhängt. Eine Reihe wie **Bomberman** funktioniert deshalb so gut, weil man mit ganz unterschiedlichen Spielweisen erfolgreich sein kann. Egal aber welcher Typus von Gamer man ist, mindestens ein Serienvertreter gehört in jede Sammlung. Bestenfalls handelt es sich dabei um das absolut fantastische **Saturn Bomberman**.

Als Roboter muss man sich seinen Weg durch ein Labyrinth bahnen, doch brüchige Steinquader kommen einem dabei in die Quere. Diese beseitigt man durch das Legen von Bomben, die nach ein paar Sekunden explodieren. Passt man aber nicht auf und wird selbst von der Druckwelle erwischt, droht der sofortige Lebensverlust. Spielt man allein, säubert man nun auf der Suche nach dem Ausgang die Schächte von herumirrenden Gegnern. Auffindbare Power-Ups steigern unter anderem die Anzahl der Bomben oder erweitern den Detonationsradius. Bei einem Duell gegen menschliche Gegner wird hingegen so lange gekämpft, bis nur noch eine Person übrigbleibt. Bereits in den Achtzigern schlug das süchtig machende Spielprinzip ein wie die sprichwörtliche Bombe. Die Entwickler bei Hudson Soft legten deswegen **Bomberman** in den Folgejahren regelmäßig neu auf. Mit jeder

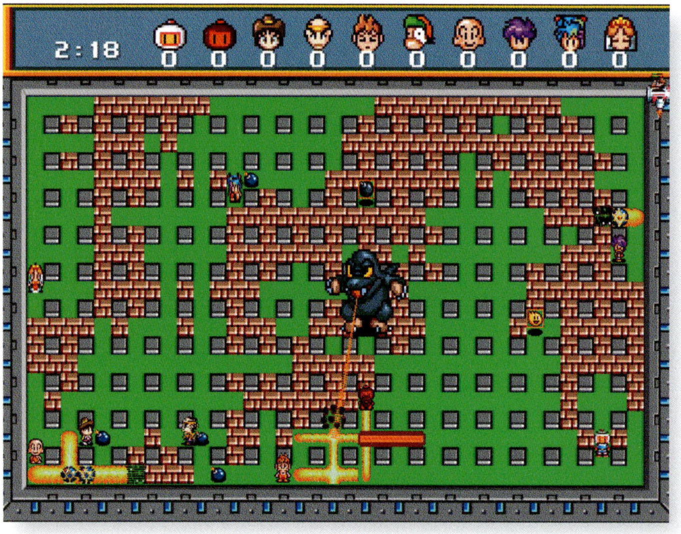

Battle Game (10-Spieler-Multiplayer)

Ausgabe kamen weitere Features hinzu. Items zum Treten oder Werfen von Bomben eröffneten frische taktische Optionen, mit Reittieren bewegte man sich schneller voran. Auch die maximale Anzahl der menschlichen Duellanten wurde immer höher. Die Ausgabe für Segas Saturn sieht nun mit ihrer bunten 2D-Grafik nicht nur super aus, sie schnürt auch eines der insgesamt besten Pakete. Im Story-Modus darf man sich in weitläufigen Leveln austoben, inklusive regelmäßiger Bosskämpfe und humorvollen Cutscenes. Die abwechslungsreichen Locations reichen dabei von einem Vergnügungspark über den Wilden Westen bis hin zum Dschungel voller Dinosaurier. Der Master-Modus erinnert dafür mit seinen bildschirmgroßen Labyrinthen eher an ein Arcade-Spiel. Jede Stage ist eine neue Herausforderung. Eine mitlaufende Uhr spornt einen an, seine Zeit beim nächsten Durchlauf unterbieten zu wollen. Die wahre Stärke liegt aber wieder im Mehrspieler-Modus, an dem sogar bis zu zehn Leute gleichzeitig teilnehmen können. Zumindest wenn man ebenso viele Controller, die passenden Adapter und genügend Platz vor dem Fernseher hat.

Wäre **Saturn Bomberman** nun der letzte Titel der Serie, könnte man selbst heute die Anschaffung der mittlerweile in die Tage gekommenen Konsole rechtfertigen. Der Saturn ist eine tolle Plattform, die japanische Ausgabe des Spiels gibt es immer noch gebraucht ab knapp vierzig Euro. Da aber die neueren **Bombermans** in Teilen ein ähnlich gutes Erlebnis bieten, darf man sich ruhigen Gewissens ein Häkchen in der Bucket List machen, wenn man eines der vielen Sequels gespielt hat. Wer sich aber dennoch das Saturn-Spiel gönnt, kriegt ein goldenes Sternchen obendrauf.

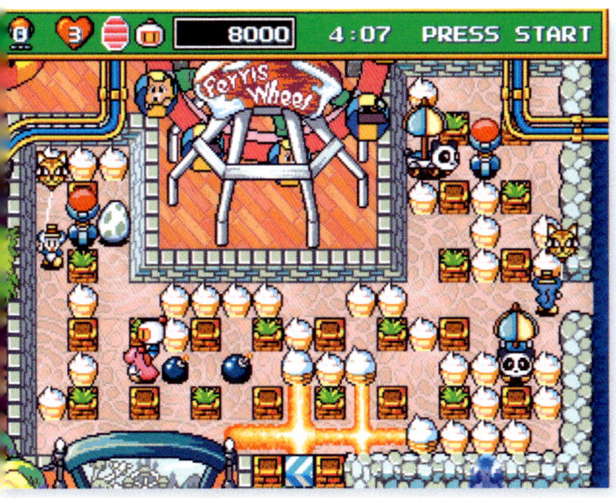

ormal Game (Story)

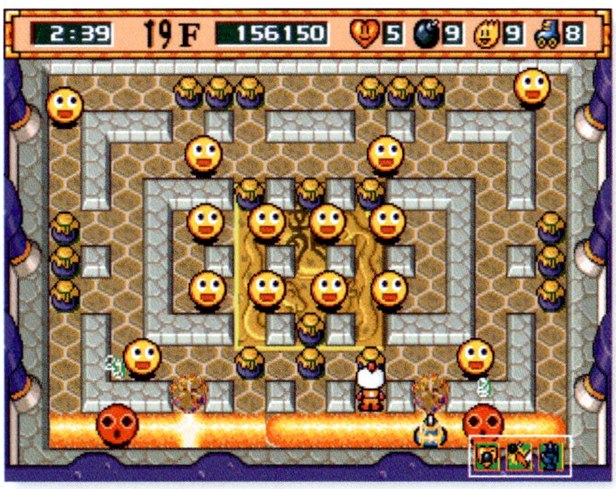

Master Game (Arcade)

SHADOW OF THE COLOSSUS (2005)

SYSTEM: PLAYSTATION 2 / PLAYSTATION 3 / PLAYSTATION 4 (REMAKE)

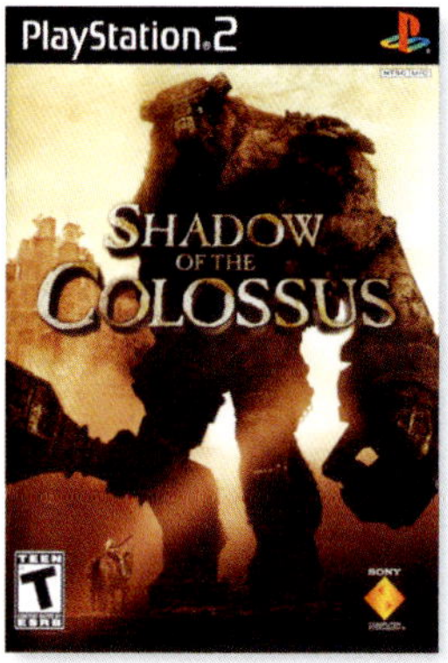

Die leidige Frage, ob Videospiele überhaupt Kunst sein können, bedarf zum Glück keiner Klärung mehr. Zugegebenermaßen ist das Gaming verglichen mit der Malerei oder dem Kinofilm noch ein relativ junges Medium. Auch wenn bereits ein halbes Jahrhundert vergangen ist, hat man bislang nur an der Oberfläche gekratzt. Als Künstler weiß man allerdings, dass gerade die Interaktivität ein sehr potentes Werkzeug ist. Fumito Ueda ist nun jemand, der besonders meisterlich damit umgeht. Unter seiner Führung entstand mit **Shadow of the Colossus** ein solch emotionales Brett, dass man es selbst zwanzig Jahre später nicht vergessen hat. Und in weiteren zwanzig Jahren bestimmt auch nicht.

Ueda lernte die Grundlage für sein Handwerk als Animator beim legendären Entwicklerstudio WARP. Angeführt von Paradiesvogel Kenji Eno, experimentierte man dort gerne mit gewagten Konzepten. So kommt das Adventure **Kaze no Regret** (1997) komplett ohne Grafik aus, wodurch es auch von Blinden gespielt werden kann. Als Grafiker war Ueda verständlicherweise nicht daran beteiligt. Seine Zeit bei WARP gab ihm jedoch das Selbstvertrauen, sich selbst als Game Director zu versuchen. Diese Chance bekam er bei Sony, wo er mit einem kleinen Team mehrere Jahre an **ICO** (2001) arbeiten durfte. Auf den ersten Blick handelt es sich dabei um ein typisches Action-Adventure, frei nach **The Legend of Zelda**. In einem verwinkelten Schloss trifft ein Junge auf ein Mädchen, dessen

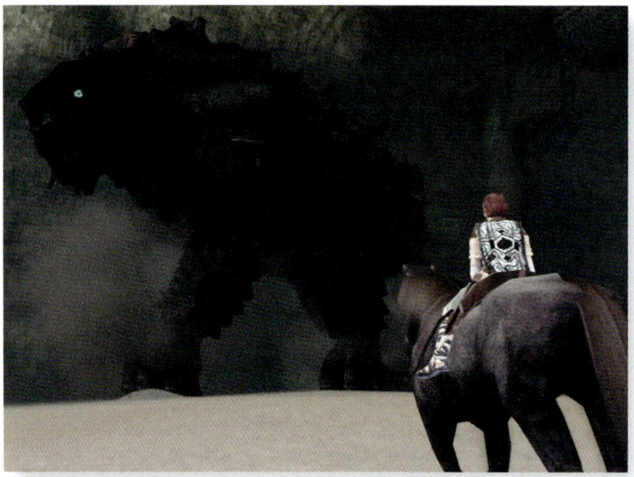

PlayStation 3

Sprache er nicht spricht. Weil sie aber von furchterregenden Schattenwesen bedroht wird, nimmt er das Mädchen an die Hand und flieht mit ihr. Dank der herausragenden Mimik und Gestik, gepaart mit der Tatsache, dass es eine gesonderte Taste zum Händchenhalten gibt, baut sich eine enorme Bindung zwischen dem Spieler und den Figuren auf. Trotz leichter Schwächen im Gameplay konnte man also gar nicht anders, als bis zum Ende gefesselt am Controller zu hängen.

Shadow of the Colossus ist nun zu gleichen Teilen ein konsequenter Nachfolger als auch die Antithese zu **ICO**. Es beginnt mit Protagonist Wander, der eine tote Frau zu einem abgelegenen Altar trägt. Plötzlich erklingt eine körperlose Stimme, die Wander zum Genozid der Kolosse auffordert, welche über das weitläufige Land streifen. Sollte er Erfolg haben, bekommt die Frau ihr Leben zurück. Wortlos schwingt sich Wander auf sein treues Pferd und macht sich auf den Weg. Das gesamte Spiel besteht nun darin, die Giganten ausfindig zu machen und zu töten. Das ist aber erst möglich, wenn der jeweilige Schwachpunkt entdeckt wird. Da jeder Koloss eine komplett andere Herangehensweise erfordert, wird neben der Beherrschung der komplexen Steuerung auch viel Hirnschmalz benötigt. Je mehr man von den Wesen erledigt, umso mehr steigt aber auch die Reue über seine Tat. Eigentlich haben die Kolosse einem nichts getan, man selbst ist der Aggressor. Verdienen sie denn wirklich den Tod, um die eigene Liebe zu retten? Da es zwischen den Gefechten nur lange Ritte durch die leere Welt gibt, hat man genug Zeit, über all diese Fragen nachzudenken. Andere Spiele wären für den Mangel an konkretem Leveldesign oder Interaktion mit NPCs abgestraft worden. **Shadow of the Colossus** findet aber die perfekte Mitte, wo jeder Teil zum Gesamtkunstwerk beiträgt. Wahrlich ein zeitloser Klassiker, besonders empfehlenswert im grafisch runderneuerten PS4-Remake.

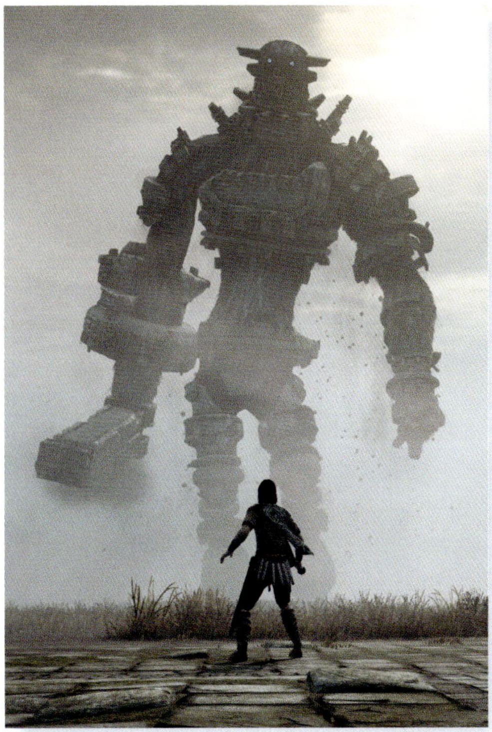

PlayStation 4

SHENMUE I & II (2018)

SYSTEM: DREAMCAST / XBOX (NUR TEIL 2) / XBOX ONE / PLAYSTATION 4 / PC

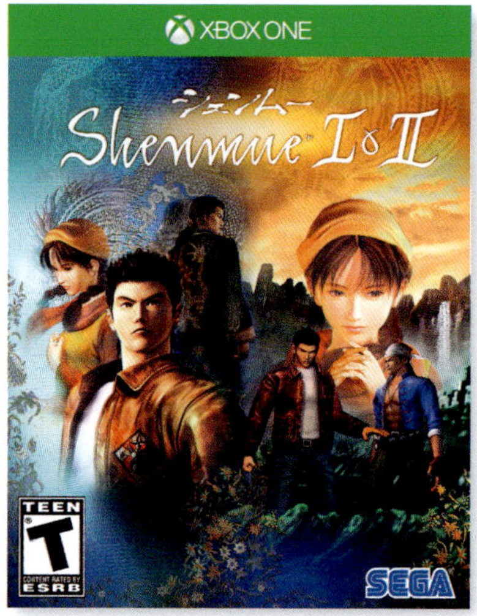

In der Geschichte der Videospiele gibt es nur wenige Auftritte, die eine solche Begeisterung ausgelöst haben wie der von Yu Suzuki auf der E3-Messe 2015. Die Entwickler-Legende kam während der Pressekonferenz von Sony auf die Bühne und hatte eine faustdicke Überraschung im Gepäck: Es soll ein **Shenmue III** geben! Fast vierzehn Jahre waren vergangen, seitdem der letzte Teil mit einem fiesen Cliffhanger geendet hatte. Da es sich um ein Crowdfunding-Projekt handelte, ginge der Traum aber nur in Erfüllung, wenn mehrere Millionen Dollar an Spenden zusammenkämen. Zum Glück ließen sich die Fans nicht lumpen, die Mindest-Summe wurde innerhalb weniger Stunden erreicht. Weil die Fertigstellung aber noch mehrere Jahre dauern würde, konnte ein kleiner Auffrischungskurs sicher nicht schaden. Wer sich an die wegweisenden Originale nicht mehr erinnerte oder sie gar verpasst hatte, griff deshalb zum schmucken Remaster-Doppelpack **Shenmue I & II**.

Um den ganzen Hype nachvollziehen zu können, muss man verstehen, welchen Stellenwert **Shenmue** damals hatte. Bei Sega galt Suzuki als einer der wichtigsten Projektleiter. Waren Hits wie **After Burner** (1987) oder **Virtua Racing** (1992) primär auf die Arcades zugeschnitten, wollte Suzuki nun endlich den Heimbereich erobern. Angedacht war ein RPG aus dem **Virtua-Fighter**-Universum, in dem Protagonist Akira den Mörder seines Vaters ausfindig machen muss. Die lange Entwicklungszeit und wirtschaftliche Gründe zwangen Suzuki allerdings immer wieder zu Kurskorrekturen. So musste ein Großteil der getanen Arbeit verworfen werden, als man vom Saturn auf das potentere Nachfolgegerät Dreamcast umsattelte. Auch die Referenzen zu **Virtua Fighter** wurden getilgt. Aus Akira wurde Heißsporn Ryo Hazuki, adrett gekleidet in Blue Jeans und brauner Lederjacke. Schlussendlich kippte sogar das Genre. Statt Rollenspiel war ein neuartiges Konzept namens Full Reactive Eyes Entertainment (F.R.E.E.) angesagt.

Shenmue I (PC-Remaster)

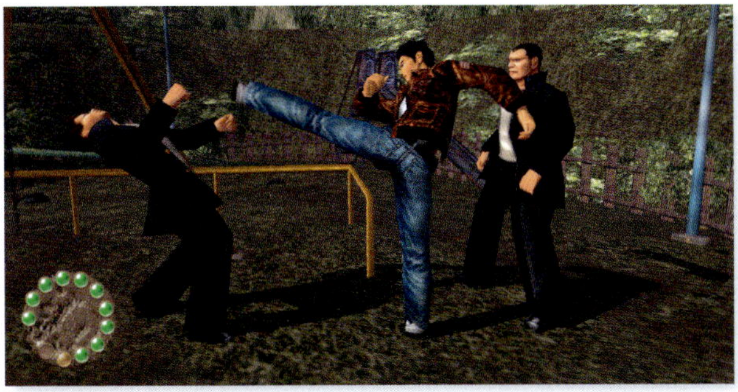

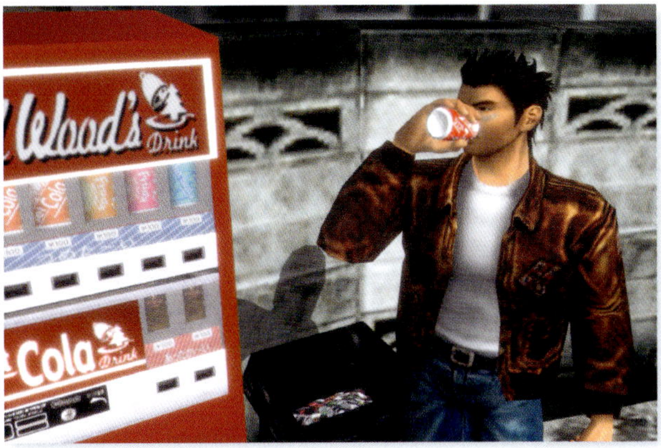

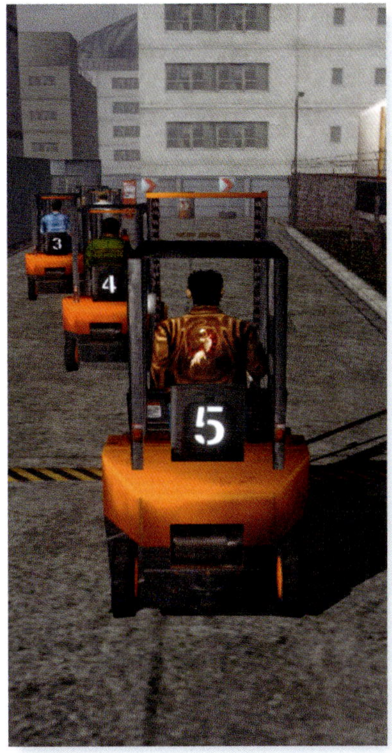

Was sich dahinter verbirgt, konnte man kurz vor der Jahrtausendwende endlich selbst herausfinden. Um Ryos Rachefeldzug den passenden Rahmen zu bieten, stellte man die Straßenzüge der japanischen Stadt Yokosuka möglichst akkurat nach. Über dreihundert virtuelle Einwohner gehen dort ihrem Leben nach, komplett unabhängig vom eigenen Treiben. Jedes noch so kleine Gespräch ist vertont, das Ingame-Wetter basiert auf echten Daten aus dem Jahr 1986. Wie bei einem Adventure hangelt man sich von Hinweis zu Hinweis. Ab und zu gibt es Reaktionstests zu bestehen, Fieslingen haut man dann in Echtzeit auf die Nase. Folgt man der Hauptstory mal nicht, kümmert man sich liebevoll um ein Streunerkätzchen oder vergnügt sich mit Suzukis alten Klassikern in der lokalen Spielhalle. Im Jahr 1999 hatte man so eine Mischung noch nicht gesehen, aber mit heutigen Augen betrachtet, wirkt es wie die Blaupause der enorm populären

Shenmue II (PC-Remaster)

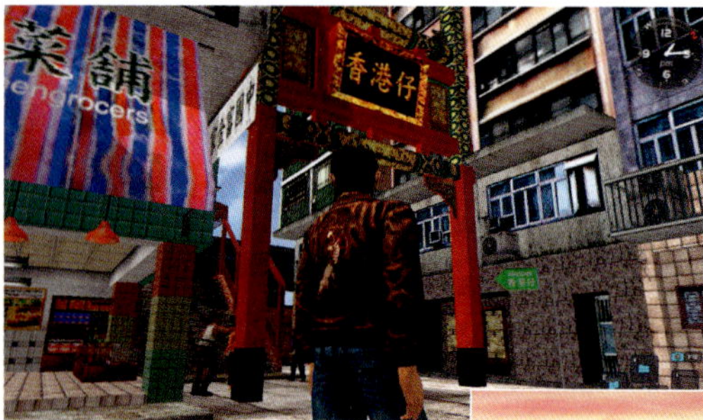

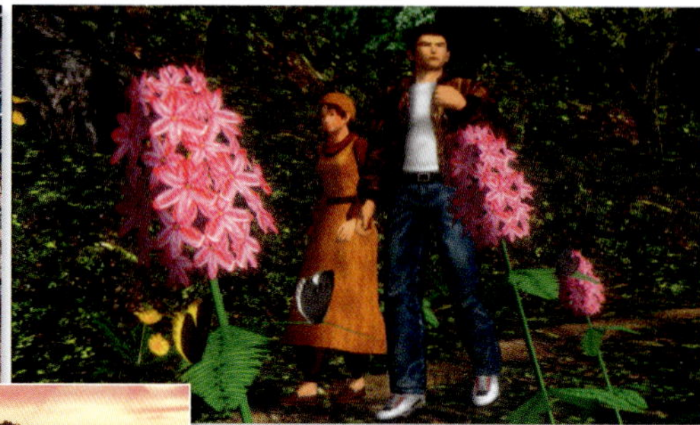

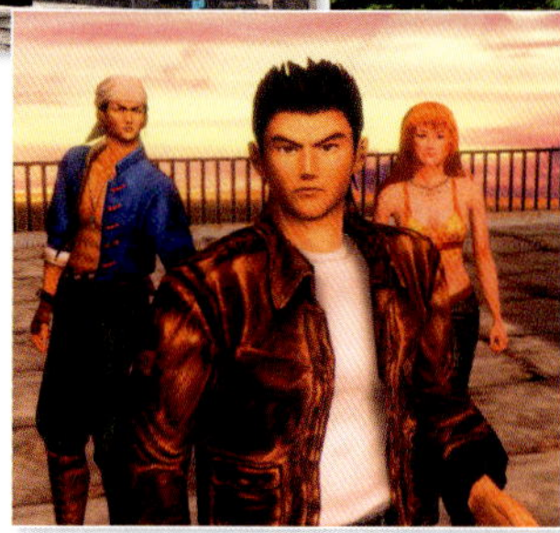

Open-World-Spiele. Natürlich ist nicht alles Gold was glänzt: Das strikte Zeitkorsett sorgt oft für Leerlauf, manche der Dialoge klingen steif und damit unfreiwillig komisch. Irgendwie tragen aber auch die Fehler zum ganz eigenen Charme von **Shenmue** bei. Hat es einmal »klick« gemacht, kommt man nicht mehr vom Controller los, bis der Abspann über den Bildschirm läuft.

Obwohl sich das Spiel damals über eine Million Mal verkaufte, gab es für Suzuki leider nur wenig Grund zur Freude. Die immens hohen Produktionskosten – man spricht von 50 bis 70 Millionen Dollar – konnten damit bei Weitem nicht eingespielt werden. Dieses Ziel wäre eh utopisch gewesen, da sich zu wenig Dreamcasts im Umlauf befanden, um auf die nötige Summe zu kommen. Obwohl mit dem ersten Spiel nur ein kleiner Teil der geplanten Geschichte erzählt worden war, schien die Zukunft der Serie ungewiss. Als im März 2001 dann auch noch die Einstellung des Dreamcast bekannt gegeben wurde, fassten Suzuki und sein Team den ehrgeizigen Plan, so viel wie möglich vom Rest fertigzustellen, bevor die Lichter ausgehen. Veröffentlicht im September desselben Jahres setzte man mit **Shenmue II** zumindest inhaltlich ganz neue Maßstäbe. Ryo hat es aus dem beschaulichen Yokosuka nach Hong Kong geschafft, das vom emsigen Hafengebiet bis zu den Häuserschluchten Kowloons frei begehbar ist. Legt man sich gerade mal nicht mit der chinesischen Mafia an, muss man diversen Nebenjobs nachgehen, um sich die hohen Lebenshaltungskosten leisten zu können. In Sachen Spielbarkeit wurde an allen Ecken und Enden gefeilt, auch die Kämpfe sind spektakulärer denn je. Deswegen ist es umso tragischer, dass ausgerechnet dann Schluss ist, wenn die Story richtig Fahrt aufnimmt.

Da mit Dreamcast-Spielen kaum noch richtig Geld gemacht wurde, versuchte es Sega 2002 mit einer Umsetzung für Microsofts Xbox, inklusive verbesserter Grafik und neuer englischer Vertonung. Ein weiterer Flop besiegelte jedoch scheinbar das Ende der Serie. Zwischendurch gab es immer wieder Versuche eines Revivals. Mit dem Ausscheiden Suzukis aus der Firma im Jahr 2011 begruben allerdings selbst die hartnäckigsten Fans die Hoffnung. Umso größer war die Freude, als 2015 doch noch die Ankündigung von **Shenmue III** kam. Ohne das Crowdfunding, mit dem Herzensprojekte bar jeder Wirtschaftlichkeit von Privatleuten direkt finanziert werden, wäre das nie möglich gewesen. Als man Ende 2019 dann schließlich die fertige Version in Händen halten konnte, stellte sich bei den meisten jedoch Ernüchterung ein. Der Rest der Spieleindustrie hatte innerhalb von zwanzig Jahren an den Ideen Suzukis konsequent weitergearbeitet, er selbst hing aber irgendwie noch in der Dreamcast-Ära. Das Gameplay wirkt altbacken und hölzern, das Kampfsystem ist richtig mau und die Grafik maximal zweckmäßig. Als Hardcore-Fan kann man sich damit noch irgendwie anfreunden, für alle anderen ergibt das Spielen aber überhaupt keinen Sinn. Vor allem, weil die Geschichte wieder mal in einem Cliffhanger endet.

Ein positiver Nebeneffekt ist aber, dass mit der Rückkehr der Marke die beiden Originale die Würdigung erhalten, die sie verdienen. 2018 neu aufgelegt als **Shenmue I & II** bekommt man damit quasi ein Stück Zeitgeschichte zum Nachspielen. Was damals State-of-the-Art war, hat zwar nun Retro-Charme, funktioniert erstaunlicherweise aber immer noch echt gut. Diese Neufassung enthält dazu sinnvolle Verbesserungen, wie optionale Auflösungen in HD oder ein richtiges Breitbildformat. Wer also mal sehen will, warum seine Lieblingsspiele so sind, wie sie sind, braucht immerhin keinen Dreamcast mehr. Ob man nach dem Ende allerdings mit **Shenmue III** weitermacht, das sei einem selbst überlassen.

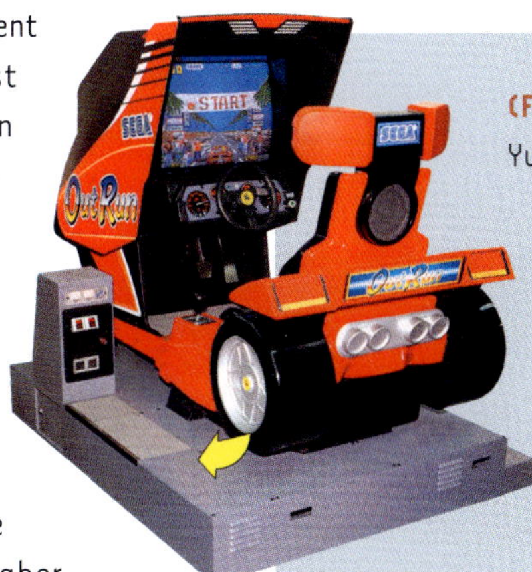

(Fast) wie in der Spielhalle!
Yu Suzukis Arcade-Klassiker hatten oft ganz spezielle Gehäuse, die das Erlebnis noch mal authentischer gemacht haben. In **Shenmue** wurden diese Cabinets originalgetreu nachgestellt.

SHINOBI (1987)

SYSTEM: U.A. ARCADE / SEGA MASTER SYSTEM / AMIGA / PC-ENGINE / NES / PC

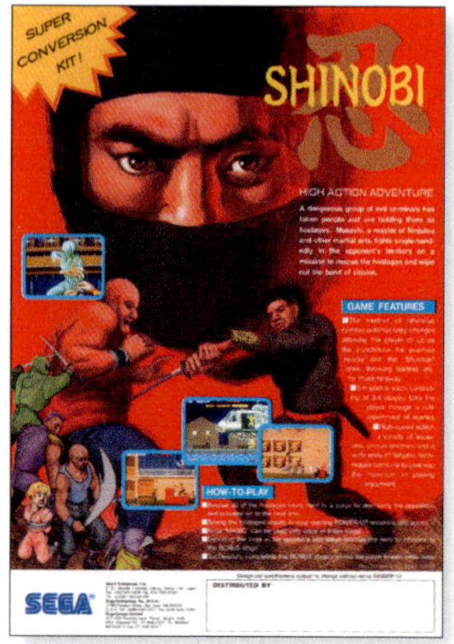

Was war eigentlich die stärkste Periode in der Geschichte von Sega? Eine Frage, die selbst Fans des japanischen Spielegiganten nicht so einfach beantworten können. Manche schwören auf die späten Neunziger, als der Dreamcast seine kurze Zeit im Rampenlicht hatte. Andere bevorzugen die jüngere Vergangenheit, weil nach dem Aufkauf von Studios wie Creative Assembly oder Atlus nun auch Strategie- und Rollenspieler bedient werden. Als Fan von Spielhallen-Klassikern fühlt man sich aber in den späten Achtzigern am wohlsten. Damals brachte Sega auf Basis der legendären System-16-Platine einen Arcade-Hit nach dem anderen heraus, darunter solche Klassiker wie **Fantasy Zone** (1986) oder **Golden Axe** (1989). Wenn man aus dieser üppigen Auswahl nun das beste Spiel raussuchen möchte, landet man schnell beim legendären **Shinobi**.

Ihr schlüpft diesmal in die lautlosen Treter eines Ninjas, der den kernigen Namen Joe Musashi trägt. Joe ist ziemlich angefressen, weil die Kinder seines Klans von der kriminellen Zeed-Bande entführt wurden. Um dies wieder ungeschehen zu machen, nimmt Joe Katana und Shuriken

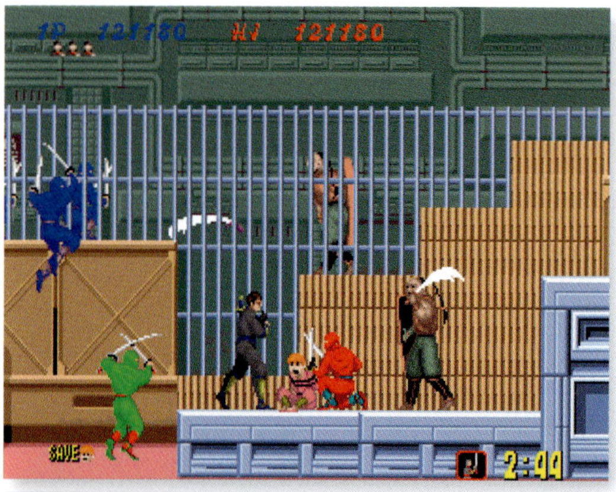

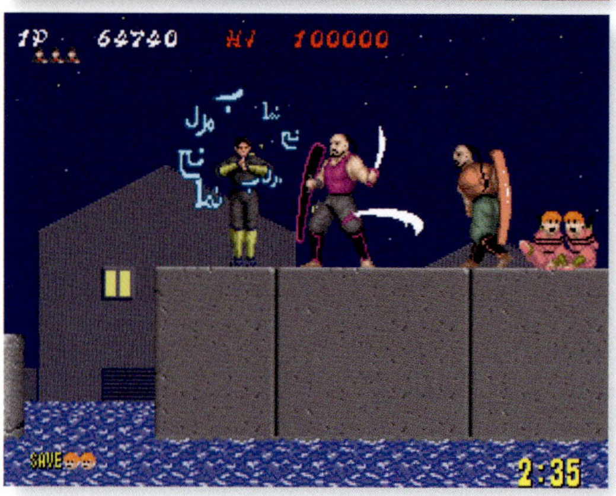

Arcade

in die Hand und geht auf Rettungsmission. In neunzehn knackigen Stages gilt es nun, die verschleppten Kids allesamt wieder zu befreien und die Gang-Bosse zu vermöbeln. Dargestellt aus der Seitenperspektive, orientiert sich **Shinobi** an der Spielweise von Namcos wegweisenden **Rolling Thunder** aus dem Vorjahr. Überall in den Leveln sind Gegner verteilt, die entweder zielsicher auf Joe zustürmen oder an Schlüsselstellen mit Schusswaffen warten. Wenn man es nicht schafft, diese rechtzeitig aus dem Weg zu räumen, nutzt man entweder die zahlreichen Hindernisse als Schutzwall oder wuchtet sich auf eine Zweit-Ebene. Mit jedem geretteten Kind steigt die eigene Angriffskraft, einmal pro Stage ist sogar eine bildschirmweite Super-Attacke möglich.

Wie für Sega typisch zu jener Zeit spielt sich **Shinobi** nicht nur sehr fluffig, auch die technische Seite passt. Die einzelnen Stages sind schön abwechslungsreich, bei jedem Locationwechsel wird das Gameplay immer dezent angepasst. Selbstverständlich kommen auch immer wieder neue Gegnertypen hinzu. Die Bossgegner können teilweise bildschirmgroß sein, sogar ein Helikopter will uns an den Kragen. Das Highlight sind aber die Bonusmissionen, die regelmäßig zwischen den Leveln eingestreut werden. Aus der Egoperspektive muss man heranstürmende Ninjas mit seinen Shuriken in Schach halten. Solange man trifft, ist alles im Lot. Allerdings muss nur ein Gegner durch die Abwehr brechen und der Spaß ist vorbei. Die richtige Herausforderung findet jedoch in den eigentlichen Leveln statt, im ersten Anlauf kommt man wahrscheinlich nicht sofort durch. Besonders fies übrigens ist die Tatsache, dass im letzten Abschnitt auch noch die Continue-Funktion abgeschaltet wird. **Shinobi** mauserte sich zu einem der erfolgreichsten Automaten für Sega und wurde auf fast allen relevanten Konsolen und Computern umgesetzt. So richtig an das Vorbild aus der Spielhalle kommt zwar keine davon heran, aber zumindest die Master-System-Fassung stand damals bei vielen Leuten hoch im Kurs. Immerhin wurde das Original über die Jahre immer wieder in Collections neu aufgelegt, ein günstiger Download ist im eShop der Nintendo Switch verfügbar. Schleichmeistern seien dazu auch die Mega-Drive-Sequels **The Revenge of Shinobi** (1989) und **Shinobi III** (1993) sehr empfohlen.

Sag's mit Shuriken!

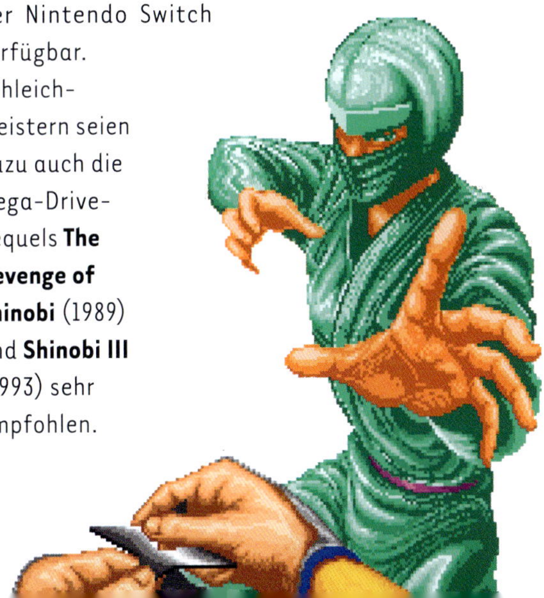

SID MEIER'S CIVILIZATION IV (2005)

SYSTEM: PC

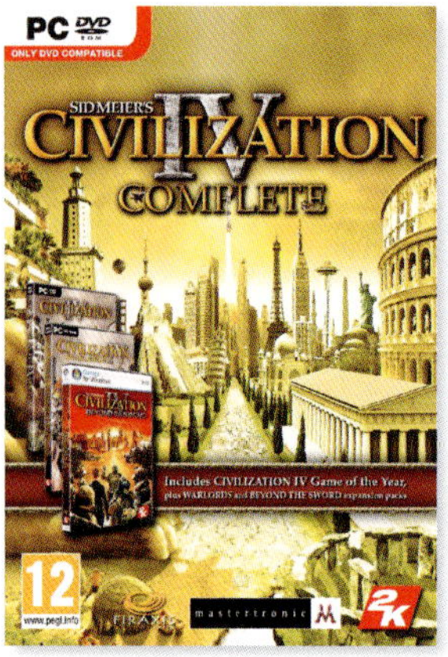

Eine der kniffligsten Aufgaben beim Zusammenstellen solch einer Bucket List ist es, den korrekten Vertreter einer langlebigen Serie rauszusuchen. Bestenfalls hat man alle relevanten Titel selbst gespielt und kann eine informierte Entscheidung treffen. Im Fall von **Sid Meier's Civilization** beschränken sich meine Erfahrungen aber nur auf die frühesten Teile. Damit habe ich seinerzeit auf dem Amiga und der PlayStation etliche Runden gedreht, insbesondere **Civilization II** (1996) hat es mir angetan. Das allein reicht aber selbstverständlich nicht. Nun, nach dem Kauf der restlichen Serie, ausgiebigen Sessions und Rücksprache mit langjährigen Fans hat sich **Civilization IV** als klarer Favorit herauskristallisiert. Das wird nämlich nicht nur immer wieder als eines der besten PC-Games aller Zeiten genannt, es spielt sich auch noch richtig, richtig gut.

Als Hardcore-Stratege wusste man bereits in den frühen Neunzigern, dass der Name Sid Meier für Qualität steht. Neben **Pirates!** (1987) und **Railroad Tycoon** (1990) sorgte vor allem **Civilization** (1991) für Begeisterungsstürme. In dem rundenbasierten Spiel übernimmt man die Rolle des Anführers einer Nation und muss diese über Jahrtausende hinweg verwalten. Nur wer geschickt mit Ressourcen, Einheiten und Gebäuden umgeht, kann sein Reich vernünftig expandieren und weiterentwickeln. Da auf der gleichen Map aber auch konkurrierende Nationen unterwegs

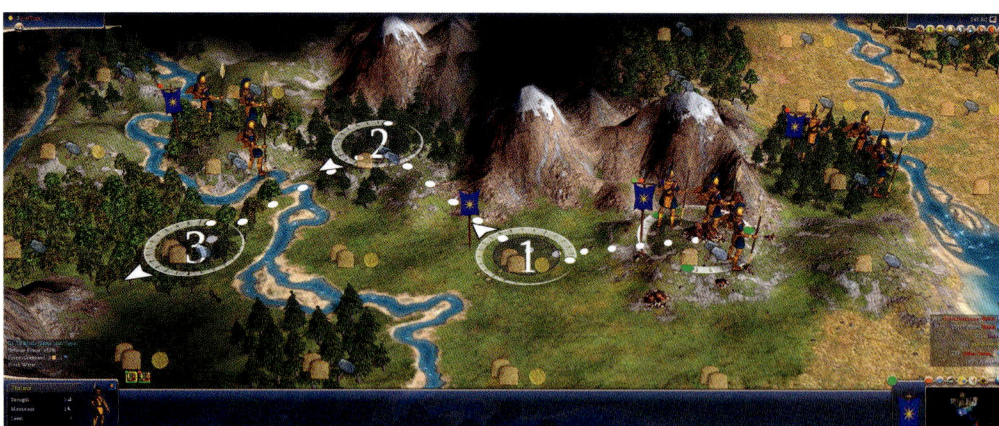

sind, muss man politisch aktiv werden. Sind Diplomatie und Handel der richtige Weg? Oder stürzt man sich in den Krieg und erobert die ganze Welt? Presse und Gamer liebten das Spiel so sehr, dass Meier etliche Fortsetzungen machen durfte und konsequent am Konzept weiter schliff.

Neulinge könnten sich deshalb bei **Civilization IV** von den vielen unterliegenden Systemen ein wenig erschlagen fühlen. Im Grunde macht man immer noch das Gleiche wie zuvor, aber man muss erst mal verstehen, wie überhaupt alles ineinandergreift. Ab wann kann ich bestimmte Gebäude bauen? Wie ist das mit den Einheiten? Welcher Religion sollte mein Volk angehören? Zum Glück hat Meier sich selbst eingebaut. Sein Avatar bringt einem alles Wichtige in einem umfangreichen Tutorial bei. Richtig spielen lernt man aber erst natürlich, wenn die Stützräder ab sind. Ab dann offenbart **Civ IV** seine wahre Stärke, die enorme Vielseitigkeit. Nicht nur der eigene Spielstil ist entscheidend, man darf auch an etlichen Stellschrauben drehen, um das Erlebnis stark zu individualisieren. Neue Maps werden selbst generiert, es gibt eine üppige Auswahl an spielbaren Nationen und sehr fein abgestufte Schwierigkeitsgrade. Insbesondere im Multiplayer kann eine Partie zum Nägelkauen spannend sein. Nur die Grafik wirkt wegen des gehobenen Alters nicht mehr so taufrisch, dennoch ist sie irgendwie charmant. Dafür ist die Musik zeitlos gut, das Titelstück **Baba Yetu** gewann sogar einen Grammy.

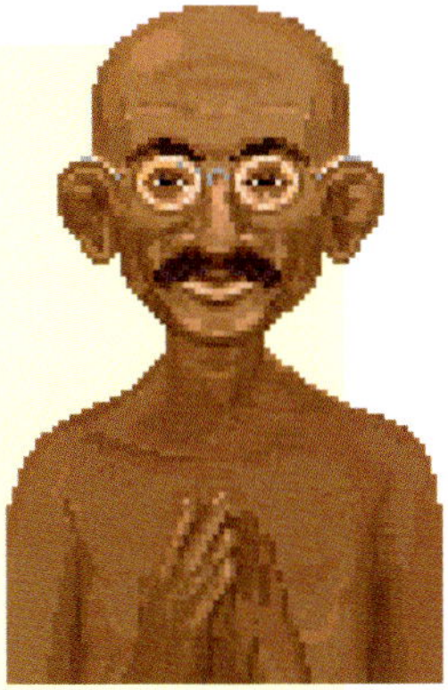

Hat er die Nase voll vom passiven Widerstand?
Jahrelang hielt sich das Gerücht, dass ausgerechnet Ghandi zu den ruchlosesten Gegnern zählt. Bereits im ersten **Civilization** sollte ein Software-Bug aus dem friedvollen Anführer einen Wüterich machen, der mit Atombomben um sich schmeißt. In seiner Biographie von 2020 bestätigte Meier allerdings, dass es sich dabei um eine urbane Legende handelt. Aus Jux verbaute man aber Ghandis nukleare Neigung seit **Civ V** (2010) ganz offiziell in die Serie.

Über die Jahre hat das Spiel nicht nur offizielle Erweiterungen bekommen, es gibt immer noch eine florierende Fangemeinde, die an Mods arbeitet. Die Steam-Version läuft auf modernen Rechnern ebenfalls einwandfrei. Wem der Look am Ende doch etwas zu altbacken ist, dem sei das hervorragende **Civilization VI** (2016) als Alternative nahegelegt. Trotzdem sollte man danach auch ein paar Runden mit **Civ IV** einlegen, sonst verpasst man ein ganz wichtiges Stück Gaming-Geschichte.

SID MEIER'S PIRATES! (1987)

SYSTEM: U.A. C64 / AMIGA / PC / NES / SEGA MEGA DRIVE (GOLD) / XBOX (REMAKE)

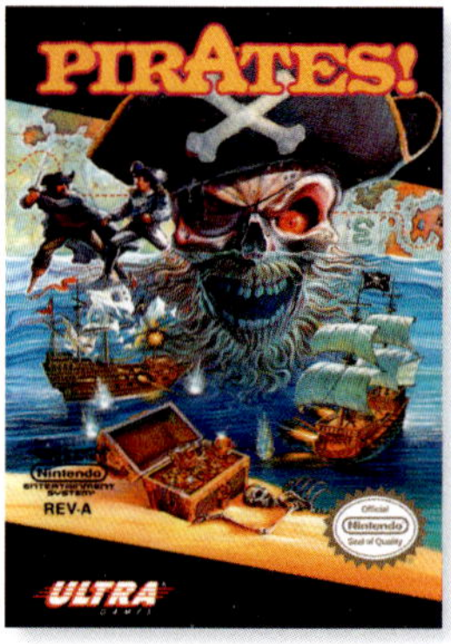

Jeder langjährige Gamer kennt sicher das Gefühl: Es gibt diesen einen Titel, den man so lange und intensiv gespielt hat, dass sich das Erlebnis bis in alle Ewigkeit ins Hirn brennt. Über den Zeitraum von knapp einem Jahr hatte ich als Jugendlicher ein Ritual, von dem ich nur selten abgewichen bin. Nachdem ich von der Schule kam, habe ich schnell was gegessen und die Hausaufgaben gemacht, damit ich mir im Anschluss die neueste Folge von **Eine schrecklich nette Familie** in Ruhe anschauen konnte. Danach wurde aber direkt der C64 an den Fernseher gehängt und **Sid Meier's Pirates!** bis in die Puppen gedaddelt. Oder zumindest so lange, bis die Eltern Stress machten.

Im kultigen Piratensimulator ist man als Nachwuchs-Freibeuter in der Karibik unterwegs und sucht dort sein Glück. Das kann im Brandschatzen und Plündern liegen, oder man schlägt sich auf die Seite der Kolonialmächte und erobert die nächstbeste Hafenstadt. Duelle mit anderen Schiffen trägt man in Echtzeit per Kanone aus, nach dem Entern wird mit dem gegnerischen Captain um den Sieg gefochten. Je größer die eigene Flotte wird, desto weiter eilt einem der eigene Ruf voraus und lockt neue Crew-Mitglieder an. Aber Vorsicht, wer zu gierig ist und ohne Plan immer weiter expandiert, riskiert eine Meuterei. Um dem zuvorzukommen, kann man zeitig in Rente gehen und damit den Schwierigkeitsgrad der folgenden Tour anheben. Clevere Captains lassen sich hingegen beim nächsten Kampf so lange abschießen, bis die eigenen Reihen wieder auf ein gesundes Maß geschrumpft sind. Da **Pirates!** eine Reihe an Zufallselementen enthält, gleicht keine Runde der anderen. Je nach gewählter Zeitperiode findet man ein anderes politisches Klima vor, heiratswillige Gouverneurstöchter oder pralle Schatztruhen sind im nächsten Durchgang an ganz anderen Orten versteckt. Die dominanten Passatwinde machen Reisen in den Westen wesentlich angenehmer als wieder zurück, tückische Riffs können schnell mal ein Leck in die Schiffshülle schlagen. Heutzutage würde man angesichts der großen Landkarte das Spiel im Open-World-Genre ansiedeln. Damals war es einfach nur ein gigantischer Tummelplatz, um seine

Seeräuber-Fantasien auszuleben. Wer auf einen möglichst guten Abschluss aus ist, muss durch kompetentes Kapern so viele Piraten-Punkte ansammeln, dass am Ende der Karriere ein Job als Berater des Königs rausspringt.

Vom originalen **Pirates!** gab es neben vielen Computer-Versionen auch eine echt brauchbare Konsolen-Fassung für das NES. Etwas umstrittener ist das ein paar Jahre später erschienene **Pirates! Gold** (1993), das zwar eine verbesserte Grafik bietet, bei dem aber etliche Bugs den Spielspaß trüben. Wer sich daran nicht so sehr stört, kann diese Ausgabe für ein paar Euro bei Steam erwerben. Alternativ gibt es noch das solide Remake von 2004, das mit seiner schrägen Grafik und der Nonsens-Synchro heutzutage aber etwas komisch anmutet. Egal aber welche Fassung man spielt, ein Piratenleben von Anfang bis Ende sollte jeder mal durchlaufen haben. Und danach schaut man, ob **Al Bundy** irgendwo noch läuft.

Sega Mega Drive (Gold)

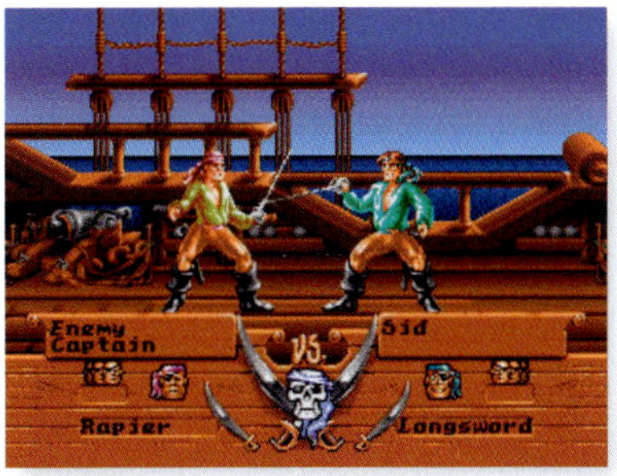

PC

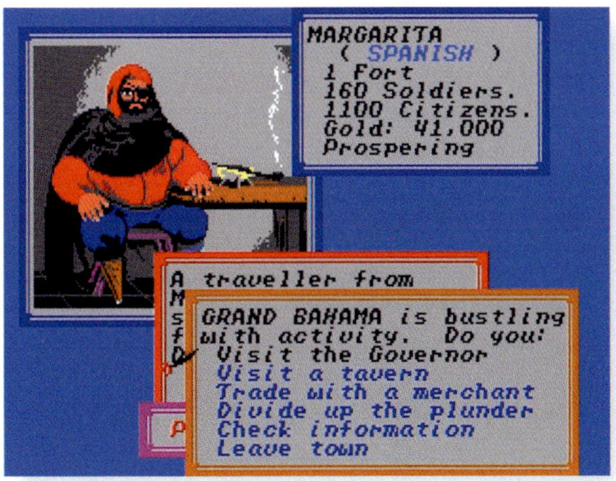

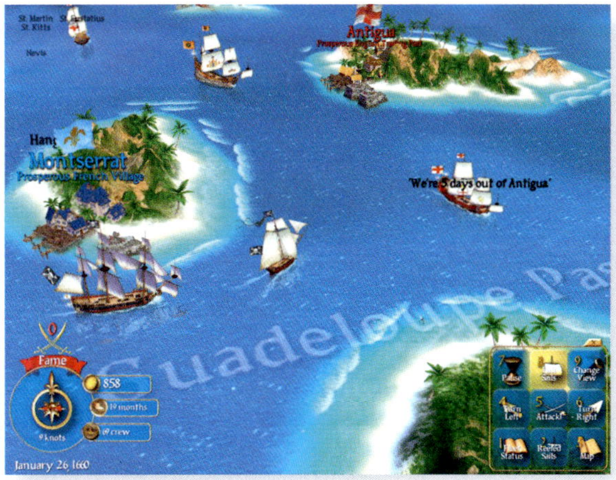

Xbox (Remake)

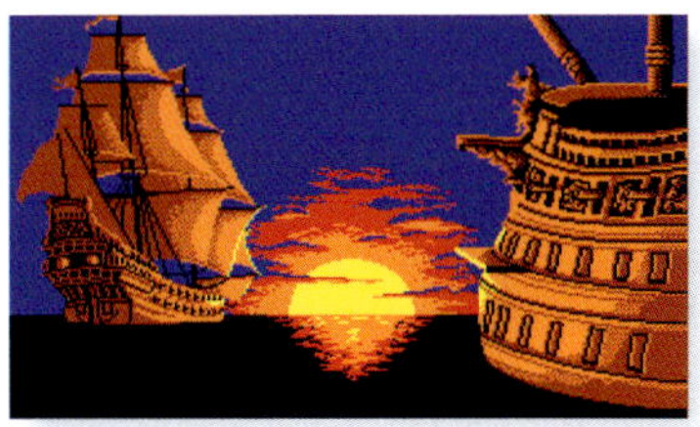

NES

SILENT HILL 2 (2001)

SYSTEM: PLAYSTATION 2 / PLAYSTATION 3 / XBOX / XBOX 360 / PC

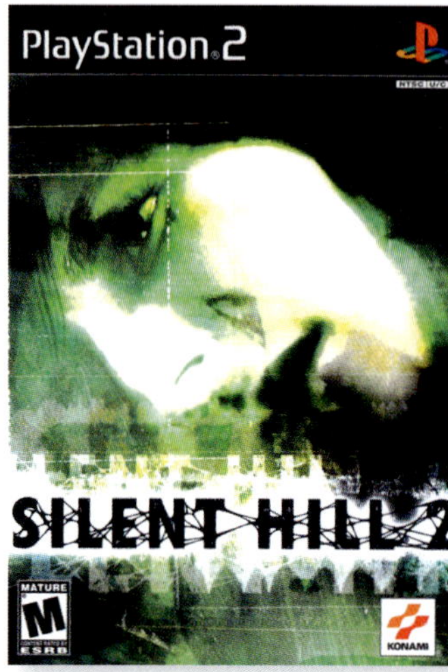

Mit fragender Miene blickt ein Mann mittleren Alters in den Badezimmerspiegel einer verlotterten Raststätte. Dann fährt er mit der Hand durch sein Gesicht, anschließend entweicht ihm ein tiefer Seufzer. Noch vor kurzem hätte James Sunderland nie gedacht, dass es ihn jemals wieder nach Silent Hill verschlägt. Dann kam plötzlich der Brief von seiner Frau Mary, die ihn genau darum bat. Sie würde dort auf ihn warten, an ihrem ganz besonderen Platz. Doch wo genau befindet sich dieser? Und ist der Brief wirklich von ihr? Das kann eigentlich gar nicht sein, denn Mary ist bereits seit drei Jahren tot.

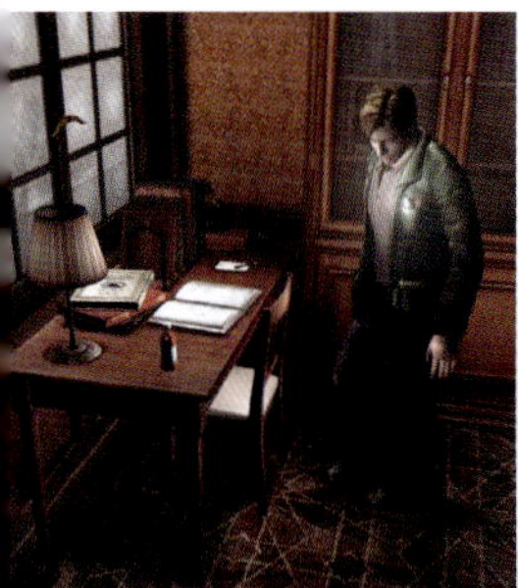

PC (Enhanced Edition)

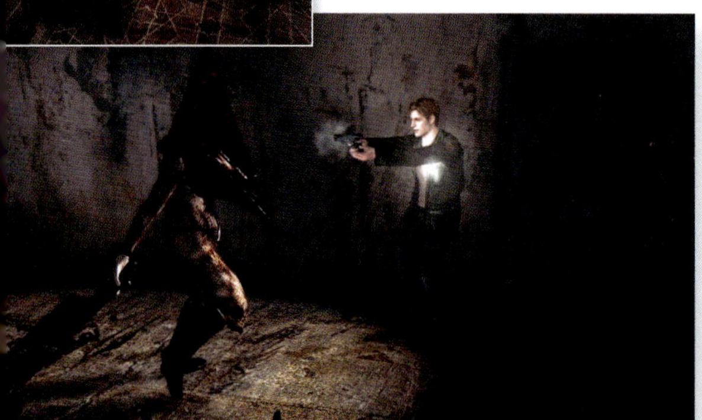

Diese melancholische Szene dient als Einleitung für **Silent Hill 2**, einem der besten Horror-Spiele aller Zeiten. Erschienen kurz nach der Jahrtausendwende, sollte die Fortsetzung in erster Linie möglichst schnell an den überraschenden Erfolg des Vorgängers anknüpfen. Im Kielwasser von **Resident Evil** (1996) war Survival Horror auf einmal richtig angesagt. Fast jede Firma versuchte sich an einem

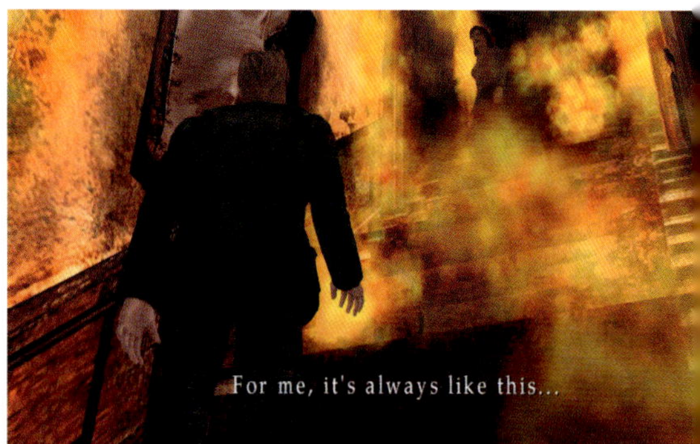

vergleichbaren Spiel. Bei Konami hatte dies aber wohl keinen großen Stellenwert, denn an dem Projekt arbeiteten fast nur Leute, die bis dato keine großen Leistungen vollbracht hatten. Dann kam mit **Silent Hill** (1999) ein Spiel dabei heraus, das dem gesamten Genre eine neue Richtung verpasste. Auf der Suche nach seiner verschollenen Tochter Cheryl verschlägt es Familienvater Harry Mason in die titelgebende Kleinstadt. Dort wird er mit unaussprechlichen Grausamkeiten konfrontiert, doch Harry weiß, dass er nicht einfach so kehrt machen kann. Er wird Cheryl finden, selbst wenn es ihn seinen Verstand kostet. Getragen von der verstörenden Story und dem scheppernden Soundtrack des Komponisten Akira Yamaoka war **Silent Hill** damals deutlich gruseliger als die Konkurrenz und verkaufte sich gleich mehrere Millionen mal.

Die Arbeiten am Sequel begannen direkt nach der Fertigstellung des ersten Teils, allerdings mit ein paar signifikanten Änderungen. Nach dem Abgang von Game Director und Autor Keiichiro Toyama wurden etliche Positionen umbesetzt, auch Neulinge stießen zum Team hinzu. Ohne Toyama ergab es nur wenig Sinn, mit der Geschichte des Vorgängers weiterzumachen, deswegen entschied man sich für eine andere Herangehensweise. Statt der spielbaren Charaktere würde nun quasi die Stadt selbst der Protagonist sein. Wenn Silent Hill dich ruft, hat dies auch einen triftigen Grund. Jede Person, die dort landet, muss ihren eigenen Weg finden. Selbst wenn sie nicht weiß, was am Ende auf sie wartet. Auf diese Art würde die Serie wie eine Anthologie funktionieren, in der immer wieder neue Stories erzählt werden können. Deshalb macht es auch keinen Unterschied, ob man vor **Silent Hill 2** den Vorgänger gespielt hat. Der Name auf dem Ortsschild mag gleich sein, doch das Silent Hill von Harry Mason ist nicht das Silent Hill von James Sunderland.

Vor diesem Hintergrund konnten die Entwickler nun spielerisch auf dem Fundament des ersten **Silent Hill** aufbauen, ohne sich aber zu sehr wiederholen zu müssen. Der Weg zum verabredeten Platz führt James über menschenleere Straßen und verschachtelte Gebäude, aus denen man nur herauskommen kann, wenn man kryptische Rätsel löst. Erschwert wird diese Aufgabe durch grauenhafte Monster, die sich einem ständig

Wo ist Mary?

Auf der Suche nach seiner Frau stellt James fest, dass er nicht alleine in Silent Hill ist. Werden ihm die anderen weiterhelfen können?

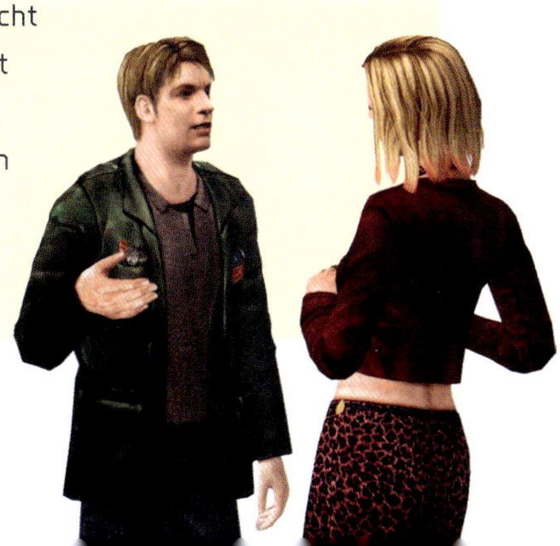

in den Weg stellen. Darunter ist auch Pyramid Head, ein Hüne mit markanter Kopfbedeckung und gigantischem Schlachtermesser, auf den man zu den unpassendsten Momenten trifft. Kann man der Gefahr nicht aus dem Weg laufen, stehen James etliche Waffen zur Verfügung, natürlich mit sehr limitierter Munition. Das Kämpfen an sich macht jetzt nicht unbedingt so richtig Spaß, James agiert dabei recht ungelenk. Man kann sich diesen Aspekt aber auch irgendwie schönreden, schließlich ist James nur eine normale Person und kein ausgebildeter Elitesoldat. Da passt es schon, wenn er sich ein wenig steifer bewegt. Sowohl das Kämpfen als auch die Rätsel haben zu Beginn separat einstellbare Schwierigkeitsgrade. Wer sich also in einem der beiden Aspekte nicht so sicher fühlt, passt das Erlebnis für sich an.

Die wahre Stärke von **Silent Hill 2** liegt aber nicht im Gameplay, sondern im Storytelling und der unglaublichen Atmosphäre. James Reise durch die Stadt ist auch eine Reise zur Selbstfindung. Wie in einem Fiebertraum geht es ohne Unterlass von einem surrealen Erlebnis zum nächsten, neue Erkenntnisse werfen ein ganz anderes Licht auf sicher geglaubte Tatsachen. Das liegt nicht nur am sorgfältig geschriebenen Drehbuch, auch die Leistung der einzelnen Performer trägt enorm dazu bei. Viele der Rollen besetzte man mit nicht professionell ausgebildeten Schauspielern, so dass eine gewisse Rauheit und Authentizität in den Dialogen mitschwingen. Da bei den Cutscenes mit Motion Capturing gearbeitet wurde, wirken die Bewegungsabläufe auch ziemlich lebhaft. Allgemein muss man sagen, dass **Silent Hill 2** trotz seines Alters echt nicht so schlecht

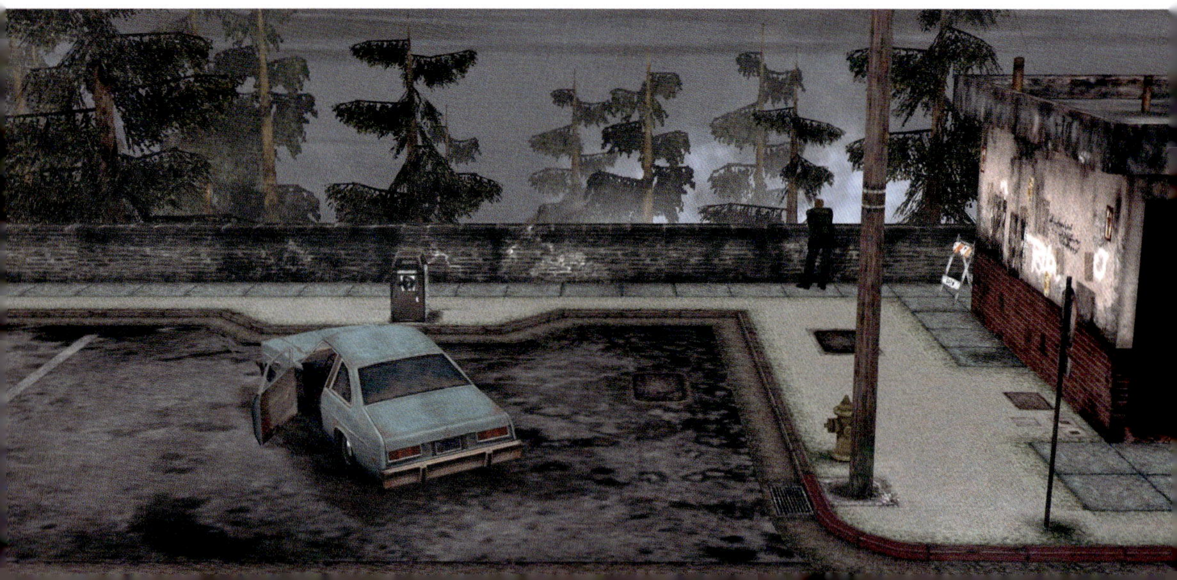

aussieht. Schon damals war die Qualität der Charaktermodelle überraschend gut. Die vielen Effekte wie Rauschfilter und Nebelschwaden kaschieren die Unzulänglichkeiten oft ganz gut. Der Soundtrack hingegen hat die beiden Jahrzehnte seit der Veröffentlichung komplett verlustfrei überstanden. Komponist Yamaoka war einer der Rückkehrer im Entwicklerteam und hat sich entschieden, etwas mehr Melodie in seine Industrial-Klänge zu mischen. Das Ergebnis ist absolut fantastisch und deckt die gesamte Bandbreite der Emotionen ab, die dafür nötig sind, um diese Geschichte vernünftig zu erzählen. Die Musik ist aber auch ohne das Spiel ein absolutes Brett.

Von **Silent Hill 2** gibt es jede Menge verschiedener Versionen, alle mit ihren Vor- und Nachteilen. Die Ausgabe für die ganz alte Xbox ist ganz in Ordnung, hat aber Grafikfehler, wenn man auf Xbox360 spielt. Bei der PlayStation 2 sollte man die erste Auflage überspringen, weil dort das Bonus-Szenario **Born from a Wish** fehlt. Die PC-Fassung lohnt sich am meisten, weil sich diese per Fan-Patch in die sehr gelungene **Enhanced Edition** umwandeln lässt. Keinesfalls zu empfehlen ist das **Silent Hill HD** Remaster von 2012. Das darauf enthaltene Spiel basiert nicht auf der finalen Version von **Silent Hill 2** und wurde leider arg verschlimmbessert. Zu guter Letzt ist gerade ein ausgewachsenes Remake in der Mache, entwickelt in Polen bei den Horror-Spezialisten von Bloober Team. Davon gab es zu Redaktionsschluss nur einen Trailer zu sehen, der aber immerhin recht ordentlich war. Hoffen wir mal, dass sie es am Ende nicht doch noch versemmeln.

Original (2001), links vs. Remake (2024), unten
Zumindest visuell hat das kommende Remake die Stimmung des Originals gut eingefangen. Hoffentlich gilt das auch für den Rest der Neuauflage.

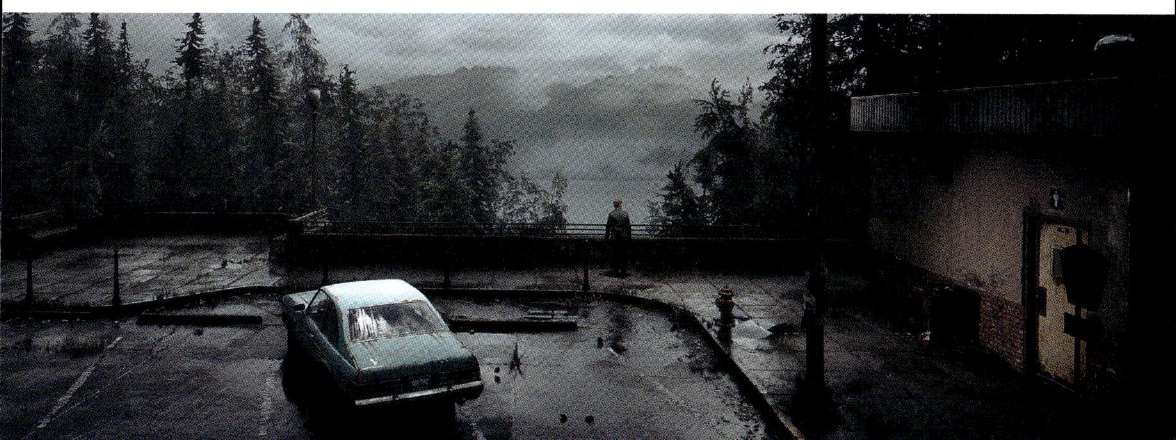

SIMCITY (1989)

SYSTEM: U.A. C64 / SUPER NES / AMIGA / PC / X68000

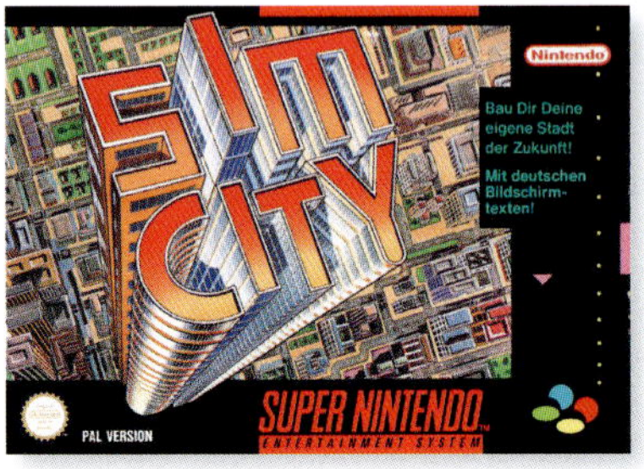

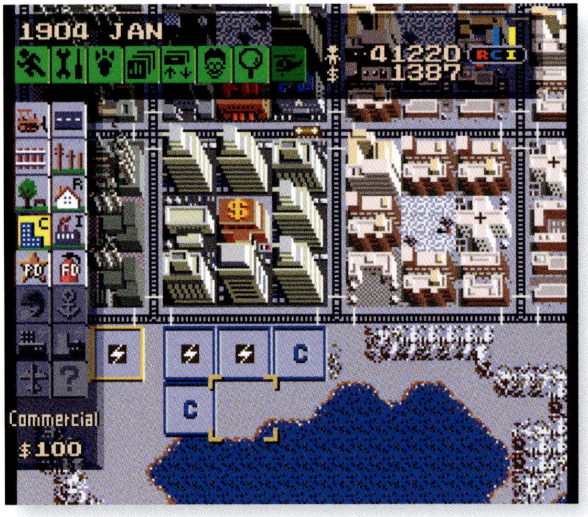

Super NES

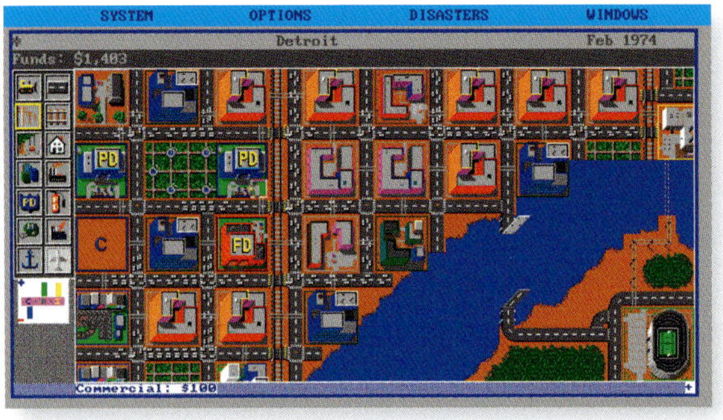

PC

Mit einem guten Videospiel verbringt man gerne Zeit, weil man unbedingt das Ende sehen möchte. Mit einem großartigen Videospiel verbringt man gerne Zeit, weil das Spielen an sich so viel Spaß macht. Dieses altgediente Gamer-Motto mag etwas simpel gestrickt sein, im Kern steckt aber dennoch viel Wahres. Das gilt insbesondere für Aufbausimulationen wie **SimCity**, die erst gar keinen vordefinierten Abschluss haben. Klar, man kann sich immer persönliche Ziele setzen und darauf hinarbeiten, muss aber nicht. Manchmal reicht es eben, seine Kreativität bei der Planung virtueller Städte auszuleben. Das dachte sich auch Game-Designer Will Wright, der seinen Einstand mit **Raid on Bungeling Bay** (1984) feierte. Bei dem Kriegsspiel galt es, als Helikopterpilot militärische Einrichtungen anzugreifen. Bereits bei der Entwicklung musste Wright feststellen, dass ihm die Gestaltung neuer Karten mehr Vergnügen bereitete als die anschließende Ballerei. Inspiriert vom Buch **Urban Dynamics** des Systemwissenschaftlers Jay Forrester ergänzte Wright seinen Level-Editor nach und nach um wichtige Elemente wie zum Beispiel Autos, Häuser und Menschen.

Als Bürgermeister darf man in **SimCity** nun selbst komplett bestimmen, wie ein leeres Stück Land bebaut wird. Um neue Einwohner anzulocken, müssen genug Arbeitsplätze und Einkaufsmöglichkeiten geschaffen werden. Ohne Strom läuft natürlich nichts, auch ein clever verzahntes Netzwerk an Straßen und Schienen ist wichtig. Wer öffentliche Einrichtungen wie Polizeireviere vernachlässigt, riskiert eine steigende Kriminalitätsrate. Mit grünen Parkanlagen bekämpft man die Umweltverschmutzung. Reicht das schmale Budget für die Umsetzung der eigenen Ideen nicht aus, nimmt man entweder einen teuren Kredit auf oder erhöht die Steuern. Letzteres kann sich aber negativ auf das Wachstum auswirken. Ist die kleine Siedlung mal zur florierenden Metropole geworden, steigt dann auch der Anspruch. Eine Naturkatastrophe mitten im Stadtzentrum kann schwerwiegende Folgen haben, auf die man im Fall der Fälle eine Antwort parat haben muss.

Während Wright von seinem komplexen Gameplay-Konstrukt überzeugt war, fand er für lange Jahre keinen Abnehmer dafür. Erst 1989 landeten er und sein Partner Jeff Braun, mit dem er gemeinsam das Entwicklerstudio Maxis gründete, einen Deal mit Publisher Broderbund. Waren die Abverkäufe anfangs noch mau, entwickelte sich das Spiel nach und nach zum Geheimtipp. Als dann noch ein Artikel im renommierten *Time Magazine* erschien, brachen schließlich alle Dämme und **SimCity** wurde zum Welterfolg. Warum das so gelaufen ist, lässt sich zum Glück heute noch gut nachvollziehen, denn das Original hat kaum etwas von seiner Faszination eingebüßt. Gerade Genre-Neulinge freuen sich über die genau richtige Mischung von Einsteigerfreundlichkeit und spielerischem Anspruch. Neben der vielen Computer-Versionen lässt sich tatsächlich auch der fantastische Port für das Super Nintendo empfehlen. Dieser kostet auf dem Gebrauchtmarkt nur ein paar Euro und bietet hübsche Optik, viele eigenständige Ideen und sogar ein vernünftiges Eingabeschema mit dem Controller. Nur die Maus wird leider nicht unterstützt.

Digitaler Doppelgänger

Für die SNES-Fassung wurde mit Dr. Wright eine Figur geschaffen, die an Serienschöpfer Will Wright angelehnt ist. Der Pixel-Wright hat sinnvolle Ratschläge parat, feiert Jubiläen und warnt auch vor nahenden Katastrophen.

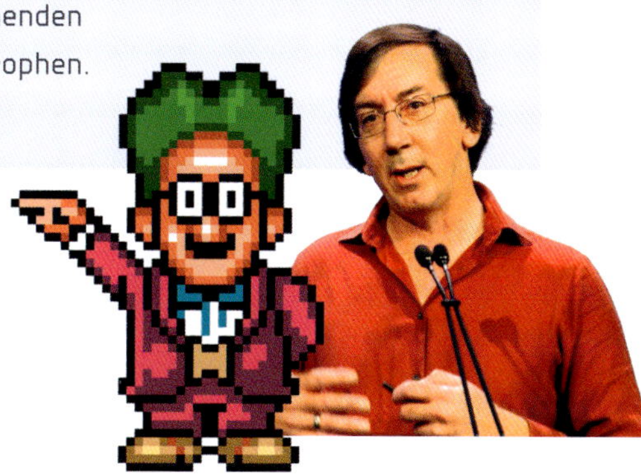

SONIC MANIA (2017)

SYSTEM: PLAYSTATION 4 / XBOX ONE / NINTENDO SWITCH / PC

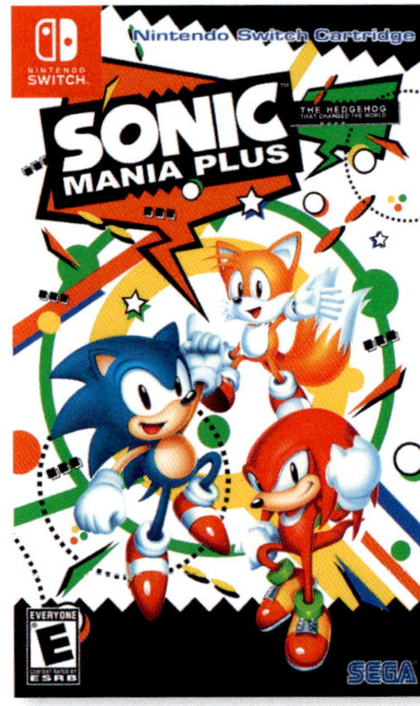

Keine Frage, Sonic the Hedgehog ist einer DER größten Videogame-Superstars. Selbst wenn man nie eine Konsole von Sega besessen hat, sollte einem der pfeilschnelle Igel ein Begriff sein. Als Fan ist man mit der umfangreichen Serie natürlich bestens vertraut, interessierte Neulinge stehen aber vor der Qual der Wahl. Muss man wirklich mit dem Erstling von 1991 anfangen? Oder verpasst man zu viel, wenn man direkt zu einem modernen Vertreter wie **Sonic Frontiers** (2022) springt? Das ist natürlich am Ende eine Glaubensfrage, es gibt gute Argumente für beide Wege. Man kann sich das ganze Dilemma aber auch einfach sparen, indem man zu **Sonic Mania** greift.

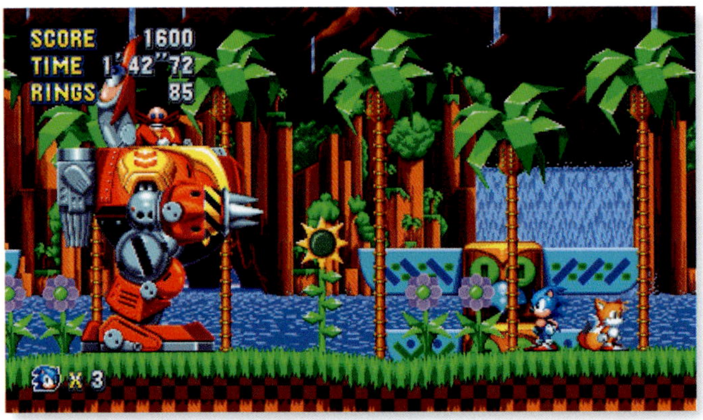

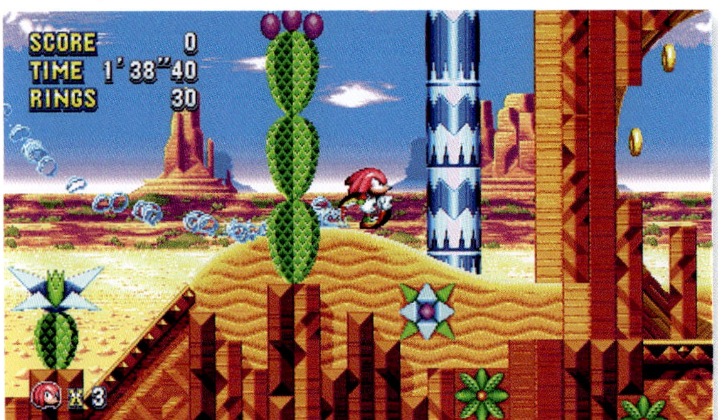

Nintendo Switch

Bevor Game Director Christian Whitehead die Leitung des Projektes übernahm, war er lange Jahre Teil der florierenden Fangame-Szene. Während Konkurrent Nintendo selbstgemachten Spielen oft einen Riegel vorschiebt, ist man bei Sega offener für Ideen aus der Gemeinde. Im Fall von Whitehead führte dies sogar dazu, dass er offiziell an Umsetzungen der alten Originale für Smartphones beteiligt war. Zum 25. Jubiläum des Franchises durfte Whitehead nun an einem komplett neuen Spiel arbeiten, zusammen mit einem Entwickler-Team, das seine Leidenschaft für Sonic teilt. Damit sie nicht über die Stränge schlugen, gab der japanische Producer Takashi Iizuka hier und da noch sinnvollen Input. Das Ergebnis kann sich mehr als sehen lassen, denn **Sonic Mania** spielt sich nicht nur absolut fantastisch, man merkt auch an allen Ecken und Enden, wie viel Liebe reingeflossen ist. Rein äußerlich orientierte man sich an den 2D-Spielen vom Mega Drive, insbesondere **Sonic 3** (1993) stand Pate. Zitieren die ersten Stages noch direkt Momente aus den Klassikern, folgen darauf komplett eigenständige Level mit frischen Konzepten. In jeder neuen Location gibt es auch neue Gameplay-Ideen, bevor man nach dem zweiten Abschnitt gegen einen originellen Bossgegner antritt. Das Level-Design mischt dabei clever Hochgeschwindigkeits-Segmente mit Passagen, in denen präzise Sprungeinlagen nötig sind. Dank vieler versteckter Geheimnisse sind die Wege außerdem nicht immer gleich, die Wahl des Charakters hat ebenfalls einen großen Effekt. In den obligatorischen Bonus-Runden wird zur Abwechslung auf eine 3D-Perspektive geschaltet, frei nach dem Vorbild aus **Sonic CD** (1992).

Verteilte die Presse dafür bereits zum Launch Höchstwertungen, waren diese mit der überarbeiteten Fassung **Sonic Mania Plus** (2018) sogar noch etwas höher. Die darin enthaltenen Boni sind zwar ziemlich nett, für Besitzer der ersten Ausgabe ist ein Neukauf aber kein Muss. Es mag vielleicht wie ein Sakrileg klingen, aber am Ende ist **Sonic Mania** so ein toller Einstieg, dass es sogar die geheiligten Mega-Drive-Originale irgendwie abgelöst hat. Und wenn man danach immer noch Appetit hat, laufen die Klassiker ja schließlich nicht weg.

Eggmans Edelsteine

Dr. Eggman, älteren Semestern auch als Dr. Robotnik bekannt, hat es auf die sieben Chaos Emeralds abgesehen. Ohne diese kann sich Sonic nicht mehr in seine goldene Super-Form verwandeln.

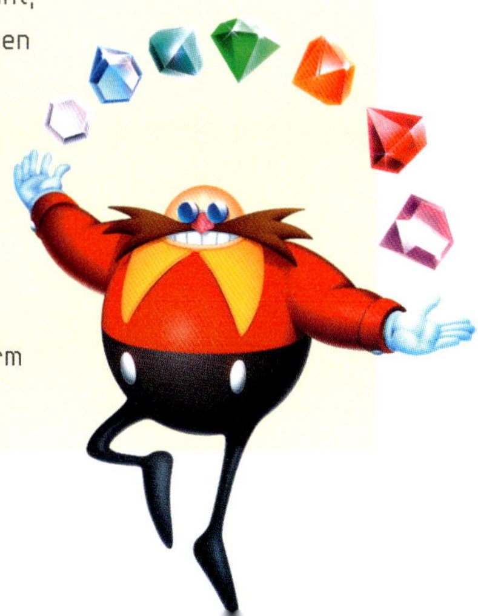

STARCRAFT: BROOD WAR (1998)

SYSTEM: PC / NINTENDO 64

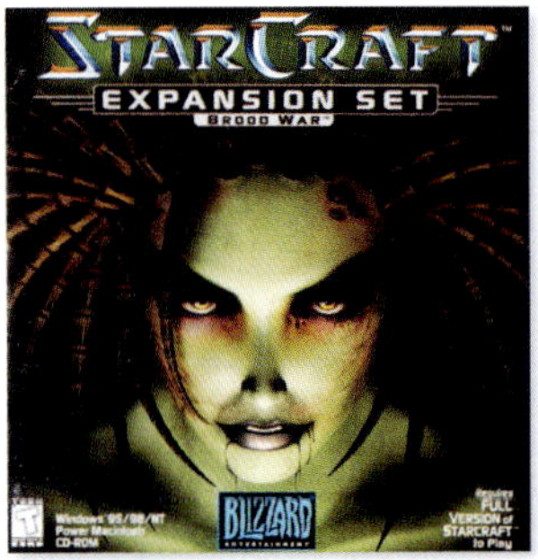

Eine der wichtigsten Aufgaben, die man als Designer eines Multiplayer-Titels hat, ist das sogenannte Balancing. Wer es nicht hinbekommt, dass die einzelnen Versatzstücke so ausgewogen wie nur möglich ineinandergreifen, der riskiert, dass das eigene Spiel bald weg vom Fenster ist. Erfahrene Gamer können solche Schwächen im System innerhalb kürzester Zeit ausloten. Diese werden dann konsequent ausgenutzt, irgendwann laufen alle Partien immer auf die gleiche Weise ab. Das ist beim Kultklassiker **StarCraft** zum Glück nicht der Fall. Bereits in seiner Urfassung galt das Echtzeitstrategie-Spiel als hervorragender Vertreter seiner Zunft. Für die Erweiterung **Brood War** schliff man dann so lange am Balancing weiter, dass aus **StarCraft** eines der besten Spiele aller Zeiten wurde.

Wie der Name es andeutet, spricht das Setting vor allem SciFi-Fans an. In der fernen Zukunft schwelt ein heftiger Krieg in der Milchstraße. Die menschlichen Terraner stehen dabei im Konflikt mit zwei Alien-Rassen, den psionisch begabten Protoss und den insektenartigen Zerg. Gefechte untereinander werden meist auf relativ leeren Karten ausgetragen, erst das Sammeln von Ressourcen macht dort den Bau von Gebäuden und Einheiten möglich. Nur wer geschickt taktiert, kann seine Armee so weit verstärken, bis der Feind keine Gegenwehr mehr leisten kann. In der Kampagne darf man nun in die Rolle von allen Völkern schlüpfen, um deren Vor- und Nachteile kennenzulernen. Die wahre Mutprobe findet dann aber im Mehrspieler-Modus statt, wo das erwähnte Balancing erst richtig zum Tragen kommt. Mit jeder Partie wird immer deutlicher, dass es keine großen Schlupflöcher gibt, die man für den Sieg ausnutzen kann. Gerade

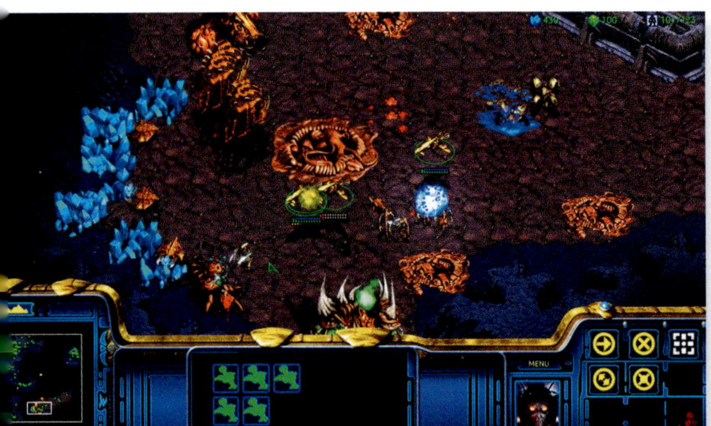

PC-Remaster

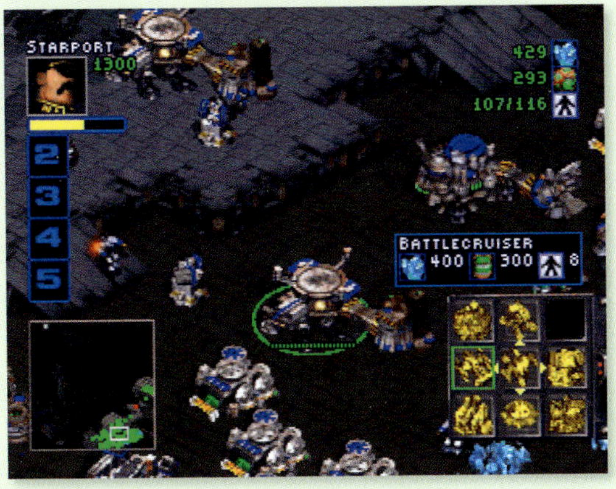

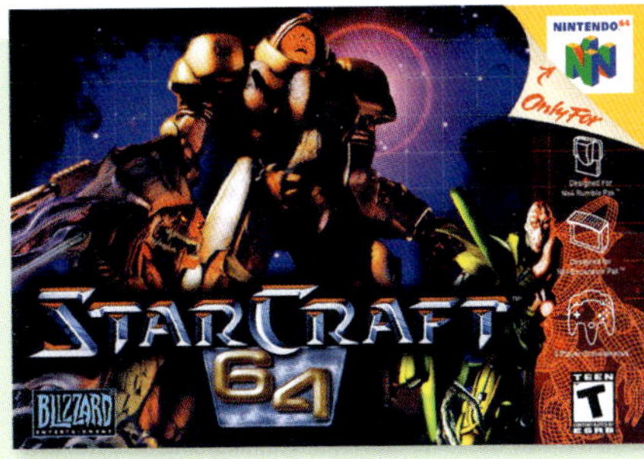

Kompetent auf Konsole

Da das Modul nie offiziell in Europa erschien, wissen viele nicht, dass von **StarCraft** eine echt solide N64-Version existiert. Online-Gaming geht zwar nicht, dafür aber Multiplayer im Splitscreen, sofern man ein Expansion Pack besitzt. Neben der PC-Kampagne ist sogar eine exkusive Geheim-Mission enthalten.

wenn sich zwei Experten gegenüberstehen, die sich perfekt mit dem Gameplay auskennen, entsteht eine teils nervenzerreißende Spannung. **StarCraft** wurde seinerzeit dadurch vor allem in Südkorea populär, wo man die größten Turniere sogar im Fernsehen ausstrahlte.

Dass hier nun explizit auf **Brood War** Bezug genommen wird, liegt daran, dass es heutzutage de facto fester Bestandteil des Hauptspiels ist. Knapp ein halbes Jahr nach dem Original erschienen enthielt die Erweiterung nicht nur die erwähnten Verbesserungen, sondern auch wichtigen Story-Content für Einzelspieler. Man kann also keine Version ohne **Brood War** mehr neu bekommen, und eigentlich möchte man das auch nicht. Die Entwickler von Blizzard stellen das PC-Original übrigens als kostenlosen Download über ihren Battle.Net-Service bereit. Für kleines Geld ist dazu eine **Remastered**-Ausgabe im Angebot, die hauptsächlich die Grafik für moderne Bildschirme etwas aufhübscht. Darunter steckt aber immer noch das gleiche Fundament, im Multiplayer sind sogar beide Versionen untereinander kompatibel. Natürlich darf bei all der Lobhudelei auch **StarCraft II** (2010) nicht zu kurz kommen, das für sich genommen auch ein exzellentes Strategiespiel ist. Verglichen mit dem Vorgänger hatte das Sequel aber deutlich mehr Konkurrenz im eSports-Bereich und wurde schneller aus dem Rampenlicht gedrängt, als man erwartet hatte. Strategie-Fans können also ruhig die komplette Reihe angehen, aber das Original ist für jeden quasi Pflicht.

STARDEW VALLEY (2016)

SYSTEM: PLAYSTATION 4 / PLAYSTATION VITA / XBOX ONE / NINTENDO SWITCH / PC / SMARTPHONE

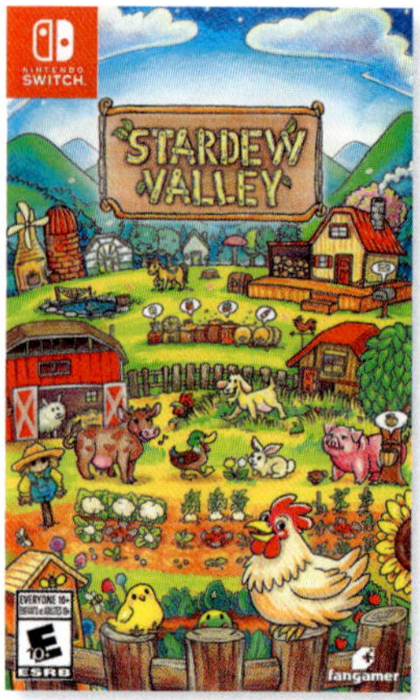

172 Stunden und 26 Minuten. So lange verbringen laut der Website **HowLong-ToBeat.com** Leute im Durchschnitt mit **Stardew Valley**, wenn sie ihm all seine Geheimnisse entlocken wollen. Verglichen mit der Zeit, die Game-Designer Eric Barone in das Spiel gesteckt hat, ist das aber nur ein Tropfen auf den heißen Stein. Beinahe fünf Jahre lang floss jeder freie Moment in die Entwicklung der Lebenssimulation, oft verlor er sich für Tage in akribischer Detailarbeit. Da Barone darüber hinaus komplett allein daran gesessen hat, musste er sich alle dafür nötigen Fähigkeiten erst draufschaffen. Infolgedessen hätte kaum jemand gedacht, dass sich diese selbst auferlegte Sisyphusaufgabe in einem der erfolgreichsten Spiele der Neuzeit niederschlägt. Auch Barone selbst nicht.

Abseits der ganzen Shooter, Rollenspiele oder Jump & Runs etablierte sich mit **Harvest Moon** in den Neunzigerjahren eine Serie, die eine ganz andere Art von Gamer ansprach. Als Betreiber einer Farm bestand die Aufgabe hauptsächlich darin, sein Feld zu bestellen, Geld mit dem Anbau von Gemüse zu verdienen und nebenbei den Partner fürs Leben zu finden. Ein leichter Zeitdruck war im Hintergrund spürbar, aber sonst war das Gameplay erstaunlich stressfrei. Zu den vielen Fans zählte auch Barone, der mit den später erschienenen Sequels jedoch nicht so richtig warm wurde. Da er keine passende Alternative fand, entschloss sich Barone, das Heft selbst

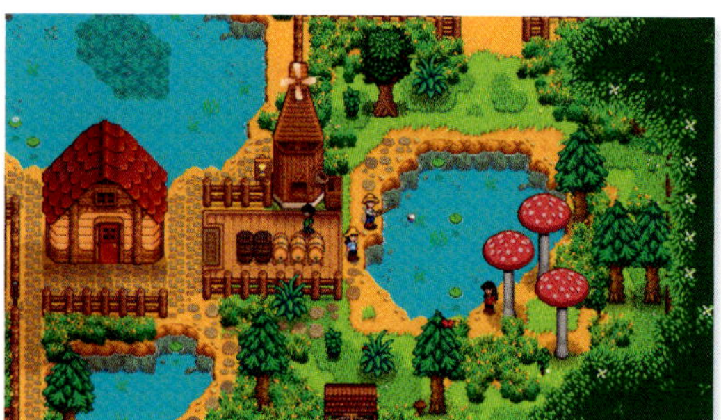

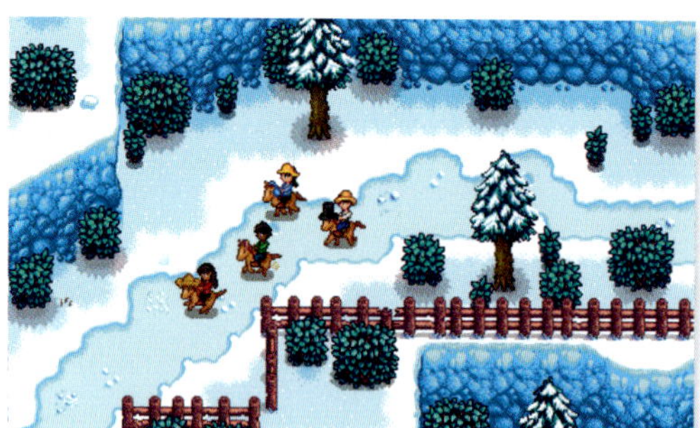

in die Hand zu nehmen. Als kleine Fingerübung nach dem Studium gedacht, entwickelte das Projekt irgendwann so ein Eigenleben, dass Barone für nichts anderes mehr Zeit hatte. Wer die krasse Entstehungsgeschichte von **Stardew Valley** im Detail nachverfolgen will, kann sie im exzellenten Buch *Blood, Sweat and Pixels* von Gaming-Journalist Jason Schreier nachlesen.

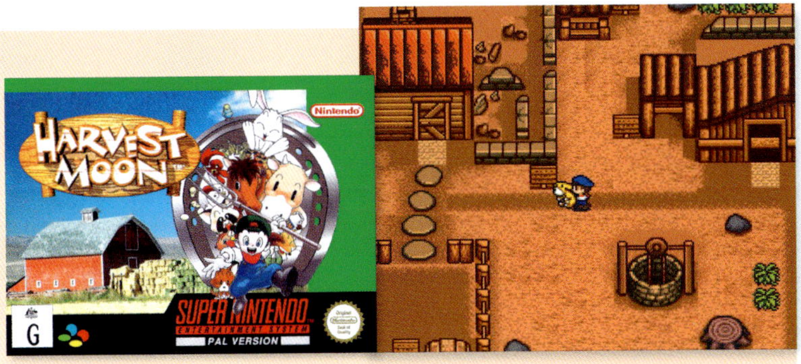

Der Urvater

Ohne **Harvest Moon** kein **Stardew Valley**: Das SNES-Original von 1996 war so beliebt, dass bis heute noch Sequels produziert werden. Nach einem Disput um die Namensrechte erscheinen neue Teile mittlerweile jedoch unter dem Titel **Story of Seasons**.

Im finalen Spiel sind die Wurzeln von **Harvest Moon** nun deutlich zu sehen, aber betrachtet durch die Linse eines Super-Fans. Nach dem Tod seines Großvaters erbt man eine Farm, die allerdings in einem verlotterten Zustand ist. Wurde erst mal klar Schiff gemacht, darf man sein Land nach eigenem Gusto umgestalten, um sich auf finanziell sichere Beine zu stellen. Natürlich sind die üblichen Versatzstücke enthalten, wie das Züchten von Tieren oder dass man Beziehungen mit NPCs eingehen kann. Um die genre-typische Experimentierfreude zu fördern, ist hier noch ein robustes Crafting-System hinzugekommen. Auf der Suche nach Rohstoffen taucht man sogar in prozedural generierten Höhlen ab, wo Gegner in Echtzeit bekämpft werden. Pazifistischere Naturen toben sich hingegen beim Angeln oder Nachkochen von Rezepten aus. Was man am Ende aber nun genau macht, bleibt einem selbst überlassen. Einen vorgefertigten Abschluss und damit »korrekten« Weg durch das Spiel gibt es nicht. Da Barone über die Jahre immer wieder neue Features mit kostenlosen Updates verbaut hat, kann man heutzutage mehr denn je entdecken. All diese Qualitäten haben dafür gesorgt, dass von **Stardew Valley** bislang über zwanzig Millionen Exemplare verkauft wurden. Selbst Yasuhiro Wada, der kreative Kopf hinter **Harvest Moon**, lobte Barone für seine einzigartige Vision. Von all den erhältlichen Fassungen macht man nun mit keiner etwas falsch. Wem selbstgemachte Mods aber wichtig sind, nimmt vorzugsweise die PC-Version.

SUPER MARIO BROS. 3 (1988)

SYSTEM: NES / SUPER NES (REMAKE) / GAME BOY ADVANCE (REMAKE) / WII (REMAKE) / NINTENDO SWITCH (ORIGINAL & REMAKE)

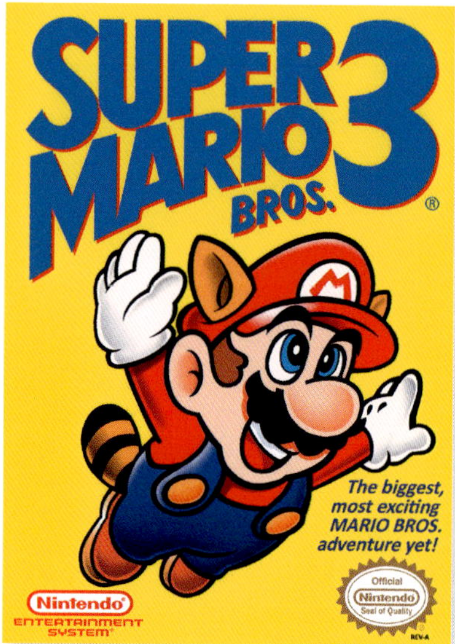

»Was ist eigentlich besser? **Super Mario Bros.3** oder **Super Mario World**?«

Für gestandene Videospieler kommt dieses Dilemma einer Gretchenfrage gleich. Beides sind brillante Jump & Runs, vollgestopft mit durchdachten Leveln und tadelloser Spielbarkeit. Mit rationalen Argumenten wird man nicht auf eine klare Antwort kommen. Es wäre auch ziemlicher Quatsch, sich eines dieser Meisterwerke nur deswegen irgendwie schlechzureden. Da ich im Sinne dieser Bucket List aber eine Entscheidung treffen muss, bleibt mir nur noch die Option, auf mein Herz zu hören. Und dieses schlägt für **Super Mario Bros. 3** eben doch ein klein wenig schneller.

Ich kann mich noch sehr gut an diesen Sommer in den frühen Neunzigern erinnern. Das Nintendo Entertainment System fand ich richtig toll, nur selbst besessen habe ich die Konsole nie. Zum Glück aber stand das Gerät bei meinem besten Kumpel daheim, regelmäßig haben wir uns die Nachmittage mit solchen Klassikern wie **Bubble Bobble**, **Castlevania** und **The Legend of Zelda** um die Ohren gehauen. Unser absoluter Favorit war

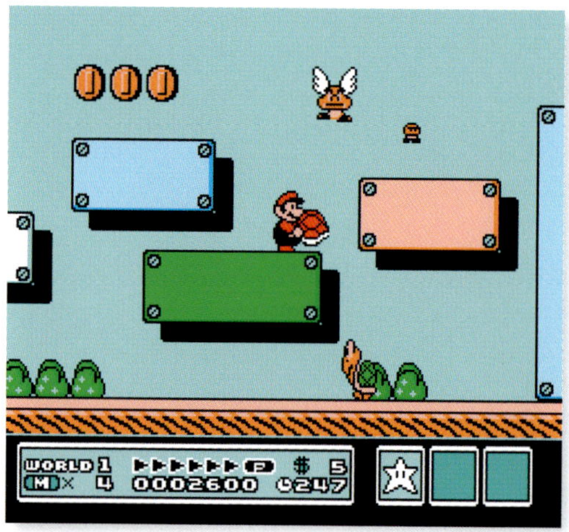

Das NES-Original

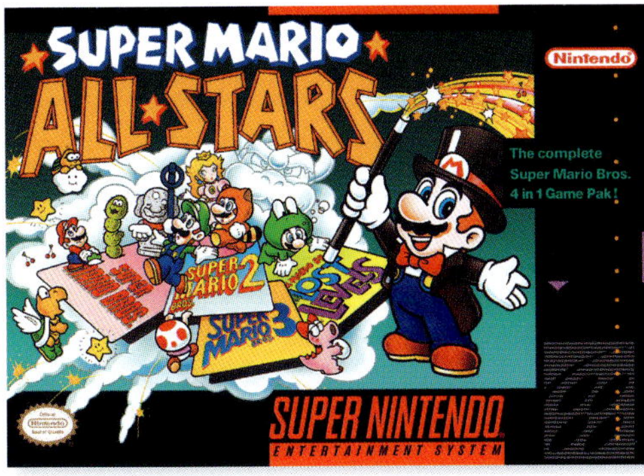

jedoch Super Mario. Die Spiele mit dem Klempner in der Hauptrolle hatten einfach etwas Magisches an sich. Man konnte sie immer und immer wieder einlegen, ohne dass sie langweilig werden. Dementsprechend groß war die Vorfreude auf den dritten Teil. Geschürt wurde der Hype auch von den Games-Zeitschriften, die bereits Monate vor der deutschen Veröffentlichung die US-Version importiert hatten. In den Review-Texten folgte ein Superlativ nach dem anderen, die Wertungen waren astronomisch hoch. Julian Eggebrecht, damals Redakteur bei der **Video Games**, sprach gar vom »spielerisch besten und schlichtweg einfallsreichsten Videospiel aller Zeiten«. Als wir dann endlich das Modul selbst in den Händen hielten, merkten wir, dass Eggebrecht nicht übertrieben hatte. Es ist tatsächlich eines der besten Spiele aller Zeiten. Verglichen mit den Vorgängern sind die Level umfangreicher, die Grafik hübscher und die Geheimnisse geheimer. Kurz darauf kam mit **Dangerous** auch noch das neue Album von Michael Jackson in die Läden, sodass es zum Soundtrack unserer stundenlangen Sessions wurde.

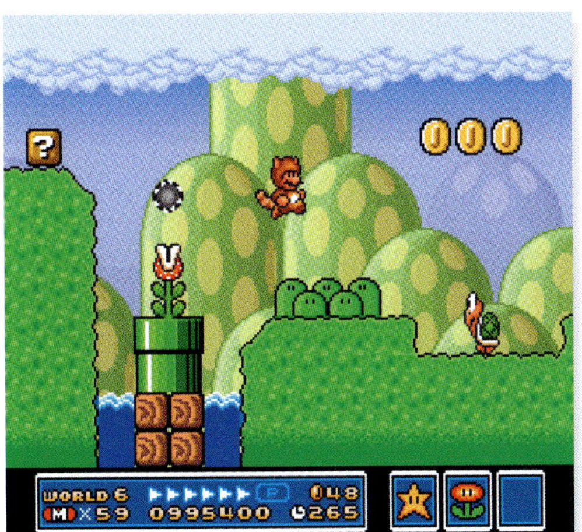

Das SNES-Remake

Seit dieser Kindheitserinnerung mögen zwar über dreißig Jahre vergangen sein, aber **Mario 3** spielt sich immer noch so frisch wie am ersten Tag. Das Entwicklerteam rund um Serien-Vater Shigeru Miyamoto hatte sich damals in erster Linie Kreativität auf die Fahnen geschrieben. Dachte man zu Beginn noch über einen Wechsel auf die isometrische Perspektive nach, um dem Spiel trotz handgefertigter Grafik mehr Tiefe zu verleihen, stellte sich damit ausgerechnet das Springen als viel zu unpräzise heraus. Deshalb ging man wieder zum klassischen Konzept aus der Seitenansicht zurück, allerdings mit stark erweitertem Repertoire. Wie zuvor gilt es Mario hüpfend und laufend an etlichen Gegnern vorbei zu bugsieren, um den aktuellen Level abzuschließen. Zu den bekannten Power-Ups wie Pilzen oder Feuerblumen gesellen sich diesmal lauter tierische Kostüme. Als Frosch verkleidet schwimmt es sich gleich viel besser, mit einem Blatt wird man zum Waschbären, der mit genügend Anlauf durch die Lüfte fliegen kann. Passend dazu sind die Level auch sehr abwechslungsreich. Manche sind gewohnt knackig und geradlinig, so dass man primär seine Fingerfertigkeit am Controller unter Beweis stellen muss. Andere hingegen laden trotz des mitlaufenden Zeitlimits zum ausgiebigen Erkunden ein. Mit etwas Glück stolpert man dabei sogar über eine der legendären Flöten. Setzt man diese dann zum richtigen Zeitpunkt ein, kann man Abkürzungen bis in die finale Welt freischalten. Leider ist keine Batterie zum Speichern im Modul verbaut, mit den Flöten im Gepäck schmerzt der Verlust des Fortschritts aber nicht allzu sehr. Erstmals in der Serie gibt es nun umfangreiche Weltkarten, auf denen sowohl die Level als auch Minispiele und einzelne Gegner verteilt sind. Diese verleihen dem Abenteuer nicht nur einen schmucken Rahmen, oft führen auch ganz unterschiedliche Wege zu den Festungen der Bosse.

All diese Versatzstücke greifen nun so genial ineinander, dass eine Runde mit **Mario 3** einfach nur pure Freude bereitet. Jede der acht Welten steht unter einem bestimmten Motto, insbesondere clever gestaltet wurde der vierte Abschnitt, in dem alles außer Mario gigantische Ausmaße annimmt. Mit dem verbauten MMC3-Chip konnte auch ordentlich an der Technikschraube gedreht werden. Für NES-Verhältnisse sieht das Spiel absolut fantastisch aus. Gleiches gilt für die lebhafte Musik, die wieder mal richtigen Ohrwurmcharakter hat. Diese Formel funktionierte so gut, dass Nintendo sie für den Nachfolger **Super Mario World** einfach wiederverwendet hat, was auch die ständigen Vergleiche zwischen den beiden Spielen erklärt. Heutzutage ist die originale Fassung unter anderem auf dem Nintendo Classic Mini fest verbaut, im Online-Abo der Switch findet man sie ebenfalls. In der tollen SNES-Sammlung **Super Mario All-Stars** (1993) ist ein Remake mit verbesserter Grafik enthalten, wobei absolute Puristen den etwas schlichteren Look des Originals bevorzugen. Letztere Version wurde 2003 dann noch mal ausgegliedert und als **Super Mario Advance 4** auf dem Game Boy Advance veröffentlicht. Spannend an dieser Ausgabe sind die neuen freischaltbaren Level, die aber nicht ganz an die Klasse des Hauptspiels herankommen. Wer sie dennoch ausprobieren möchte, wird ebenfalls im Switch-Online-Abo fündig.

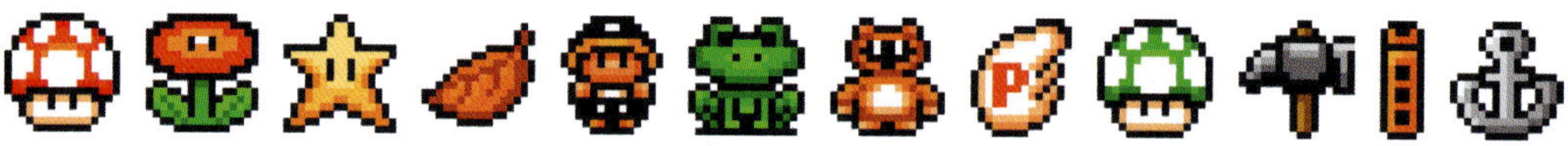

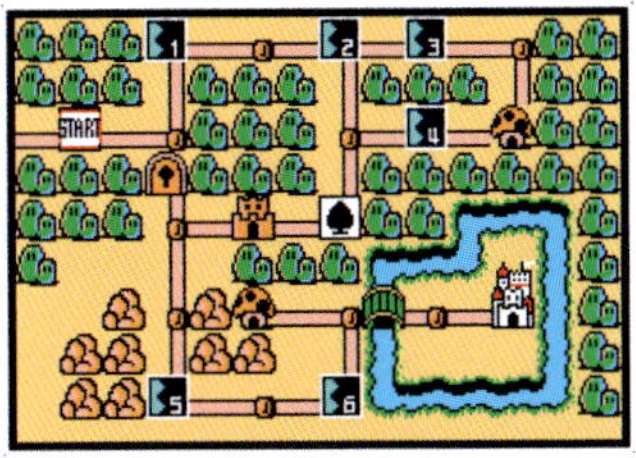
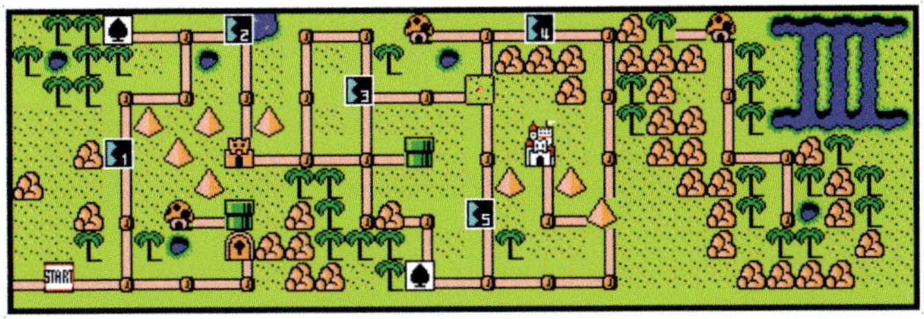
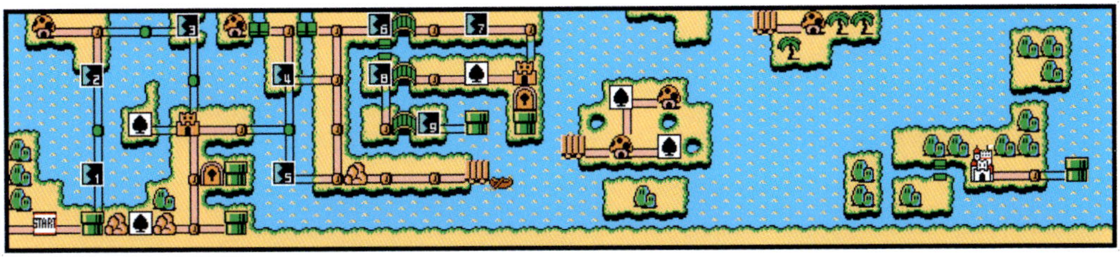
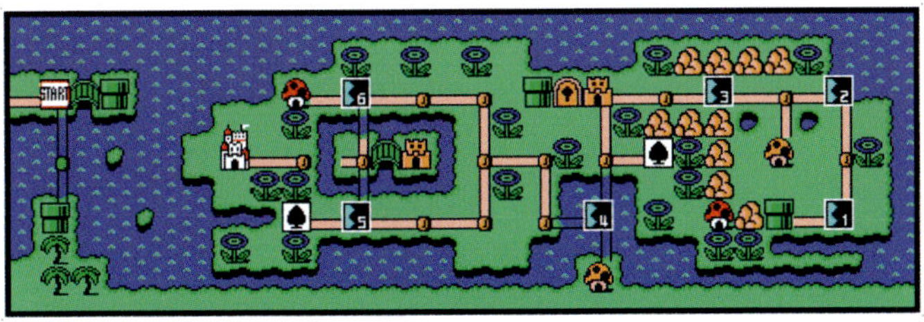
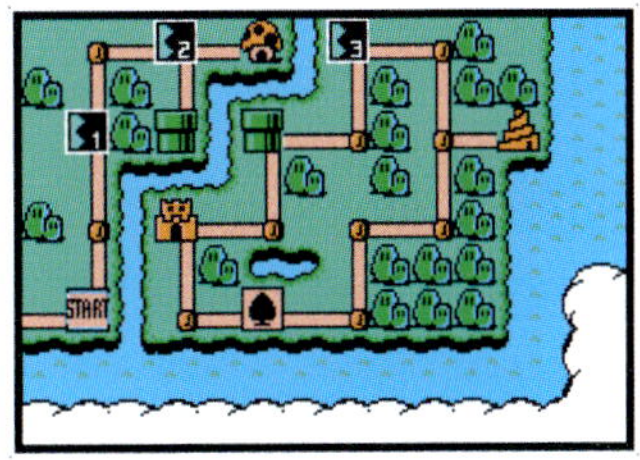
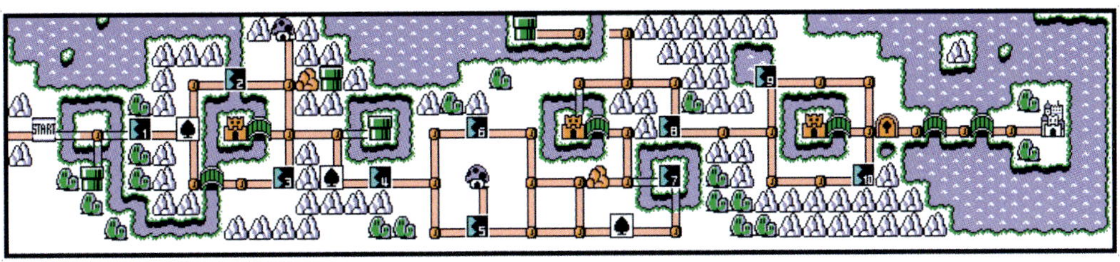
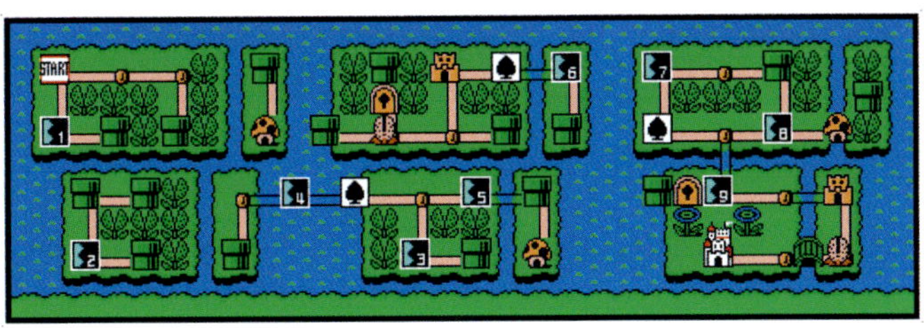

Eine kleine Auswahl der Weltkarten aus Super Mario Bros. 3 (NES)

SUPER MARIO ODYSSEY (2017)

SYSTEM: NINTENDO SWITCH

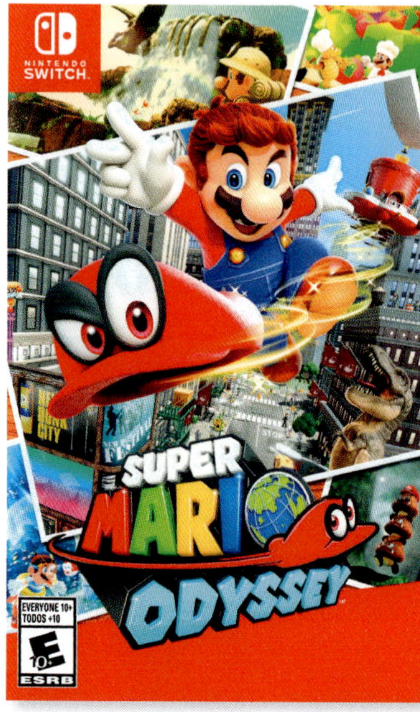

Um das richtige **Super Mario** der Neuzeit auszuwählen, muss man echt viele Faktoren gegeneinander abwägen. Keine Frage, **Super Mario 64** (1996) ist eines der wichtigsten Spiele aller Zeiten, das wie **Super Mario Bros.** (1985) zur Blaupause für das Genre werden sollte. Ein persönlicher Favorit wäre auch **Super Mario Galaxy** (2007) mit seinem brillanten Konzept, die Level als kreisrunde Planetoiden zu inszenieren. Letzten Endes kann die Antwort aber eigentlich nur **Super Mario Odyssey** lauten. In diesem Spiel stecken über zwanzig Jahre an Erfahrung, wie ein Jump & Run in der dritten Dimension zu funktionieren hat. Es ist gigantisch, es sieht toll aus und spielt sich wie ein Traum. Und wer entschieden hat, das Gameplay rund um den neuen Kompagnon Cappy zu stricken, verdient alle Gehaltserhöhungen der Welt.

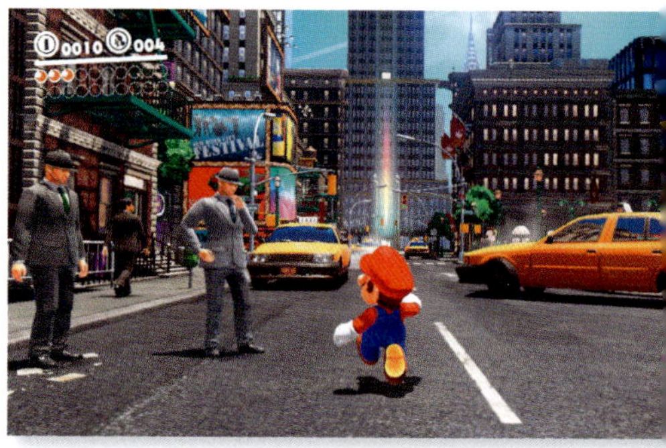

Der heiratswillige Bowser hat mal wieder Prinzessin Peach entführt, als sie gerade einen Rundflug über ihr Schloss macht. Mario fällt bei der waghalsigen Aktion in die Tiefe, seine geliebte Mütze wird dabei auch noch geschreddert. Zum Glück bietet sich der freundliche Hutgeist Cappy als Ersatz-Kopfbedeckung an. Um die Verfolgung aufnehmen zu können, brauchen die beiden ihr eigenes Flugschiff, das exklusiv von Power-Monden angetrieben wird. Hat man

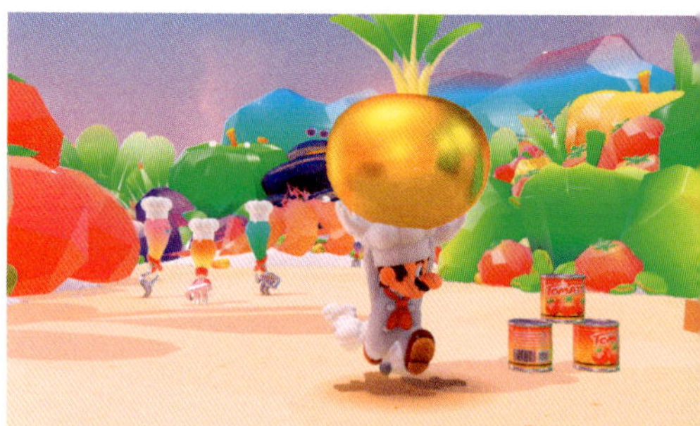

genug davon durch das Erfüllen von Aufgaben ergattert, darf man zum nächsten Königreich und das Spielchen geht von vorne los. Erstmals seit **Super Mario Sunshine** (2002) kehrt die Serie damit zu einem non-linearen Ablauf zurück, bei dem es keinen klar definierten Ausgang im Level gibt. Die einzelnen Königreiche sind eher wie umfangreiche Spielplätze, die zum ausführlichen Erkunden animieren. Wie üblich für Nintendo ist sowohl der Aufbau der Level als auch die Art der Aufgabenstellungen enorm abwechslungsreich. Dass manchmal auch ganz atypische Elemente in den Knuddelwelten auftauchen, überrascht hingegen. Keiner hätte im Vorfeld erwartet, dass Mario gegen gigantische Fantasy-Drachen kämpft oder Großstädte im Stil von New York besucht. Diese »Fremdkörper« sorgen am Ende aber dafür, dass **Odyssey** angenehm unberechenbar bleibt und nicht so schnell langweilig wird.

Richtig genial ist nun die Einbindung Cappys. Kommt Mario mal nicht mit seinen Standard-Fähigkeiten weiter, reicht ein Wurf mit Cappy und schon verwandelt er sich in den nächstbesten Gegner. Als Cheep-Cheep muss man unter Wasser nicht mehr atmen, in der Form eines Bullet Bills wird man selbst zur Lenkrakete. Es macht unglaublich viel Spaß, all die verschiedenen Metamorphosen auszuprobieren und nach Geheimnissen zu forschen. Wer schon immer mal ein T-Rex sein wollte, der Marios Mütze und einen gigantischen Schnurrbart trägt, erfüllt sich hier diesen lang gehegten Traum. Stylische Naturen decken sich obendrein in den regelmäßig verteilten Shops mit allerlei Outfits ein, die ab und zu auch ein paar nette Boni mitbringen. All diese Komponenten fügen sich zu einem fantastischen Gesamt-Erlebnis zusammen, das im Grunde jeden voll zufrieden stellen sollte. Wer gerne am großen Fernseher sitzt und so lange daddelt, bis ihm die Augen zufallen, der wird **Odyssey** lieben. Wer unterwegs die Switch auspackt, um kurz mal ein oder zwei Monde freizuspielen, liebt **Odyssey** sogar noch mehr. Ein absoluter Ausnahmetitel.

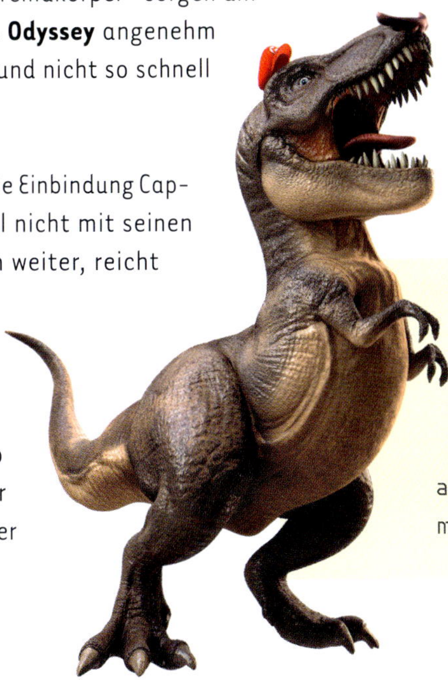

(Fast) Inkognito

Die Verwandlung Marios in einen T-Rex sieht täuschend echt aus, sofern man nicht ganz so genau auf die rote Mütze und den markanten Schnorres achtet.

SUPER METROID
(1994)

SYSTEM: SUPER NES / NINTENDO SWITCH

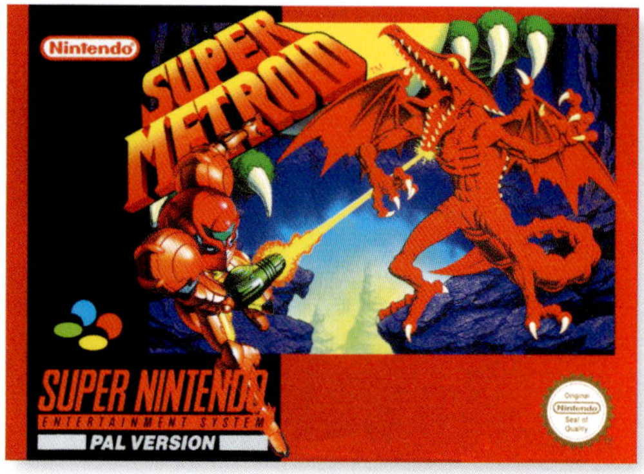

»The last Metroid is in captivity. The galaxy is at peace ...«

Wer als Kind ein Super Nintendo besaß und diese beiden Sätze noch nie gehört hat, kann einem tatsächlich ein klein wenig leidtun. Vorgetragen von einer sonoren Frauenstimme, leiten sie nämlich eines der besten Spiele aller Zeiten ein. **Super Metroid** ist das insgesamt dritte Abenteuer der Kopfgeldjägerin Samus Aran, die einst ihr Debüt im NES-Original von 1986 feierte. Augenscheinlich vom Kultfilm **Alien** (1979) inspiriert, dreht sich die Serie um das ewige Duell zwischen Samus und den titelgebenden Metroids, biologische Waffen vom Planeten SR388. Um ihre Mission erfolgreich abzuschließen, muss Samus in das Herz gigantischer Komplexe tief unter der Erde vordringen. Das geht allerdings nur mit der passenden Ausrüstung, die sie sich erst nach und nach zusammenklauben muss. Dass Samus dabei auch noch allerlei Weltraum-Monster erledigt, erklärt sich fast von selbst.

Auf genau diese Formel setzt auch **Super Metroid**. Eigentlich hat Samus bereits im letzten Teil die Alien-Plage fast vollständig ausradiert, nur ein Baby-Metroid ist noch übrig. Nachdem sie den kleinen Racker in die Hände von Wissenschaftlern gegeben hat, muss sie allerdings mit ansehen, wie der Metroid gestohlen wird. Samus folgt dem Dieb bis zur Oberfläche des Planeten Zebes, um zu verhindern, dass noch mehr Schaden entsteht. Auch ohne das erweiterte Repertoire wird schnell deutlich, dass Samus wesentlich mobiler ist als noch in den Vorgängern. Ihre Armkanone kann nun seitlich nach oben und unten schießen, mit dem zuschaltbaren Moonwalk ist es auch möglich, dabei rückwärts zu gehen. Ebenfalls neu sind ein Laufmodus mit steigender Geschwindigkeit und ein Wandsprung, der recht präzises Timing verlangt. So kompliziert ist das alles zwar nicht, aber die Lernkurve doch etwas steiler als gedacht. Sobald man jedoch ein Gefühl für die Steuerung entwickelt hat, zeigt **Super Metroid** seine wahre Stärke, nämlich das unglaublich durchdachte Leveldesign.

Natürlich sind die kilometerlangen Katakomben vollgestopft mit Herausforderungen aller Art. Mal sind es schussfreudige Gegner, die unentwegt patrouillieren und niemanden durchlassen wollen, mal geht es um das Überwinden von Hindernissen. Beim ersten Anspielen mag das einem nicht direkt auffallen, aber in **Super Metroid** wurde nichts dem Zufall überlassen. Jeder Gegner steht da, wo er stehen muss, jede Steilwand wurde auf den Millimeter genau platziert. Vermeintliche Sackgassen lenken einen zum nächsten Ausrüstungsgegenstand, mit dem einst unpassierbare Abschnitte kein Problem mehr sind. Dieser stete Fluss aus Erkunden und sich weiterentwickeln hat eine unglaubliche Sogwirkung. Oft spielt auch das sogenannte »Environmental Storytelling« eine große Rolle. Richtig verbalisiert wird nur selten etwas, nach NPCs mit nützlichen Tipps sucht man vergebens. Stattdessen erzählt die Welt selbst eine Geschichte. Wer die Augen offen hält, stolpert regelmäßig über geheime Abkürzungen oder Bonus-Items. Werden moderne Klassiker wie **Dark Souls** (2011) explizit für diesen Aspekt gelobt, konnte **Super Metroid** bereits in den Neunzigern damit glänzen. Wie gut das alles ineinandergreift, beweist auch die enorme Popularität des Spiels in der Speedrun-Szene. Gerade weil alles so präzise austariert ist und die Steuerung pixelgenau funktioniert, gilt **Super Metroid** als Königsdisziplin unter den Joypad-Akrobaten.

Bei all dem Lob der Spielbarkeit darf man aber auch nicht unterschlagen, wie wahnsinnig dicht die Atmosphäre ist. Normalerweise ist man von Nintendo eher knallbunte Spiele gewöhnt, oft untermalt von flotter Musik und mit kindgerechtem Setting. **Super Metroid** hingegen zeichnet eine zerfallene Welt, in der hinter jeder Ecke eine große Gefahr lauern kann. Jeder Abschnitt steht unter einem eigenen Motto, mal sind es unerträglich heiße Lavahöhlen, dann ist man

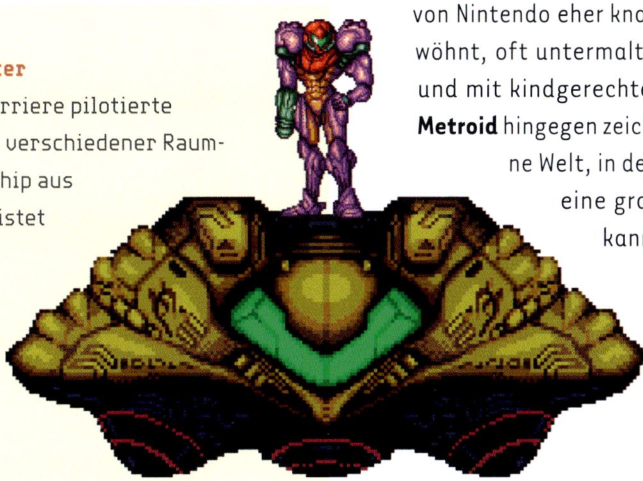

Gediegener Gleiter
Im Laufe ihrer Karriere pilotierte Samus eine Reihe verschiedener Raumschiffe. Das Gunship aus **Super Metroid** leistet ihr bereits seit ihrer Mission auf dem Planeten Aether gute Dienste.

in einem abgestürzten Raumschiff unterwegs, das halb im Wasser versunken ist. Die etwas reduzierte Farbpalette und Effekte wie wabernder Nebel heben die Stimmung ungemein. Dazu passt auch die Musik, die seit jeher eine der größten Stärken der Serie ist. Von bedrohlich über hektisch bis zu triumphal deckt der Soundtrack beinahe das gesamte Spektrum der Emotionen ab. In der Hinsicht sollte es einen nicht verwundern, dass gelegentlich auch die leisen Töne getroffen werden. Insbesondere das Finale ist erstaunlich gefühlvoll in Szene gesetzt worden, und das, ohne auf Cutscenes oder Dialoge zurückgreifen zu müssen.

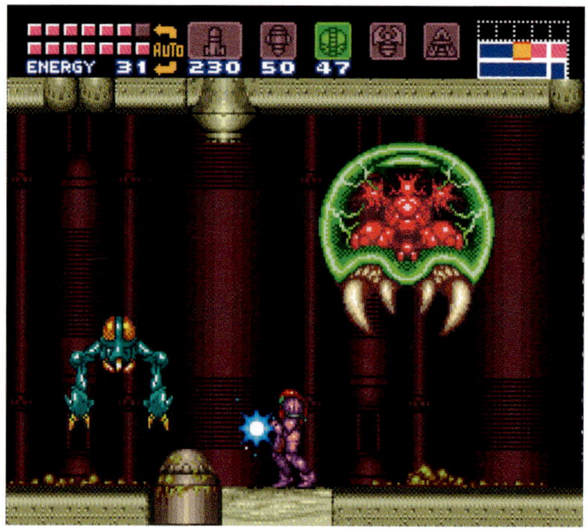

Samus in Aktion

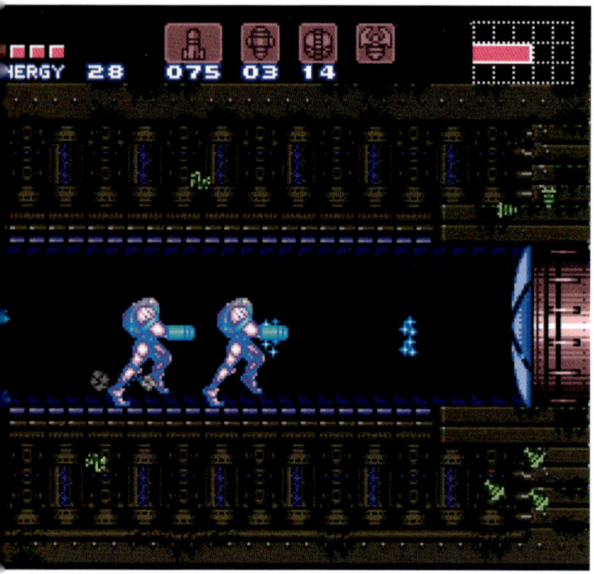

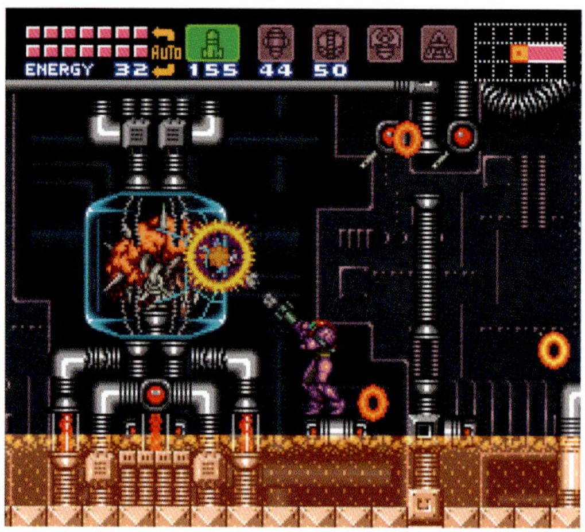

War die Rezeption von **Super Metroid** bereits zur Veröffentlichung sehr gut, ist sie in den letzten dreißig Jahren nur noch besser geworden. Zusammen mit Konamis **Castlevania: Symphony of the Night** (1997) bildet das Spiel die Grundlage der sehr beliebten Metroidvanias. An die Klasse der Vorlage kommt aber kaum einer der Nachmacher wirklich ran. Wer sich selbst davon überzeugen möchte, findet **Super Metroid** im Online-Abo der Nintendo Switch. Leider hat der Sammlermarkt die Preise für das originale Modul mittlerweile etwas teurer gemacht, sodass sich alternativ auch der Kauf des SNES-Classic-Mini-Geräts lohnt, wo das Spiel fest mit verbaut ist.

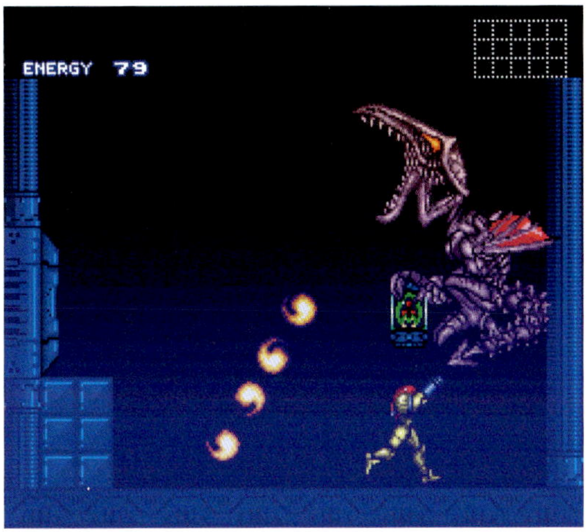

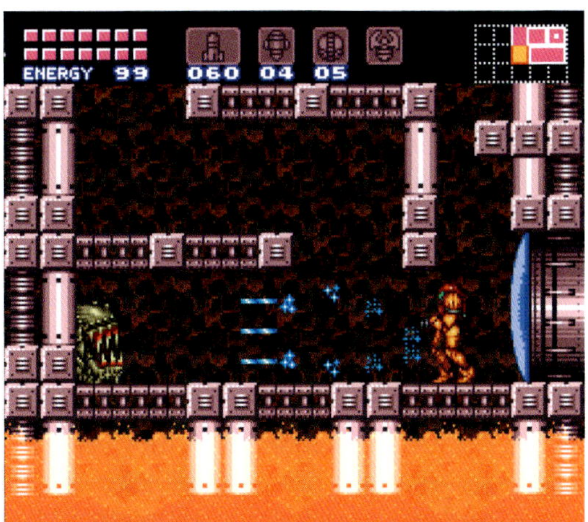

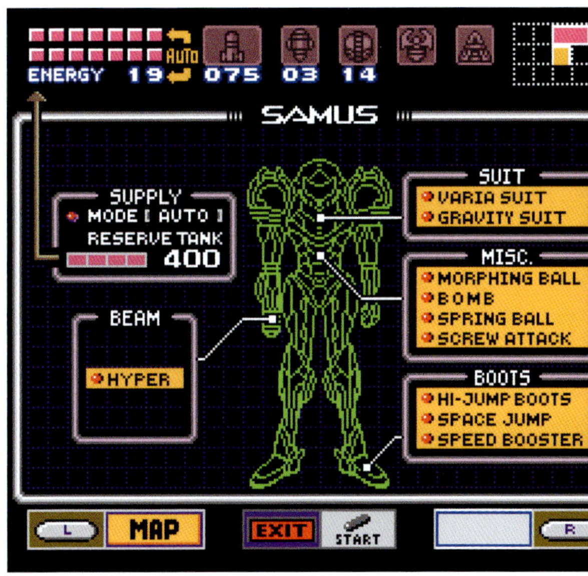

SUPER SMASH BROS. ULTIMATE (2018)

SYSTEM: NINTENDO SWITCH

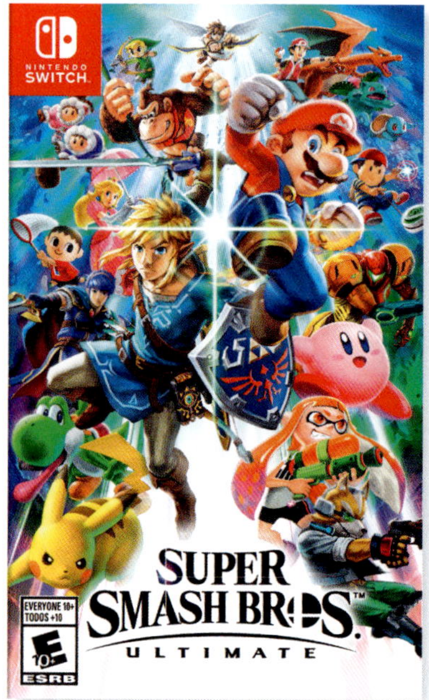

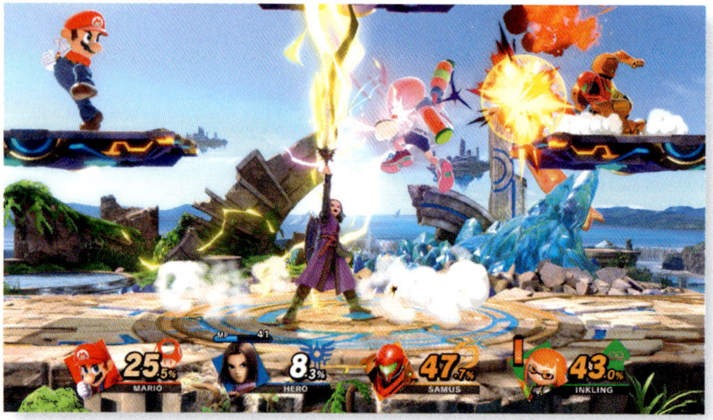

Wer Ultimate in den Titel seines Spiels schreibt, der muss sich seiner Sache wirklich sicher sein. Insbesondere, wenn es sich dabei um eine so langlebige und populäre Serie wie **Smash Bros.** handelt. Schließlich impliziert das Wort, dass man mit dieser Ausgabe das Ende der Fahnenstange erreicht hat und es keine Möglichkeit gibt, noch einen obendrauf zu setzen. Was normalerweise als Marketing oder gar Großspurigkeit abgetan werden kann, ist im Falle von **Super Smash Bros. Ultimate** aber tatsächlich irgendwie glaubhaft.

Die Geschichte von **Smash Bros.** begann kurz vor der Jahrtausendwende. Masahiro Sakurai, Erfinder von Nintendos Kultfigur Kirby, wollte ein N64-Kampfspiel für bis zu vier Personen erschaffen. Gemeinsam mit Kollege Satoru Iwata bastelte er einen Prototyp, doch die gleichförmigen Charaktere machten es schwierig, dem Geschehen zu folgen. Sakurai löste das Problem, indem er etablierte Helden wie Mario und Donkey Kong ins Gefecht schickte. Dies stellte sich als goldrichtig heraus, denn trotz einiger Vorbehalte aus der Chefetage, störten sich die Fans keineswegs daran, sich mit ihren Helden auf die Nase zu hauen. Bereits der erste Teil lockte ein Millionenpublikum an, was auch an dem einsteigerfreundlichen Spielprinzip lag. Komplexe

Eingabe-Muster suchte man vergebens, genauso wie einen klassischen Lebensbalken. Selbst wer kurz vor der Niederlage stand, konnte mit geschicktem Ausweichen oder einem gut platzierten Treffer das Ruder noch herumreißen. Leute, die mit **Street Fighter** oder **Tekken** überhaupt nichts anfangen konnten, hatten plötzlich einen Heidenspaß am digitalen Schlagabtausch.

Ähnlich wie **Mario Kart** wurde die Serie damit ein typischer Nintendo-Dauerbrenner. Mit jeder Ausgabe schliff man nicht nur weiter am Spielprinzip, plötzlich warfen auch andere Gaming-Firmen ihren Namen in den Hut. Konami schickte Solid Snake vorbei, Capcoms Mega Man kam zu Besuch und sogar Sonic the Hedgehog vom ewigen Rivalen Sega trat zum Duell an. Oft waren diese Gastauftritte aber nicht von Dauer. Manche Figuren fehlten in den Fortsetzungen aus Lizenzgründen, selbst nintendo-eigene Charaktere nahm man gelegentlich heraus. Wie der Name es nun ausdrückt, galten solche Einschränkungen bei der Entwicklung von **Super Smash Bros. Ultimate** nicht mehr. Die Riege besteht aus sage und schreibe 89 Charakteren, inklusive jeder Figur, die jemals in einem **Smash Bros.** angetreten ist. Neben einer dreistelligen Anzahl an Kampfstätten sind auch über eintausend Musikstücke enthalten, alles am Spiel wurde von Grund auf neu gemacht. Für Teamleiter Sakurai war die höchstmögliche Qualität des Endprodukts eine Herzensangelegenheit, denn das Projekt stellte gleichzeitig den letzten Wunsch seines einstigen Weggefährten Iwata dar. Der war in der Zwischenzeit zum Nintendo-Präsidenten aufgestiegen und verstarb 2015 nach schwerer Krankheit. Diese unbändige Leidenschaft ist nun durch und durch in **Ultimate** zu spüren, maximal am etwas wackeligen Online-Modus kann man kritteln. Ansonsten findet man hier als **Smash**-Spieler aber wahrlich alles, was man sich wünscht, und bei Nintendo muss man sich ernsthaft die Frage stellen, ob ein weiteres Sequel wirklich Sinn ergibt. Schließlich hat sich auch niemand getraut, **Fußball 2** zu erfinden.

e rabiate Riege

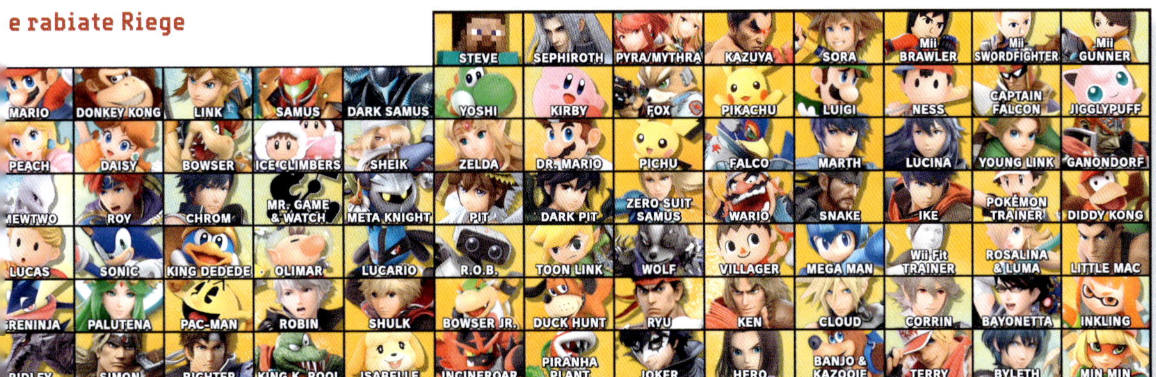

SUPER STREET FIGHTER II TURBO
(1994)

SYSTEM: ARCADE / PLAYSTATION / SEGA SATURN / 3DO / AMIGA / CD32 / PC / GAME BOY ADVANCE

Wenn es so was wie den Gaming-Führerschein geben würde, dann gehört eine Runde mit **Street Fighter II** (1991) auf jeden Fall zur praktischen Prüfung. So wie **Tetris** (1984) oder **Super Mario Bros.** (1985) ist auch der Prügel-Klassiker ein absoluter Evergreen, der maßgeblich den Verlauf der Videospiel-Geschichte mitbestimmt hat. Zu den unzähligen Nachmachern, die im Kielwasser folgten, muss man nun eigentlich auch Publisher Capcom mit dazu zählen. Dieser hat die Arbeit an einem konkreten Sequel nämlich für Jahre auf die lange Bank geschoben, weil sich mit Updates von **Street Fighter II** immer noch jede Menge Geld verdienen ließ. Am Ende dieser langen Kette steht nun die polierteste Ausgabe des Spiels, **Super Street Fighter II Turbo**.

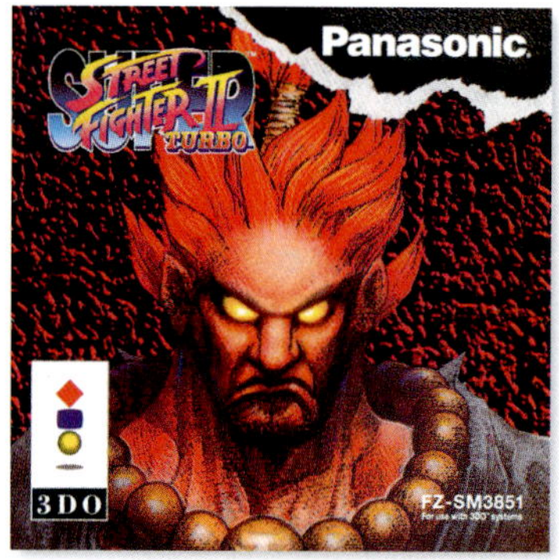

Rein grundsätzlich funktioniert das Gameplay in allen Fassungen gleich. Rund um den Erdball stellt man sich einem Kontrahenten nach dem anderen, bis man am Ende dem ruchlosen Diktator M. Bison auf die Nase hauen darf. Jede Figur

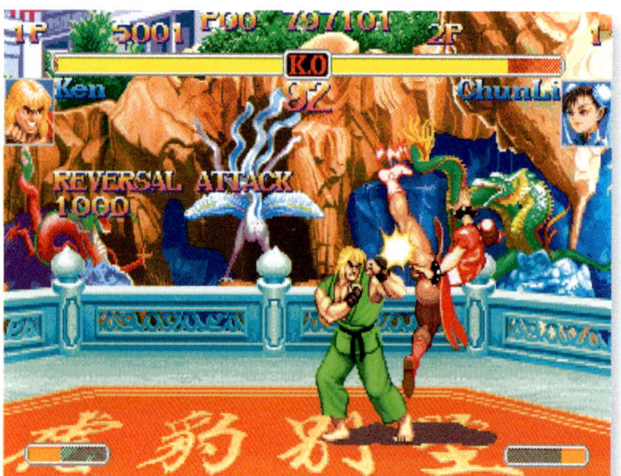

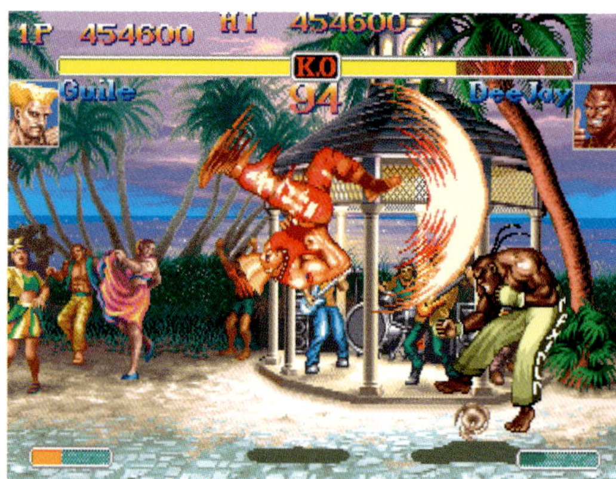

hat ein Basis-Repertoire an Schlägen und Tritten, verfügt aber auch über Special-Moves, die mit bestimmten Controller-Kombinationen ausgelöst werden. In den Arcade-Fassungen zwingt einen die knallharte KI dazu, sich mit den Eigenheiten jedes Kämpfers gut vertraut zu machen, sonst sieht man gar keine Schnitte. Im Umkehrschluss hat man die Bewegungsabläufe aber irgendwann mal so intus, dass im Mehrspielermodus richtig die Fetzen fliegen. Ein **Street-Fighter**-Match zwischen zwei gleichwertigen Spielern kann beim Zuschauen genauso spannend sein wie ein heißumkämpfter Box-Kampf. In **Super Street Fighter II Turbo** wählt man nun aus gleich siebzehn Charakteren, inklusive Neuzugang Akuma, der aber erst nach Eingabe eines Geheimcodes verfügbar wird. Gameplay-Verbesserungen aus den Vorgängern, wie Specials in der Luft oder ein offizielles Combo-System, sind natürlich ebenfalls drin. Ganz neu sind dafür die Super-Combos, die sich erst nach Füllen einer eigenen Leiste ausführen lassen. Beendet man damit ein Match, wird der gesamte Bildschirm in knallige Farben getaucht. Wie das **Turbo** im Namen bereits andeutet, kann man nach Wunsch auch die Spielgeschwindigkeit ordentlich hochdrehen. Da sich die Spielweise der einzelnen Figuren seit dem direkten Vorgänger **Super Street Fighter II** etwas verändert hat, dürfen Veteranen auf die älteren Varianten umstellen, inklusive der alten Kostüme. Einen kleinen Wermutstropfen gibt es leider, denn die traditionellen Bonus-Runden sind aus der Spielhallen-Version getilgt worden.

Capcom wäre nun nicht Capcom, wenn es von **SSFIIT** nicht gleich mehrere Varianten geben würde. Mit der 3DO-Version kam ein arrangierter Soundtrack hinzu, auf dem Dreamcast waren die Bonus-Runden wieder drin. In **Hyper Street Fighter II** für PS2 und Xbox konnte man zusätzlich auch die Charakter-Versionen aus allen vorherigen Fassungen wählen. Wer eine Switch hat, überlegt sich die Anschaffung von **Ultra Street Fighter II** (2017), das neben weiterem Feinschliff auch einen Modus mit HD-Grafik enthält. Ob man diesen neuen Look mag, ist allerdings eine reine Geschmacksfrage. Wem die Grundfassung reicht, der findet das Arcade-Original auf der weit verbreiteten **Street Fighter 30th Anniversary Collection** (2018).

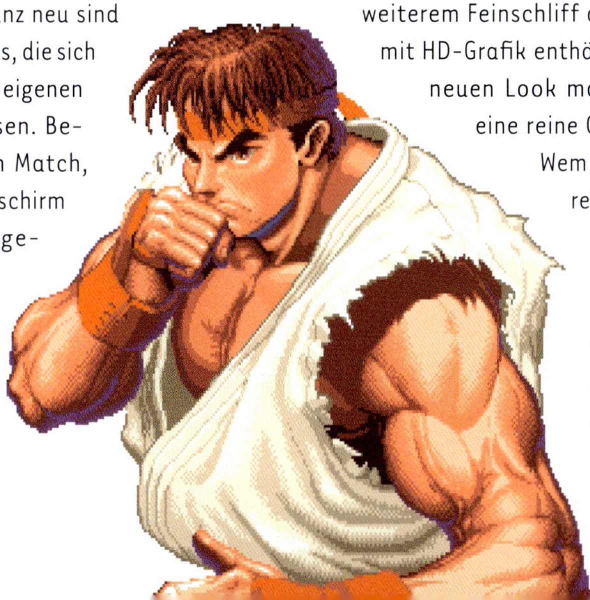

TEENAGE MUTANT HERO TURTLES IV: TURTLES IN TIME
(1992)

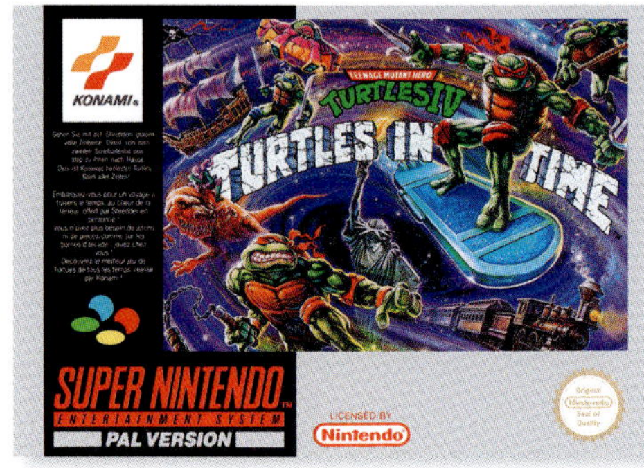

SYSTEM: ARCADE / SUPER NES

»Rafael kommt cool, Michelangelo geht ran, Leonardo kämpft nach Donatellos Plan!«

Wie Frank Zander bereits im Intro der kultigen Zeichentrick-Serie besang, sind die mutierten Schildkröten im Kampf gegen das Böse stets ganz vorne mit dabei. Vor knapp vierzig Jahren als Parodie auf schnarchige Superhelden erfunden, hätten die beiden Comiczeichner Peter Laird und Kevin Eastman nie im Leben gedacht, welchen Dauerbrenner sie damit schaffen würden. Bis heute kommen regelmäßig neue Filme ins Kino, es gibt tonnenweise Actionfiguren und selbstverständlich auch jede Menge Videospiele. Das Beste davon erschien 1992 für das Super Nintendo und heißt **Turtles in Time**. Damals hatte sich Konami die Software-Lizenz geschnappt. Für die Fans ein Glücksfall, war das japanische Softwarehaus doch bekannt für exzellente Serien wie **Castlevania**, **Contra** oder **Gradius**. War der erste Versuch mit **Teenage Mutant Hero Turtles** (1989) auf dem NES noch nicht so ganz rund, machten es die Sequels zum Glück deutlich besser. **Turtles in Time** entwickelte sich 1991 dank seiner spektakulären Technik und dem frenetischen 4-Spieler-Modus sogar zum bis dato erfolgreichsten Automaten der Firma. Jetzt standen die Entwickler vor der kniffligen Aufgabe, das Spiel möglichst ohne Kürzungen auf das schwächere Super Nintendo umsetzen zu müssen.

Super NES

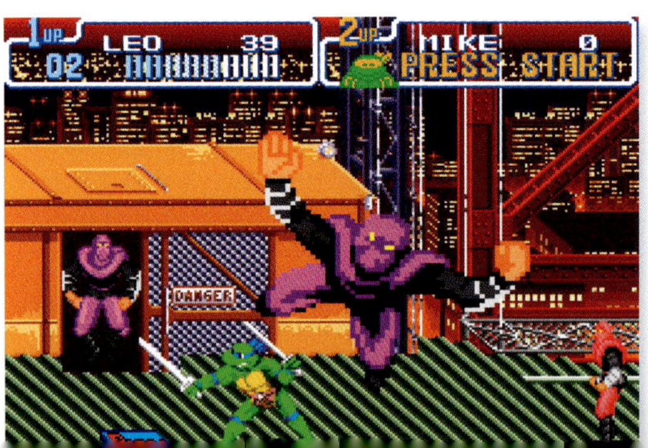

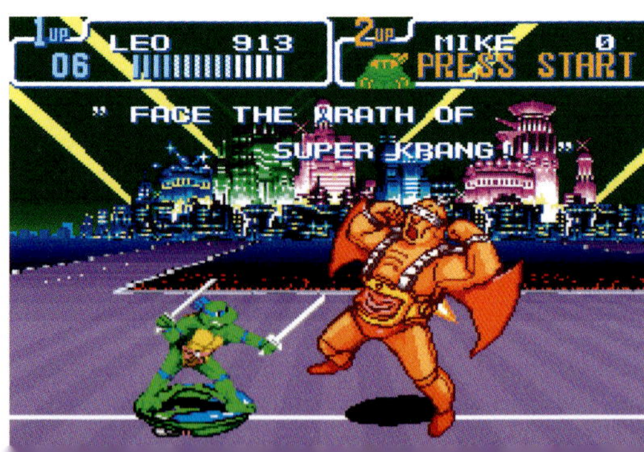

Um es gleich vorwegzunehmen, ein wichtiges Feature des Automaten wurde leider gestrichen. Statt vier Leuten können hier nur maximal zwei gleichzeitig ins Gefecht ziehen. Das ist zwar schade, hat aber zumindest den Vorteil, dass man bei der Anzahl der Gegner wenig Abstriche machen musste. Auch die Übersichtlichkeit profitiert davon. Ansonsten gibt es aber jede Menge sinnvoller Updates, komplett neue Spielabschnitte und — das ist am wichtigsten — ein deutlich verbessertes Gameplay. Die Superbösewichte Shredder und Krang haben die Freiheitsstatue geklaut, was natürlich die Turtles auf den Plan bringt. Beginnt das Abenteuer noch ganz mondän im New York der Neunzigerjahre, verfolgt man die beiden später kreuz und quer durch die Zeit, von der Ära der Dinos bis weit in die ferne Zukunft. Auch wenn die Gegner größtenteils aus den gleichen mechanischen Foot-Soldaten bestehen, passen sie sich immer der aktuellen Periode etwas an, selbst die Bosse tragen gerne mal Kostüm.

Wegen der unterschiedlichen Waffen spielt sich jeder Turtle ein klein wenig anders. Bestimmte Manöver, wie das Schleudern von Gegnern oder den spektakulären 3D-Wurf auf die Bildschirm-Scheibe, können aber alle ausführen. Die Prügelei geht dabei richtig locker von der Hand, nur wenige andere Beat 'em Ups spielen sich so angenehm wie dieses. Die neuen Level auf dem SNES erweitern die sonst recht kurze Spielzeit, die Grafik und vor allem der peppige Soundtrack sind auf Top-Niveau. Diese Elemente griffen im Arcade-Original noch nicht ganz so schön ineinander, auch das Remake **Turtles in Time Re-Shelled** (2009) war leider ein Schuss in den Ofen. Heute kann man sowohl die SNES- als auch die Automaten-Fassung in der fantastischen **Cowabunga Collection** (2022) spielen, sogar mit Online-Multiplayer. Denkt aber daran, vor lauter Prügelspaß nicht die Pizza im Ofen zu vergessen.

Helden oder Ninjas?

Dass aus den Ninja Turtles hierzulande die Hero Turtles wurden, haben wir den Briten zu verdanken. Die damalige Regierung hatte insbesondere Ninja-Waffen wie Shuriken oder Nunchucks auf dem Kiecker, Unterhaltungsmedien wurden rigoros zensiert. Da es für den gesamten europäischen Markt nur eine Version gab, schwappte die Änderung auch nach Deutschland über.

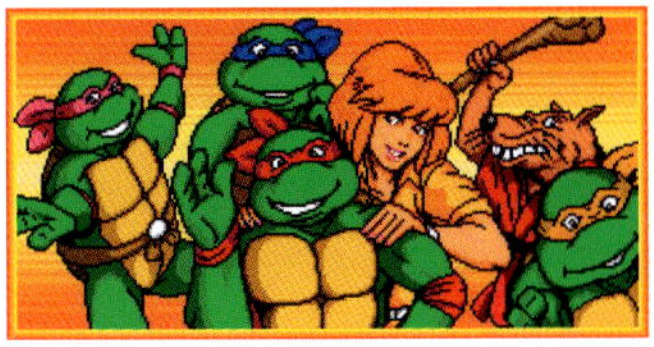

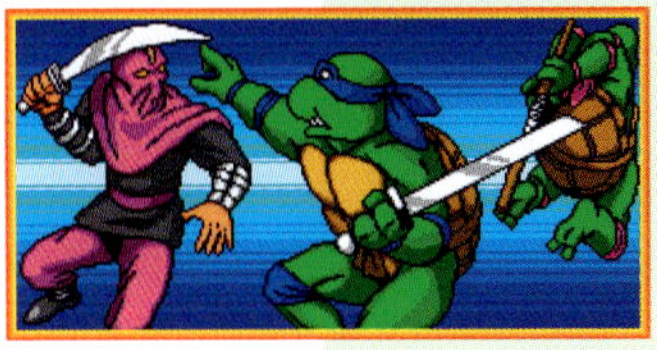

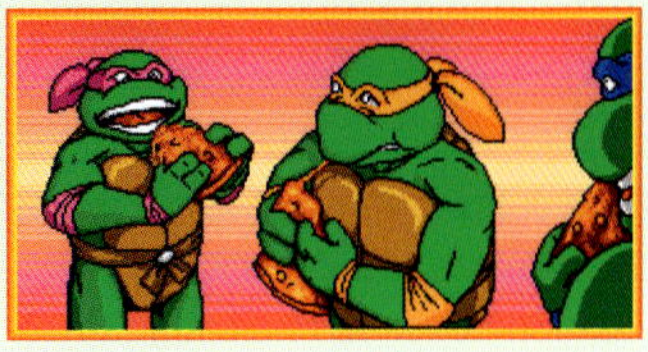

TEKKEN 3 (1998)

SYSTEM: ARCADE / PLAYSTATION

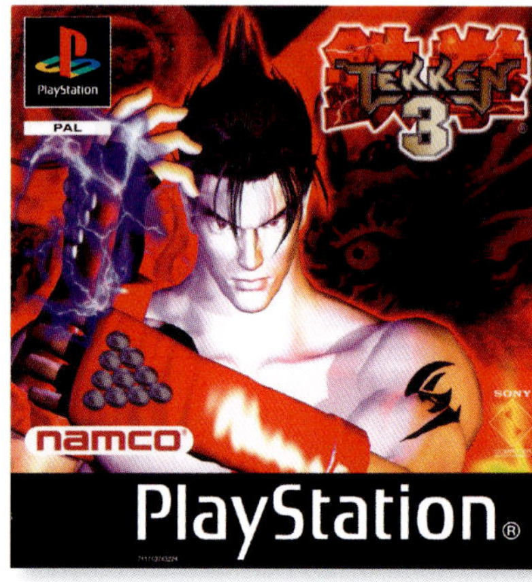

Es gab eine Zeit, da zählten Prügelspiele zu den beliebtesten Genres überhaupt. Nachdem der Stein 1991 mit **Street Fighter II** ins Rollen kam, folgte schon bald ein Nachmacher dem anderen. Natürlich wurden auch eigene Ideen mit eingestreut, aber selbst bei Blockbustern wie **Mortal Kombat** und **The King of Fighters** konnte man die Wurzeln deutlich erkennen. Mit dem industrieweiten Wechsel auf frei drehbare Grafik in 3D gegen Mitte der Neunziger kam aber die Chance, selbst mal der Innovator zu sein. Welche Firma würde den neuen Champion stellen? Eigentlich hatte Sega mit dem Frühwerk **Virtua Fighter** (1993) die besten Chancen, doch der gnadenlose Flop ihrer Saturn-Konsole bremste den ganz großen Erfolg aus. Namco hingegen setzte bereits von Anfang an auf Sonys PlayStation, die gemeinsam mit **Tekken 3** zur Grundausstattung in jedem Jugendzimmer werden sollte.

Einer der größten Vorteile war die enge Zusammenarbeit der beiden Firmen. In den Arcades liefen die frühen **Tekken**-Spiele noch auf Hardware, die einem PlayStation-Prototypen zugrunde lag. Damit konnten die Heimfassungen mit nur kleinen Abstrichen umgesetzt werden. In den ersten beiden Titeln waren die Charakter-Modelle noch nicht so ganz glatt, aber eine hohe Spielgeschwindigkeit, flüssige Animationen und die superbunte Kämpfer-Riege machten echte Hits daraus. Zum Release von **Tekken 3** hatten die Entwickler die Technik dann so gut im Griff, dass auch die letzten Kanten abgeschliffen wurden. Obwohl die Serie für ihre aufwändigen Rendersequenzen berühmt war, lief nun direkt nach dem Laden der CD-ROM eine Vorstellung der Kämpfer in Echtzeit. Das sah so fantastisch aus, dass jedem Interessierten bereits beim Probespiel im Kaufhaus die Kinnlade runterklappte. Zuhause durfte man dann entdecken, dass sich die eh schon gute Spielbarkeit noch mal verbessert hatte. Zu der gewohnt hohen Anzahl an Manövern gesellen sich neue Kontermöglichkeiten, nach einem Fall zu Boden darf man nun viel schneller aufstehen. Auch das Ausweichen in die Tiefe hat wesentlich mehr Relevanz. Da die Story gleich zwanzig Jahre nach der des Vorgängers spielt, sind die meisten der fast zwei Dutzend Kämpfer neu mit dabei. Das war damals gerade für Neueinsteiger praktisch, weil der Erfahrungsvorsprung der Veteranen im Multiplayer nicht mehr ganz so stark ins Gewicht fiel. Als Solist ist man ansonsten gut damit beschäftigt, alle Figuren freizuschalten und dabei die humorvollen Abspänne zu sehen. Als Bonus gibt es zu guter Letzt ein Volleyball-Minigame sowie den Tekken-Force-Modus, der das Spiel als Beat 'em Up neu erfindet.

Da sich **Tekken** bis heute gehalten hat, ist es natürlich durchaus legitim, wenn man lieber einen der modernen Nachfolger spielen möchte. **Tekken 3** repräsentiert aber den kulturellen Zenit der Serie und hat erstaunlich wenig von seiner Faszination verloren. Die PlayStation-1-Fassung ist wegen ihrer hohen Verbreitung für wenig Geld zu haben und läuft auch auf der PS2 oder PS3. Zusätzlich wurde die Spielhallen-Version als Bonus in **Tekken 5** (2005) mit verbaut. Als letzte Alternative gibt es dann noch die PlayStation Classic Mini, wo **Tekken 3** zur Grundausstattung gehört. Leider ist die Qualität der Retro-Konsole nicht die allerbeste, aber wenn man sie günstig kriegen kann, ist der Kauf durchaus eine Überlegung wert.

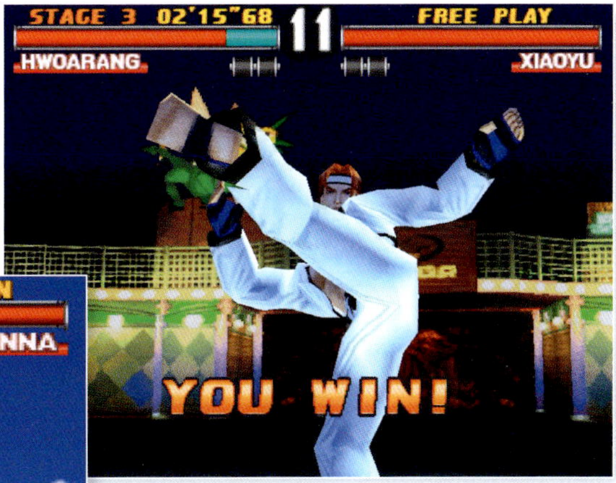

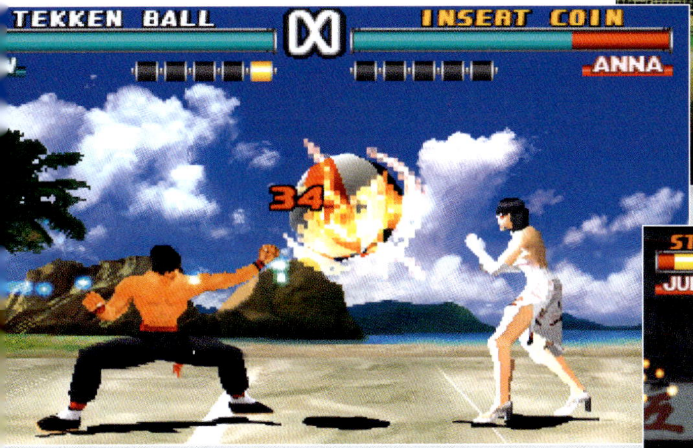

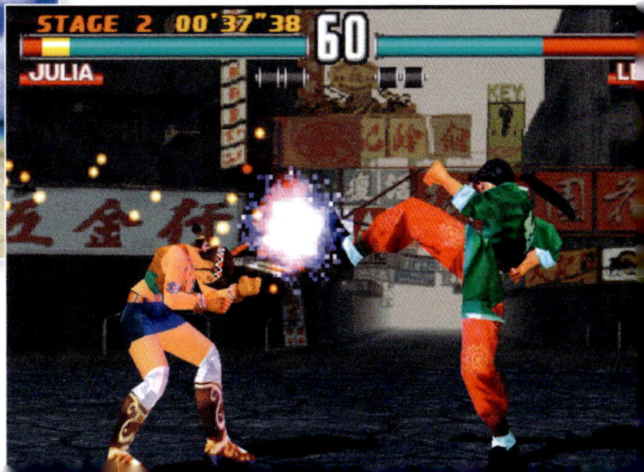

PlayStation

TETRIS DS (2006)

SYSTEM: NINTENDO DS

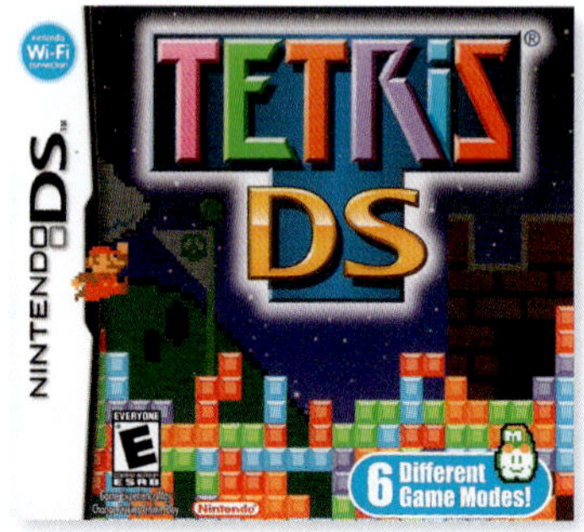

Von kaum einem Spiel gibt es so viele verschiedene Ausgaben wie von **Tetris**. Warum dem so ist, sollte eigentlich niemanden verwundern, schließlich ist das vom russischen Informatiker Alexei Paschitnow erdachte Konzept ebenso schlicht wie genial: Ohne Unterlass fallen unterschiedlich geformte Puzzlestücke nacheinander in einen Trichter und müssen durch Drehen und Positionieren am Boden arrangiert werden. Hat man eine Reihe lückenlos gefüllt, verschwindet diese und macht Platz für die nachrückenden Teile. Wer einmal vom Fieber gepackt wurde, wird es wahrscheinlich nie mehr los. Zu welcher Variante sollte man aber nun greifen, wenn es mal wieder in den Fingern juckt? Sicherlich hat jeder alteingesessene Fan seinen ganz eigenen Favoriten, doch bevor man sein finales Urteil fällt, sollte man **Tetris DS** zumindest eine faire Chance gegeben haben.

Natürlich konnten Besitzer von Nintendo-Konsolen bereits vor **Tetris DS** eine innige Beziehung zu dem Klassiker aufbauen. In den späten Achtzigern lag jedem der millionenfach verkauften Game Boys ein **Tetris**-Modul bei, auch der kurz darauf veröffentlichte NES-Port erreichte schnell Kultstatus. Bis zur Jahrtausendwende tauchte das Spiel immer wieder auf, sei es in Fortsetzungen oder im Verbund mit anderen Puzzle-Games wie **Dr. Mario** und **Panel de Pon**. Danach überließ Nintendo allerdings für viele Jahre die Produktion neuer Titel der Konkurrenz, die recht passabel ablieferten, aber nicht wirklich aus der Masse herausstachen. Dafür war das 2006 für den Nintendo DS veröffentlichte **Tetris** dann aber ein richtiger Paukenschlag. Wer das Modul zum ersten Mal einlegt, wird vom charmant-nostalgischen Nintendo-Anstrich angenehm überrascht. Jeder Bildschirm wurde mit animierten Figuren und Piktogrammen aus der 8-Bit-Ära verziert, neben Blockbustern wie **Super Mario Bros.** oder **Zelda** sind auch Spiele aus der zweiten Reihe vertreten. Die lebhafte Musik passt gut zum Spielgeschehen und geht, wenn denn nötig, schön frenetisch mit. Im Singleplayer warten gleich sechs verschiedene Gameplay-Variationen darauf, in Angriff genommen zu werden, von denen ein Teil auch im Multiplayer funktioniert. Leider sind Nintendos Online-Server heutzutage nicht mehr aktiv, sonst wären Duelle mit bis zu vier Personen über das Internet möglich. Dafür können sich lokal, je nach Modus, bis zu zehn Leute mit ihren Handhelds zusammenschließen.

Wichtiger als all das Drumherum ist allerdings die Spielbarkeit, und gerade in diesem Punkt schöpft **Tetris DS** aus dem Vollen. Die Steuerung ist sehr präzise, die Tetrominos heben sich deutlich vom Hintergrund ab. Auch das Rotieren geht einfach von der Hand, mit Techniken wie dem Infinite Spin entschärft man so manch knifflige Situation. Veteranen hingegen ballern dank des sehr nützlichen Hard Drops die Puzzlestücke wie Pistolenkugeln über den Bildschirm. An Komfortfunktionen wie das Zwischenspeichern eines Stücks und eine großzügige Vorschau wurde ebenfalls gedacht. Dadurch kann man sich insbesondere im Standard-Modus, wo man unter steigendem Schwierigkeitsgrad zweihundert Linien hintereinander abbauen muss, beinahe in einen Rausch spielen. Es flutscht einfach. Wer **Tetris** liebt und diese Version noch nicht kennt, der hat wirklich Nachholbedarf.

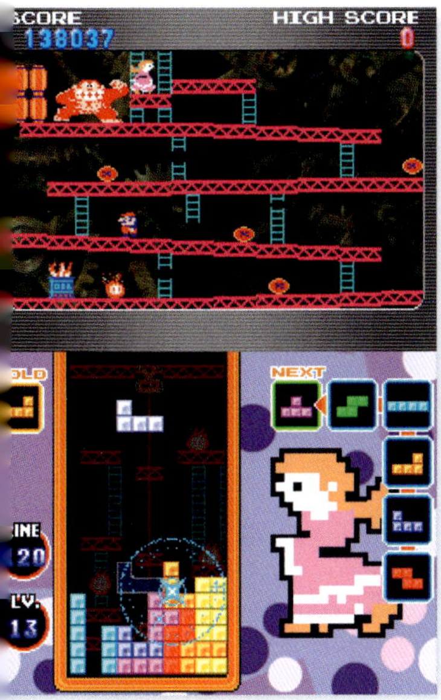

Standard

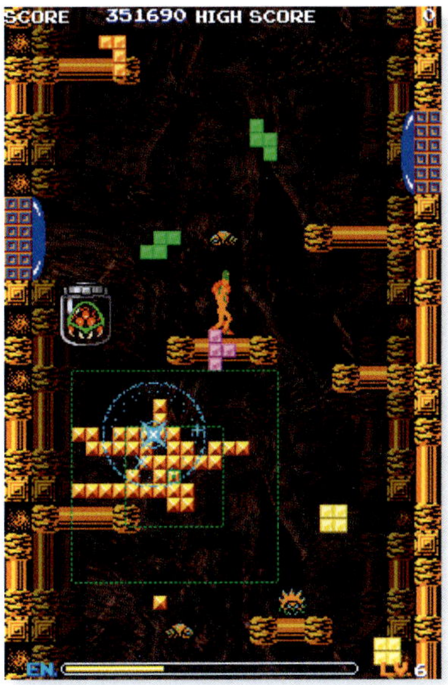

Catch

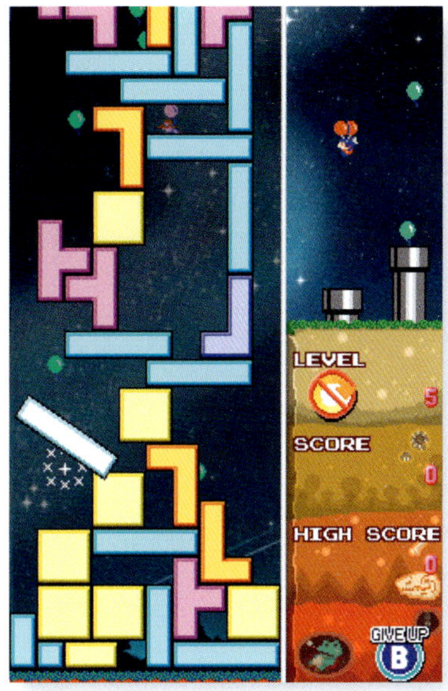

Touch

THE BEAST WITHIN: A GABRIEL KNIGHT MYSTERY (1995)

SYSTEM: PC

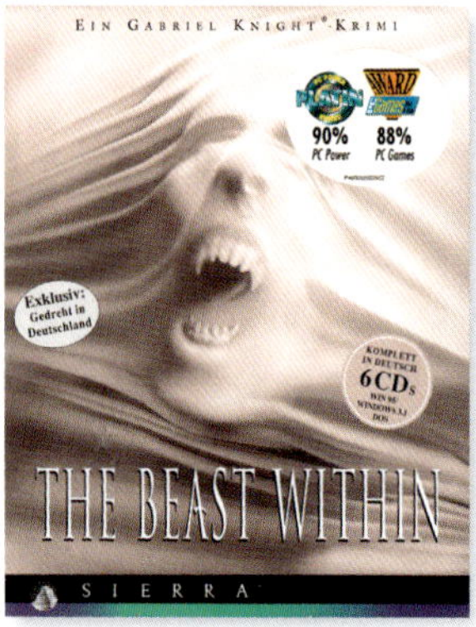

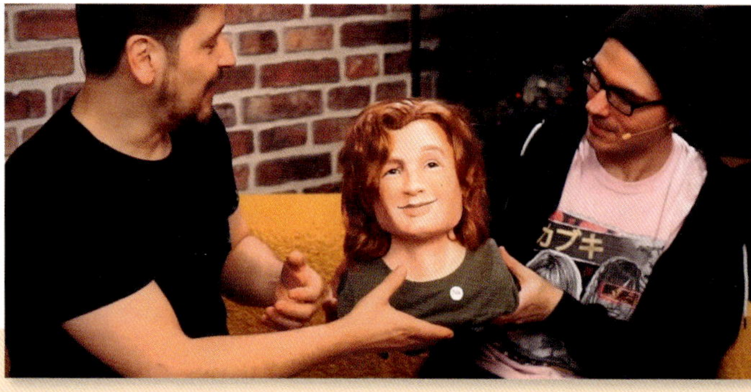

Hübsches Grünzeug!
Danke noch mal an Rocket-Beans-Zuschauerin Michelle, die uns diesen lebensechten Gabriel-Knight-Kopf aus Pappmaché gebastelt hat. Ab sofort wacht der Schutzpatron der Trash-Spiele über all unsere zukünftigen **Spiele-mit-Bart**-Sessions.

»Was ist eigentlich der schwarze Wolf?«

Wem nun als Antwort auf diese Frage ein beherztes »Nein!« aus der Lunge fährt, hat sicher mal **Spiele mit Bart** auf Rocket Beans TV gesehen. Eigentlich setzen wir uns beim unkonventionellen Let's-Play-Format eher mit Trash-Spielen auseinander. Je mieser die Vorlage, desto mehr Potenzial gibt es für dumme Wortspiele und schallendes Gelächter. Selbst in unseren kühnsten Träumen hätten wir uns aber nicht ausmalen können, welchen Jackpot wir mit **The Beast Within** landen würden. Ja, dem Spiel ist ein gewisser Trash-Faktor nicht abzusprechen, der Zahn der Zeit hat an vielen Stellen mehr als deutlich genagt. Demgegenüber steht aber ein Grafik-Adventure mit enorm hohem Production Value, herrlich bemühten Schauspielern und wahnwitzigen Plot-Twists. Nur gegen etwas Bayrisch darf man nicht allergisch sein.

In **The Beast Within** verschlägt es den amerikanischen Bestsellerautor Gabriel Knight ins verschlafene Rittersberg, der Heimat seiner Vorfahren. Dort will er sich eigentlich Inspiration für ein neues Buch holen, doch schon bald wird er in eine Reihe mysteriöser Todesfälle verwickelt. Knight führt nämlich ein Doppelleben als sogenannter Schattenjäger und beschützt die Menschheit vor den Kreaturen der Nacht. Nun muss er herausfinden, ob tatsächlich Werwölfe hinter den bestialischen Morden stecken. Als Spieler sucht man in klassischer Point-and-Click-Manier die Tatorte nach Hinweisen ab, unterhält sich mit den Verdächtigen und löst Rätsel durch das Kombinieren von Gegenständen. Erdacht wurde der Gruselspaß von Autorin Jane Jensen, die damals beim legendären Softwarehaus Sierra On-Line tätig war. Ihr Debüt als Chef-Designerin, **Sins of the Fathers** (1993), war gleichzeitig auch der erste Auftritt von Knight. Obwohl die Abverkäufe des Spiels hinter den Erwartungen blieben, regnete es Höchstwertungen von der Presse, so dass Jensen doch noch ein Sequel machen durfte.

Da mittlerweile Full-Motion-Video-Technik für Adventures salonfähig geworden war, wechselte man von gezeichneter Grafik auf gefilmtes Material mit echten Darstellern. Wurde Knight im ersten Teil noch von Hollywood-Legende Tim Curry gesprochen, übernahm nun Nachwuchs-Darsteller Dean Erickson die Rolle. Das klingt im ersten Moment zwar wie ein Rückschritt, doch Ericksons Knautschgesicht passte perfekt zu Knights manchmal echt dummdreisten Auftreten. Zusammen mit Co-Protagonistin Grace Nakimura rätselt sich Knight nun gefühlt durch halb Bayern, es geht vom Münchner Marienplatz sogar bis ins Schloss Neuschwanstein. Natürlich ist das unterliegende Mysterium der Hauptantrieb für die wilde Hatz, aber der wahre Star sind die vielen urigen Charaktere, auf die man trifft. Beim ausgedehnten Palavern entstehen lauter ikonische Momente, an die man noch lange zurückdenkt. Da verzeiht man auch, dass die eine oder andere Aufgabenstellung etwas um die Ecke gedacht ist. Als Let's Play machte **The Beast Within** jedenfalls einen Heidenspaß. Es war, wie eine Zeitkapsel aus den frühen Neunzigern zu öffnen. Nur mit mehr Werwölfen und Stirnfalten. Wem das Zuschauen in **Spiele mit Bart** nicht reicht, bekommt bei Good Old Games oder Steam eine günstige Download-Version. Dann sollte man sich im Internet aber auch unbedingt nach dem deutschen Sprachpatch umschauen, denn ohne dieses ist **The Beast Within** nur die Hälfte wert.

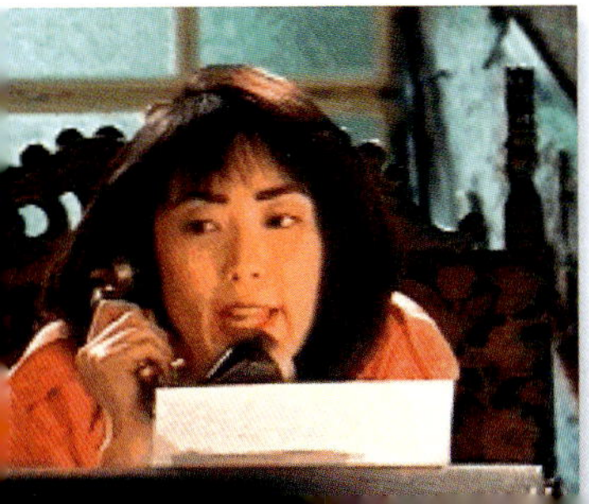

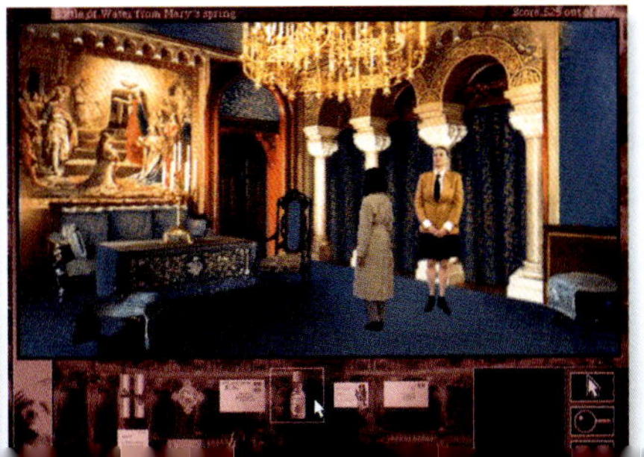

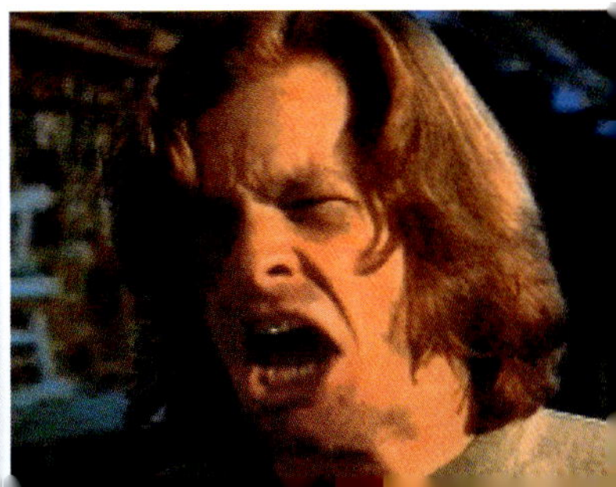

THE LAST OF US (2013)

SYSTEM: PLAYSTATION 3 / PLAYSTATION 4 / PLAYSTATION 5 (REMAKE) / PC (REMAKE)

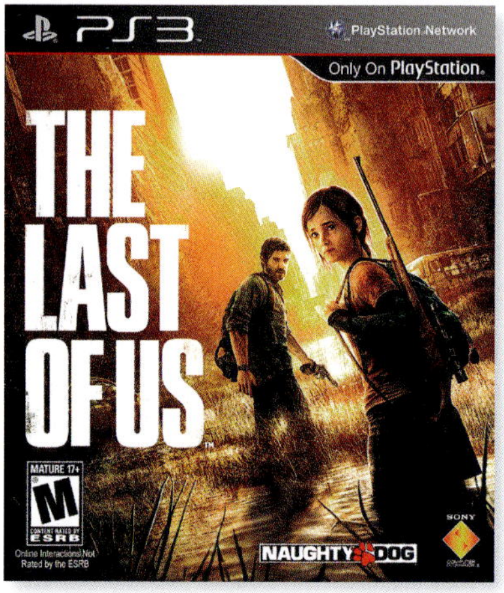

Kaum ein Thema hat sich in den letzten dreißig Jahren so sehr in der Popkultur verankert wie Zombies. Einst noch den härtesten Splatter-Filmen vorbehalten, sind die untoten Racker mittlerweile fester Bestandteil der Medienlandschaft. Damit einher geht aber auch eine gewisse Form der Übersättigung. Kann man überhaupt noch Geschichten erzählen, die man nicht schon tausendmal gehört hat? In der Hinsicht macht **The Last of Us** auf den ersten Blick nicht allzu viel Neues. Ja, der Grund für die Apokalypse mag ein klein wenig anders sein, doch rein äußerlich ist es eben ganz typischer Survival Horror. Was **The Last of Us** aber von vergleichbaren Spielen abhebt, ist das enorm starke Storytelling. Getragen von hervorragenden Schauspielern, durchlebt man hier eine mitreißende Tragödie, die man nicht so schnell vergisst.

Mit der **Uncharted**-Serie hatte Entwicklerstudio Naughty Dog bereits bewiesen, wie ein Actionfilm als Videospiel funktionieren kann. So nahbar ein Charakter wie Nathan Drake auch ist, gingen die emotionalen Szenen im Hagel von Pistolenkugeln und flippigen Sprüchen leider etwas unter. Beim neuen Spiel der Firma sollte die Story nun wesentlich ernsthafter sein. Creative Director Neil Druckmann hatte beim Schreiben der Geschichte den Sony-Klassiker **ICO** (2001) im Hinterkopf, in dem ein vom Schicksal zusammengeführtes Pärchen aus einem finsteren Schloss entkommen muss. Die initiale Idee für das Setting stammt hingegen aus dem Dokumentarfilm **Planet Earth** (2006). Dort gibt es ein Segment über den sogenannten Cordyceps, eine Pilzart, die sich in das Nervensystem von Ameisen einnistet. Nachdem der Cordyceps die Kontrolle über den Wirtskörper übernommen hat, macht er sein Opfer zum willenlosen Sklaven, dem nur noch die Vermehrung der Sporen wichtig ist. Daraus spann Druckmann ein Szenario, in dem der Pilz auch von Menschen Beschlag nehmen kann.

Genau das passiert nun im Intro von **The Last of Us**, der vielleicht intensivsten halben

Videospiel-Stunde aller Zeiten. Der alleinerziehende Familienvater Joel kommt nach einem harten Tag nach Hause und schläft auf dem Sofa ein. Plötzlich bricht in der Nachbarschaft die Hölle los, selbst die einst freundlichen Nachbarn verhalten sich wie wilde Tiere. Während die Gesellschaft zusammenbricht, hat Joel nur noch einen Gedanken: seine Tochter in Sicherheit bringen.

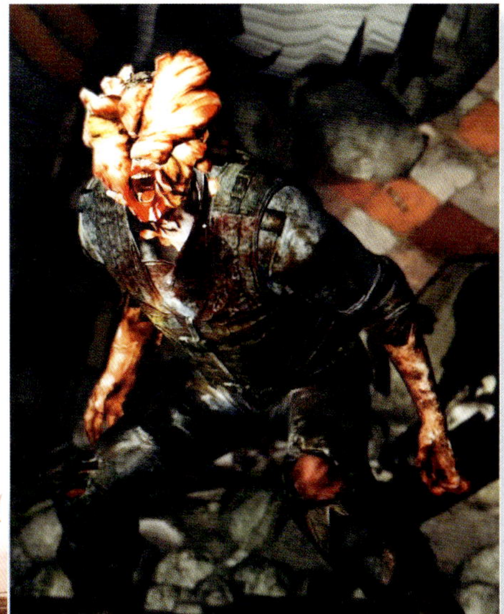

Das PS4-Remaster

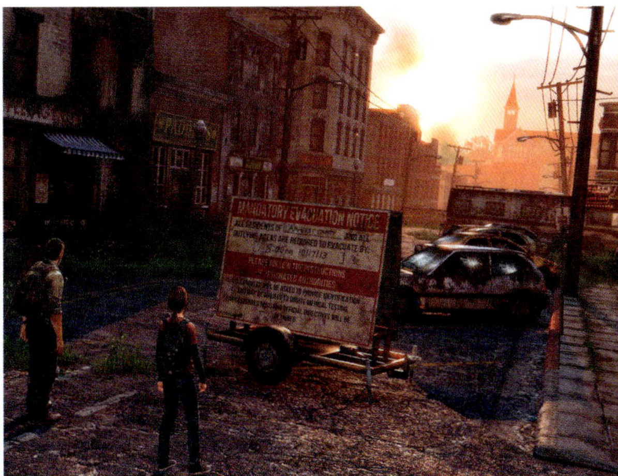

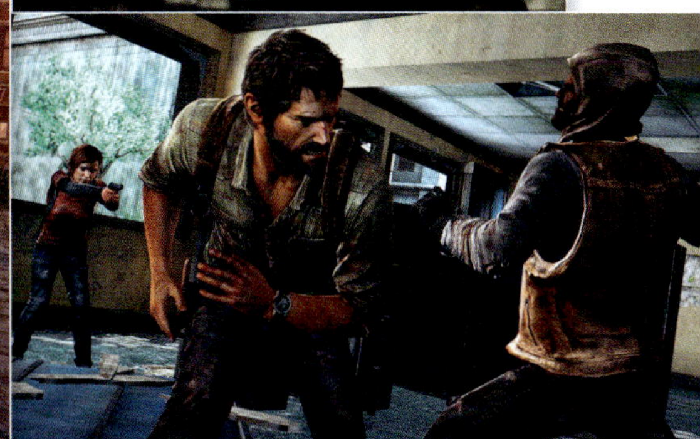

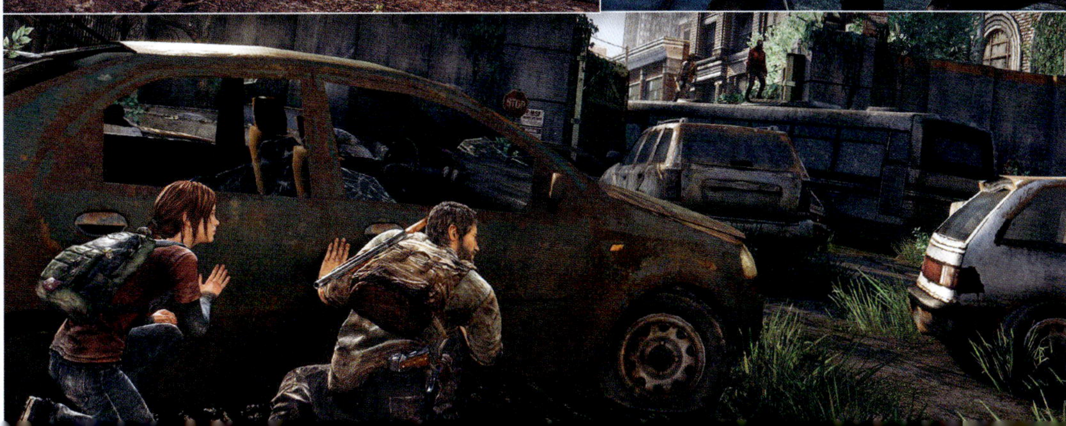

Doch schon bald hat ihre Flucht ein Ende, noch bevor sie richtig losgehen kann. Obwohl man als Spieler bis hierhin nur ein paar Minuten mit den Figuren verbracht hat, schafft es **The Last of Us**, dass einem ihr Schicksal richtig nahe geht. Die Story springt daraufhin zwanzig Jahre in die Zukunft, fast die gesamte Erdbevölkerung wurde in grausame Monster verwandelt. Die wenigen Überlebenden befinden sich in gesicherten Anlagen und werden mit harter Hand vom Militär regiert. Joel hat mittlerweile beinahe alle Skrupel abgelegt und verdingt sich als Schmuggler, doch sein neuester Auftrag lässt ihn schwer schlucken. Mit der jungen Ellie in seiner Obhut muss er quer durch die verseuchten Überreste der Vereinigten Staaten reisen. Sollten die beiden es schaffen, könnte vielleicht sogar ein Heilmittel für den Cordyceps gefunden werden ...

Mit dem Schicksal der Menschheit auf den Schultern entspinnt sich nun ein spielbares Roadmovie, bei dem man nie ganz sicher sein kann, was einen hinter der nächsten Ecke erwartet. Mal sind es verschlungene Komplexe, in denen die Untoten nach lebendigem Fleisch gieren. Dann trifft man wieder auf verschrobene Einsiedler, die sich eigentlich komplett von der Außenwelt abgeschottet haben. Wo man auf keinen Fall hineingeraten möchte, sind die Fallen marodierender Banden, die einem das Lebenslicht ausblasen wollen. Da Ressourcen immer sehr knapp sind, kann man sich nicht darauf verlassen, nur mit brachialer Waffengewalt voranzukommen. Stattdessen wird behutsames Vorgehen belohnt. Die Laufwege der Gegner ausloten und sie hinterrücks zu erledigen, ist oft der bessere Weg. Lässt sich eine Konfrontation

Das PS5-Remake

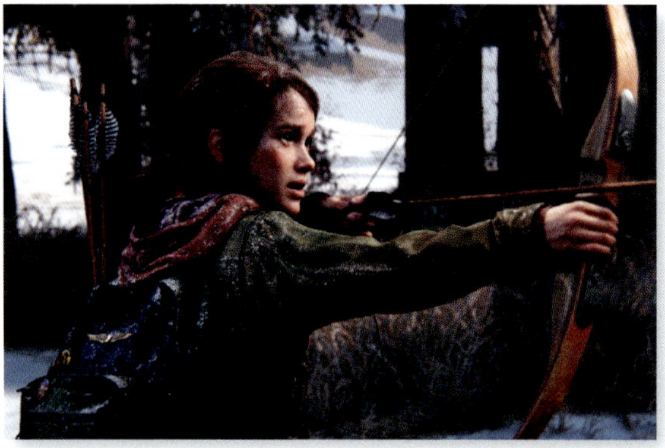

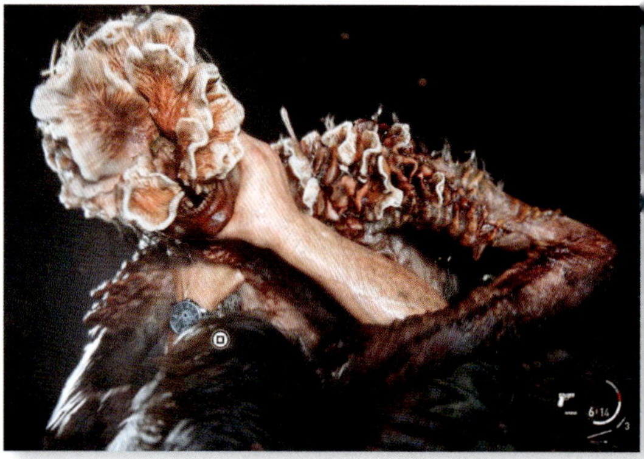

nicht vermeiden, hat man ein überschaubares Waffen-Arsenal zur Verfügung, um die mordswillige Meute aufzuhalten. Hier zeigt sich die Erfahrung des Entwicklerteams aus **Uncharted**, nur dass eben ein wesentlich größerer Fokus auf dem Schleichen liegt. Das Einzige, was doch ein wenig nervt, ist das ständige Absuchen der Locations nach Crafting-Items. Man möchte im Gegenzug aber auch nicht in eine längere Auseinandersetzung verwickelt werden, ohne dass der Rucksack gut gefüllt ist. Wie üblich für das Genre gilt es öfters mal Rätsel zu lösen, in denen sowohl Ellie als auch Joel mit ihren gesonderten Fähigkeiten zum Einsatz kommen. Am Gameplay gibt es also kaum was zu mäkeln.

Die Fortsetzung

Seit 2020 gibt es Teil 2 von **The Last of Us**, mittlerweile auch in einem aufgewerteten PS5-Remaster. Das Spiel an sich ist mindestens genauso fantastisch wie der Vorgänger, bei der Story geht es aber diesmal um einiges härter zur Sache. Nichts für schwache Mägen!

Dass **The Last of Us** aber ein absoluter All-Time-Classic ist, liegt primär daran, dass die Akteure einfach einen richtig guten Job gemacht haben. Insbesondere Troy Baker als Joel und Ashley Johnson als Ellie liefern eine so emotionale Performance ab, wie man sie selten zuvor in einem Videospiel gesehen hat. Auch die Nebenrollen sind toll besetzt, in den ausladenden Gesprächen entsteht manchmal das Gefühl, als ob man gerade bei einem intensiven Kammerspiel zuschaute. Da es am Ende aber ein Videospiel ist, an dem man aktiv teilnimmt, ist die Bindung zu den Figuren wesentlich größer. 2013 auf der PS3 veröffentlicht, fand **The Last of Us** bereits mit der ersten Ausgabe ein begeistertes Millionenpublikum. Da diese Fassung gerade in technischer Hinsicht veraltet ist, greift man eher zu einer der Umsetzungen wie dem verbesserten Remaster für PS4. Ist einem auch eine tolle Grafik wichtig, dann ist das 2022 erschienene Remake für PS5 und PC die bessere Wahl. Nur der Preis ist dementsprechend um einiges höher. Sehr zu empfehlen ist übrigens auch die TV-Serie von 2023. Diese dampft die Ereignisse des Spiels auf neun knackige Episoden runter, bietet im Gegenzug aber auch Raum für ganz neue Geschichten. Da sie aber das Ende der Story verrät, sollte man erst **The Last of Us** komplett durchgespielt haben, bevor man sich da ranwagt.

THE LEGEND OF ZELDA: A LINK TO THE PAST (1991)

SYSTEM: SUPER NES / GAME BOY ADVANCE / NINTENDO SWITCH

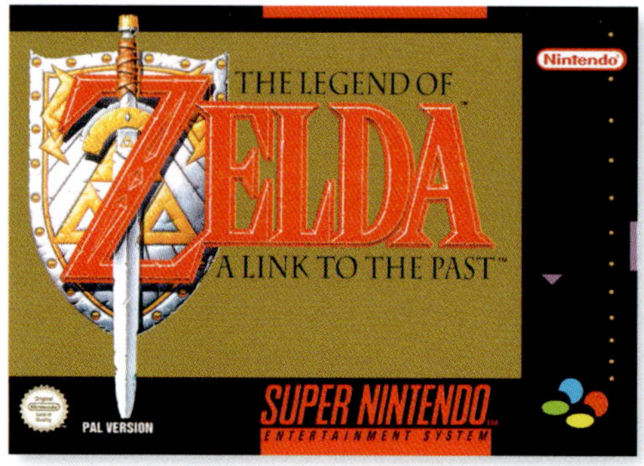

Dass es bei einer derart wichtigen Serie wie **The Legend of Zelda** nicht nur bei einem Eintrag bleiben kann, sollte eigentlich niemanden verwundern. Insbesondere wenn es Dutzende von herausragenden Spielen gibt, teilweise mit echt signifikanten Unterschieden. Wie weit kann man die Auswahl da überhaupt vernünftig runterdampfen? Nun, nach langem Überlegen erscheint es am sinnvollsten, die Grenze bei der natürlichen Bruchstelle zu ziehen. Mit dem Wechsel in die dritte Dimension läutete **Ocarina of Time** (1998) eine neue Ära für die Reihe ein, die bis heute Bestand hat. Die klassische 2D-Formel, an der sich quasi die gesamte Spieleindustrie bedient hat, wurde aber bereits mit **A Link to the Past** auf dem Super Nintendo perfektioniert.

In Japan exakt ein Jahr nach dem Launch der Konsole veröffentlicht, stellte **A Link to the Past** in erster Linie eine Rückkehr zu den Wurzeln dar. Bot der direkte Vorgänger **Zelda II: The Adventure of Link** (1988) noch eine Seitenansicht und Rollenspiel-Elemente wie Zufallskämpfe und Erfahrungspunkte, ist davon im SNES-Modul nichts mehr zu finden. Wie beim Serien-Debüt von 1986 erlebt man das Abenteuer komplett

Super NES (mit Widescreen-Patch)

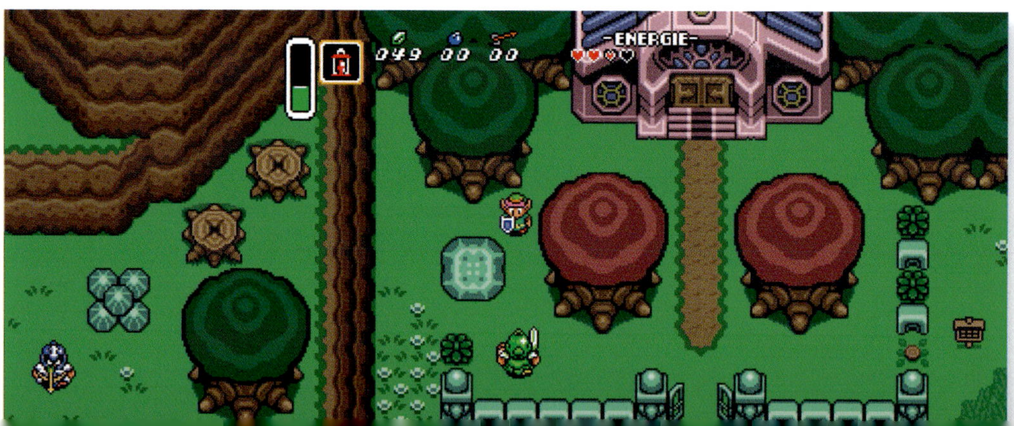

aus der Vogelperspektive, bereist eine riesige Oberwelt und rätselt sich durch tief verschlungene Dungeons. Auffindbare Gegenstände wie ein Enterhaken oder die Pegasus-Stiefel öffnen einem neue Wege, ein gewisses Maß an Freiheit bei der Progression ist ebenfalls vorhanden. Gekämpft wird weiterhin in Echtzeit, wobei das eigene Arsenal jetzt um etliche Zaubersprüche erweitert wurde. Der größte Clou ist aber, dass es gleich zwei Versionen von Hyrule zum Erkunden gibt. Im Laufe der Geschichte, in der wir dem bösen Magier Agahnim das Handwerk legen müssen, stolpern wir irgendwann in die sogenannte Schattenwelt. Dort warten nicht nur aggressivere Gegner, sondern auch eine ganz eigene Topografie und sogar komplett neue Dungeons. Um dem Spiel all seine Geheimnisse zu entlocken, muss man clever zwischen den Dimensionen hin- und herreisen, ohne dass man den Faden verliert. Dieses Konzept funktioniert dank des herausragenden Leveldesigns so gut, dass Nintendo es bei besagtem **Ocarina of Time** in Form von Zeitreisen wiederverwendet hat. Gepaart mit der sauberen Spielbarkeit, der hübschen Pixel-Optik und der tollen Musik ist **A Link to the Past** mittlerweile zum zeitlosen Evergreen geworden.

Dass auch jüngere Generationen das Spiel heute noch gut kennen, liegt zudem an seiner großen Beliebtheit in der Speedrun-Szene. Tausende von Leuten haben es über die Jahre immer wieder durchgespielt, die besten von ihnen sehen nach nicht mal 83 Minuten den Abspann. Auch sehr spannend sind die Randomizer, mit denen die Gegenstände in den Kisten bei jedem Neustart gemischt werden, wodurch ein ganz anderer Pfad zum Ende möglich wird. Wer sich ein Bild davon machen will, schaut mal bei **Speedrundale** auf Rocket Beans TV rein. Möchte man nur das ganz normale Spiel erleben, greift man aber am besten zur Switch, wo es aktuell Teil des Online-Gaming-Abos ist. Hoffen wir, dass sich Nintendo irgendwann erbarmt und **A Link between Worlds** ebenfalls neu auflegt. Das 3DS-Sequel ist nämlich auch richtig klasse.

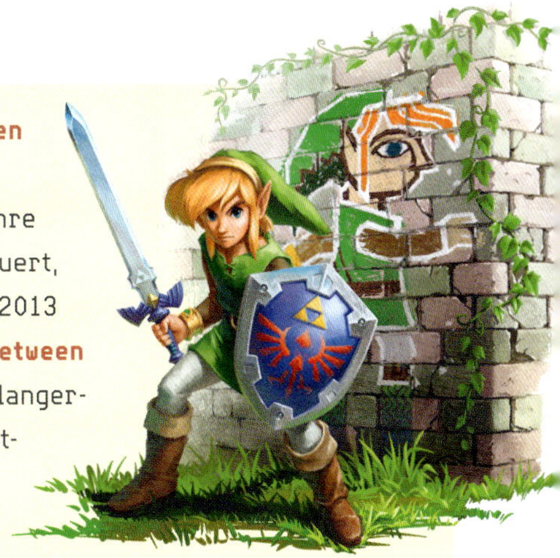

Zwischen den Welten

Satte 22 Jahre hat es gedauert, bis im Jahr 2013 mit **A Link between Worlds** die langerwartete Fortsetzung erschien. Diesmal in der Parallelwelt Lorule unterwegs, fußt das neuartige Spielkonzept darauf, dass sich Link in ein Graffito verwandeln kann. Die verbauten Rätsel sind dadurch noch mal ein Stück anspruchsvoller geworden.

THE LEGEND OF ZELDA: OCARINA OF TIME (1998)

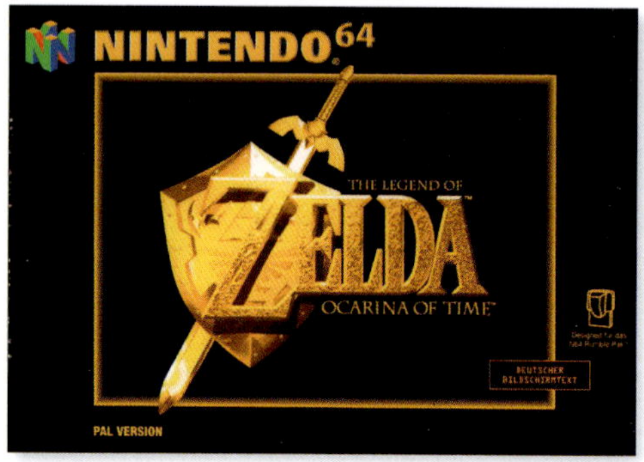

SYSTEM: NINTENDO 64 / GAMECUBE / NINTENDO SWITCH / NINTENDO 3DS (REMAKE)

Also, wenn **A Link to the Past** als das beste 2D-**Zelda** auf die Liste kommt, dann wird die 3D-Ära logischerweise von **Ocarina of Time** repräsentiert, oder? Nun, ganz so logisch ist es nicht. Lange Zeit stand zum Beispiel das sensationell gute **Tears of the Kingdom** (2023) an dieser Stelle. Die Spielewelt des bislang neuesten Serien-Vertreters ist gigantisch, das Crafting-System erstaunlich vielseitig und die emotionale Story rührt zu Tränen. Vieles spricht auch für **Majora's Mask** (2000), mit seinem düsteren Setting und dem gewagten Konzept, in regelmäßigen Intervallen von vorne anfangen zu müssen. Am Ende *muss* man in seinem Leben aber mindestens einmal **Ocarina** gespielt haben. Selbst ein Vierteljahrhundert später hat das Meisterwerk kaum etwas von seiner Brillanz verloren, heute noch erscheinen Spiele, in denen sein Einfluss mehr als deutlich zu spüren ist.

Trotz der hohen Erwartungshaltung war es aber keine Selbstverständlichkeit, dass aus **Ocarina** solch ein Knaller wird. Mitte der Neunziger fand im Gaming eine Zäsur statt. Einst noch teuren Arcade-Automaten vorbehalten, schwappte polygonale 3D-Grafik nun auch in den Heimbereich rüber. Regierten zuvor hauptsächlich handgezeichnete 2D-Spiele, waren auf einmal frei begehbare Welten mit ausmodellierten Charakteren möglich. Als Game-Designer freute man sich über die neue Freiheit, stand aber auch vor einem großen Dilemma: Wie adaptiert man etablierte Serien, ohne dass sie an Qualität einbüßen? Manche Franchises wie **Mega Man** oder **Castlevania** hatten ihre Formel in 2D über Jahre hinweg perfektioniert. Als dann aber der Wechsel in die neue Perspektive anstand, gelang es nicht, an die Klasse der Vorgänger anzuknüpfen. Bei Nintendo hatte man zum Glück die Antwort auf diese Frage bereits Jahre vor **Ocarina** parat. Ihr **Super Mario 64** (1996) schaffte es, die fantastische Spielbarkeit der älteren **Mario**-Titel beizubehalten, aber auch die neue Dimension sinnvoll ins Weltendesign

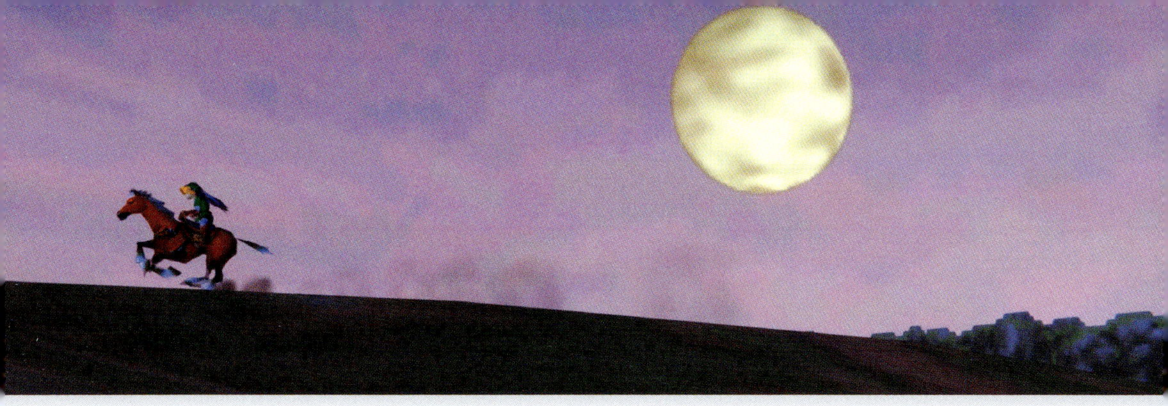

zu verflechten. Aus den pixelgenau verzahnten Leveln wurden weitläufige Spielplätze, fast wie bei einem Action-Adventure. Genau die richtige Starthilfe für das nächste **Zelda**.

Nintendo 64

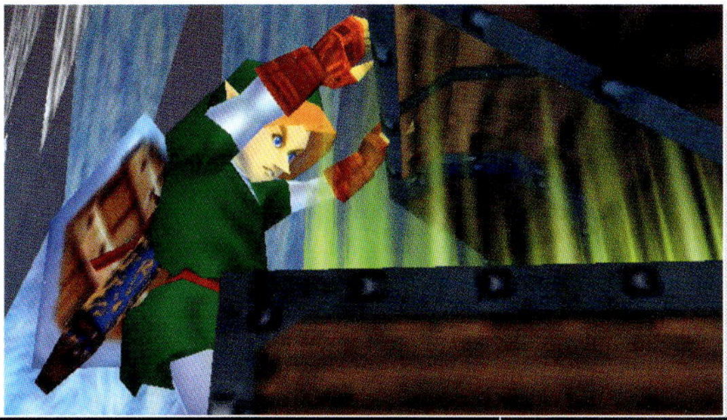

Wie üblich für die Serie geht es in **Ocarina** mal wieder um den Kampf zwischen Gut und Böse. Gerudo-König Ganondorf sehnt sich nach der Macht des Triforce, einem legendären Artefakt göttlicher Herkunft. Prinzessin Zelda versucht diesen Plan zu verteilen und setzt ihre ganze Hoffnung auf Link. Der junge Hylianer wuchs einst im verschlafenen Dorf der Kokiri auf, wurde aber vom heiligen Deku Baum dazu auserkoren, gegen das Böse zu kämpfen. In der Folge erkundet Link nun das weitläufige Land, knobelt sich durch verschlungene Dungeons und erledigt dabei Heerscharen von Gegnern. Wie bei **Mario 64** zuvor ist es echt erstaunlich, wie reibungslos das

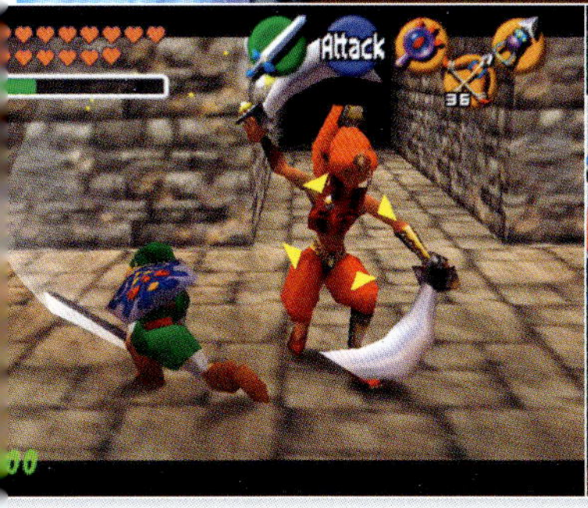

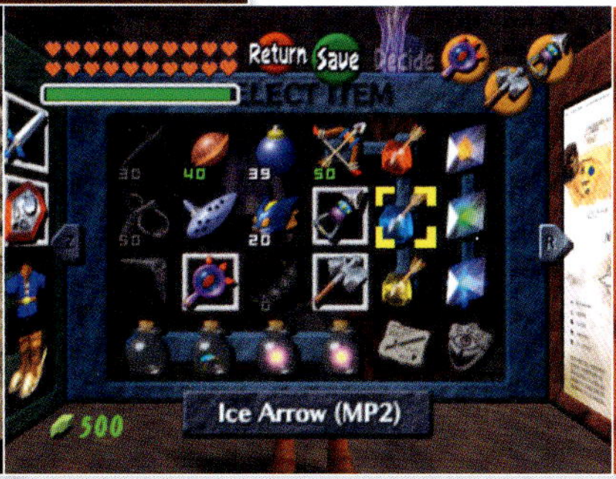

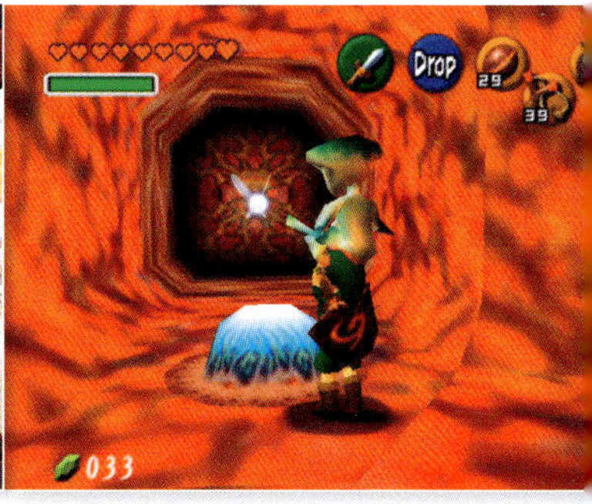

Spielgefühl der Serie den Sprung in die dritte Dimension überstanden hat. Die Oberwelt von Hyrule ist für damalige Verhältnisse gigantisch, in allen Ecken und Enden gibt es was zu entdecken. Für längere Reisen kann man mit seinem treuen Ross Epona sogar über die Felder reiten. Obwohl die Progression an bestimmte Ereignisse in der Story gebunden ist, darf man zu einem gewissen Grad selbst bestimmen, in welcher Reihenfolge man die Dungeons angeht. Diese haben sich mit dem Perspektivwechsel ebenfalls weiterentwickelt und sind noch mal vertrackter als in den Vorgängern. Zu den ganzen Schlüsselrätseln und Aufgaben, die mit Items wie Enterhaken oder Schwebe-Stiefeln gelöst werden, gesellt sich nun auch eine enorme Vertikalität. Kein Dungeon ist so aufgebaut wie der andere, auf neue Ideen stößt man am laufenden Band. Insbesondere der Wassertempel ist berüchtigt für seine verwirrende Struktur, die manchem jungen Nachwuchsspieler nächtelang den Schlaf geraubt hat. Kommt man mal nicht weiter, darf man Begleiter-Fee Navi zu Rate ziehen, die einem im Fall der Fälle etwas Hilfestellung gibt. Wegen ihrer etwas nervigen Sprachsamples versuchen die meisten Spieler aber, Navis Dienste so wenig wie möglich in Anspruch zu nehmen.

In Sachen Steuerung gibt es auch keine nennenswerten Probleme zu vermelden. Der Analog-Stick des N64-Controllers ist sehr präzise, wegen des umfangreichen Equipments lässt sich ein guter Teil der Buttons frei belegen. Nur der ständige Gang ins Menü zum Item-Tauschen kann etwas anstrengend sein. Dank eingebauter Automatik ist keine freie Kameradrehung vorgesehen, braucht man dennoch mal mehr Übersicht,

Mehr Tiefgang

Das 3DS-Remaster hübscht nicht nur die Grafik auf und fügt sinnvolle Item-Verwaltung mit dem Touchscreen hinzu, auch der Hardware-typische 3D-Effekt ist schick. Das N64-Original hat aber weiterhin seinen ganz eigenen Charme.

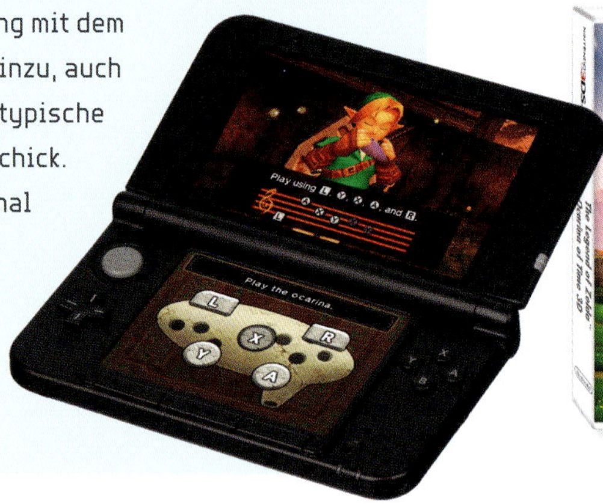

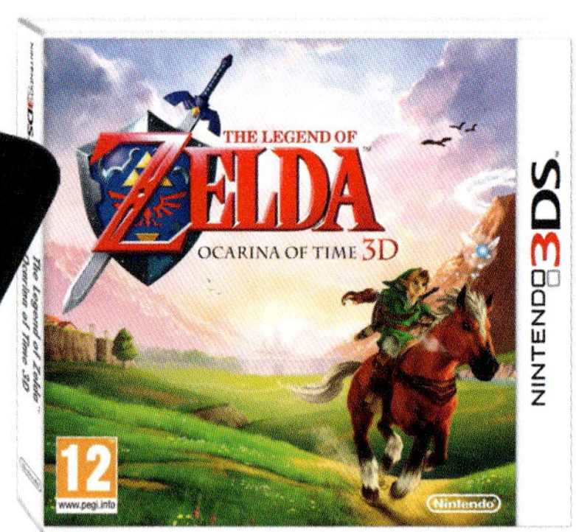

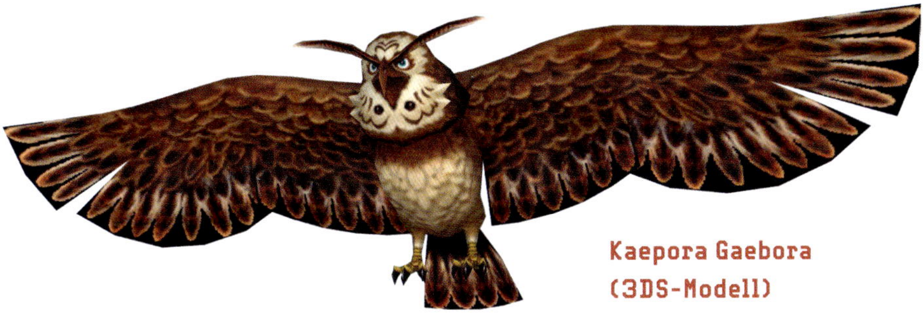

Kaepora Gaebora (3DS-Modell)

reicht ein Druck auf den gesonderten Knopf zum Zentrieren. Viele der weiteren Aktionen sind kontextsensitiv, auch das automatische Springen klappt super. Die cleverste Addition ist aber eindeutig das sogenannte Z-Targeting. Während eines Besuchs im Vergnügungspark sahen die Entwickler ein Samurai-Theaterstück. Die Art, wie sich der Protagonist mit seinen Gegnern duellierte, inspirierte dann das Kampfsystem von **Ocarina**. Per Druck auf die Z-Taste wird eine unsichtbare Kette ausgeworfen, die Link und seinen Kontrahenten miteinander verbindet. Die Steuerung ist nun direkt auf den Gegner ausgerichtet und macht genaues Ausweichen, Blocken und Angreifen kinderleicht. Dieses Konzept funktionierte so gut, dass es zum Standard in der gesamten Spieleindustrie wurde.

Bei all der Lobhudelei sind wir aber noch gar nicht auf das wichtigste Feature von **Ocarina** eingegangen: die Zeitreisen. Der für **Zelda**-Verhältnisse recht durchdachte Plot führt irgendwann zu einem Punkt, an dem Link frei zwischen verschiedenen Epochen wechseln kann. Ist er als Kind noch klein und schmächtig, wächst er in der Zukunft zu einem stattlichen Mann heran, dem ganz andere Waffen und neue Ausrüstung zur Verfügung stehen. Mit solch einer dualen Spielewelt konnte bereits **A Link to the Past** glänzen, aber hier machen die Unterschiede gefühlt noch mehr aus. Auch das Storytelling profitiert enorm davon. Insgesamt landete Nintendo damit nicht nur spielerisch einen Volltreffer, **Ocarina of Time** wurde für viele auch zum schönsten Geschenk aller Zeiten. Kurz vor den Feiertagen veröffentlicht, lag bei so manchem ein N64 inklusive Spiel unterm Weihnachtsbaum. Hatte man die lästigen Familienpflichten endlich hinter sich gebracht, wurde gezockt, bis sich die Balken bogen. Exakt so ein Erlebnis wird man als Neueinsteiger natürlich nicht haben, aber abgesehen von der veralteten Grafik hat **Ocarina** kaum etwas von seinem Glanz verloren. Über die Jahre immer wieder neu veröffentlicht, ist das N64-Original heute Teil des Online-Abos für die Switch. Hat man noch einen 3DS daheim, gibt es alternativ übrigens auch noch ein schickes Remaster mit hübscherer Grafik und nützlichen Updates.

THE WALKING DEAD: A TELLTALE GAMES SERIES (2012)

SYSTEM: U.A. PC / PLAYSTATION 3 / XBOX ONE / NINTENDO SWITCH / PC / SMARTPHONE / OUYA

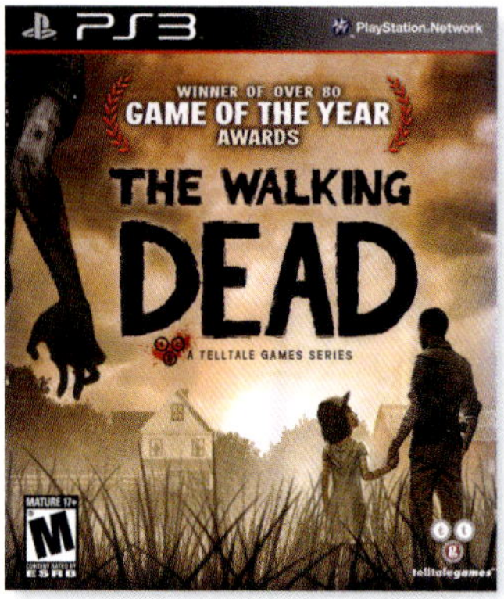

PC

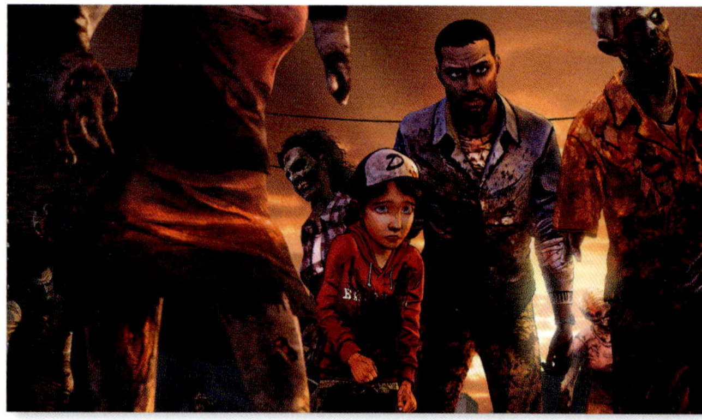

Was macht eigentlich ein gutes Adventure aus? Die ganz klassische Art mit ihren kniffligen Puzzles und geschliffenen Dialogen hatte ihre Hochphase eindeutig in den Neunzigern. Im Laufe der Jahre hat sich das Genre aber stark gewandelt. In Titeln wie **Fahrenheit** (2005) oder **Heavy Rain** (2010) spielten Rätsel nur noch eine sehr untergeordnete Rolle. Viel wichtiger war stattdessen das Erzählen einer Geschichte und das Treffen von Entscheidungen. Trotz limitierter Interaktion, oft in Form von Reaktionstests mit kurzem Eingabefenster, fühlten sich solche Spiele erstaunlich lebendig an. Jeder noch so kleine Moment konnte sich im Nachhinein als enorm wichtig herausstellen. Die Spiele von Telltale Games zählen da zu den Besten ihres Fachs, vor allem die erste Staffel von **The Walking Dead** ist einfach mitreißend.

Telltale war damals ein kleines Studio, das von ehemaligen LucasArts-Mitarbeitern gegründet wurde. Um nicht in finanzielle Schwierigkeiten zu geraten, entschied man sich früh, mit einem Episoden-Modell zu arbeiten. Achtungserfolge wie **Sam & Max Save the World** (2006) oder **Tales of Monkey Island** (2009) wurden in einzelne

Folgen aufgeteilt, deren Release über einen Zeitraum von mehreren Monaten erfolgte. Das spülte regelmäßig Geld in die Kassen und entlastete gleichzeitig den Entwicklungsprozess. Damit war aber auch eine etwas andere Erzählstruktur nötig, die eher an die Staffel einer TV-Serie erinnerte als an ein typisches Videospiel. Das passte wiederum wie die Faust aufs Auge, als man sich die Lizenz zur Comic-Sensation **The Walking Dead** sichern konnte. Das Zombie-Drama von Autor Robert Kirkman feierte gerade mit einer Adaption fürs Fernsehen gigantische Erfolge. Da Kirkman tatsächlich selbst mit den Werken von Telltale vertraut war, konnte er sich gut vorstellen, dass das Studio seiner Vorlage gerecht werden würde. Dementsprechend hatte man sehr viele Freiräume, konnte sich aber auch auf nützliches Feedback von Kirkman verlassen.

Man selbst übernimmt nun die Rolle von Lee, einem Sträfling, der beim Ausbruch der Zombie-Plage in Freiheit kommt. Schon bald trifft er auf die junge Clementine, die von ihren Eltern getrennt wurde. Gemeinsam versuchen die beiden, im Chaos der Apokalypse zu überleben. In den insgesamt fünf Episoden wird man am laufenden Band vor moralische Entscheidungen gestellt, die nur selten eine klare Antwort haben. Die Konsequenzen des eigenen Handelns sind manchmal erst etliche Episoden später ersichtlich. Im Zentrum stehen aber eindeutig Lee und Clementine, zwischen denen ein beinahe familiäres Verhältnis entsteht. Das verleiht der eigenen Reise durch das Spiel ein emotionales Gewicht, wie es kaum ein vergleichbarer Titel vermag. Das vollständige Abenteuer wurde deswegen, trotz einiger technischer Probleme der ersten Versionen, auch mehrfach als Game of The Year ausgezeichnet. Telltale ließen darauf etliche weitere Staffeln von **The Walking Dead** folgen, die beileibe nicht schlecht sind, aber das grundlegende Konzept zeigte doch ziemlich schnell Abnutzungserscheinungen. Das Original steht aber immer noch auf eigenen Beinen und ist perfekt für alle, die sich nicht zu schade sind, vor dem Bildschirm die eine oder andere Träne zu verdrücken.

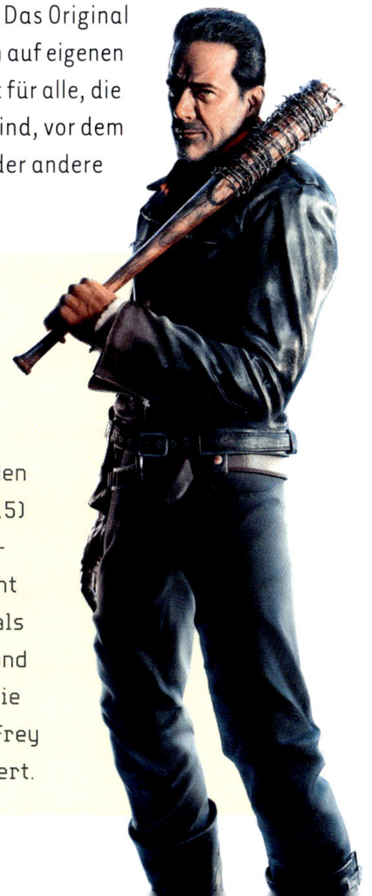

Negan mit Köpfen
Abseits der Telltale-Spiele sollten Fans von **The Walking Dead** auch einen Blick auf den Prügler **Tekken 7** (2015) werfen. Der charismatische Comic-Bösewicht Negan Smith ist dort als Download erhältlich und wird wie in der TV-Serie von Schauspieler Jeffrey Dean Morgan verkörpert.

THE WITCHER 3: WILD HUNT (2015)

SYSTEM: PLAYSTATION 4 / PLAYSTATION 5 / XBOX ONE / XBOX SERIES / NINTENDO SWITCH / PC

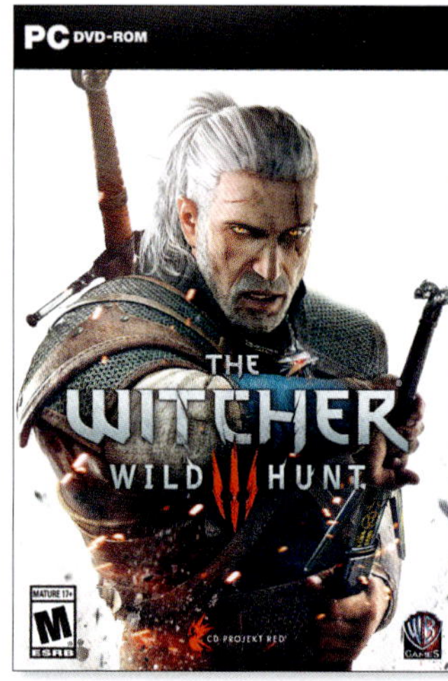

Es gab mal eine Zeit, da spielte der Gaming-Standort Polen keine besonders große Rolle. Waren französische Unternehmen wie Ubisoft, die Schotten von Rockstar North oder Crytek aus Deutschland auch international bekannt, hörte man außerhalb der Landesgrenzen leider kaum etwas von polnischen Studios. Um die Jahrtausendwende herum hat sich das zum Glück geändert und seitdem gibt es einen steten Strom an Highlights. **Painkiller** (2004) von People Can Fly gilt zum Beispiel als Kult-Shooter, Techland haben sich dank **Dead Island** (2011) und **Dying Light** (2015) als Horror-Experten herausgestellt. Mit Abstand am erfolgreichsten sind aber CD Projekt Red, die kreativen Köpfe hinter **The Witcher 3: Wild Hunt**. Mit dem fantastischen Rollenspiel räumten sie seinerzeit nicht nur Dutzende von Game-of-the-Year-Awards ab, die Zahl der verkauften Einheiten hat mittlerweile sogar die 50-Millionen-Grenze geknackt. Ein gigantischer Erfolg für eine Firma mit ganz bescheidenen Anfängen.

In den frühen Neunzigern als Lokalisations-Studio gegründet hatte CD Projekt damals einen schweren Stand, weil der polnische Markt von Raubkopien überflutet war. Mit der Zeit erarbeiteten sich die Warschauer aber einen guten Ruf, die Absatzzahlen stiegen langsam, insbesondere für Übersetzungen von PC-Hits wie **Baldur's Gate** (1998). Gegen 2002 formte sich dann unter dem Namen CD Projekt Red eine Entwicklungsabteilung, die eigene Spiele in Angriff nehmen sollte. Zu diesem Zweck lizensierte man die Rechte an den **Wiedźmin**-Büchern des polnischen Autors Andrzej Sapkowski. In der beliebten Fantasy-Reihe dreht sich alles um Geralt von Rivia, den titelgebenden Hexer, der mit übernatürlichen Fähigkeiten gegen bestialische Monster kämpft. Klingt perfekt für ein zünftiges RPG, dachte man sich und entwickelte auf dieser Basis dann **The Witcher** (2007). Wegen des relativ hohen Budgets sah das fertige Spiel ganz ordentlich aus, aber man merkte auch, dass es sich um das Erstlingswerk eines noch jungen Studios handelte. Viele Bugs, lange Ladezeiten und eine umständliche Menüführung trübten den Spaß. Dennoch waren sowohl die Presse-Wertungen als auch die Abverkäufe solide genug, um sich an einem Nachfolger zu versuchen.

Dieser kam 2011 in Form von **The Witcher 2: Assassins of Kings** und stellte eine deutliche Steigerung dar. Da der Vorgänger exklusiv auf dem PC erschien, basierte das Kampfsystem dort noch auf rhythmischem Mausgeklicke, was nicht so besonders spannend war. Als Multiplattform-Titel, der auch auf Konsole funktionieren soll, konnte man nun aber auch einen Controller verwenden. Mit dem spielte es sich gleich wesentlich actionreicher und dynamischer. Je nachdem, wie man sich an bestimmten Punkten entscheidet, nimmt die Story teilweise einen komplett anderen Verlauf. Das ist nicht nur spannend in Szene gesetzt, auch der Wiederspielwert profitiert enorm. Die einst verwirrende Menüführung wich einer klareren Struktur, ohne an Komplexität einzubüßen. Zu guter Letzt überzeugt auch die Grafik, **The Witcher 2** war für damalige Verhältnisse vielleicht das sogar hübscheste aller Rollenspiele. Insgesamt eine klare Empfehlung für Genrefans, nur jüngere Semester sollten etwas aufpassen. Mit Schimpfworten wird nämlich nicht zurückgehalten und Geralts lodernde Libido sorgt für die eine oder andere Nacktszene.

Bestärkt vom positiven Feedback und den deutlich besseren Verkaufszahlen, entschloss man sich bei CD Projekt Red, mit dem nächsten Teil noch mal einen draufzusetzen. Mittlerweile war die Mutterfirma an die Börse gegangen, mit Good Old Games etablierte man auch einen Download-Store, der sich als populäre Alternative zu Platzhirsch Steam herausstellen sollte. So konnte man die Entwicklung von **The Witcher 3** auch mit einem gigantischen Budget selbst finanzieren, ohne auf externe Geldgeber angewiesen zu sein. Dementsprechend floss ein so großer Aufwand ins Spiel, wie man ihn

Reif für ein Remake

Verglichen mit **Witcher 3** wirkt das Original von 2007 grafisch ziemlich altbacken. Deshalb wird gerade auch an einem Remake gearbeitet, das aber wohl erst nach dem nächsten Hauptteil der Serie erscheinen wird. Erst möchte man genug Erfahrung mit der frischen Unreal Engine 5 sammeln, wovon auch das Remake im Anschluss profitieren soll.

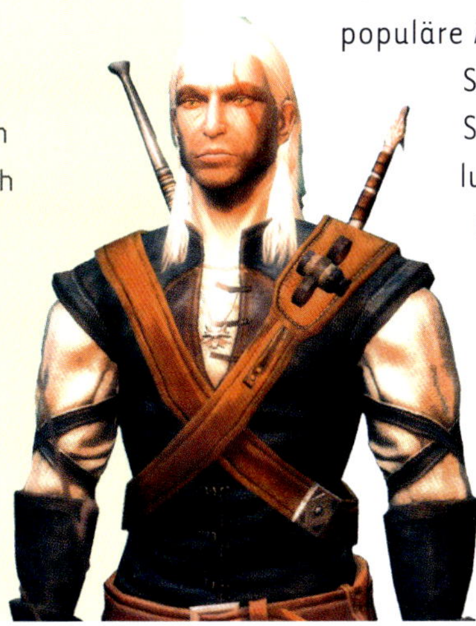

sonst nur von absoluten Branchenriesen kennt. Um der Konkurrenz aus dem Weg zu gehen, peilte man zuerst eine Veröffentlichung im Februar 2015 an, doch das stellte sich am Ende als etwas zu optimistisch heraus. So waren wichtige Systeme wie das Item-Management oder das Crafting noch nicht voll funktionsfähig, eine hohe Anzahl von Bugs musste ebenfalls ausgemerzt werden. Dank konsequenter Arbeit und strategischer Kürzungen war es dann aber schließlich im Mai so weit.

Obwohl man wieder in die Rolle von Geralt schlüpft, dreht sich die Geschichte diesmal um Ciri, die leibliche Tochter von Kaiser Emhyr. Da Ciri als Kind in Geralts Obhut war und er sie im Kampf ausgebildet hat, hegt auch Geralt väterliche Gefühle für sie. Mittlerweile ist Ciri aber erwachsen und befindet sich auf der Flucht vor der »Wilden Jagd«, einer geheimnisvollen Bande von Elfen, die es auf ihre magischen Fähigkeiten abgesehen hat. Auf dem Rücken seines treuen Pferdes Plötze bereist Geralt nun die nördlichen Königreiche, um Ciri zu finden, bevor es zu spät ist. Waren die älteren **Witcher**-Spiele von ihrem Umfang her noch eher eingeschränkt, ist aus dem dritten Teil nun ein vollwertiges Open-World-Rollenspiel geworden. Die gigantische Oberwelt ist quasi nahtlos bereisbar und durchzogen von wunderschönen Fantasy-Landschaften. Längere Ladezeiten gibt es nur beim initialen Start und den Schnellreisen. Egal in welcher Richtung man unterwegs ist, überall ist was los und man verliert sich gern mal für ein paar Stunden in Nebenaufträgen. Wenn man sich aber auf die Story konzentriert, darf man wieder gewichtige Entscheidungen treffen und hat es mit vielen interessanten Charakteren zu tun. Die umfangreichen Dialoge wurden übrigens in fünfzehn Sprachen vertont. Wer es schön authentisch haben will, muss unbedingt mal auf Polnisch umschalten. Auch das Gameplay wurde ordentlich geschliffen. Geralt selbst ist wesentlich mobiler und kann nun schwimmen und klettern, die Kämpfe gehen noch mal lockerer von der Hand. Die Entwickler haben sich nach eigener Aussage bei den Gefechten ein klein wenig an **Dark Souls** (2011) orientiert, ohne aber dessen harschen Schwierigkeitsgrad zu kopieren.

Neben der umfangreichen Kampagne, bei der locker eine dreistellige Stundenzahl drin ist, darf man mit den Erweiterungen **Hearts of Stone** und **Blood and Wine** noch einiges an Spielzeit drauflegen. Abseits der Urversionen ist mittlerweile sowohl eine solide Fassung für die Nintendo Switch erschienen als auch ein Next-Gen-Update, mit dem neue Inhalte und Grafik-Features wie Raytracing hinzukommen. Will man also die beste Version erleben, greift man entweder zur gepatchten PC-Fassung oder den aktuelleren Konsolen.

Des Witchers wunderbare Welt (PC)

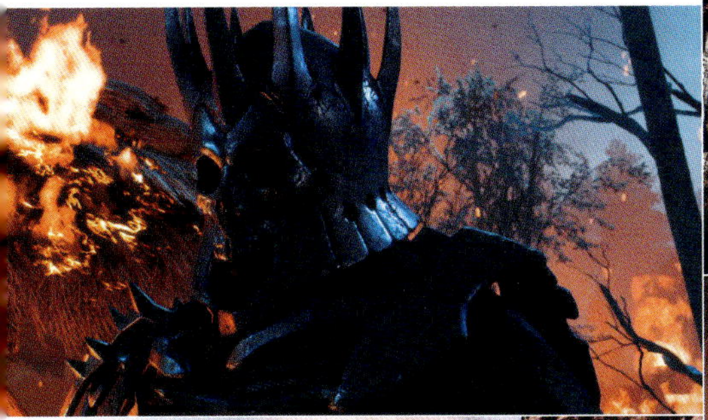

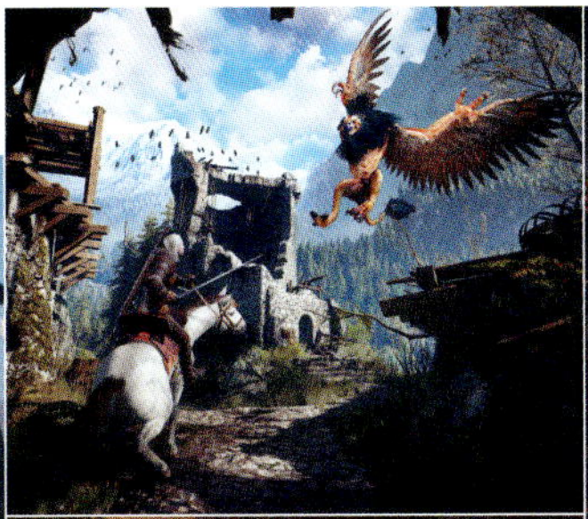

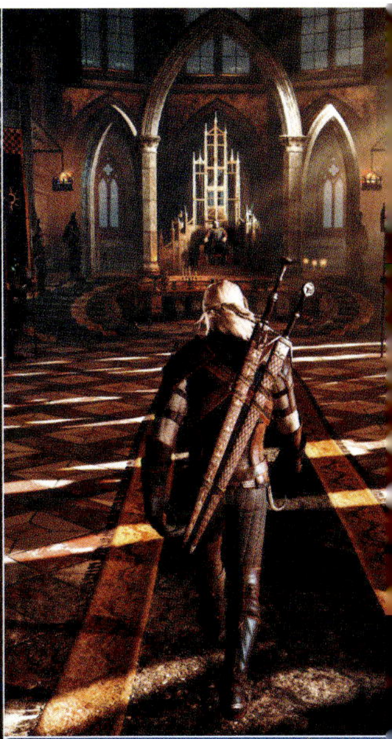

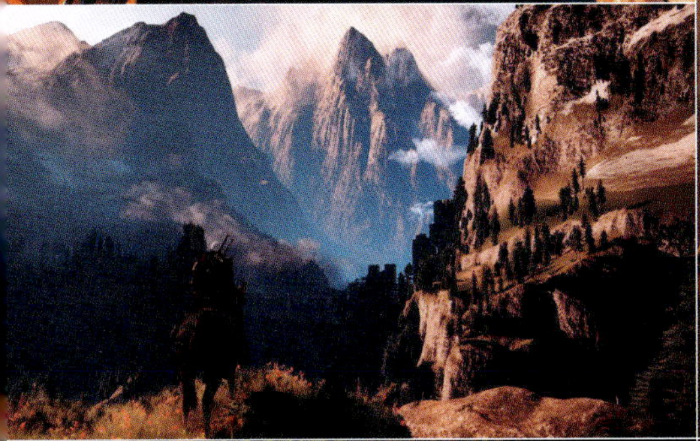

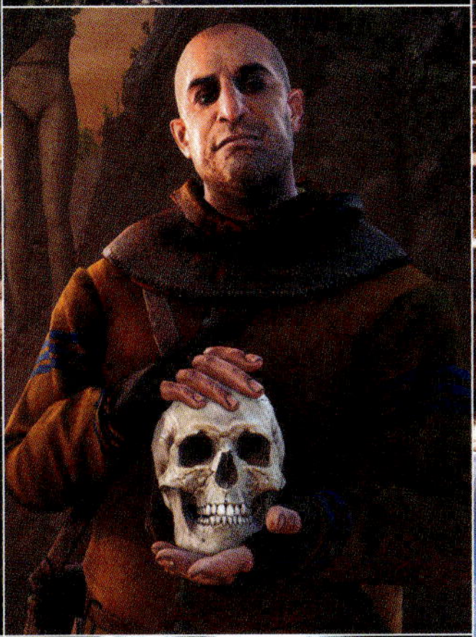

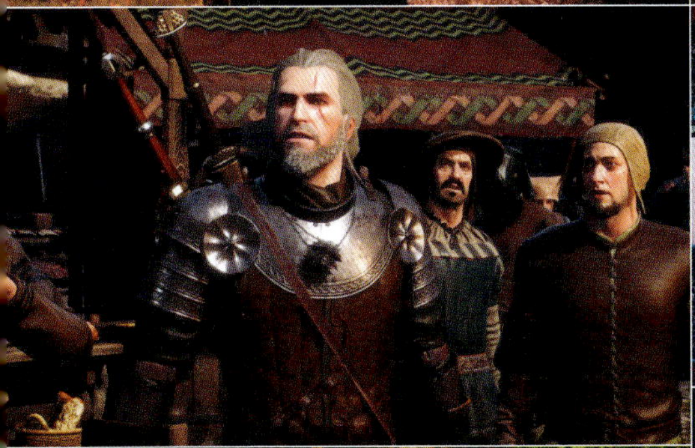

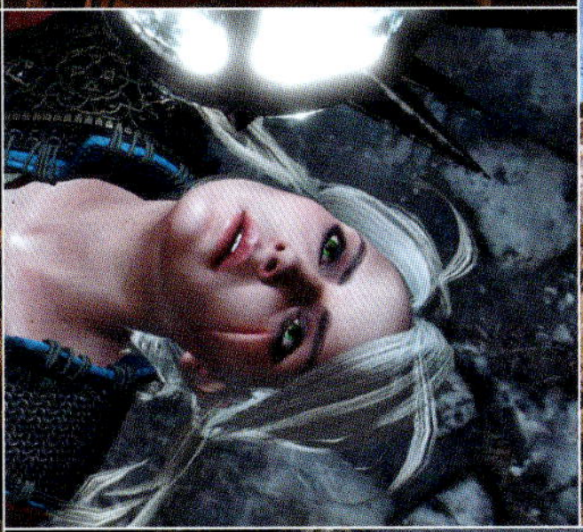

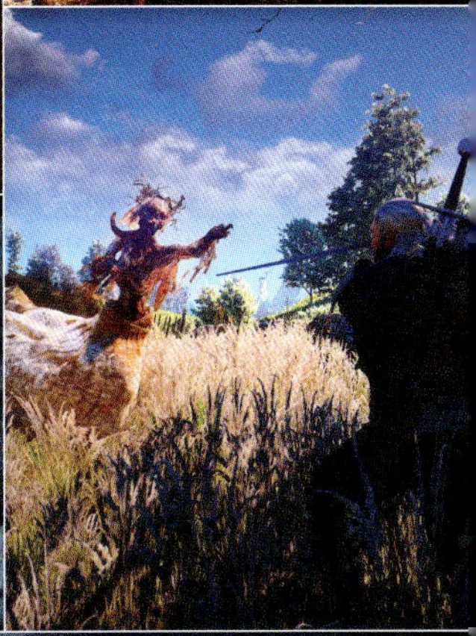

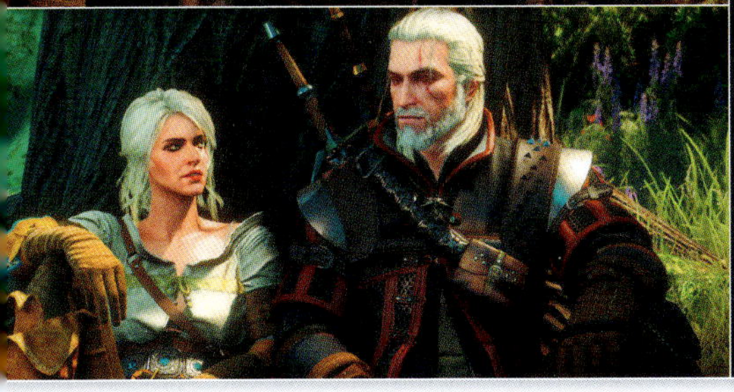

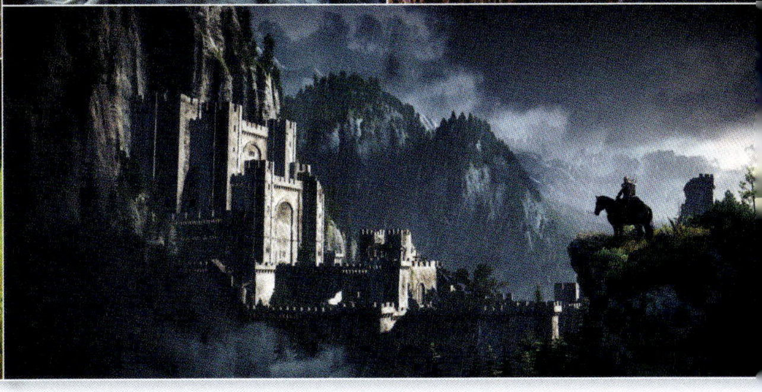

TOMB RAIDER

(1996)

SYSTEM: PLAYSTATION / SEGA SATURN / PC / SMARTPHONE / N-GAGE

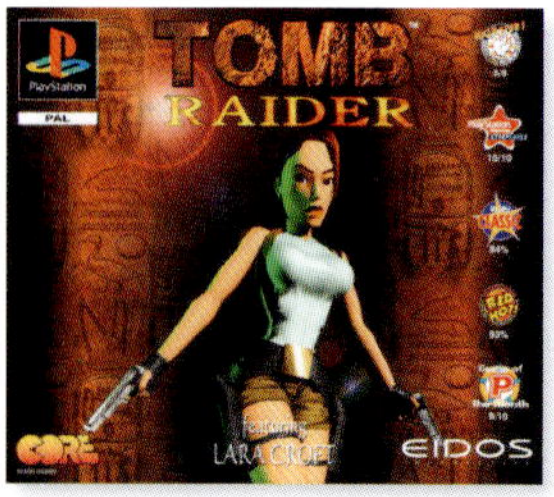

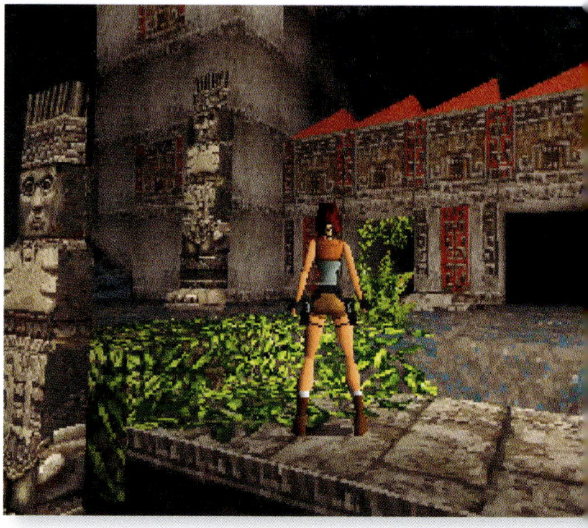

Es gibt manch langlebige Videospiel-Serie, die nur mit Mühe aus den Startlöchern gekommen ist. **Street Fighter** ist ein Paradebeispiel dafür, dass die Formel für den Erfolg erst mit dem zweiten Teil gefunden wurde. Auch beim ersten **Assassin's Creed** war noch Luft nach oben. **Tomb Raider** hingegen legte aus dem Stand eine Punktlandung hin und etablierte gleichzeitig Lara Croft als neuen Gaming-Superstar. Ohne die hohe Qualität des Erstlings hätten sich bestimmt keine rund 100 Millionen Spiele mit der agilen Archäologin bis dato verkauft. Darüber hinaus ist es auch wirklich nicht vermessen zu sagen, dass das Serien-Debüt den »Spirit« von **Tomb Raider** immer noch am besten einfängt.

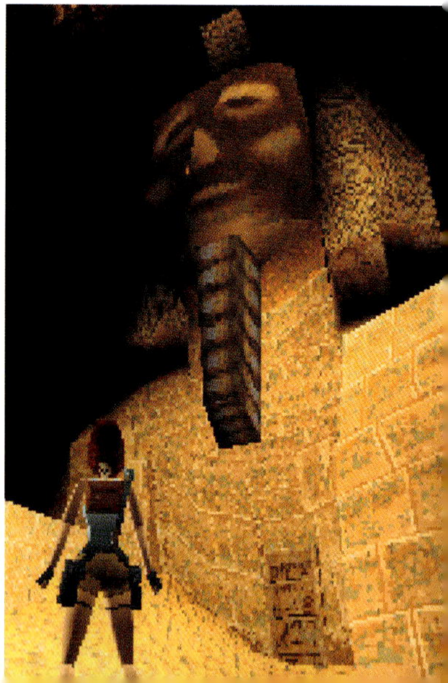

Angetrieben von der Suche nach dem Scion, einem legendären Artefakt atlantischer Herkunft, verschlägt es Lara in die tiefsten Katakomben rund um den Erdball. Sie durchforstet die Gänge unterhalb eines griechischen Klosters, überwindet Todesfallen in ägyptischen Grabkammern und entdeckt in einer peruanischen Höhle sogar einen lebendigen T-Rex. Dank Laras scharfem Verstand sind selbst kniffligste Rätsel kein Problem, schon ein kleiner Vorsprung an der nächsten Felswand reicht ihr, um sich per Freeclimbing bis ganz nach oben zu wuchten. Trachten ihr wilde Tiere oder die Handlanger von Gegenspielerin Natla nach dem Leben, verlässt sie sich auf ihre

Treffsicherheit mit verschiedensten Schusswaffen. Am liebsten ballert Lara aber mit ihren legendären Doppel-Pistolen, gerne auch mal mitten im Rückwärtssalto. **Tomb Raider** transportiert dank seines ausladenden Leveldesigns richtig schön das Gefühl, in eine Welt abzutauchen, die seit Ewigkeiten von keinem Menschen betreten wurde. Große Hilfestellungen und Komfort-Features gibt es nicht. Man muss sich auf seinen Instinkt und sein gutes Auge verlassen, um vernünftig Fortschritt zu machen. Die klassische Panzersteuerung mag für moderne Sensibilitäten etwas sperrig wirken. Manchmal muss Lara wie ein Auto beim Einparken rangiert werden, dafür ist das aber schön präzise und geht schnell ins Blut über. Natürlich bauen die Fortsetzungen alle auf diesen Prinzipien auf, doch im Original von 1996 ist diese einzigartige Gameplay-Mischung noch komplett unverwässert.

Die alten Konsolen-Fassungen für PlayStation und Sega Saturn haben zwar absoluten Kult-Charakter, doch die muss man heutzutage nicht unbedingt mehr rausholen. Für Bastler gibt es zum Beispiel die frei erhältliche **Open-Lara**-Software, in die man die Level von der eigenen CD-ROM importieren kann. Damit lässt sich das Spiel mit Analog-Steuerung, echtem Breitbild und einer internen Auflösung von bis zu 16K erleben. Aller Wahrscheinlichkeit nach ist die Remaster-Collection der ersten Trilogie von Februar 2024 aber die sinnvollste Option, die zuschaltbare Annehmlichkeiten wie bessere Grafik oder direktere Steuerung enthalten soll. Leider war die Sammlung zu Redaktionsschluss noch nicht verfügbar, also sollte man vor dem Kauf auf Nummer Sicher gehen und ein sich paar Reviews anschauen. Eine letzte Alternative wäre noch das echt gelungene Remake von 2007, das aber verständlicherweise nicht exakt dieselbe Stimmung einfängt.

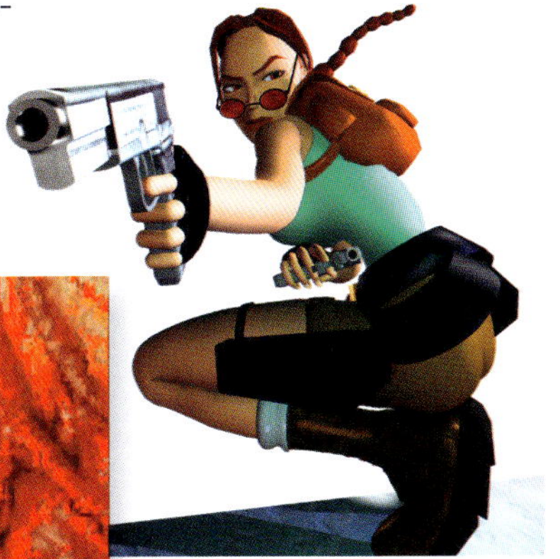

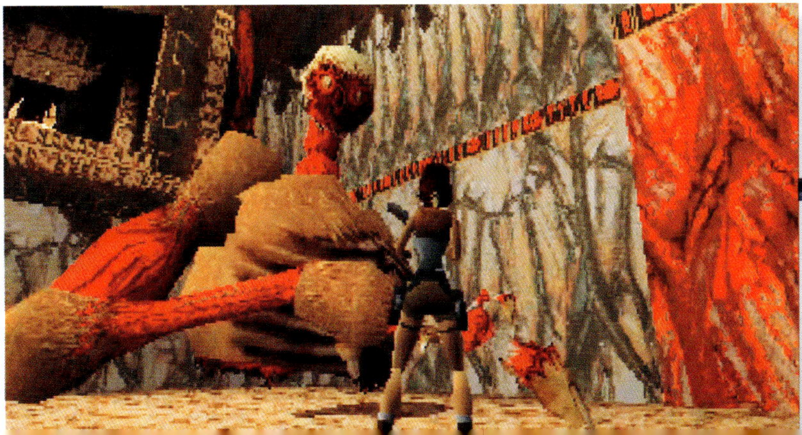

PlayStation

TONY HAWK'S PRO SKATER 1 + 2

(2020)

SYSTEM: PLAYSTATION 4 / PLAYSTATION 5 / XBOX ONE / XBOX SERIES / NINTENDO SWITCH / PC

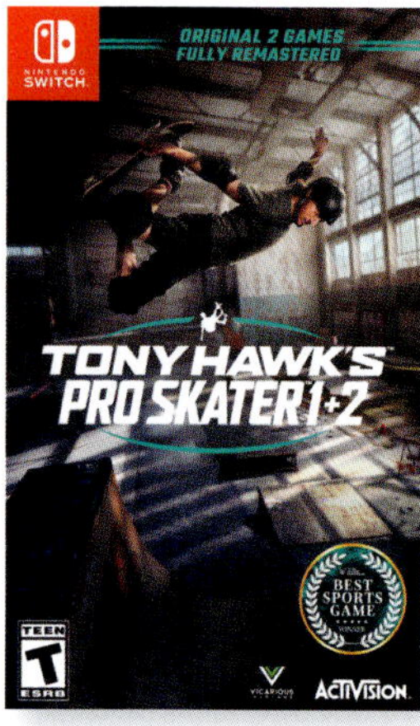

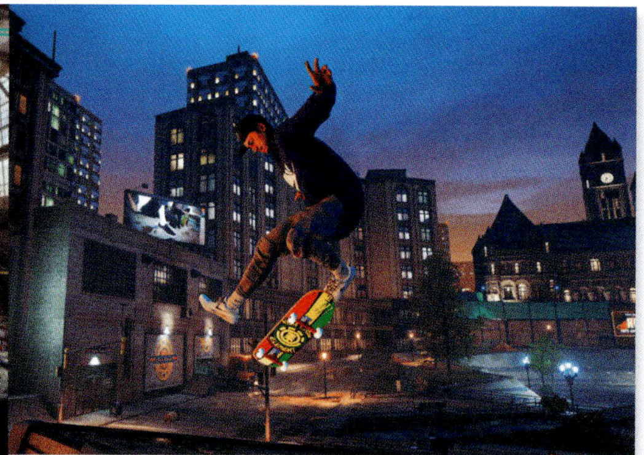

PC

Nostalgie kommt oft in Wellen daher. Was noch vor kurzem kalter Kaffee von Vorgestern war, liegt plötzlich wieder total im Trend. Freuten sich vor ein paar Jahren noch die Kids der Achtziger über Serien wie **Stranger Things**, füllten anschließend Boybands wie Take That mit Neunziger-Schmalz die Konzerthallen. Mittlerweile sind auch die Nullerjahre zurück und mit ihnen eine Wehmut zur unbeschwerten Jugend vor der PlayStation. Wo war aber der graue Kasten gleich noch mal? Und funktioniert das Gerät überhaupt, wenn man es seit Ewigkeiten nicht mehr angeschlossen hat? Dank **Tony Hawk's Pro Skater 1 + 2** müssen wir uns zum Glück keine Gedanken mehr darüber machen.

Das Remake von 2020 vereint nicht nur zwei der größten Skateboard-Klassiker in einem Paket, es ist auch der beste Weg, ein wichtiges Stück Gaming-Geschichte nachzuholen. Eine Runde in **Tony Hawk's Pro Skater** zu drehen bedeutete damals nicht nur, sich etwas die Zeit zu vertreiben, es fing auch ein Stück Lebensgefühl mit ein. Dabei ist das Spielprinzip eigentlich recht simpel: An allerlei ungewöhnlichen Orten gilt es, mit einem Skateboard unter den Füßen Aufgaben zu erledigen, allerdings in einem strikten Zeitlimit. Das kann zu Beginn etwas einschüchternd wirken, hat man aber die Steuerung erst mal drauf, gleiten einem die ganzen Kickflips, Ollies oder Grabs ziemlich elegant aus den Fingern. Wenn dazu noch im Hintergrund der sorgfältig ausgesuchte Soundtrack von Punk-Bands wie Bad Religion oder Goldfinger erklingt, gerät man vor dem Fernseher beinahe in eine Art von Trance. Legt man die Originale heutzutage ein, merkt man schnell, dass der Zahn der Zeit doch ordentlich daran geknabbert hat. Insbesondere die vergleichsweise grobschlächtige Grafik macht es schwierig, in die passende Stimmung zu kommen, der Steuerung fehlen die sinnvollen Upgrades der Fortsetzungen. Das Remake umschifft nun diese Hürden mit moderner Technik und hohem Detailgrad, auch später hinzugefügte Manöver wie die Reverts sind drin. Absolute Puristen können aber dennoch auf das klassische Eingabeschema umschalten. Selbstverständlich sind alle Level aus den alten Spielen vorhanden, wie auch beinahe alle originalen Skater, mit Ausnahme des freispielbaren Spider-Man aus Teil 2. Ähnliches gilt für die Musik: Abgesehen von ein paar Kürzungen aus Lizenzgründen sind die meisten Tracks und ein guter Batzen neuer Songs enthalten. Wem das nicht reicht, der baut seine eigenen Arenen im Create-A-Park-Modus, Multiplayer-Duelle sind sowohl im Splitscreen als auch per Internet möglich.

Wer sich selbst aufs Trittbrett schwingen möchte, kann dies auf so ziemlich allen gängigen Plattformen machen. Sogar die Nintendo Switch wurde mit einer guten Version versorgt, nur bei der Grafik muss man einige Abstriche machen. Angesichts dieses schönen Pakets ist es etwas schade, dass eine Fortsetzung mit **Tony Hawk's Pro Skater 3 + 4** zum aktuellen Zeitpunkt eher unwahrscheinlich scheint. Remake-Entwickler Vicarious Visions ist mittlerweile Teil von Blizzard Entertainment und unterstützt den Computerspiel-Veteran bei Großprojekten wie **Diablo IV**. Hoffentlich dürfen sie irgendwann aber doch mal wieder aufs Brett steigen.

Alt vs. neu

Wenn man das Original direkt mit dem Remake vergleicht, sieht man deutlich, wie sehr die einst so hübsche PlayStation-Grafik in die Jahre gekommen ist.

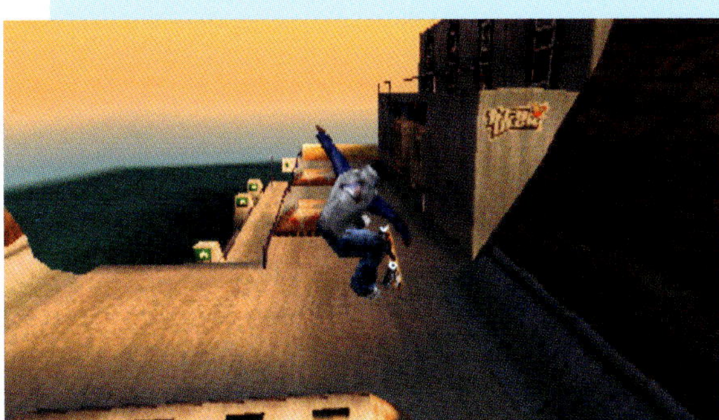

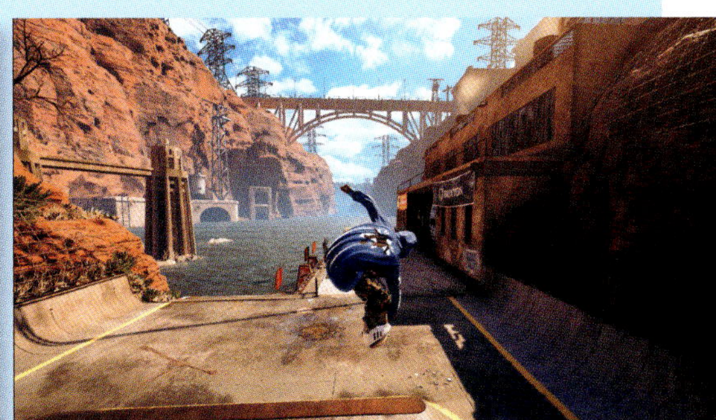

TURRICAN II: THE FINAL FIGHT (1991)

SYSTEM: U.A. AMIGA / C64 / ATARI ST / NINTENDO SWITCH / PLAYSTATION 4

Wenn es um den Videospiel-Standort Deutschland geht, könnte man meinen, dass wir hierzulande fast nur Strategie- und Rollenspiele produzieren. Für Fans dieser Genres wahrlich keine schlechte Sache, befinden sich darunter doch Welterfolge wie **Die Siedler** oder das kultige **Gothic**. Wer schon etwas länger dabei ist, erinnert sich aber noch mit Wonne an die Action-Kracher von Factor 5. Einst in Köln beheimatet, sticht aus dem üppigen Angebot der Firma die hervorragende Amiga-Fassung von **Turrican II** ganz besonders heraus.

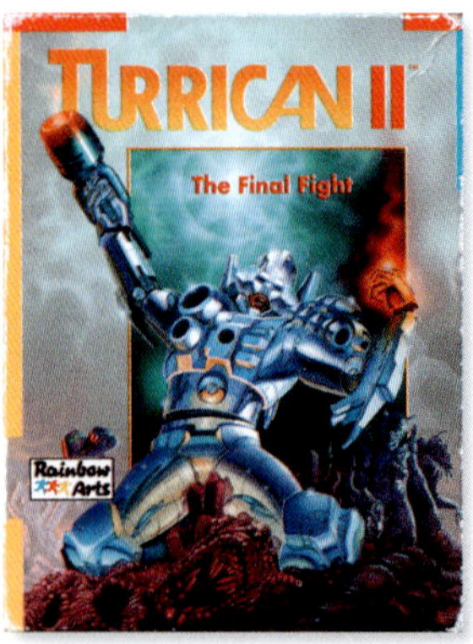

Amiga

Der kreative Kopf hinter dem **Turrican**-Franchise heißt Manfred Trenz, damals noch in Diensten des Publishers Rainbow Arts und eine wahre Legende unter den deutschen Programmierern. Für die erste Ausgabe kombinierte er Ideen aus beliebten Reihen wie **Contra** mit dem Look und Spielprinzip des Automaten **Psycho-Nics Oscar** (1987). Das Ergebnis sah für ein C64-Spiel nicht nur spektakulär aus, es steuerte sich auch richtig gut und die Level waren schön weitläufig. Da Factor 5 als Spezialist für den Amiga galt, durfte das Studio die Portierung auf das Gerät übernehmen. Dabei leisteten sie so gute Arbeit, dass Factor 5 in die Entwicklung des Sequels von Anfang an mit einbezogen wurde. Trenz kümmerte sich zwar weiter federführend um die inhaltliche Gestaltung, aber das Gesamt-Projekt war von nun an eine kollaborative Angelegenheit.

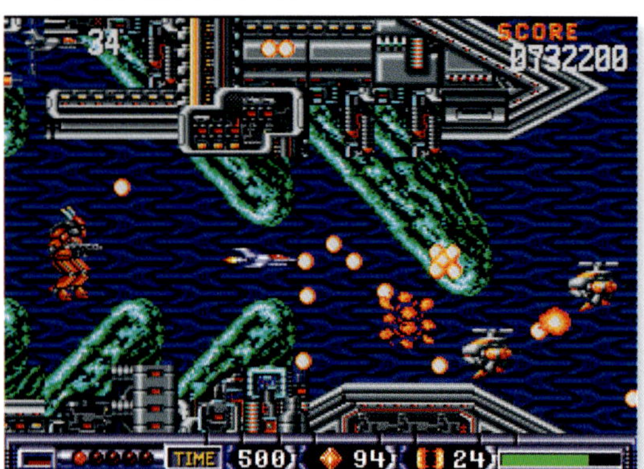

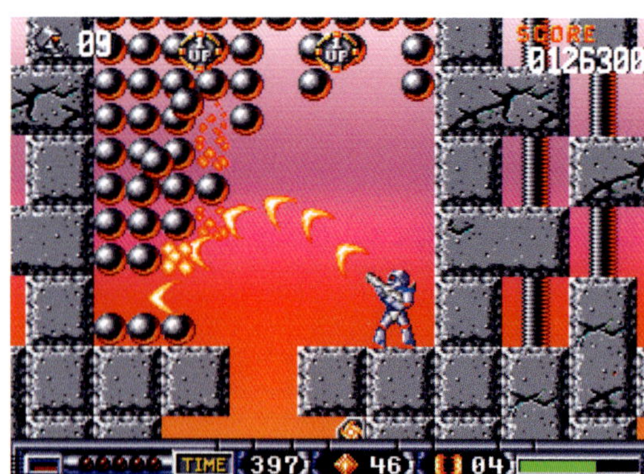

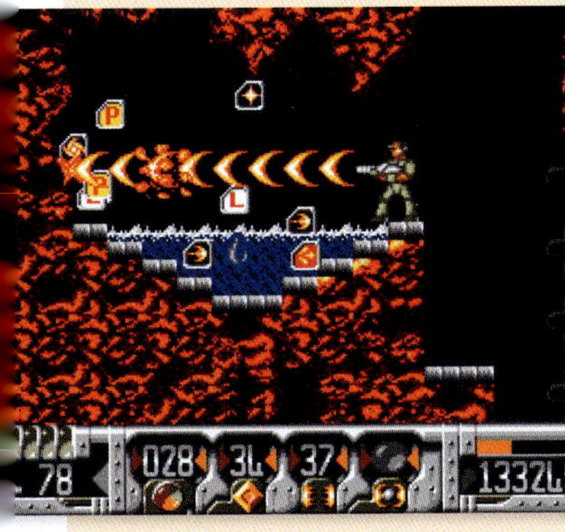

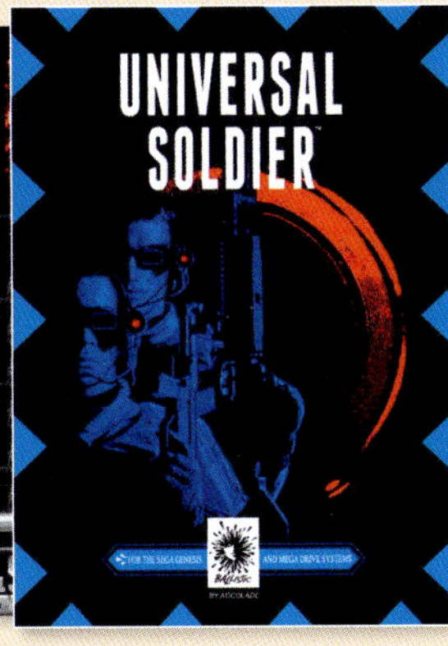

Van Dammed noch mal!
Für die Konvertierungen auf Mega Drive und Game Boy entschied sich Konsolen-Publisher Accolade, aus **Turrican II** ein Lizenzspiel zum Jean-Claude-Van-Damme-Film **Universal Soldier** zu machen. Erst wurden fast alle Figuren ausgetauscht, dann die Fluglevel gestrichen und durch traditionelle Stages ersetzt.

In **Turrican II** dreht sich nun alles um Freiheitskämpfer Bren McGuire, der als Einziger den Angriff einer unbekannten Alien-Macht überlebt. Ausgestattet mit dem hochmodernen Turrican-Kampfanzug sinnt er auf Rache gegen die fiesen Invasoren. Um den Plan in die Tat umzusetzen, steht Bren ein mehr als üppiges Arsenal an Waffen zur Verfügung. Kleinere Gegner können wie bei **Super Mario** mit einem Sprung erledigt werden. Für enge Schächte darf man sich frei nach **Metroid** zu einer Kugel zusammenrollen und Bomben legen. Wie beim ersten Spiel sind die Level alles andere als geradlinig und laden zum Erkunden ein. Selbst wenn man den Ausgang gefunden hat, ist der Drang sehr hoch, wieder zurückzugehen und nach verpassten Geheimnissen zu fahnden. Komplett neu hingegen sind die Shooter-Passagen, in denen Bren in ein pfeilschnelles Raumschiff steigt und im Affenzahn durch enge Gänge manövriert.

Richtig rund wird die Alien-Hatz aber erst dank der brillanten technischen Umsetzung. Trenz kitzelte für die C64-Ausgabe so viel Leistung aus dem Gerät, dass keine Ressourcen für die Musik übrigblieben. Das war bei den Amiga- und Atari-ST-Versionen von Factor 5 glücklicherweise kein Problem, so dass sich Komponist Chris Hülsbeck mit einem der besten Soundtracks seiner Ära austoben konnte. Auch wenn die C64-Version als das Original gilt, haben die Fans deswegen **Turrican II** gerade auf dem Amiga ins Herz geschlossen. Wer diesen atemlosen Trip heutzutage nacherleben will, sollte das praktische Sammelpaket **Turrican Flashback** für Switch und PlayStation 4 in Betracht ziehen. Darauf sind neben dem zweiten Teil auch etliche andere Serienvertreter enthalten. Alternativ gibt es noch die zweigeteilte **Turrican Anthology**, mit der man viele weitere Spiele bekommt. Wegen des mehr als doppelten Preises ist sie aber nur für absolute Komplettisten sinnvoll.

UNCHARTED 2: AMONG THIEVES (2009)

SYSTEM: PLAYSTATION 3 / PLAYSTATION 4

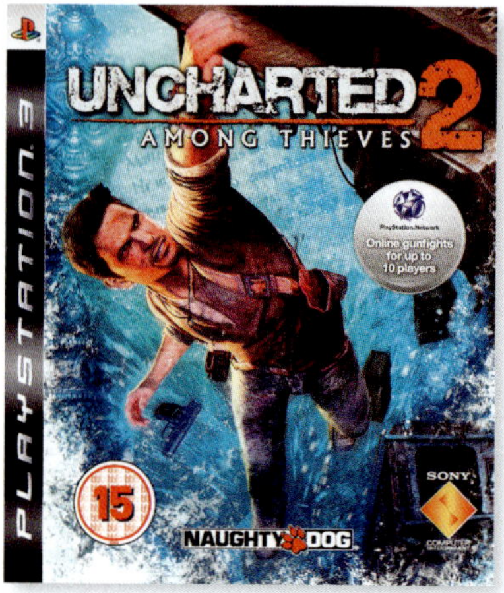

Was ist besser als ein Actionfilm im Kino? Ein Actionfilm zum Nachspielen natürlich! Vor der Jahrtausendwende hätte diese Aussage wohl für schallendes Gelächter gesorgt. Der Unterschied zwischen gedrehtem Material und Computergrafik war einfach viel zu groß. In der jüngeren Vergangenheit ist so eine Denkweise aber durchaus vertretbar. Videospiele sehen immer besser aus, das Hollywood-Kino stützt sich eh verstärkt auf Effekte aus dem Rechner. Motion Capturing kann die Leistung talentierter Performer verlustfrei einfangen, frei platzierbare Kameras sorgen für den perfekten Blickwinkel. Die Interaktivität lässt einen schließlich selbst mal Held sein statt nur passiver Konsument. Immer noch nicht überzeugt? Dann wird es höchste Eisenbahn für **Uncharted 2: Among Thieves**!

Erschienen im Jahr 2009 für die PlayStation 3 war **Uncharted 2** die Perfektionierung einer Idee, die beim ersten Versuch noch nicht ganz ausgereift war. Die Kalifornier von Naughty Dog hatten zuvor insbesondere mit knallbunten Jump & Runs wie **Crash Bandicoot** (1996) oder **Jak & Daxter** (2001) Erfolg. Mit ihrem ersten PS3-Titel wollten sie nun Neuland betreten und einen frenetischen Cover-Shooter mit realistischen Figuren produzieren. **Uncharted: Drake's Fortune** (2007) erschien genau zur richtigen Zeit und sollte einer der populärsten Exklusivtitel für die Plattform werden. Frei nach den Eskapaden von Leinwand-Ikone Indiana Jones hat es Schatzjäger Nathan Drake dort auf die

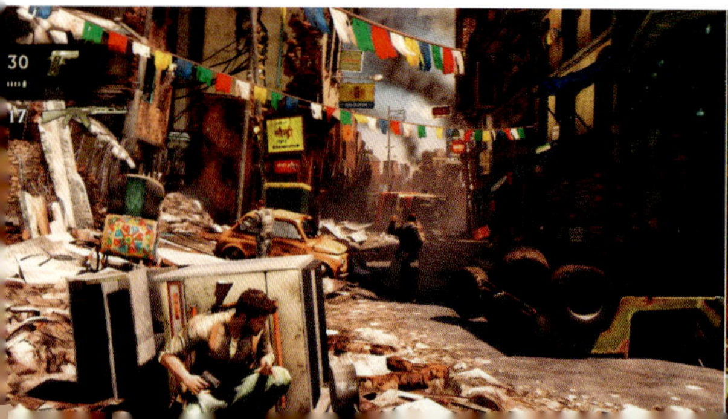

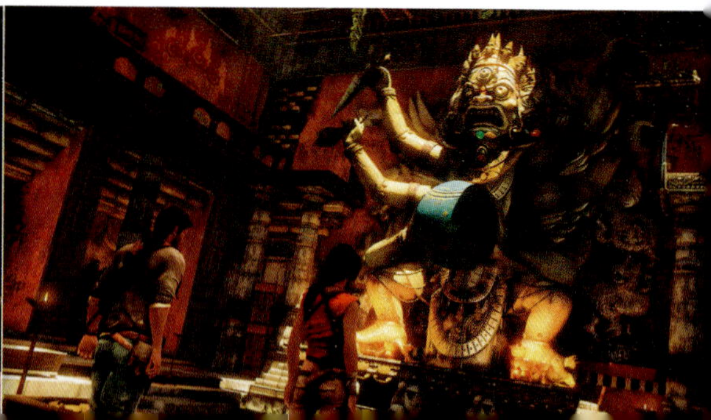

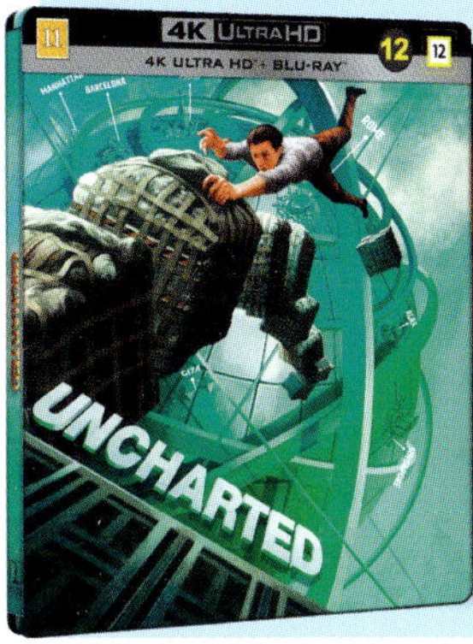

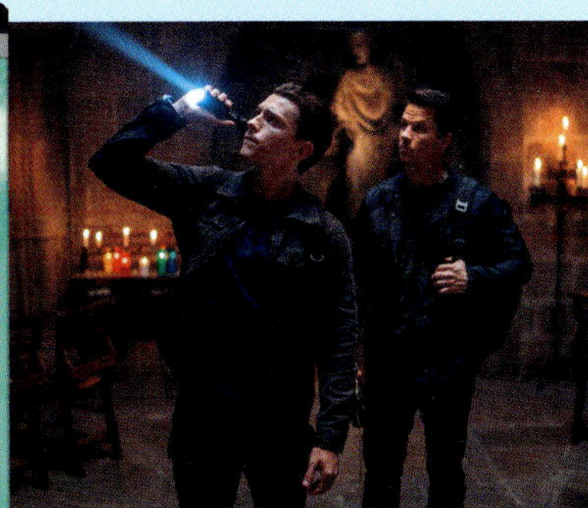

Kunstraub im Kino

Im Jahr 2022 verschlug es Nathan Drake auch auf die Leinwand, verkörpert von Spider-Man-Darsteller Tom Holland. Der macht seine Sache zwar nicht allzu schlecht, doch die Fangemeinde hätte lieber den schlagfertigen Nathan Fillion in der Rolle gesehen.

goldene Stadt von El Dorado abgesehen. Ausgestattet mit lockerem Abzugsfinger und ebenso lockerem Mundwerk führt ihn seine Reise kreuz und quer über den Erdball. Im Schlepptau sind Reporterin Elena und Ziehvater Sully, die sich mit Nathan lauter verbale Schlagabtäusche liefern. Vom Gameplay her erinnerte die Mischung aus Ballerei, Klettereinlagen und Puzzles stark an **Tomb Raider** von Eidos, was Naughty Dog auch durchaus bewusst war. Um sich davon abzuheben, wurde der Fokus auf die Schusswechsel gelegt, doch das stellte sich auf Dauer leider als ziemlich ermüdend heraus.

Deshalb wurde für **Uncharted 2** auch kräftig an der Balance gedreht. Das Ungleichgewicht ist Schnee von gestern, immer wenn sich ein Wechsel in der Spielweise anbietet, dann kommt er auch. Richtigen Leerlauf gibt es kaum, die Intropassage im hängenden Zugabteil zählt sogar zu den besten Openings der Spielgeschichte. Einzig der Endkampf lässt ein wenig an Spektakel vermissen, doch ob das einen wirklich stört, liegt im Auge des Betrachters. Ansonsten gibt es eigentlich nur Positives zu berichten. Die Grafik sieht noch eine Spur besser aus, auch an der Steuerung wurde gedreht und gesellige Naturen dürfen sich in Online-Gefechten austoben. In der Story dreht sich nun alles um das mythische Königreich von Shambala, Neuzugang Chloe Frazer fügt sich nahtlos in die charmante Charakter-Riege ein. Zum Glück haben die Dialoge nichts an Pfiff eingebüßt, wobei sich Drakes Natur als Sprücheklopfer ein wenig damit beißt, wenn er bei der nächsten Action-Sequenz Dutzende von Leuten kaltblütig umnietet. Sei's drum. Da **Uncharted 2** wie ein Kinofilm für sich stehen kann, muss man nicht unbedingt die anderen Teile spielen, darf dies aber natürlich gerne machen. Zum Glück braucht man dafür keine PS3 mehr, mit der aufgewerteten **Uncharted Collection** läuft das Spiel auch auf PS4 und PS5.

VALKYRIA CHRONICLES

(2008)

SYSTEM: PLAYSTATION 3 / PLAYSTATION 4 / NINTENDO SWITCH / PC

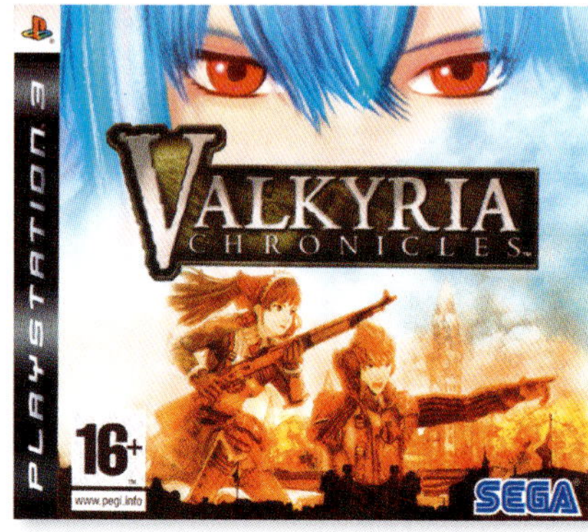

Als Designer eines Strategiespiels muss man sich echt gut überlegen, für welches Setting man sich entscheidet. Manche genießen die Freiheit, die ein komplett fiktives Universum mit sich bringt. Andere hingegen bevorzugen historische Fakten und die akkurate Nachstellung berühmter Gefechte. Wer das Beste aus beiden Welten will, sucht aber sein Glück in alternativer Geschichte. In **Command & Conquer: Alarmstufe Rot** (1996) reist Albert Einstein durch die Zeit, um Adolf Hitler auszuschalten. Die Teilung Koreas wird in **Ring of Red** (2000) auf Japan übertragen, statt Panzern kämpfen gigantische Roboter gegeneinander. **Valkyria Chronicles** hingegen erfindet den zweiten Weltkrieg neu, angereichert mit jeder Menge Anime-Melodramatik.

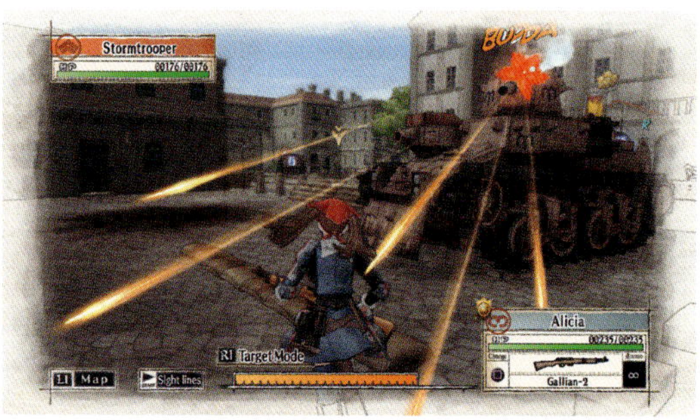

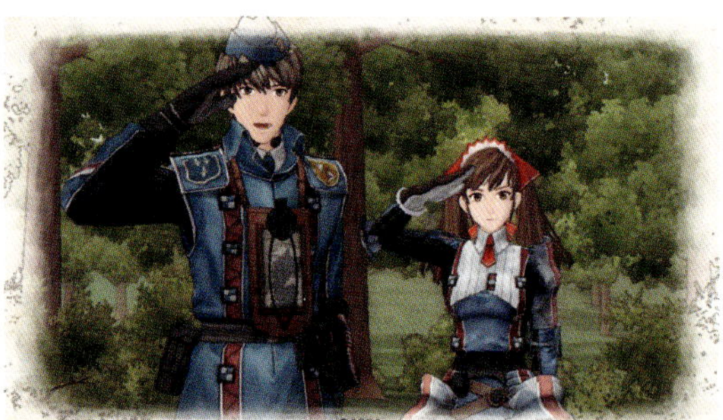

Europa ist hier in zwei Supermächte aufgeteilt, die atlantische Föderation im Westen und die imperiale Allianz im Osten. Beide sind abhängig von Ragnit, einem wertvollen Mineral, das sowohl als Energiequelle als auch für medizinische Zwecke eingesetzt werden kann. Da das neutrale Fürstentum von Gallia über reiche Ragnit-Vorkommen verfügt, gerät es ins Fadenkreuz des Imperiums und wird mit in den Krieg gerissen. Als Welkin Gunther, Sohn eines ehemaligen Kriegshelden, versucht man nun, die imperiale Übermacht vom Einmarsch in Gallia abzuhalten. Das ist jedoch leichter gesagt als getan, denn die Ressourcen sind knapp und das Imperium verfügt obendrein über eine Walküre, die mit ihren magischen Fähigkeiten unglaubliche Zerstörung anrichten kann. Spielerisch setzt **Valkyria Chronicles** diese Gefechte auf ziemlich interessante Weise um. Grundsätzlich auf Rundenstrategie ausgelegt, darf man sich als Kommandant in Ruhe überlegen, wie der eigene Zug aussehen soll. Sobald man sich aber für eine Einheit entschieden hat, geht es in Echtzeit über die weitläufigen Maps. Wohin man geht, wen man angreift oder wann man in Deckung geht, bleibt einem selbst überlassen. Im Gegenzug muss man aber im Fall der Fälle auch schnell umdenken, wenn der eigene Plan doch nicht aufgeht. Dieser Mix aus eigentlich gegensätzlichen Elementen funktioniert erstaunlich gut und gibt einem beim Taktieren enorm viel Freiheit. Wer clever mit seinen Einheiten und Aktionspunkten haushaltet, macht aus einer zermürbenden Belagerung im Handumdrehen einen überraschenden Sieg.

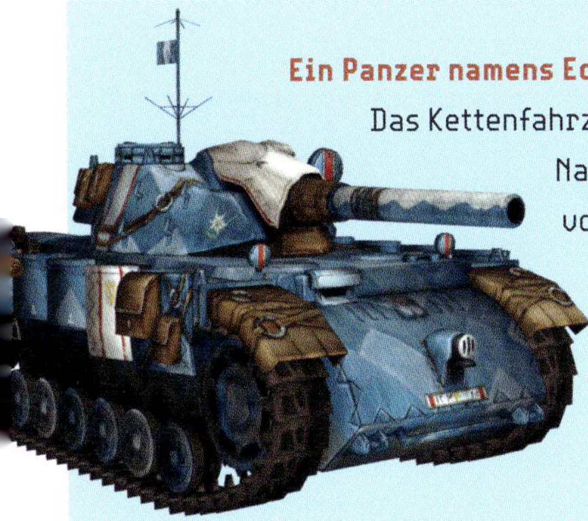

Ein Panzer namens Edelweiß

Das Kettenfahrzeug mit dem blumigen Namen wurde einst noch von General Belgen Gunther gefahren. Nun sitzt Sohnemann Welkin am Steuer und verteidigt damit das gallische Fürstentum.

Neben dem erfrischenden Gameplay stimmt aber auch die Verpackung. Präsentiert in malerischer Celshading-Optik hält sich das Spiel dennoch nicht zurück, wenn es um die Darstellung der Gräuel des Krieges geht. Das wird vor allem durch die sorgsame Charakterisierung der eigenen Figuren geschaffen, zu denen man im Verlauf der verwundenen Story eine enge Bindung aufbaut. Sogar eine emotionale Liebesgeschichte ist dabei, die für Videogame-Verhältnisse erstaunlich mitreißend ist. All diese Versatzstücke machten aus **Valkyria Chronicles** einen wahren Geheimtipp für Genre-Fans, doch die initiale Veröffentlichung auf PlayStation 3 war leider kein großer Erfolg. Erst mit der Portierung auf den PC im Jahr 2014 fand man ein wesentlich größeres Publikum. Seitdem gilt das Spiel aber als richtiges Strategie-Juwel und wurde auch für moderne Plattformen neu aufgelegt. Etwas schade ist nur, dass es keine deutschen Texte gibt.

VIRTUA TENNIS

(1999)

SYSTEM: ARCADE / DREAMCAST / GAME BOY ADVANCE / PC / N-GAGE

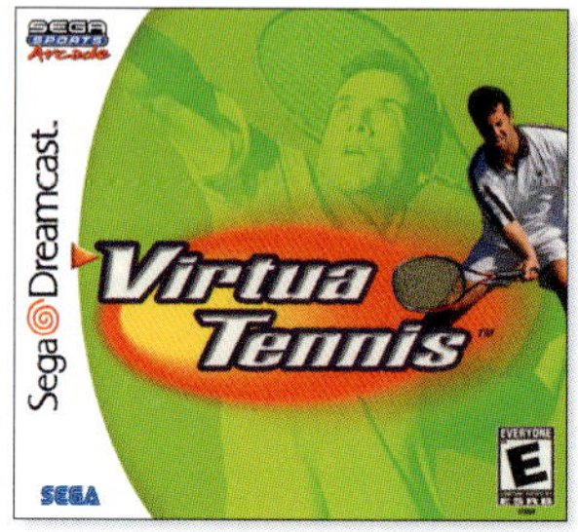

In den späten Achtzigerjahren befand sich das Tennisfieber in Deutschland auf dem Siedepunkt. Steffi Graf und Boris Becker gewannen damals ein Turnier nach dem anderen und fesselten damit ein Millionenpublikum vor dem Fernseher. Mit dem Rücktritt der beiden im Sommer 1999 schien die goldene Ära langsam vorüber zu sein, doch schon bald wurde das Feuer wieder vom Neuem entfacht. Statt seinen Idolen aber weiterhin nur schnöde die Daumen zu drücken, drückte man nun lieber begeistert auf die Tasten des Dreamcast-Controllers.

Segas sensationelles **Virtua Tennis** war selbstverständlich bei weitem nicht das erste Videospiel rund um den weißen Sport, aber es war das rundeste. Schworen Genre-Fans in der Vergangenheit auf SNES-Titel wie **Jimmy Connors Pro Tennis Tour** (1992) oder den PC-Engine-Klassiker **Final Match Tennis** (1991), fand **Virtua Tennis** auch bei kompletten Sportspiel-Muffeln Anklang. In den Arcades dominierten seinerzeit die Fighting Games, nur vereinzelt boten Spiele wie der Fußball-Automat **Virtua Striker 2** (1997) ein friedfertiges Kontrastprogramm. Unter Produzentin Mie Kumagai sollte nun ein vergleichbarer Titel für Tennis-Fans entstehen. Arbeitete man zunächst noch an einem Spezial-Controller, der die verschiedensten Arten von Schlägen möglich machen sollte, verwarf man das Konzept im Sinne der Zugänglichkeit wieder. Schließlich sollte das Spiel nicht allzu komplex sein, aber nichtsdestotrotz eine große Tiefe aufweisen. Dementsprechend macht auch bereits der erste **Virtua-Tennis**-Automat eine ziemlich gute Figur. Ganz Sega-typisch legte man viel Wert auf eine stimmige Präsentation und knackige Spielbarkeit, die sofort zum Mitmachen einlädt. Während die meisten Arenen den Grand-Slam-Stätten aus dem echten Leben nur nachempfunden sind, lizensierte man gleich acht damals populäre Ballkünstler wie Jim Courier oder Yevgeny Kafelnikov. Die Steuerung beschränkt sich zwar auf nur zwei Knöpfe, einer für Lobs und einer für Schlagvarianten wie Slices und Topspins, ermöglicht in Kombination mit dem Stick aber dennoch viele Varianten. Um die Verweildauer an der Maschine nicht allzu lang werden zu lassen, gelten Matches hier allerdings bereits ab zwei Spielen als gewonnen. Ein großer Spaß, aber so richtig lange hat man nicht wirklich was davon.

Dafür dreht die Heimversion für den Dreamcast das Vergnügen quasi auf Anschlag. Neben den technischen und spielerischen Qualitäten des Automaten, die ohne Abstriche übernommen wurden, spendierte Sega jede Menge weitere Boni. Im World Tour Modus darf man neue (erfundene) Charaktere freispielen, Geld dabei verdienen und sein Equipment verändern. Dazu trainiert man die motorischen Fähigkeiten in unterhaltsamen Minigames, auch die Match-Länge lässt sich endlich individualisieren. Der Knaller ist aber der standardmäßige Support für bis zu vier Leute an einer Konsole, sodass spannende Doppels ohne großen Aufwand möglich sind. So manches Wohnzimmer verwandelte sich dabei gerne mal in den heiligen Rasen von Wimbledon. All diese Elemente machten aus **Virtua Tennis** nicht nur einen großen Hit, sondern auch eine langlebige Serie mit Millionen verkaufter Exemplare. So kultig das Dreamcast-Original sein mag, darf man ruhig heutzutage auch zu einem der Sequels greifen, je nach Verfügbarkeit. Hauptsache, die Schale kommt irgendwie nach Hause.

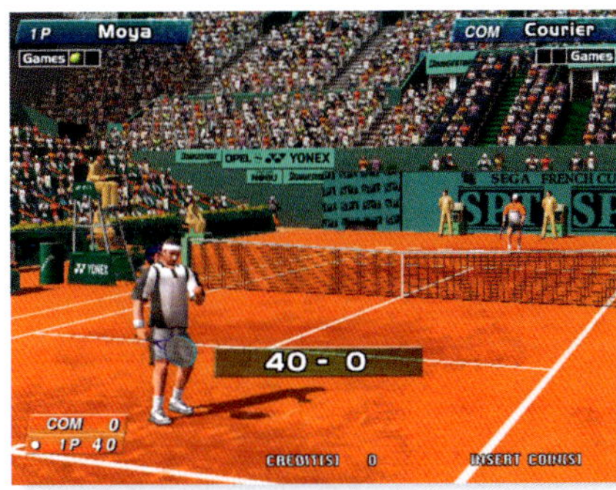

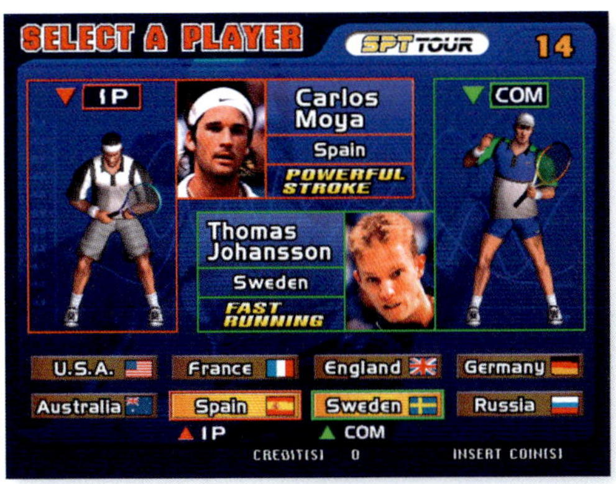

Arcade

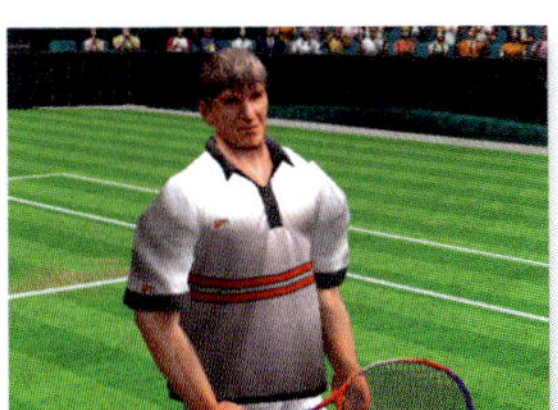

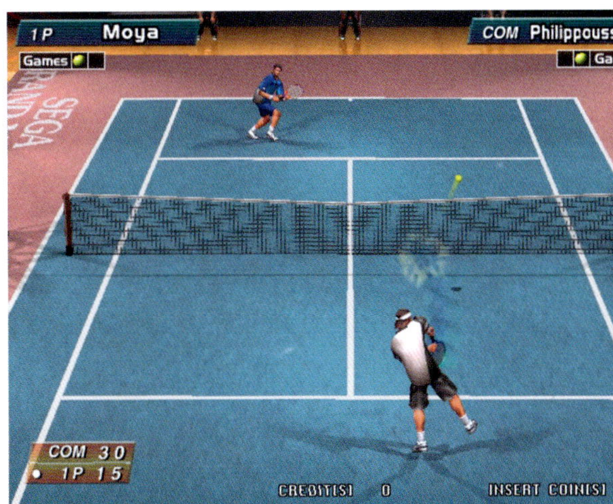

WARIOWARE, INC.: MINIGAME MANIA (2003)

SYSTEM: GAME BOY ADVANCE / NINTENDO SWITCH

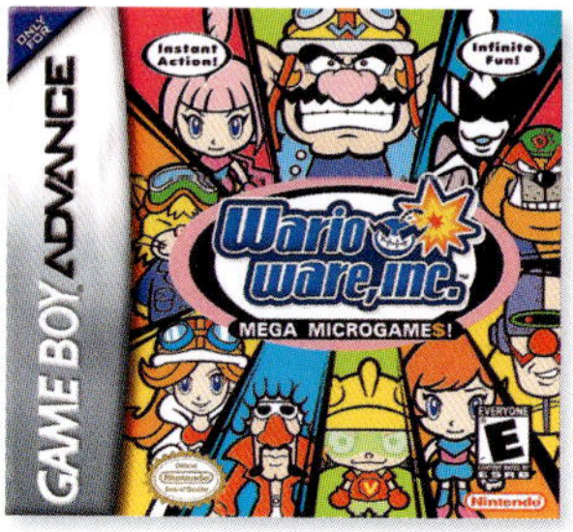

Eines der Opfer der fortschreitenden Digitalisierung im Videospiel-Bereich sind die guten alten Handbücher. Wo früher eine Anleitung die wichtigsten Informationen kompakt zusammengefasst hat, verlassen sich aktuelle Titel lieber auf Ingame-Tutorials. **WarioWare** stammt zwar aus einer Zeit, in der Handbücher noch Gang und gäbe waren, aber zum Spielen braucht man eigentlich keins. Es ist tatsächlich sogar viel spaßiger, wenn man komplett ahnungslos an die Sache geht.

Das grundlegende Konzept ist dabei einfach wie genial: Über 200 Minispiele sind auf dem Game-Boy-Advance-Modul enthalten, die meisten davon dauern nur ein paar Sekunden. Was man genau machen muss, wird kurz mit einem Wort zu Beginn eingeblendet, dann ist man auf sich allein gestellt. Die Aufgaben sind wild durchgemischt und reichen vom Verabreichen von Augentropfen bis hin zum Sprung über eine fahrende Kartoffel. Manchmal trifft man auch auf Nintendo-Klassiker wie **The Legend of Zelda** oder **Donkey Kong**, aber in extrem zusammengestauchter Form. Wer eine bestimmte Anzahl hintereinander schafft, darf einen etwas kniffligeren Bosslevel angehen und schaltet im Anschluss das nächste Set von Minigames frei. Die Steuerung beschränkt sich übrigens immer nur auf das Steuerkreuz und/oder den A-Knopf, mehr braucht man nicht. Um die spontanen Gameplay-Häppchen nicht allzu komplex werden zu lassen, ist die Grafik bewusst simpel gehalten. Man soll

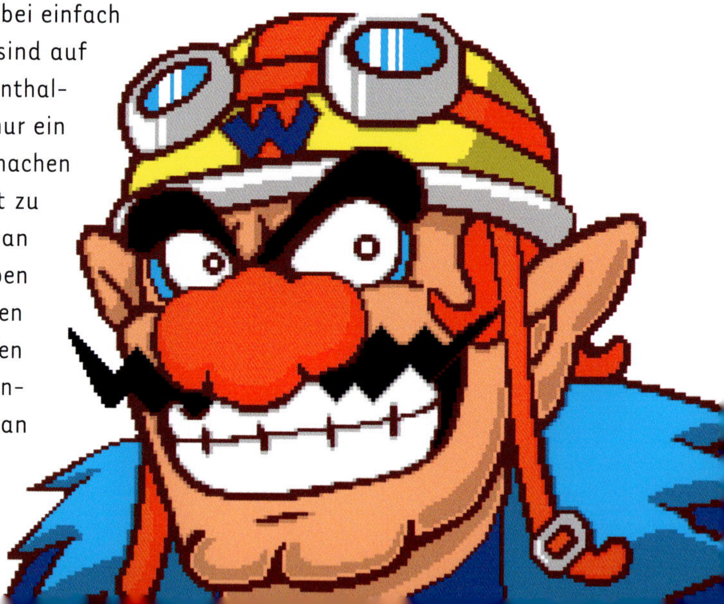

schließlich mit einem Blick kapieren, was gerade Phase ist. Durch den schrägen Humor und die bunte Riege rund um Nintendos Pfundskerl Wario wird das Spiel aber dennoch zum charmanten Hingucker. Auch die lebhafte Soundkulisse, die im fortlaufenden Wettbewerb immer schneller und manischer wird, trägt viel zum Spielgefühl bei. Will man einen Freund am Vergnügen teilhaben lassen, gibt es sogar ein paar Multiplayer-Modi, die zu zweit an einem Handheld gespielt werden.

Der gigantische Erfolg vom Serien-Debüt zog selbstverständlich jede Menge Sequels nach sich, stets mit frischen Ideen im Handgepäck. Hatte die jeweilige Konsole ein bestimmtes Feature, wie einen Touchscreen oder Bewegungssteuerung, floss dies in die Gestaltung der Minispiele mit ein. **Minigame Mania** ist aber einer dieser Fälle, wo das Original eigentlich nicht wirklich übertroffen werden kann. Hier ist eben das Konzept noch in seiner absoluten Reinform, komplett ohne Schnörkel. Dadurch spielt sich **WarioWare** selbst heute noch immer so frisch wie am ersten Tag. Hat man keinen alten Game Boy Advance zur Hand, gibt es mittlerweile auch eine Version im erweiterten Online-Abo der Nintendo Switch. Diese Version sollte dann aber bitte ganz klassisch im Handheld-Modus gezockt werden und nicht am großen Fernseher. Es ist ja schließlich nicht die **Macrogame Mania**.

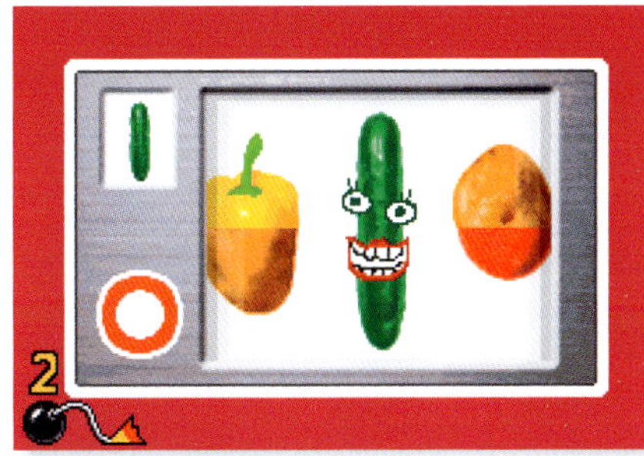

Slotmaschine

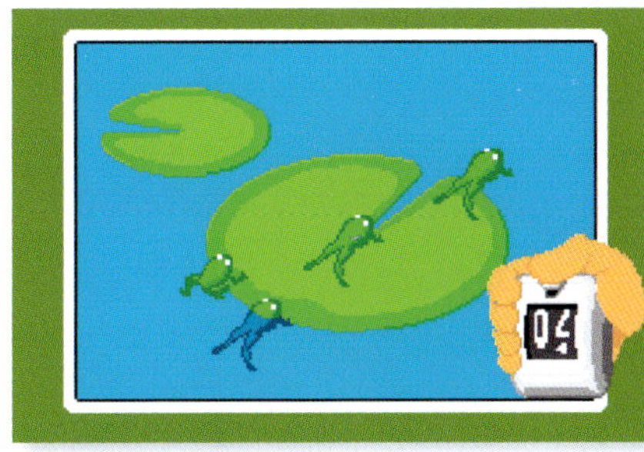

Frösche zählen

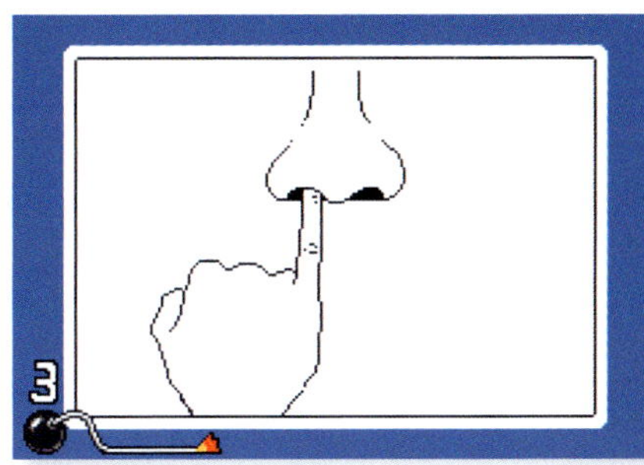

Nasebohren

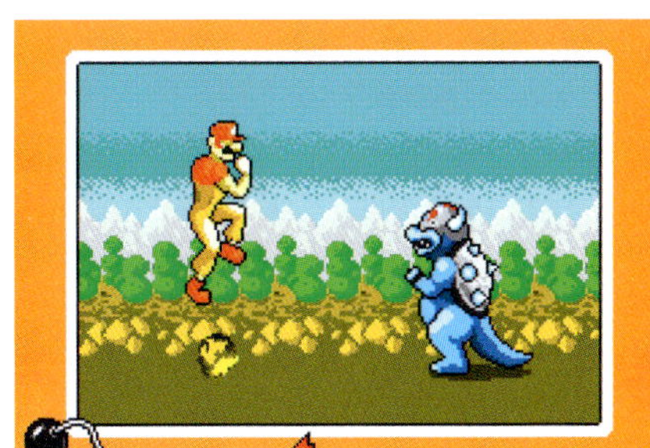

Hopsen

WINDJAMMERS

(1994)

SYSTEM: ARCADE / NEO GEO / PLAYSTATION 4 / PLAYSTATION VITA / NINTENDO SWITCH

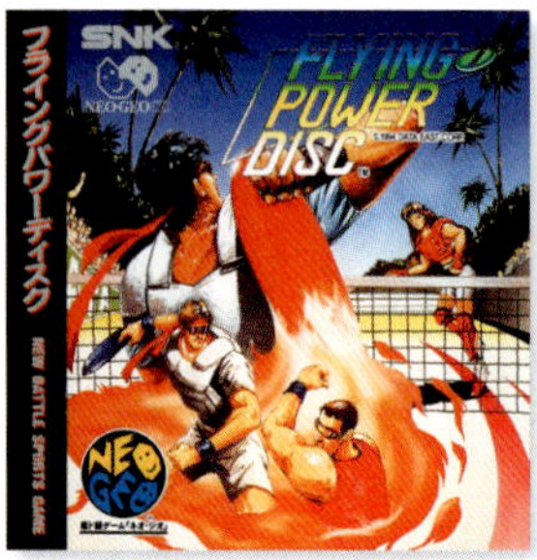

Zugegeben, nach über fünf Dekaden Videospielgeschichte ist es nicht gerade einfach, ein komplett neues Konzept aus dem Hut zu zaubern. Fast alle Titel stützen sich auf die eine oder andere Art auf die Arbeit, die in den Anfangstagen der Industrie geleistet wurde. Dennoch kann auch eine angestaubte Idee auf einmal ganz frisch wirken, sofern man den richtigen Dreh hat. Eines der besten Beispiele dafür nennt sich **Windjammers** und kam 1994 auf dem Neo Geo heraus. Im Grunde ist **Windjammers** nämlich nichts anderes als eine weitere Variante des Kultspiels **Pong** (1972). Es ist allerdings gleichzeitig auch die beste Variante von **Pong**, die je gemacht wurde.

Kurz für alle, die seit den Siebzigern im Tiefschlaf verweilen: In **Pong** befinden sich am rechten und linken Bildrand Schläger, deren Kontrolle von jeweils einem Spieler übernommen wird. Mit gefühlvollem Einsatz des Eingabegeräts gilt es nun, sich einen Ball so lange hin- und herzuspielen, bis einer der beiden Kontrahenten danebentrifft. Fast wie bei einer Partie Tischtennis, nur von oben betrachtet. **Windjammers** verwandelt die Tischtennisplatte nun in eine virtuelle Frisbee-Arena, in der wackere Wurfscheiben-Künstler zum Duell antreten. Statt nur den Schläger am Bildrand zu steuern, kann man frei mit seinem

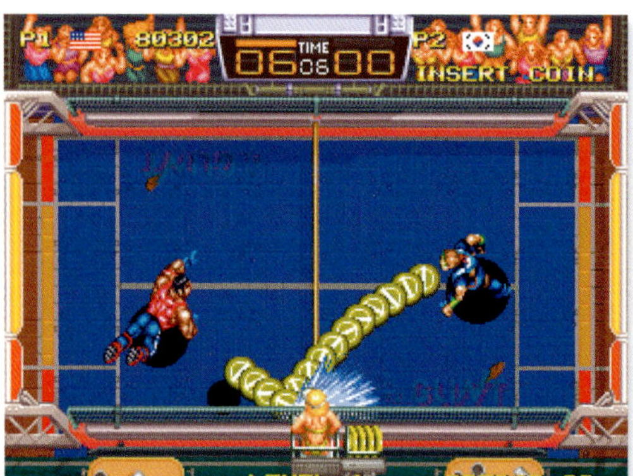

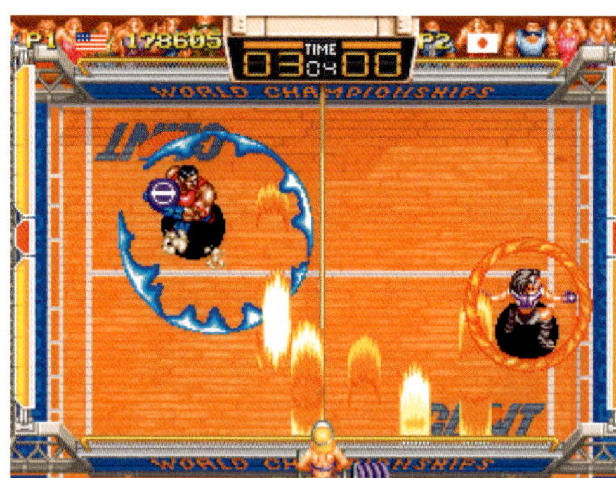

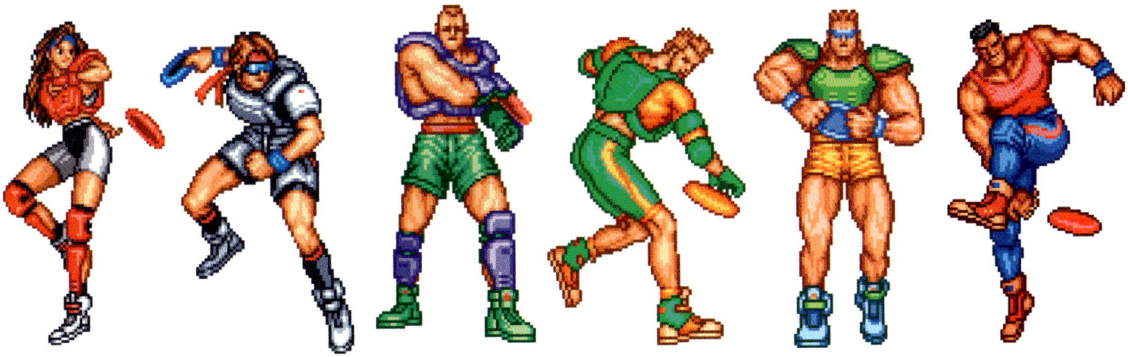

Charakter in der eigenen Hälfte herumlaufen, um sich in die ideale Ausgangsposition zu begeben. Unter einem strikten Zeitlimit zimmert man sich den Frisbee nun so lange um die Ohren, bis am Ende mehr Punkte als der Gegner hat. Damit der simple Spaß auch genug Spieltiefe besitzt, haben die Entwickler von Data East beinahe an alles gedacht. Jede der sechs Figuren hat verschiedene Statuswerte, die starken Einfluss auf die Steuerung haben. Schnelle Charaktere können fast jede Scheibe im Sauseschritt abfangen, ihnen fehlt aber der Wumms hinter den Würfen. Dieses Problem haben die schweren Figuren nicht, müssen aber wegen ihrer langsamen Geschwindigkeit oft per Rutsch-Taste zum Frisbee sprinten, um ihn gerade noch zu erwischen. Je schneller man das Spielgerät nach dem Auffangen zurückspielt, umso heftiger ist der Wurf, der nach Belieben auch angeschnitten werden kann. Ist der Gegenüber zu nah am Netz, kann ein gut platzierter Lob die Entscheidung bringen, oder man überrumpelt den Gegner mit einer aufgeladenen Super-Attacke. Je nach Arena verändern Hindernisse die Wurfrichtung, manchmal geben vordefinierte Trefferzonen unterschiedlich viele Punkte.

Das alles sorgt für enorm dynamische Partien, die gerade im Multiplayer ihre volle Wirkung entfalten. Da jeder bereits mal **Pong** gespielt hat, oder zumindest mal zugeschaut haben sollte, fällt der Einstieg enorm leicht. Schnell kommt mit der Erfahrung aber auch der Ehrgeiz, aus ein paar Proberunden werden im Handumdrehen gleich Dutzende spaßiger Matches. Leider galt **Windjammers** lange Jahre maximal als ein Geheimtipp unter Kennern. Nur wenige hatten daheim ein Neo Geo stehen, ansonsten musste man hoffen, zufällig den passenden Automaten in der Spielhalle zu entdecken. Zum Glück brachten die Retro-Künstler von DotEmu das Spiel ab 2017 auch auf neueren Plattformen wie PlayStation 4 oder der Switch heraus. Seit 2022 gibt es mit **Windjammers 2** sogar ein komplett neu entwickeltes Sequel. Das ist zwar auch ziemlich gut, aber am Ende geht nichts über die erfrischende Schlichtheit des Originals.

WORLD OF WARCRAFT (2004)

SYSTEM: PC

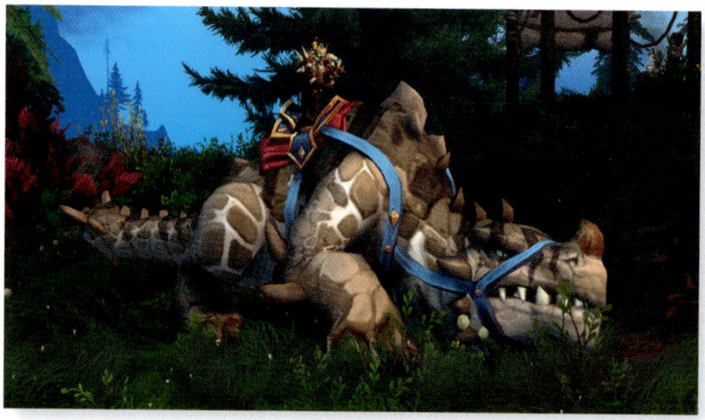

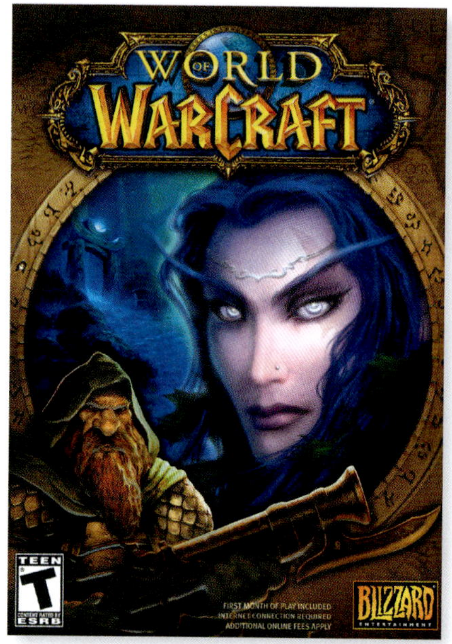

Kann man Leidenschaft für Videospiele eigentlich in Zahlen fassen? Wenn ja, an welchem Wert orientiert man sich dann? Geht es um die reine Masse an Games, die man in seinem Leben gezockt hat? Oder schaut man lieber auf die Zeit, die man mit seinem Lieblingsspiel verbracht hat? Gerade für Letzteres spricht die unglaubliche Sogwirkung der MMORPGs. Voll ausgeschrieben steht die Abkürzung für »Massively Multiplayer Online Role-Playing Game« und bezeichnet Spiele, die sich als persistente Welt abseits der Realität verstehen. Ja, man kann oft einer Story folgen und auch unzählige Gegner besiegen, muss es aber nicht unbedingt. Es geht mehr um das gemeinsame Erlebnis mit Freunden oder auch mit Fremden, die später zu Freunden werden. In diesem Sinne ist kein MMORPG langlebiger, populärer und umfangreicher als **World of Warcraft**.

Seit beinahe zwanzig Jahren fesselt **WoW** eine eingeschworene Gemeinde von geselligen Rollenspielern an den Monitor. Trotz aller Unkenrufe, dass der absolute Zenit mittlerweile überschritten sei, loggen sich monatlich oft immer noch über eine Million Leute mit ihrem Account ein. Insbesondere wenn ein neuer Patch oder gar eine umfangreiche Erweiterung ansteht, steigen die Zahlen wieder deutlich. Obwohl das Spiel weiterhin über ein Abo-Modell funktioniert, dürfen Neulinge mit einer kostenlosen Testversion in die

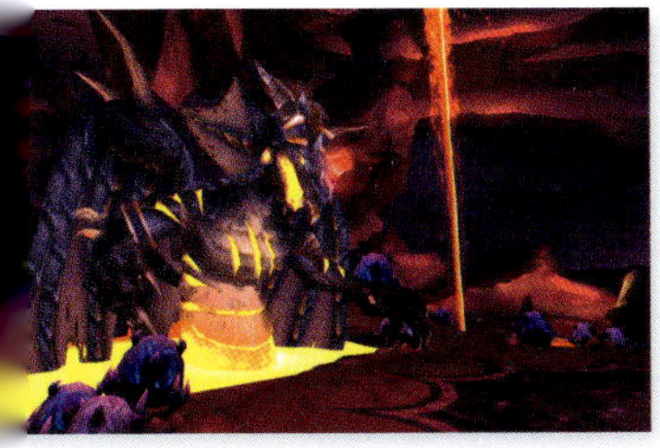

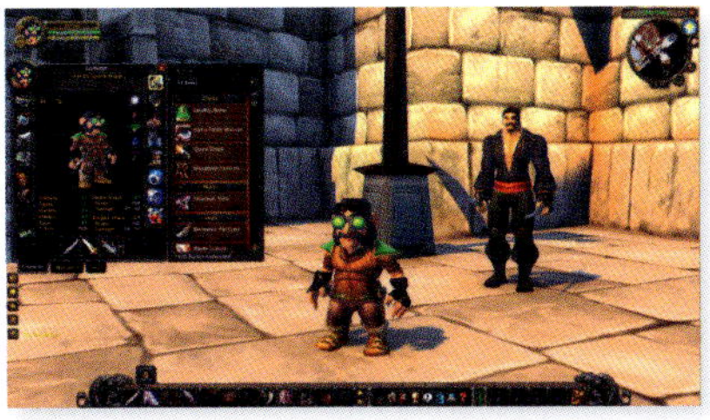

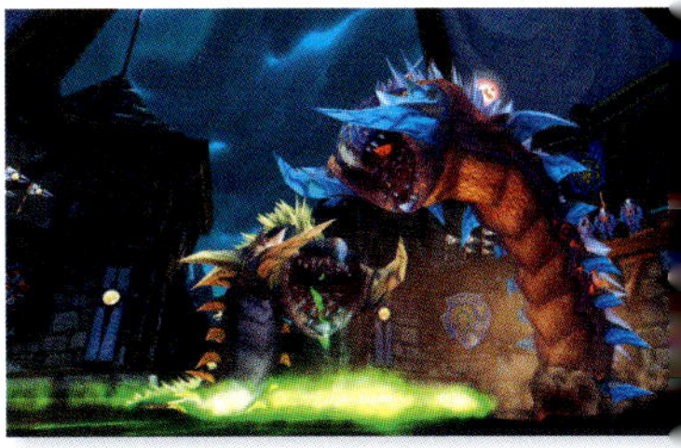

Landschaften von Azeroth zur Probe abtauchen. Die Hürde, sich mal schnell einen Charakter zu erstellen und auf Stippvisite zu gehen, ist also dementsprechend klein. Bevor wir darauf eingehen, was **WoW** so alles ausmacht, werfen wir aber erst mal einen Blick auf die Anfänge des Genres zurück.

Das Computer-RPG an sich ist eine der ältesten Videospiel-Gattungen überhaupt, bereits in den Siebzigerjahren verbreiteten sich erste Vorläufer auf teuren Universitätsrechnern. Eine ganz besondere Unterkategorie davon nannte sich MUD, kurz für Multi-User-Dungeon, die sich im Netzwerk gemeinsam spielen ließ. Traditionelle Grafik gab es damals noch keine, die Inhalte wurden nur per Text beschrieben. Analog zu einem Chatroom konnte nun jeder seine Befehle per Tastatur eintippen, während das Abenteuer in Echtzeit abläuft. Dank des rapiden technischen Fortschritts blieb es natürlich nicht dabei, spätere Titel wie **Neverwinter Nights** (1991) sahen im Grunde genauso aus wie ihre Offline-Äquivalente. Ohne flächendeckendes Internet hielt sich deren Verbreitung allerdings in Grenzen.

Der Durchbruch in den Mainstream fand dann 1997 statt, auf Initiative von Industrie-Legende Richard Garriott. Der Brite hatte 1981 mit **Ultima** eine der beliebtesten Rollenspiel-Serien geschaffen, die nun mit **Ultima Online** den Schritt in die Online-Welt wagte. Viele der heutigen Gerne-Konventionen wurden hier festgelegt, es gab zum Beispiel bereits dedizierte PvP-Welten, in denen sich Spieler nach Lust und Laune gegenseitig meucheln dürfen. Garriott ebnete damit nicht nur den Weg für zukünftige Genrevertreter, er prägte nebenbei auch noch den Begriff MMORPG.

Auf der anderen Seite begeisterten die späteren **World-of-Warcraft**-Macher von Blizzard Entertainment die Gamer mit einer ganz anderen Art

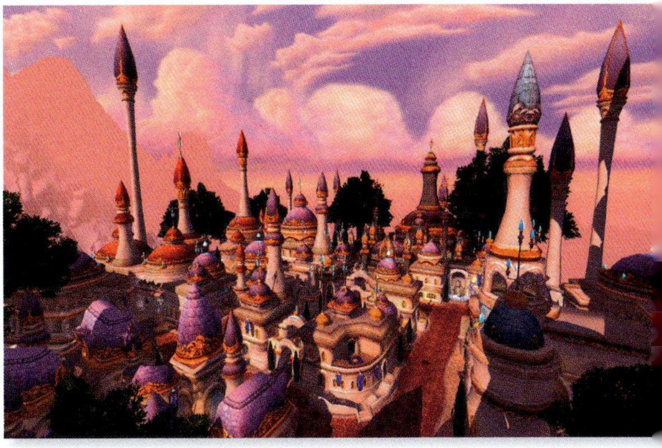

von Rollenspiel, dem wegweisenden **Diablo** (1997). Wer mehr darüber erfahren will, schaut sich den passenden Artikel dazu auf dieser Bucket List an. Als man im Jahr 2001 die Entwicklung eines vollwertigen Online-RPGs ankündigte, hatte es überraschenderweise nichts mit **Diablo** zu tun, sondern mit der **Warcraft**-Serie. Diese hatte sich seit dem ersten Eintrag **Warcraft: Orcs & Humans** (1994) als feste Größe im Bereich der Echtzeitstrategie etabliert. Auch wenn das spaßige Taktieren im Mittelpunkt stand, hieß das noch lange nicht, dass die Hintergrundgeschichte gar keine Rolle spielt. Seitdem die bestialische Horde über ein Dimensionsportal in die Welt von Azeroth eingedrungen ist, befinden sich die Menschen im bitteren Krieg gegen die Invasoren. Da man in den Spielen sowohl die Perspektive der Menschen als auch die der Horde erleben kann, ist der Konflikt wesentlich vielschichtiger, als es zuerst den Anschein hat. Mit jedem neuen Teil schliff Blizzard immer weiter an der Backstory. Spätestens nach **Warcraft III** (2002) und dessen Addon **The Frozen Throne** hatte sich genug Lore angesammelt, um ein eigenständiges Fantasy-Universum zu tragen.

World of Warcraft gibt einem nun die Möglichkeit, mit einem selbstgebauten Charakter Teil dieser Welt zu sein. Volk und Klasse bestimmen nicht nur das eigene Startgebiet, sondern auch die Fähigkeiten, über die man im Laufe des Abenteuers verfügt. Neue Aufträge gibt es beim nächsten Questgeber, ein erfolgreicher Abschluss resultiert in wertvollen Erfahrungspunkten. Gekämpft wird dabei in Echtzeit, durchschlagskräftige Skills sind erst nach einer gewissen Abklingzeit wieder einsetzbar. Wer in einen der zahlreichen

Die bisherigen Erweiterungen

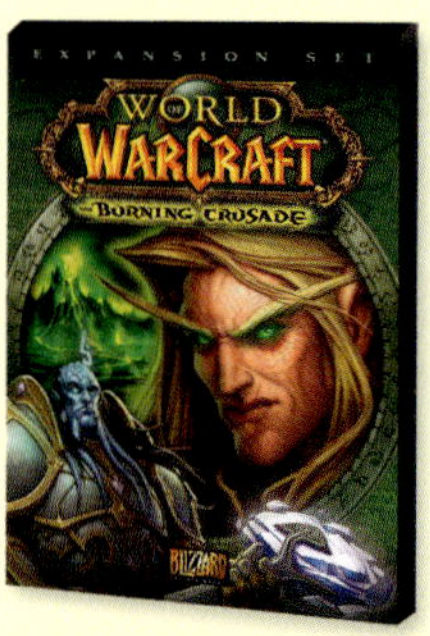

The Burning Crusade (2007)

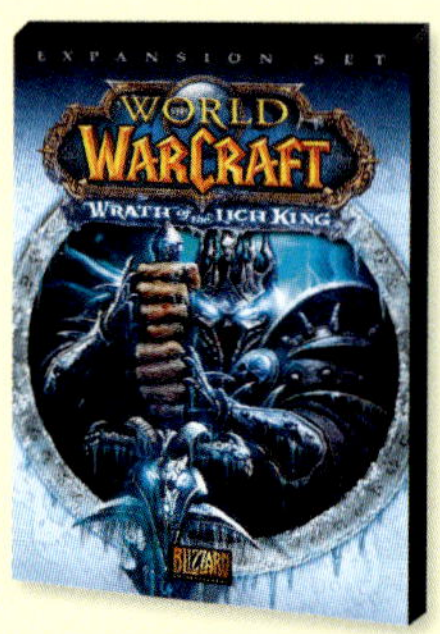

Wrath of the Lich King (2008)

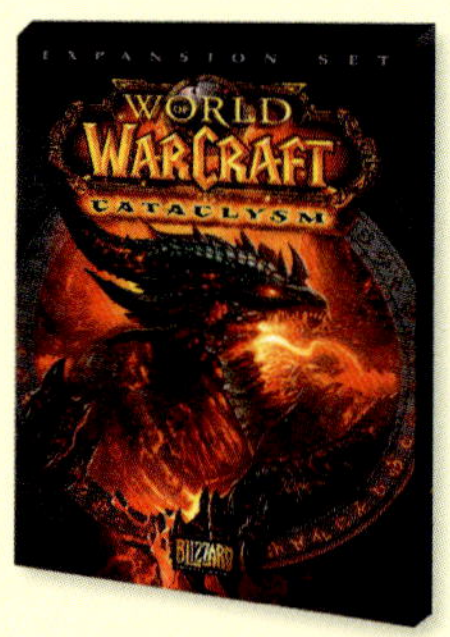

Cataclysm (2010)

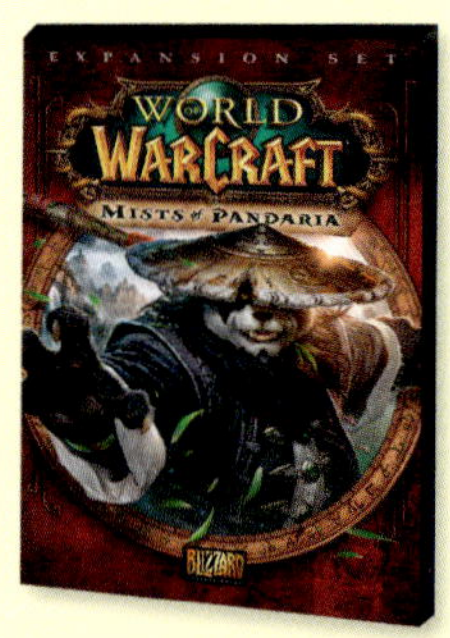

Mists of Pandaria (2012)

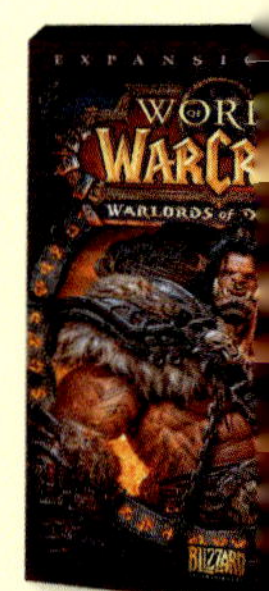

Warlords of Draenor (2014)

Dungeons will, kann sich bequem per Menü in eine Liste einreihen. Ist ein Platz in einer Gruppe frei, wird man direkt hin teleportiert und schlägt sich sowohl mit jeder Menge Kleinvieh als auch knackigen Bossen herum. Natürlich darf man aber auch mit Bekannten eine Gruppe bilden. Wer mal ein MMORPG gespielt hat, dem wird diese Gameplay-Formel sehr vertraut vorkommen. Im Jahr 2004 fühlte sich das alles jedoch erstaunlich frisch und enorm fesselnd an. **WoW** war aus dem Stand so beliebt, dass selbst Blizzard von dem immensen Zuspruch überrascht war. Bis zu diesem Punkt hatte man schon viele Jahre in das Projekt investiert, aber die richtige Arbeit begann eigentlich jetzt erst.

Durch regelmäßige Patches mussten immer wieder Fehler ausgemerzt werden, sonst wären die Spieler auf die Barrikaden gegangen. Stand eine signifikante Erweiterung der Story an, verkaufte man sie in handlichen Expansions-Paketen wie **The Burning Crusade** (2007) oder **Mists of Pandaria** (2012). Wer sein Abo zwischendurch mal auslaufen ließ, hatte so wieder einen Grund, den Account zu reaktivieren. Auf diese Art hält sich **WoW** bis heute am Leben, dazu bietet Blizzard für Nostalgiker mittlerweile auch eine spezielle Classic-Version an. Auf diesen Servern spielt sich alles quasi wie am Anfang, ohne die ganzen Verbesserungen, die es seitdem gab. Wer den Einstieg damals also verpasst hat, kann sich damit auf eine digitale Zeitreise begeben. Als Neuling reicht es aber dicke, mal in die aktuelle Version zu schnuppern und zu schauen, wie sich rund zwanzig Jahre Fortschritt in einem fortlaufenden Spiel so anfühlen.

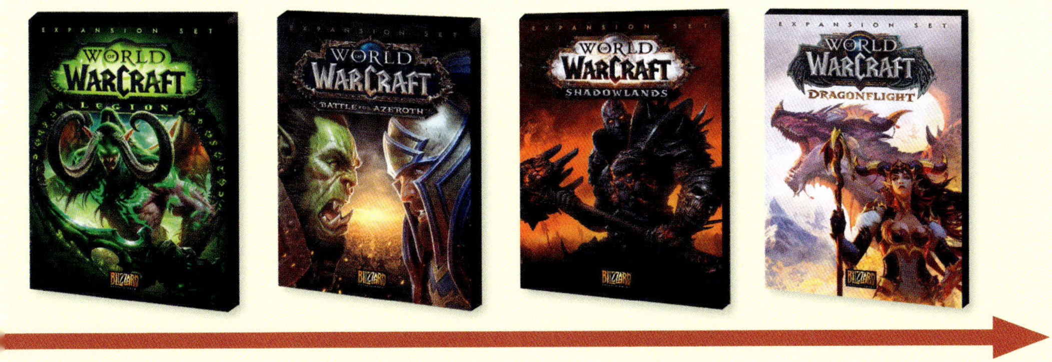

Legion (2016) | **Battle for Azeroth (2018)** | **Shadowlands (2020)** | **Dragonflight (2022)**

WORMS: ARMAGEDDON (1999)

SYSTEM: PC / PLAYSTATION / DREAMCAST / NINTENDO 64 / GAME BOY COLOR

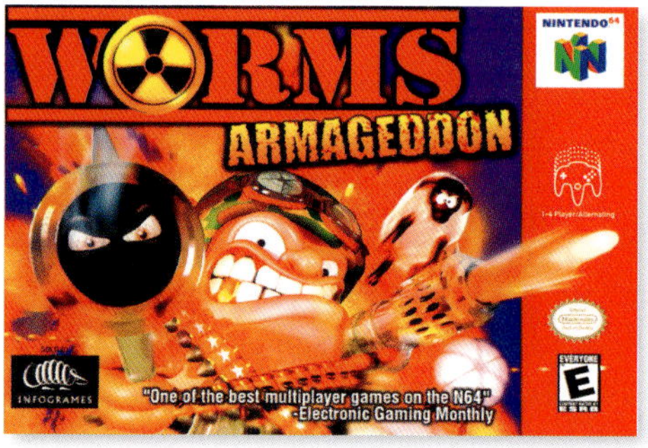

Gegen Ende der Neunziger kannten gerade Leute mit einem größeren Freundeskreis das Dilemma: Es sind nie genügend Controller im Haus! Selbst bei Spielen, bei denen eigentlich vier (oder mehr) Leute gleichzeitig antreten konnten, wurden die Kumpels oft zum Zuschauen verdonnert. Die beste Lösung war dann, aus der Not eine Tugend zu machen und das Genre zu wechseln. Runden-Strategie ließ sich zum Beispiel perfekt mit einem Eingabegerät spielen, an dem man sich nacheinander abwechselte. Selbst wer nicht gerade dran war, nutzte die Wartezeit zum Taktieren und überlegte sich den bestmöglichen Zug. Aus diesem Grund gehörte das fantastische **Worms: Armageddon** auch in jede gut sortierte Sammlung.

Damals war **Armageddon** erst der dritte Haupteintrag der langlebigen Serie, die mittlerweile auf über zwei Dutzend Spiele angewachsen ist. Das erste **Worms** (1995) galt als der letzte große Titel für Commodores Amiga und entstand ursprünglich für einen Programmierwettbewerb. Entwickler Andy Davidson orientierte sich dabei am PC-Klassiker **Scorched Earth** (1991), einem sogenannten Artillerie-Simulator, bei dem sich kleine Panzer gegenseitig abballern. Um die Gegner möglichst effizient auszuschalten, musste man Schussstärke, Ausfallswinkel und Windgeschwindigkeit fein gegeneinander abwägen. Wer

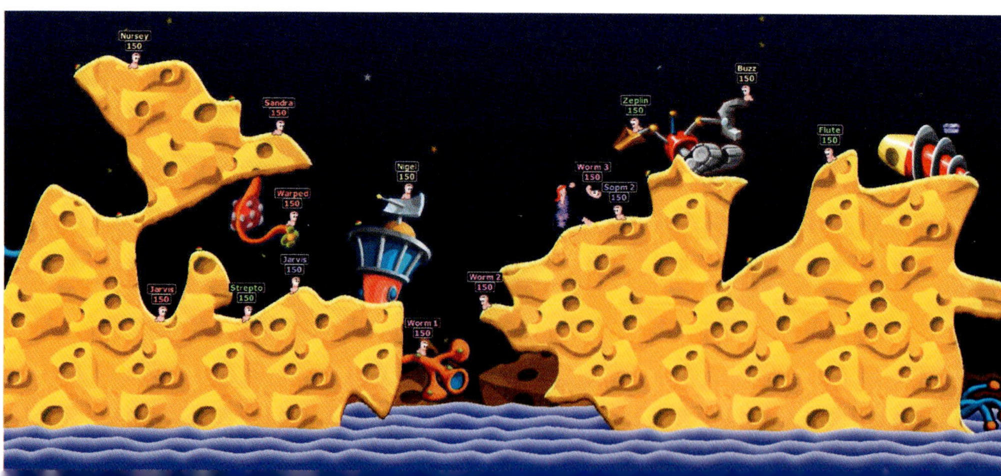

nicht richtig rechnete, schoss entweder vorbei oder traf am Ende sogar sich selbst. Verwendete Davidson in seinem Prototyp noch Grafiken aus der beliebten **Lemmings**-Reihe, ersetzte er sie später gegen rechtlich unbedenkliche Comic-Würmer. Auf zufallsgenerierten Maps kämpften diese dann so lange gegeneinander, bis ein Spieler alle Mitglieder der jeweils vierköpfigen Gegner-Teams erledigt hat.

Entwicklerstudio Team17 und Publisher Ocean kamen mit Davidson ins Geschäft, **Worms** wurde infolgedessen auf fast allen populären Plattformen der Ära umgesetzt. Sowohl Gamer als auch Presse waren sehr angetan, aber es gab natürlich noch einiges an Verbesserungspotential. **Worms 2** (1997) verpasste der Grafik ein ordentliches Facelifting, erweiterte das Waffenarsenal und fügte Online-Multiplayer hinzu. War **Armageddon** nun erst als Erweiterung für **Worms 2** gedacht, entwickelte sich daraus ein eigenständiges Spiel, das von vielen als der ultimative Vertreter der Serie angesehen wird. Da es in erster Linie für den PC entwickelt wurde, bietet **Armageddon** viele Möglichkeiten, sowohl im Netzwerk als auch per Internet gegeneinander zu spielen. Wer's traditioneller haben will, sitzt im Hotseat-Modus weiterhin am selben Rechner. Die Würmer dürfen ordentlich angepasst werden, mit eigenen Farbschemas, individualisierten Grabsteinen und sogar importierbaren Sprachsamples. Die Erstellung von Maps erfolgt entweder automatisch oder man verwendet selbstgemachte Vorlagen, die man zu spielbaren Karten umwandeln lassen kann. Die verbesserte KI und robuste Singleplayer-Optionen sorgen darüber hinaus dafür, dass man auch alleine sehr viel Spaß hat.

Trotz der vielen Sequels wurde **Armageddon** wegen der tollen Spielbarkeit zum Dauerbrenner, Fans veröffentlichten bis zum Jahr 2020 eigene Updates. Für **Worms W.M.D** (2016) entschied sich Team17 dann dazu, den Quellcode von **Armageddon** als Grundlage zu verwenden. Da das Original aber weiterhin für ein paar Euro bei Steam als Download verfügbar ist, empfiehlt es sich immer noch, direkt zum Klassiker zu greifen.

Cutscenes vom Game Boy Color

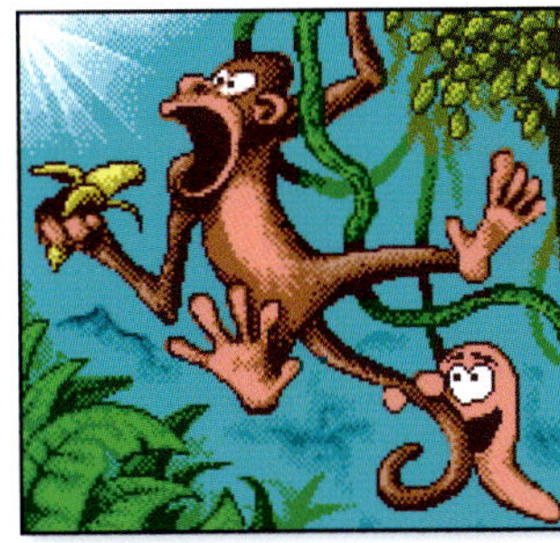

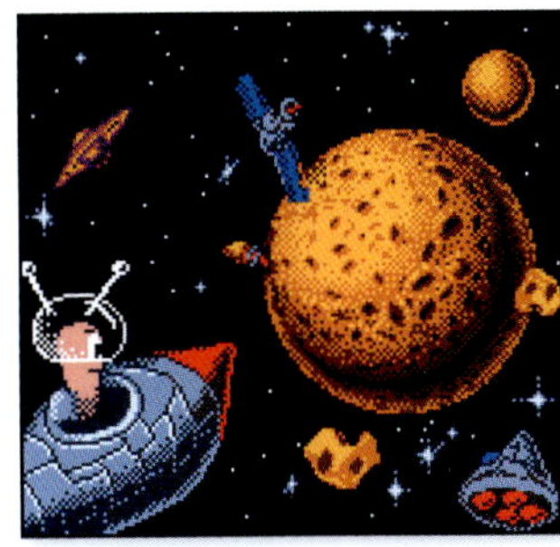

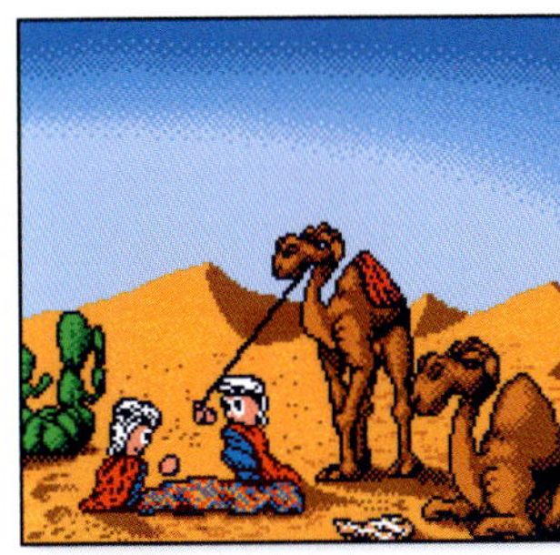

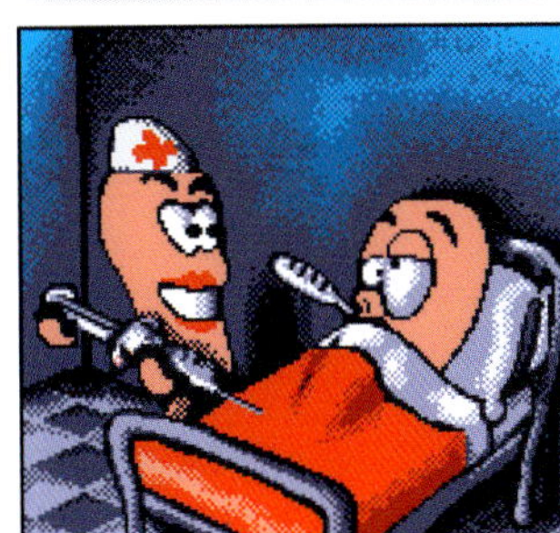

X-COM: UFO DEFENSE (1994)

SYSTEM: PC / PLAYSTATION / AMIGA / CD32

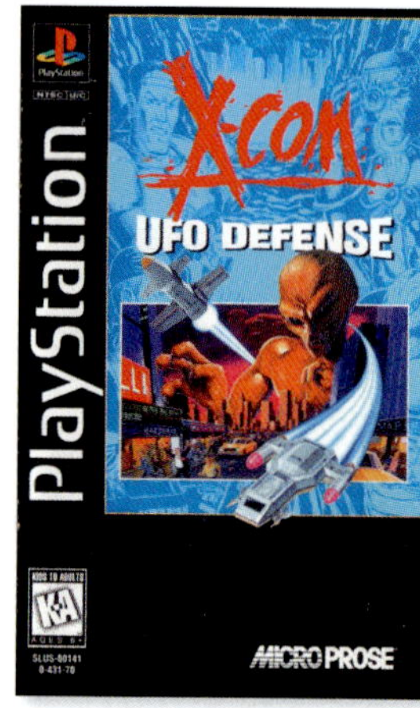

Wer als Kind Angst vor kleinen grünen Männchen hatte, durfte Anfang der Neunziger echt nicht den Fernseher anmachen. In Serien wie **Akte X** oder dem SciFi-Geheimtipp **Feuer am Himmel** wurden am laufenden Band unschuldige Menschen verschleppt. Selbst in **Raumschiff Enterprise** haben die Aliens grausame Experimente an Commander Riker durchgeführt. Um seine Furcht in den Griff zu bekommen, war dann dringend eine Session mit **X-COM** nötig. Hatte man im Spiel den fiesen Außerirdischen erst mal ordentlich auf die (nicht vorhandene) Nase gehauen, schlief man wieder wesentlich leichter. Erdacht von den Brüdern Nick und Julian Gollop verbindet der Strategie-Klassiker gleich mehrere Arten von Gameplay in einem kompakten Gefäß: Im fernen Jahr 1998 bedrohen ungebetene Besucher aus dem All die Erde. Eine internationale Geheimorganisation soll fliegende Untertassen abfangen, deren Technik studieren und die überlebenden Kreaturen mit Waffengewalt neutralisieren. Einen guten Teil seiner Zeit betreibt man auf einer Weltkugel Basenbau, forscht nach neuer Technik und verwaltet seinen Mitarbeiterstab. Dieser Abschnitt spielt sich in etwa wie eine Wirtschaftssimulation, angereichert mit einem kleinen Schuss Globalstrategie.

Haben die Patrouillen ein unbekanntes Flugobjekt abgeschossen, wird zum rundenbasierten Kampfsystem gewechselt. Da die Positionierung der Gegner nur bei Sichtkontakt ermittelt wird, weiß man zu Beginn nicht, wo die Fieslinge versteckt sind. Jeder Schritt muss gut überlegt sein, sonst

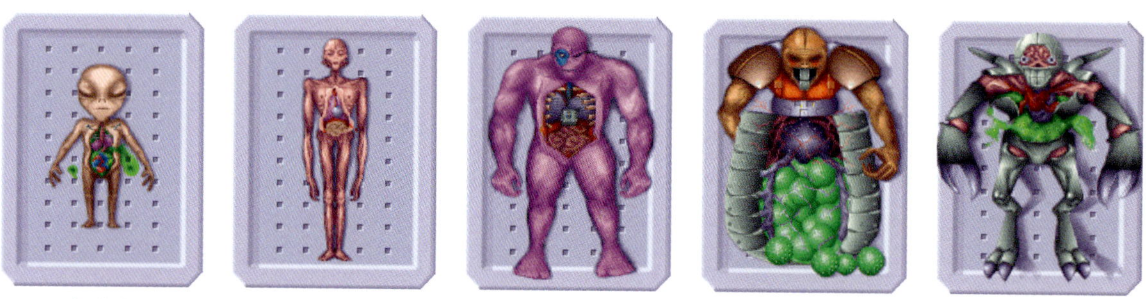

Auf dem Seziertisch

steht man schnell mal in der Schusslinie. Ist es Zeit für den eigenen Zug, darf man aus gleich zwei Menüspalten voll mit Aktionen auswählen. Durch Analyse der außerirdischen Beute schalten sich später auch neue Ausrüstung und sogar mentale Fähigkeiten frei. Im Zusammenspiel mit der verschachtelten Umgebung, die zum Teil auch zerstörbar ist, ergibt das jede Menge Freiraum beim Taktieren. Strategen können sich hier also richtig austoben, insbesondere auf den höheren Schwierigkeitsgraden. Es ist dazu erstaunlich, was für eine Bindung man zu seinen Soldaten aufbaut. Da **X-COM** keine klassische Story erzählt, gibt es auch keine gesonderten Dialoge mit der eigenen Truppe. Dennoch zerreißt es einem irgendwie das Herz, eine Einheit zu verlieren, die einem über lange Zeit treue Dienste geleistet hat.

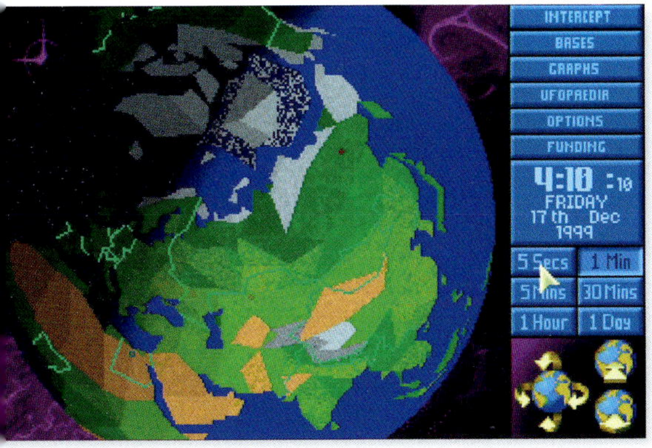

Weltkarte (PlayStation)

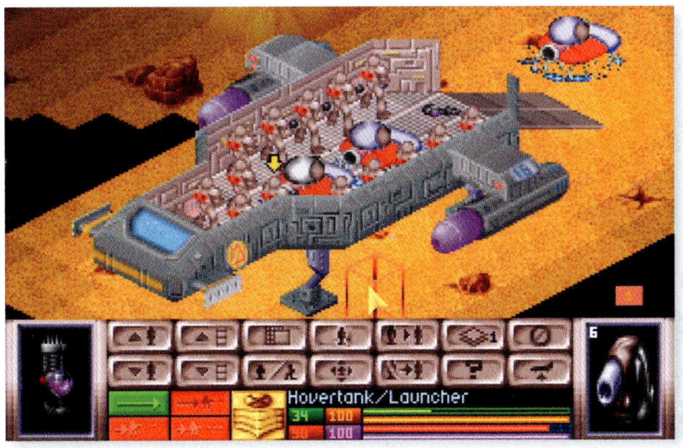

Kampfschirm (PlayStation)

All diese Elemente vermengen sich mit der schicken Pixel-Optik und dem bedrohlichen Soundtrack zu einem ganz besonderen Erlebnis. Wer einmal vom **X-COM**-Fieber gepackt wurde, kann seiner Freizeit für lange Zeit Tschüss sagen. Die originale PC-Version gibt es für eine Handvoll Euro bei Steam, Beschaffung ist also kein Problem. Von den Ports ist eher abzuraten. Gerade der Amiga 500 und die PlayStation leiden unter enorm langen Ladezeiten und Denkpausen, wenn der nächste Zug berechnet wird. Nachdem die vielen Sequels nicht ganz an die Klasse des Originals anknüpfen konnten, meldete sich die Serie 2012 mit dem fantastischen Reboot **XCOM: Enemy Unknown** zurück. Wer's also ein klein wenig moderner braucht, schaut sich auch die aktuellsten Serienvertreter an.

YAKUZA 0 (2015)

SYSTEM: PLAYSTATION 3 / PLAYSTATION 4 / XBOX ONE / PC

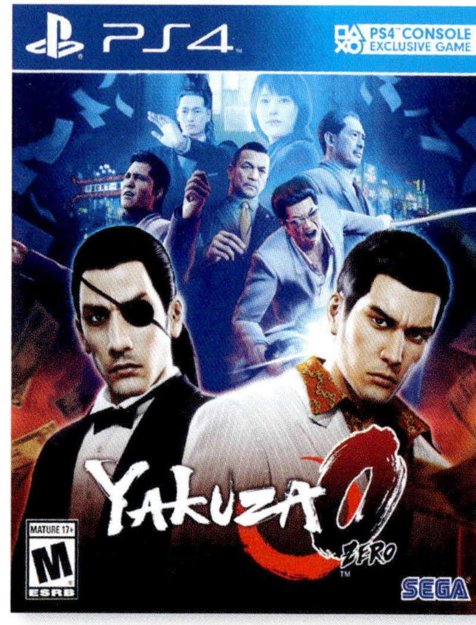

Dass ein Leben als Videospiel-Verbrecher durchaus Spaß macht, hat die **Grand-Theft-Auto**-Serie hinlänglich bewiesen. Es ist schon praktisch, einen virtuellen Spielplatz für alle möglichen Missetaten zu haben, ohne die Konsequenzen fürchten zu müssen. Allerdings funktioniert nicht jede Gangster-Simulation auf die gleiche Art. Segas **Yakuza**-Serie wurde oftmals als japanische Alternative dargestellt, doch die Parallelen sind nur oberflächlich. Wo **GTA** geschickt Selbstverwirklichung mit beißender Satire mischt, ist **Yakuza** eine ernsthafte Milieustudie, die im Nachtleben Tokyos stattfindet. Wandelt man aber abseits der Story-Pfade, dann gibt es teilweise so himmelschreienden Schwachsinn zu entdecken, dass man aus dem Schmunzeln nicht mehr herauskommt.

Als Prequel ohne Kenntnis der Vorgänger spielbar, versetzt **Yakuza 0** einen in die Slipper der Mafiosi Kazuma Kiryu und Goro Majima. Während sich Jungspund Kazuma seine Sporen in Tokyo als Handlanger des Tojo-Clans verdient, leitet der stoische Majima einen Nachtklub im entfernten Osaka. Eigentlich auf getrennten Pfaden unterwegs, werden beide in eine großangelegte Verschwörung gezogen, in der es um den Besitz eines unscheinbaren Stücks Land geht. Um das Geheimnis dahinter zu entschlüsseln, prügelt man sich mit geladener Faust durch endlose Horden von Fieslingen. Hat man genug von der Keilerei, darf man zur Entspannung tanzen gehen, zockt Retro-Games in der Spielhalle oder fährt mit Modellautos um die Wette. Die DNA von **Yakuza** fußt dabei zu gleichen Teilen auf Segas Sandbox-Pionier **Shenmue** und klassischen Beat 'em Ups wie **Streets of Rage**. Das dynamische Kampfsystem ist auf den Punkt durchgeschliffen, mit Dutzenden von freischaltbaren Manövern und Hunderten von Gegenständen, die man den Gegnern in den Bauch rammen kann. Majima und Kazuma haben außerdem noch jeweils mehrere Kampfstile, sodass trotz der vielen Repetition kaum Langeweile aufkommt. Die Spielewelt ist vergleichsweise kompakt, bietet aber viele begehbare Locations und ist echten Straßenzügen nachempfunden. Wer sich im fiktiven Vergnügungsviertel Kamurocho auskennt, kommt auch im realen Kabukicho schon irgendwie klar. Nach eigenem Gusto entscheiden zu können, ob man der Story folgt, sich an Minispielen versucht oder eine der vielen Substories angeht, macht das Verweilen zum großen Vergnügen. Gerade die Nebenquests sind ein Brüller und rangieren vom Motivationsgespräch mit einer schüchternen Domina bis hin zum Musikvideodreh mit Zombies und einem Michael-Jackson-Imitator.

Selbst unter Serienfans gilt **Yakuza 0** als einer der besten Vertreter, wenn nicht sogar als der Beste insgesamt. Hier stimmen sowohl die Storyline als auch das Gameplay. Dank der vielen Arbeit, die in die Vorgänger geflossen ist, wirkt jeder Aspekt gut durchpoliert. Das heißt natürlich nicht, dass die restlichen **Yakuza**-Spiele irgendwie schlecht seien, wobei das beim Spin-off **Dead Souls** (2011) durchaus debattierbar ist. Wenn einem aber **Yakuza 0** nicht gefällt, wird einen auch kein anderer Serien-Titel überzeugen. Ist man auf den Geschmack gekommen, darf man seiner Freizeit für die nächsten Jahre jedoch erst mal Tschüss sagen.

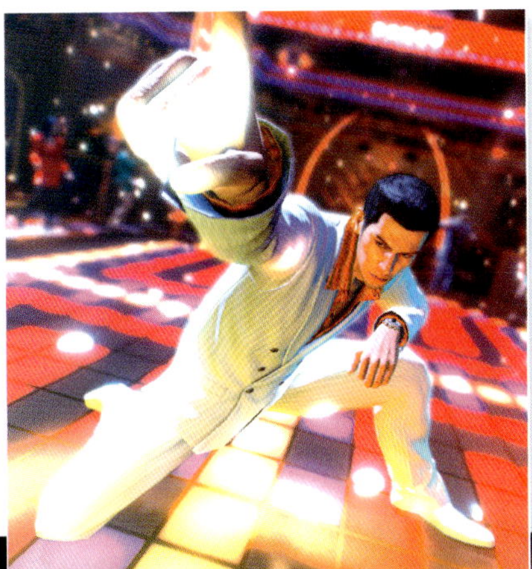

PlayStation 4

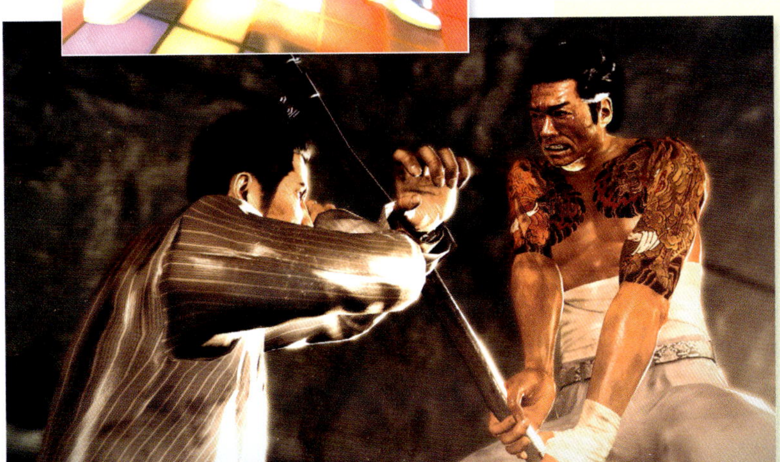

Erst die Arbeit, dann das Vergnügen!
Wer hart schuftet, darf auch ausgelassen feiern: In **Yakuza 0** geht man u. a. in die Disco, fährt mit Carrera-Autos um die Wette oder verspielt seine Yen beim Blackjack.

QUELLENVERZEICHNIS

S.8, Screenshot von Super Mario World, Nintendo (1991), Eigene Aufnahme

S.12, Cover von Alien Isolation, Sega (2014), Presse-Material

S.12,13, Screenshots Alien Isolation, Sega (2014), Presse-Material

S.14, Cover von Animal Crossing: New Horizons, Nintendo (2020), Presse-Material

S.14, Screenshots von Animal Crossing: New Horizons, Nintendo (2020), Presse-Material

S.15, Abb. K.K Slider, Nintendo (2020), Presse-Material

S.16, Cover von Batman Arkham Asylum, Warner Bros. Interactive (2009), Presse-Material

S.16, Screenshot Batman Arkham Asylum, Warner Bros. Interactive (2009), Presse-Material

S.17, Screenshot Batman Arkham Asylum, Warner Bros. Interactive (2009), Eigene Aufnahme

S.18, Cover von BioShock, 2K Games (2007), Eigener Scan

S.18,19, Screenshots BioShock, 2K Games (2007), Eigene Aufnahme

S.20, Cover von BioShock 2, 2K Games (2010), Eigener Scan

S.20, Cover von BioShock Infinite, 2K Games (2013), Eigener Scan

S.21, Screenshots Judas, Ghost Story Games (2024), Presse-Material

S.22, Cover von Bubble Bobble, Taito (1994), thecoverproject.net

S.22, Screenshot Bubble Bobble, Taito (1986), Eigene Aufnahme

S.23, Cover von Rainbow Islands, Ocean (1991), thecoverproject.net

S.23, Cover von Bubble Bobble Part 2, Taito (1993), thecoverproject.net

S.23, Cover von Parasol Stars, Ocean (1992), thecoverproject.net

S.24, Cover von Burnout 3: Takedown, EA Games (2004), thecoverproject.net

S.25, Screenshots Burnout 3: Takedown, EA Games (2004), Eigene Aufnahme

S.26, Cover von Castlevania: Symphony of the Night, Konami (1997), Eigener Scan

S.26,27, Screenshots Castlevania: Symphony of the Night, Konami (1997), Eigene Aufnahme

S.28, Cover von Celeste, Maddy Makes Games Inc. (2018), Presse-Material

S.28, Screenshot Celeste, Maddy Makes Games Inc. (2018), Presse-Material

S.29, Screenshot Celeste PICO-8, Maddy Makes Games Inc. (2015), Eigene Aufnahme

S.29, Abbildung PICO-8 Fantasy Console, Lexaloffle Games (2015), lexaloffle.com

S.30, Cover von Chrono Trigger, Squaresoft (1995), Eigener Scan

S.31, Screenshots Chrono Trigger, Squaresoft (1995), Eigene Aufnahme

S.32, Abb. Yasunori Mitsuda, © PROCYON STUDIO CO., LTD., September 2019, https://creativecommons.org/licenses/by-sa/4.0/

S.32, Cover von Chrono Trigger DS OST, Square Enix (2009), Eigener Scan

S.33, Cover von Chrono Cross, Squaresoft (1999), gamesdb.launchbox-app.com

S.33, Screenshot Chrono Cross, Squaresoft (1999), Eigene Aufnahme

S.34, Cover von Counter-Strike, Microsoft Game Studios (2003), thecoverproject.net

S.34, Screenshot Counter-Strike 1.6, Valve Corporation (2004), Eigene Aufnahme

S.35, Screenshot Counter-Strike 2, Valve Corporation (2023), Presse-Material

S.36, Cover von Cuphead, StudioMDHR (2017), Presse-Material

S.36, Screenshot Cuphead, StudioMDHR (2017), Presse-Material

S.37, Abb. Ms. Chalice, StudioMDHR (2022), Presse-Material

S.38, Cover von Day of the Tentacle, LucasArts (1993), bigboxcollection.com

S.39, Screenshots Day of the Tentacle Remastered, Double Fine Productions (2016), Eigene Aufnahme

S.40, Cover von Deadly Premonition, Ignition Entertainment (2010), Eigener Scan

S.40, Screenshots von Deadly Premonition, Ignition Entertainment (2010), Eigene Aufnahme

S.41, Cover von Deadly Premonition 2, Rising Star Games (2020), Presse-Material

S.41, Screenshot Deadly Premonition 2, Rising Star Games (2020), Eigene Aufnahme

S.42, Cover von Demon's Souls, Bandai Namco (2009), Eigener Scan

S.43, Screenshots Demon's Souls, Bandai Namco (2009), Eigene Aufnahme

S.44, Screenshots Demon's Souls, Sony Interactive Entertainment (2020), Presse-Material

S.45, Cover von Elden Ring, Bandai Namco (2022), Presse-Material

S.45, Screenshot Elden Ring, Bandai Namco (2022), Presse-Material

S.46, Abb. Diablo-II-Charakter, Blizzard Entertainment (2000), Presse-Material

S.46, Cover von Diablo II, Blizzard Entertainment (2000), bigboxcollection.com

S.47, Screenshots Diablo II, Blizzard Entertainment (2000), Presse-Material

S.48, Cover von Die Sims, EA Games (2000), thecoverproject.net

S.49, Screenshots Die Sims, EA Games (2000), Presse-Material

S.50, Cover von Donkey Kong, Nintendo (1994), thecoverproject.net

S.51, Screenshots Donkey Kong, Nintendo (1994), Eigene Aufnahme

S.51, Abb. Game Boy, © Evan Amos, November 2010, Public Domain

S.52, Cover von Doom, Bethesda Softworks (2016), Presse-Material

S.53, Inlay-Artwork Doom, Bethesda Softworks (2016), Presse-Material

S.54, Screenshots Doom, Bethesda Softworks (2016), Presse-Material

S.55, Cover von Doom: The Classics Collection, Limited Run Games (2021), Presse-Material

S.55, Screenshot Doom: The Classics Collection, Limited Run Games (2021), Presse-Material

S.56, Cover von Dragon Quest XI S, Square Enix (2019), Presse-Material

S.56, Screenshots Dragon Quest XI S, Square Enix (2019), Presse-Material

S.57, Screenshot Dragon Quest XI, Square Enix (2017), Eigene Aufnahme

S.57, Abb. Nintendo 3DS, © Evan Amos, März 2010, Public Domain

S.58, Flyer von Dragon's Lair, Cinematronics (1993), Presse-Material

S.58, Screenshot Dragon's Lair Trilogy, Digital Leisure Inc. (2017), Eigene Aufnahme

S.59, Cover von Dragon's Lair, ReadySoft (1989), gamesdb.launchbox-app.com

S.59, Screenshot Dragon's Lair, ReadySoft (1989), Eigene Aufnahme

S.60, Cover von Duke Nukem 3D, 3D Realms (1996), bigboxcollection.com

S.60, Screenshot Duke Nukem 3D 20th Anniversary Edition, Gearbox Software (2016), Eigene Aufnahme

S.61, Screenshot Duke Nukem Mobile, MachineWorks Northwest (2004), Eigene Aufnahme

S.61, Cover von Captain Planet, Volume 4, Marvel Comics (1991), archive.org

S.62, Cover von Fallout 3, Bethesda Softworks (2008), Eigener Scan

S.62,63, Screenshots Fallout 3, Bethesda Softworks (2008), Eigene Aufnahme

S.64, Cover von Final Fantasy VII Remake, Square Enix (2021), Presse-Material

S.65,66 Screenshots Final Fantasy VII Remake, Square Enix (2020), Presse-Material

S.66, Screenshot Final Fantasy VII, Squaresoft (1997), Eigene Aufnahme

S.67, Cover von Final Fantasy VII Rebirth, Square Enix (2024), Presse-Material

S.67, Screenshots Final Fantasy VII Rebirth, Square Enix (2024), Eigene Aufnahme

S.68, Cover von Flashback, U.S. Gold (1992), thecoverproject.net

S.68,69 Screenshots Flashback, U.S. Gold (1992), Eigene Aufnahme

S.68,69, Screenshots Flashback, U.S. Gold (1992), spriters-resource.com

S.70, Cover von Fortnite, Epic Games (2017), Presse-Material

S.70, Screenshot Fortnite, Epic Games (2017), Presse-Material

S.71, Abb. V-Bucks, Epic Games (2017), Presse-Material

S.72, Cover von Garou: Mark of the Wolves, SNK (1999), Eigener Scan

S.72,73, Screenshots Garou: Mark of the Wolves, SNK (1999), Eigene Aufnahme

S.74, Flyer von Ghouls,n Ghosts, Capcom (1988), flyers.arcade-museum.com

S.74,75, Screenshots Ghouls,n Ghosts, Capcom (1988), Eigene Aufnahme

S.76, Cover von God of War, Sony Computer Entertainment (2005), thecoverproject.net

S.76,77, Screenshots God of War Collection, Sony Computer Entertainment (2010), Eigene Aufnahme

S.78, Abb. Kratos, Sony Computer Entertainment (2018), Presse-Material

S.80, Cover von Goldeneye 007, Nintendo (1997), thecoverproject.net

S.80,81, Screenshots Goldeneye 007, Rare (2022), Eigene Aufnahme

S.82, Cover von Grand Theft Auto V, Rockstar Games (2013), Eigener Scan

S.82,83,85, Screenshots Grand Theft Auto V, Rockstar Games (2015), Presse-Material

S.84, Screenshot Grand Theft Auto V, Rockstar Games (2015), Eigene Aufnahme

S.85, Cover von Grand Theft Auto Online, Rockstar Games (2022), Presse-Material

S.86, Cover von Hades, Supergiant Games (2020), Presse-Material

S.86, Screenshot Hades, Supergiant Games (2020), Presse-Material

S.87, Screenshot Hades, Supergiant Games (2020), Eigene Aufnahme

S.88, Cover von Half-Life 2, Valve Corporation (2004), Eigener Scan

S.89, Screenshots Half-Life 2, Valve Corporation (2004), Presse-Material

S.90, Cover von The Orange Box, Valve Corporation (2007), gamesdb.launchbox-app.com

S.91, Abb. Gordon Freeman, Valve Corporation (2004), Presse-Material

S.92, Cover von Hotline Miami, Devolver Digital (2012), Presse Material

S.92,93, Screenshots Hotline Miami, Devolver Digital (2012), Eigene Aufnahme

S.94, Cover von Ikaruga, Treasure (2001), thecoverproject.net

S.95, Screenshots Ikaruga, Treasure (2014), Eigene Aufnahme

S.96, Cover von International Superstar Soccer 64, Konami (1997), thecoverproject.net

S.96,97, Screenshots International Superstar Soccer 64, Konami (1997), Eigene Aufnahme

S.98, Cover von Journey, Sony Interactive Entertainment (2012), Presse-Material

S.99, Screenshots Journey, Sony Interactive Entertainment (2015), Eigene Aufnahme

S.100, Cover von Lemmings, Psygnosis (1991), bigboxcollection.com

S.100,101, Screenshots Lemmings, Psygnosis (1991), Eigene Aufnahme

S.102, Cover von Lords of Thunder, Turbo Technologies (1993), Eigene Aufnahme

S.102, Screenshots Lords of Thunder, Turbo Technologies (1993), Eigene Aufnahme

S.103, Cover von Lords of Thunder, Hudson Soft (1995), gamesdb.launchbox-app.com

S.103, Screenshots Lords of Thunder, Hudson Soft (1995), Eigene Aufnahme

S.104, Cover von Mario Kart 8 Deluxe, Nintendo (2017), Presse-Material

S.104,105, Screenshots Mario Kart 8 Deluxe, Nintendo (2017), Presse-Material

S.105, Screenshot Mario Kart 8 Deluxe, Nintendo (2017), Eigene Aufnahme

S.106, Cover von Mass Effect 2, Electronic Arts (2010), Eigener Scan

S.106,107, Screenshots Mass Effect Legendary Edition, Electronic Arts (2021), Eigene Aufnahme

S.108, Cover von Max Payne, Remedy Entertainment (2001), Eigener Scan

S.108,109, Screenshots Max Payne, Remedy Entertainment (2001), Eigene Aufnahme

S.110, Cover von Rockman X, Capcom (1993), Eigener Scan

S.110, Screenshot Mega Man X Legacy Collection, Capcom (2018), Eigene Aufnahme

S.111, Screenshots Mega Man X, Capcom (1993), Eigene Aufnahme

S.112, Cover von Metal Gear Solid, Konami (1999), Eigener Scan

S.112,113,114, Screenshots Metal Gear Solid, Konami (1999), Eigene Aufnahme

S.115, Cover von Metal Gear Solid: The Twin Snakes, Konami (2004), gamesdb.launchbox-app.com

S.115, Screenshot Metal Gear Solid: The Twin Snakes, Konami (2004), Eigene Aufnahme

S.116, Cover von Minecraft, Mojang Studios (2014), Presse-Material

S.116, Screenshot Minecraft, Mojang Studios (2011), Presse-Material

S.117, Screenshot Super Smash Bros. Ultimate, Nintendo (2018), Eigene Aufnahme

S.118, Cover von Monster Boy and the Cursed Kingdom, FDG Entertainment (2018), Presse-Material

S.118, Screenshot Monster Boy and the Cursed Kingdom, FDG Entertainment (2018), Eigene Aufnahme

S.119, Screenshot Flying Hamster II, Game Atelier (2015), Presse-Material

S.120, Cover von Nidhogg, Messhof (2014), Presse-Material

S.120, Screenshots Nidhogg, Messhof (2014), Eigene Aufnahme

S.121, Cover von Nidhogg II, Messhof (2017), Presse-Material

S.121, Screenshots Nidhogg II, Messhof (2017), Eigene Aufnahme

S.122, Cover von Nier Automata, Square Enix (2017), Presse-Material

S.122, Screenshot Nier Automata, Square Enix (2017), Presse-Material

S.122, Abb. 2B, Square Enix (2017), Presse-Material

S.123, Abb. Yoko Taro, © Official GDC, März 2018, https://creativecommons.org/licenses/by/2.0/

S.124, Cover von 999, Aksys Games (2010), thecoverproject.net

S.124, Cover von Virtue's Last Reward, Aksys Games (2012), thecoverproject.net

S.124, Cover von Zero Time Dilemma, Aksys Games (2016), thecoverproject.net

S.125, Abb. Nintendo DSi XL, ©Evan Amos, Februar 2012, https://creativecommons.org/licenses/by-sa/3.0

S.125, Screenshot 999, Aksys Games (2010), Eigene Aufnahme

S.126, Cover von No Man's Sky Beyond, Hello Games (2019), Presse-Material

S.127, Abb. Sean Murray and Grant Duncan, © Jon Jorday, Juni 2012, https://creativecommons.org/licenses/by/2.0/

S.129, Screenshots No Man's Sky, Hello Games (2016), Presse-Material

S.130, Cover von Ōkami, Capcom (2006), Eigener Scan

S.130, Screenshots Ōkami, Capcom (2006), Presse-Material

S.131, Abb. Artwork Ōkami, Capcom (2006), Presse-Material

S.132, Cover von Pac-Man, Tengen (1989), thecoverproject.net

S.132, Screenshot Pac-Man, Namco (1980), Eigene Aufnahme
S.133, Abb. Pac-Man XL, Arcade 1Up (2023), Presse-Material
S.134, Cover von Persona 5 Royal, Sega (2019), Presse-Material
S.134, Screenshots Persona 5 Royal, Sega (2022), Presse-Material
S.135, Cover von Persona 5 Tactica, Sega (2023), Presse-Material
S.135, Cover von Persona 5 Dancing in Starlight, Sega (2018), Presse-Material
S.135, Cover von Persona 5 Strikers, Sega (2021), Presse-Material
S.136, Cover von Phoenix Wright: Ace Attorney, Capcom (2005), thecoverproject.net
S.136, Abb. Nintendo DS, © Evan Amos, Februar 2011, Public Domain
S.136, Screenshot Phoenix Wright: Ace Attorney, Capcom (2005), Eigene Aufnahme
S.137, Abb. Ace-Attorney-Artwork, Capcom (2010), Presse-Material
S.138,139, Screenshots Ace Attorney Trilogy, Capcom (2019), Eigene Aufnahme
S.140, Cover von Pokemon Blaue Edition, Nintendo (1999), Eigener Scan
S.140, Screenshot Pokémon Blaue Edition, Nintendo (1999), Eigene Aufnahme
S.141, Cover von Pokémon Rote Edition, Nintendo (1999), Eigener Scan
S.141, Screenshot Pokémon Rote Edition, Nintendo (1999), Eigene Aufnahme
S.142, Cover von Portal, Valve Corporation (2007), Eigener Scan
S.142, Screenshot Portal, Valve Corporation (2007), Eigene Aufnahme
S.143, Abb. Portal Physics, © Dammit und Pbroks13, Dezember 2008, https://creativecommons.org/licenses/by-sa/2.5/nl/deed.en
S.144, Cover von Professor Layton, Nintendo (2007), thecoverproject.net
S.144, Screenshot Professor Layton, Nintendo (2007), Eigene Aufnahme
S.145, Screenshot Professor Layton, Nintendo (2018), Eigene Aufnahme
S.146, Cover von Punch Out!!, Nintendo (1987), thecoverproject.net
S.146,147, Screenshots Punch Out!!, Nintendo (1987), Eigene Aufnahme
S.148, Cover von Red Dead Redemption II, Rockstar Games (2018), Presse-Material
S.148,149, Screenshots Red Dead Redemption II, Rockstar Games (2018), Presse-Material
S.150, Cover von Resident Evil 2, Capcom (2000), Presse-Material
S.151, Screenshot Resident Evil 1.5, Capcom (1999), Eigene Aufnahme
S.151, Screenshot Resident Evil 2, Capcom (2019), Eigene Aufnahme
S.152, Screenshots Resident Evil 2, Capcom (2000), Eigene Aufnahme
S.153, Cover von Resident Evil 2, Capcom (2019), Presse-Material
S.153, Screenshots Resident Evil 2, Capcom (2019), Presse-Material
S.154, Cover von Resident Evil 4, Capcom (2005), thecoverproject.net
S.155, Screenshots von Resident Evil 4, Capcom (2014), Presse-Material
S.156, Cover von Rez, Sega (2002), thecoverproject.net
S.157, Screenshots Rez, Sega (2017), thecoverproject.net
S.158, Cover von Rockband, Electronic Arts (2007), Eigener Scan
S.158, Screenshot Rockband, Electronic Arts (2007), Eigene Aufnahme
S.159, Abb. PDP Riffmaster, PDP (2024), Presse-Material
S.160, Cover von Rocket League, Psyonix (2015), Presse-Material
S.160, Screenshot Rocket League, Psyonix (2015), Presse-Material
S.161, Cover von Supersonic Acrobatic Rocket-Powered Battle-Cars, Psyonix (2008), Presse-Material
S.161, Screenshot Supersonic Acrobatic Rocket-Powered Battle-Cars, Psyonix (2008), Presse-Material
S.162, Cover von Saturn Bomberman, Hudson Soft (1996), thecoverproject.net
S.162,163, Screenshots Saturn Bomberman, Hudson Soft (1996), Eigene Aufn.
S.164, Cover von Shadow of the Colossus, Sony Computer Entertainment (2005), thecoverproject.net
S.164, Screenshot Shadow of the Colossus, Sony Computer Entertainment (2011), Eigene Aufnahme
S.165, Screenshot Shadow of the Colossus, Sony Computer Entertainment (2018), Presse-Material
S.166, Cover von Shenmue I & II, Sega (2018), Presse-Material
S.167,168 Screenshots Shenmue I & II, Sega (2018), Presse-Material
S.169, Flyer OutRun, Sega (1986), flyers.arcade-museum.com
S.170, Flyer Shinobi, Sega (1987), flyers.arcade-museum.com
S.170,171, Screenshots Shinobi, Sega (1987), Eigene Aufnahme
S.172, Cover von Sid Meier's Civilization IV, 2K Games (2005), Presse-Material
S.172, Screenshots Meier's Civilization IV, 2K Games (2005), Eigene Aufnahme
S.173, Screenshot Sid Meier's Civilization, MicroProse (1991), Eigene Aufnahme
S.174, Cover von Sid Meier's Pirates!, Ultra Games (1991), Presse-Material
S.175, Sid Meier's Pirates!, Ultra Games (1991), Eigene Aufnahme
S.175, Sid Meier's Pirates!, MicroProse (1987), Eigene Aufnahme
S.175, Pirates! Gold, MicroProse (1993), Eigene Aufnahme
S.175, Meier's Pirates!, 2K Games (2005), Eigene Aufnahme
S.176, Cover von Silent Hill II, Konami (2001), thecoverproject.net
S.176,177,178 Screenshots Silent Hill II, Konami (2002), Eigene Aufnahme
S.179, Silent Hill II, Konami (2024), Presse-Material
S.180, Cover von SimCity, Nintendo (1991), thecoverproject.net
S.180, Screenshot SimCity, Nintendo (1991), Nate Masterson YouTube
S.180, Screenshot SimCity, Nintendo (1989), Major Thriftwood YouTube
S.181, Screenshot SimCity, Nintendo (1991), Eigene Aufnahme
S.181, Abb. Will Wright, © Official GDC, März 2010, https://creativecommons.org/licenses/by/2.0/
S.182, Cover von Sonic Mania Plus, Sega (2018), Presse-Material
S.182, Screenshots Sonic Mania, Sega (2017), Presse-Material
S.183, Abb. Dr. Eggman, Sega (2018), Presse-Material
S.184, Cover von Star Craft: Brood War, Blizzard Entertainment (1998), Eigener Scan
S.184, Screenshot Star Craft: Remastered, Blizzard Entertainment (2017), Eigene Aufnahme
S.185, Cover von Star Craft 64, Blizzard Entertainment (2000), thecoverproject.net
S.185, Screenshot Star Craft 64, Blizzard Entertainment (2000), Eigene Aufnahme
S.186, Cover von Stardew Valley, ConcernedApe (2017), Presse-Material
S.186, Screenshots Stardew Valley, ConcernedApe (2017), Presse-Material
S.187, Cover von Harvest Moon, Nintendo (1998), thecoverproject.net
S.187, Screenshot von Harvest Moon, Nintendo (1998), Eigene Aufnahme
S.188, Cover von Super Mario Bros. 3, Nintendo (1991), thecoverproject.net
S.188,190,191, Screenshots Super Mario Bros. 3, Nintendo (1991), Eigene Aufnahme
S.189, Cover von Super Mario All-Stars, Nintendo (1994), thecoverproject.net
S.189, Screenshot von Super Mario All-Stars, Nintendo (1994), Eigene Aufn.
S.192, Cover von Super Mario Odyssey, Nintendo (2017), Presse-Material
S.192, Screenshots von Super Mario Odyssey, Nintendo (2017), Presse-Material
S.193, Abb. Super Mario T-Rex, Nintendo (2017), Presse-Material
S.194, Cover von Super Metroid, Nintendo (1994), thecoverproject.net
S.195,196,197, Screenshots Super Metroid, Nintendo (1994), Eigene Aufnahme
S.198, Cover von Super Smash Bros. Ultimate, Nintendo (2018), Presse-Material
S.198, Screenshot Super Smash Bros. Ultimate, Nintendo (2018), Presse-Material
S.199, Screenshot Super Smash Bros. Ultimate, Nintendo (2018), Eigene Aufnahme
S.200, Cover von Super Street Fighter II Turbo, Capcom (1994), Eigener Scan
S.200,201, Screenshots Super Street Fighter II Turbo, Capcom (1994), Eigene Aufnahme
S.202, Cover von Teenage Mutant Hero Turtles IV, Konami (1992), thecoverproject.net
S.202,203, Screenshots Teenage Mutant Hero Turtles IV, Konami (1992), Eigene Aufnahme
S.204, Cover von Tekken 3, Namco (1998), Eigener Scan
S.205, Screenshots Tekken 3, Namco (1998), Eigene Aufnahme
S.206, Cover von Tetris DS, Nintendo (2006), thecoverproject.net
S.207, Screenshots Tetris DS, Nintendo (2006), Eigene Aufnahme
S.208, Cover von The Beast Within, Sierra On-Line (1995), Eigener Scan
S.208, Abb. Spiele mit Bart, Rocket Beans TV (2023), Eigene Aufnahme
S.209, Screenshots The Beast Within, Sierra On-Line (1995), Eigene Aufnahme
S.210, Cover von The Last of Us, Sony Computer Entertainment (2013), Eigener Scan
S.211, Screenshots The Last of Us Remastered, Sony Computer Entertainment (2014), Presse-Material
S.212, Screenshot The Last of Us Part I, Sony Computer Entertainment (2022), Eigene Aufnahme
S.212, Screenshot The Last of Us Part I, Sony Computer Entertainment (2022), Presse-Material
S.213, Abb. The Last of Us Part II Game Drive, Seagate (2020), Presse-Material
S.214, Cover von The Legend of Zelda: A Link to the Past, Nintendo (1991), thecoverproject.net
S.214, Screenshot The Legend of Zelda: A Link to the Past, Nintendo (1991), Eigene Aufnahme
S.215, Abb. Artwork The Legend of Zelda: A Link between World, Nintendo (2013), Presse-Material
S.216, Cover von The Legend of Zelda: Ocarina of Time, Nintendo (1998), thecoverproject.net
S.217, Screenshots von The Legend of Zelda: Ocarina of Time, Nintendo (1998), Eigene Aufnahme
S.218, Cover von The Legend of Zelda: Ocarina of Time 3D, Nintendo (2011), Presse-Material
S.218,219 Screenshots von The Legend of Zelda: Ocarina of Time 3D, Nintendo (2011), Eigene Aufnahme
S.218, Abb. Nintendo 3DS XL, © Evan Amos, März 2014, Public Domain
S.220, Cover von The Walking Dead, Telltale Games (2012), Eigener Scan
S.220, Screenshot The Walking Dead, Telltale Games (2012), Presse-Material
S.221, Screenshot Tekken 7, Bandai Namco (2019), Eigene Aufnahme
S.222, Cover von The Witcher 3, CD Project Red (2015), Presse-Material
S.223, Screenshot The Witcher, CD Project Red (2007), Eigene Aufnahme
S.225, Screenshots The Witcher 3, CD Project Red (2015), Presse-Material
S.226, Cover von Tomb Raider, Eidos (1996), thecoverproject.net
S.226,227, Screenshots Tomb Raider, Eidos (1996), Eigene Aufnahme
S.227, Abb. Lara Croft, Eidos (1998), Presse-Material
S.228, Cover von Tony Hawk's Pro Skater 1+2, Activision (2021), Presse-Material
S.228,229, Screenshots Tony Hawk's Pro Skater 1+2, Activision (2020), Presse-Material
S.229, Screenshot Tony Hawk's Pro Skater 2, Activision (2000), Presse-Material
S.230, Cover von Turrican II, Rainbow Arts (1991), bigboxcollection.com
S.230, Screenshots Turrican II, Rainbow Arts (1991), Eigene Aufnahme
S.231, Cover von Universal Soldier, Accolade (1991), thecoverproject.net
S.231, Screenshot Universal Soldier, Accolade (1991), Eigene Aufnahme
S.232, Cover von Uncharted 2, Sony Computer Entertainment (2009), Eigener Scan
S.232, Screenshots Uncharted 2, Sony Computer Entertainment (2009), Presse-Material
S.233, Cover Uncharted Film Bluray, Sony Pictures (2022), Presse-Material
S.233, Screenshot Uncharted Film, Sony Pictures (2022), https://www.sonypictures.de/film/uncharted
S.234, Cover von Valkyria Chronicles, Sega (2008), Eigener Scan
S.234, Screenshots Valkyria Chronicles, Sega (2008), Presse-Material
S.235, Screenshot Valkyria Chronicles, Sega (2008), Eigene Aufnahme
S.236, Cover von Virtua Tennis, Sega (2000), thecoverproject.net
S.237, Screenshots Virtua Tennis, Sega (1999), Eigene Aufnahme
S.238, Cover von WarioWare Inc., Nintendo (2003), thecoverproject.net
S.238,239, Screenshots WarioWare Inc., Nintendo (2003), Eigene Aufnahme
S.240, Cover von Flying Power Disc, SNK (1994), Eigener Scan
S.240,241, Screenshots Windjammers, SNK (1994), Eigene Aufnahme
S.242, Cover von World of Warcraft, Blizzard Entertainment (2004), Presse-Material
S.242,243, Screenshots World of Warcraft, Blizzard Entertainment (2004), Presse-Material
S.244, Cover von World of Warcraft: The Burning Crusade, Blizzard Entertainment (2007), Presse-Material
S.244, Cover von World of Warcraft: Wrath of the Lich King, Blizzard Entertainment (2008), Presse-Material
S.244, Cover von World of Warcraft: Cataclysm, Blizzard Entertainment (2010), Presse-Material
S.244, Cover von World of Warcraft: Mists of Pandaria, Blizzard Entertainment (2012), Presse-Material
S.244,245, Cover von World of Warcraft: Warlords of Draenor, Blizzard Entertainment (2014), Presse-Material
S.245, Cover von World of Warcraft: Legion, Blizzard Entertainment (2016), Presse-Material
S.245, Cover von World of Warcraft: Battle for Azeroth, Blizzard Entertainment (2018), Presse-Material
S.245, Cover von World of Warcraft: Shadowlands, Blizzard Entertainment (2020), Presse-Material
S.245, Cover von World of Warcraft: Dragonflight, Blizzard Entertainment (2022), Presse-Material
S.246, Cover von Worms Armageddon, Infogrames (1999), thecoverproject.net
S.246, Screenshot Worms Armageddon, Team 17 (1999), Presse-Material
S.247, Screenshots Worms Armageddon, Infogrames (2000), Eigene Aufn.
S.248, Cover von X-Com: Ufo Defense, MicroProse (1995), thecoverproject.net
S.248,249, Screenshots X-Com: Ufo Defense, MicroProse (1995), Eigene Aufn.
S.250, Cover von Yakuza 0, Sega (2016), Presse-Material
S.251, Screenshots Yakuza 0, Sega (2016), Presse-Material